*Günter Meyer* / Ländliche Lebens- und Wirtschaftsformen Syriens

ERLANGER GEOGRAPHISCHE ARBEITEN

Herausgegeben vom
Vorstand der Fränkischen Geographischen Gesellschaft

Sonderband 16

Günter Meyer

# Ländliche Lebens- und Wirtschaftsformen Syriens im Wandel

## Sozialgeographische Studien zur Entwicklung im bäuerlichen und nomadischen Lebensraum

Mit 36 Kartenskizzen, 29 Figuren, 59 Tabellen,
26 Bildern und 8 Faltkarten



Erlangen 1984

Selbstverlag der Fränkischen Geographischen Gesellschaft
in Kommission bei Palm & Enke

Als Habilitationsschrift auf Empfehlung der Naturwissenschaftlichen
Fakultät III (Geowissenschaften) der Friedrich-Alexander-Universität Erlangen-Nürnberg
gedruckt mit Unterstützung der Deutschen Forschungsgemeinschaft

ISBN 3-920405-58-7

ISSN 0170-5180

Der Inhalt dieses Sonderbandes ist nicht in den
„Mitteilungen der Fränkischen Geographischen Gesellschaft" erschienen.

---

Gedruckt in der Universitätsbuchdruckerei Junge & Sohn, Erlangen

# Vorwort

Die vorliegende Habilitationsschrift basiert auf Untersuchungen, die ich im Rahmen von vier Forschungsaufenthalten in Syrien zwischen August 1978 und Oktober 1979 durchführen konnte. Ermöglicht wurde diese Studie sowohl durch zahlreiche Anregungen und vielfältige Förderung, die mir während meiner Tätigkeit als Wissenschaftlicher Assistent am Institut für Geographie der Universität Erlangen-Nürnberg zuteil wurde, als auch durch die uneigennützige Unterstützung einer großen Zahl von Institutionen und Einzelpersonen. Ihnen allen, die im folgenden in alphabetischer Reihenfolge genannt werden, danke ich sehr herzlich für ihre Hilfe, mit der sie zur Entstehung dieser Arbeit beitrugen:

- meinen Arabischlehrern, den Herren Dr. Aḥmed el-Alfi (ᶜAin Šams-Universität, Kairo), Prof. Dr. Otto Jastrow (Institut für Außereuropäische Sprachen und Kulturen der Universität Erlangen-Nürnberg) sowie Dr. Helmut Klopfer und Dr. Peter Schabert (beide Goethe-Institut Kochel) dafür, daß sie mir mit ihrem Unterricht jene Sprachkenntnisse vermittelten, die eine unabdingbare Voraussetzung für die Durchführung der Befragungsaktionen in Syrien waren;
- den Mitarbeitern der Antikenverwaltung in Damaskus, insbesondere Herrn Kassem Toueir für seine selbstlose Unterstützung bei der Bewältigung zahlreicher administrativer und organisatorischer Probleme während meines ersten Forschungsaufenthalts in Syrien;
- Herrn ᶜEsa Ǧurǧus ᶜArad aus Sqīlbīye, der mich wochenlang in unermüdlichem Einsatz bei oft bis zu 15-stündiger Arbeitszeit pro Tag nicht nur mit seinem Motorrad kreuz und quer durch das Ġāb, über unbefestigte Pfade, durch abgeerntete Baumwollfelder und durch Bewässerungsgräben chauffierte, sondern mich auch bei manchen Interviews mit Nomaden und Bauern hilfreich unterstützte;
- den Herren ᶜAbd el-Fataḥ el-Berkāwy, Karl Bösl, Olav Clemens, Herbert Gumbrecht, Salah Kazzarah und Frau Ursula Lehnberger für ihre Unterstützung bei der Aufbereitung des Datenmaterials;
- den Bewohnern Syriens für ungezählte Beweise herzlicher Gastfreundschaft und Aufgeschlossenheit;
- Frau Dr. Annemarie Brüss (Nürnberg) für die gewissenhafte Durchführung des Korrekturlesens;
- den Mitarbeitern der Deutschen Botschaft in Damaskus für die Unterstützung bei der Beschaffung der Forschungsgenehmigung;

- der Deutschen Forschungsgemeinschaft für die Finanzierung der Reisen und Erhebungen in Syrien, die Übernahme der Kosten für die Datenaufbereitung sowie die großzügige finanzielle Beteiligung an der Drucklegung dieser Arbeit;
- Herrn Aḥmed el-Dīb (Raqqa) und Herrn Ǧurǧus Ḥanā (Sqīlbīye) sowie deren Familien, für ihre warmherzige Gastfreundschaft, mit der sie mich monatelang in ihren Häusern aufnahmen;
- den Mitarbeitern der Ġāb-Administration in Sqīlbīye für zahlreiche Informationen, die Überlassung unveröffentlichter Materialien und die Möglichkeit zur Auswertung des Siedler-Registers;
- den Mitarbeitern der General Authority for the Development of the Euphrates Basin (GADEB) für zahlreiche Informationen, die Überlassung unveröffentlichter Materialien und die Unterstützung bei den Untersuchungen zur Arbeitsemigration;
- Frau Eva Gönçü (Erlangen) für das gewissenhafte Schreiben des gesamten Textes auf der Fotosetzmaschine und das sorgfältige Montieren der Druckvorlage;
- Frau Sabine Gullmann für das Kolorieren der Abbildungen sowie für das Schreiben des Manuskriptentwurfes, woran sich auch Frau Sabine Hunger, Frau Elfriede Nitsche und Frau Sigrun Tausch beteiligten;
- Frau Christl Hauck (Erlangen) für das sorgfältige Korrekturlesen der Reinschrift des Manuskripts;
- Herrn Sabāḥ el-Himma, dem Leiter des Agrarinstituts in Raqqa, für seine Gastfreundschaft und Unterstützung bei der Vorbereitung der Erhebungen zur Arbeitsemigration sowie jenen 15 angehenden Agraringenieuren, die trotz größter Sommerhitze und Fastenzeit ihre Interviewertätigkeit in den Dörfern des Euphrattals zuverlässig und mit bewundernswertem Einsatz ausführten;
- Herrn Prof. Dr. Wolf-Dieter Hütteroth (Erlangen) für zahlreiche Anregungen, inhaltliche Diskussionen und die kritische Durchsicht des Manuskripts;
- den Kollegen am Institut für Geographie der Universität Erlangen-Nürnberg für kritische Diskussionen sowie vielfältige Anregungen und Hinweise;
- Herrn Friedrich Linnenberg für die redaktionelle Betreuung der Arbeit und der „Fränkischen Geographischen Gesellschaft" für die Aufnahme in die Reihe ihrer „Erlanger Geographische Arbeiten, Sonderbände";
- Herrn Wendelin Mehl und Herrn Clemens Meier, den beiden Technikern am Institut für Geographie der Universität Erlangen-Nürnberg, für die zuverlässige Ausführung umfangreicher Repro- und Fotoarbeiten;
- meiner Frau Heidi für ihr Verständnis und ihre Geduld, mit der sie ertrug, daß für gemeinsame Freizeit und das Familienleben oftmals keine Zeit mehr übrigblieb;
- den Mitarbeitern des Ministeriums für Landwirtschaft und Agrarreform und der Staatlichen Planungskommission in Damaskus für die Erteilung der Forschungsge-

nehmigung;
- Herrn Klaus Richter und Herrn Rudolf Rössler für die schwierige Reinzeichnung der zahlreichen Karten und Diagramme;
- Herrn Prof. Dr. Günther Schweizer (Köln) für die Überlassung von schwer zugänglichen statistischen Unterlagen zur Gastarbeiterproblematik in Saudi-Arabien;
- Frau Ulrike Simon (Fuldatal) für die sorgfältige, rasche und zuverlässige Reinschrift des Manuskripts;
- dem Stadtvermessungsamt Nürnberg, insbesondere Herrn Gaar, für die freundliche Hilfe bei der Reproduktion der Farbkarten;
- den Mitarbeitern der UNDP in Damaskus für die Einsichtnahme in unveröffentlichte Projektstudien und insbesondere Herrn Dr. Omar Draz für die Informationen zum Weidemanagement in der syrischen Wüstensteppe;
- der Volkswagen-Stiftung, die mir die Teilnahme an einem sechsmonatigen Arabisch-Intensivkurs am Goethe-Institut in Kochel/Obb. und in Kairo ermöglichte;
- Herrn Prof. Dr. Eugen Wirth (Erlangen) für die Anregung zur vorliegenden Studie, fruchtbare inhaltliche Diskussionen, seine außerordentliche Anteilnahme am Fortgang der Arbeit sowie seine unermüdliche und großzügige Unterstützung bei der Schaffung der zeitlichen, technischen und organisatorischen Rahmenbedingungen, welche für die Forschungstätigkeit außerhalb des normalen Institutsbetriebes erforderlich waren.

Bei der Transkription arabischer Namen und Begriffe gilt das System der Deutschen Morgenländischen Gesellschaft mit leichten Modifikationen im Vokalismus, die sich aus der in Syrien üblichen Aussprache ergeben. Das Manuskript wurde im Juli 1982 abgeschlossen.

*Günter Meyer*

# Inhaltsverzeichnis


Vorwort . . . . . 5
Inhaltsverzeichnis . . . . . 9
Verzeichnis der Tabellen . . . . . 12
Verzeichnis der Abbildungen . . . . . 14
Verzeichnis der Faltkarten . . . . . 17

Einleitung . . . . . 19

*Erster Teil*

*Die Umsiedlung der Bevölkerung aus dem Überflutungsbereich des Assad-Sees* . . . . 25

I. Einführung . . . . . 27
A. Vorgeschichte und Zielsetzung des Euphratprojektes . . . . . 27
B. Problemstellung und Materiallage . . . . . 30

II. Die wirtschaftlichen und sozialen Verhältnisse im Euphrattal vor dem Aufstau des Assad-Sees . . . . . 31

III. Die ursprünglichen Umsiedlungspläne und die Reaktion der Betroffenen . . . 34

IV. Die Verteilung der Reservoirbevölkerung auf unterschiedliche Umsiedlungsgebiete in Nordostsyrien . . . . . 37

V. Untersuchungen zu den räumlichen Entscheidungen der Reservoirbevölkerung bei der Wahl ihrer neuen Wohnstandorte . . . . . 41
A. Ausgangshypothese . . . . . 41
B. Erhebungsmethode und Datenbasis . . . . . 42
C. Gründe für die Wahl oder Ablehnung der einzelnen Umsiedlungsgebiete . . 45
D. Die sozio-ökonomischen Ausgangsbedingungen der Reservoirbevölkerung, differenziert nach Zuwanderungsregionen . . . . . 50

VI. Die wirtschaftlichen und sozialen Verhältnisse nach der Ansiedlung in den einzelnen Zuwanderungsgebieten . . . . . 56
A. Die neuen Siedlungen in der Provinz Ḥasake . . . . . 56
1. Herkunftsmäßige Zusammensetzung der Bevölkerung und Beziehungen zu kurdischen Nachbarorten . . . . . 58
2. Anbau- und Einkommensverhältnisse . . . . . 60
3. Das Problem der Unterbeschäftigung und auswärtigen Arbeitsaufnahme . . 66
B. Die Neuansiedlungen im Mittleren Euphrattal . . . . . 69
C. Die Ansiedlung der Reservoirbevölkerung im Randbereich des Assad-Sees . . 76

VII. Die Aussichten auf eine zukünftige wirtschaftliche Rehabilitation der Reservoirbevölkerung . . . . . 82

VIII. Zusammenfassung . . . . . 83

## *Zweiter Teil*

*Die Arbeitsemigration aus den Dörfern des syrischen Euphrattals in andere arabische Staaten* . . . . . . . . . . . . . . . . . . . . . . . . 87

I. Problemstellung und Zielsetzung der Untersuchung . . . . . . . . . . 89

II. Durchführung der Erhebungen und Datenbasis . . . . . . . . . . . 93

III. Die Entwicklung der Arbeitsemigration im Euphrattal . . . . . . . . . 94

IV. Gründe für die Arbeitsaufnahme im Ausland . . . . . . . . . . . 99

V. Die sozio-ökonomische Ausgangssituation der Arbeitsemigranten . . . . . 105

A. Geschlecht und Alter der Migranten . . . . . . . . . . . . 105

B. Berufliche Tätigkeit der Migranten vor der Arbeitsaufnahme im Ausland . . 109

C. Schulische Qualifikation der Migranten . . . . . . . . . . . 110

D. Die Landbesitzverhältnisse der Bauern als Steuerungsfaktor bei der Entscheidung zur Arbeitsaufnahme im Ausland . . . . . . . . . . 113

E. Die Bedeutung der früheren beruflichen Verhältnisse bei der Wahl des Arbeitslandes . . . . . . . . . . . . . . . . . . 118

F. Charakteristika der Personen, die als erste im Ausland arbeiteten . . . . . 121

VI. Ablauf der Arbeitsaufenthalte im Ausland . . . . . . . . . . . 122

A. Aufbruch und Einreisehemmnisse in den Beschäftigungsländern . . . . . 122

B. Die Wahl der Beschäftigungsorte im zeitlichen Vergleich . . . . . . . 125

C. Arbeitsvermittlung, berufliche Tätigkeit und Unterkunft am Beschäftigungsort . . . . . . . . . . . . . . . . . 125

D. Dauer der Arbeitsaufenthalte in den einzelnen Beschäftigungsländern . . . 130

VII. Die wirtschaftliche Situation der Rückkehrer . . . . . . . . . . . 135

A. Die Höhe der mitgebrachten Ersparnisse . . . . . . . . . . . 137

B. Investitionsverhalten der Rückkehrer . . . . . . . . . . . . 138

C. Berufliche Tätigkeit der zurückgekehrten Arbeitsemigranten . . . . . . 140

VIII. Die weitere Entwicklung der Arbeitsemigration . . . . . . . . . . 143

IX. Zusammenfassung . . . . . . . . . . . . . . . . . . 148

## *Dritter Teil*

*Wirtschafts-, sozial- und bevölkerungsgeographische Entwicklungen im Bewässerungsprojekt des Ġāb* . . . . . . . . . . . . . . . . . . . . . . 153

I. Problemstellung und Zielsetzung der Untersuchung . . . . . . . . . 155

II. Überblick über die Entwicklung des Ġāb-Projektes . . . . . . . . . 157

A. Die Verhältnisse im Ġāb vor Beginn der Erschließungsmaßnahmen . . . . 157

B. Erschließung und anfängliche Bewirtschaftung des Projektgebietes . . . . 161

C. Die Landverteilung im Jahre 1969 . . . . . . . . . . . . 163

D. Herkunft und Wanderungsverhalten der Landempfänger . . . . . . . 165

E. Die landwirtschaftlichen Produktionsbedingungen im Ġāb . . . . . . . 171

III. Die Entwicklung der sozio-ökonomischen Verhältnisse im Projektgebiet, dargestellt an neun unterschiedlichen Gruppen von Landempfängern . . . . 176
A. Auswahl der in die Untersuchung einbezogenen Landempfänger und Datenerhebung . . . . . . . . . . . . . . . . . . 176
B. Die wirtschaftlichen Verhältnisse der Landempfänger vor Projektbeginn . . . 179
C. Durch die Landzuteilung bedingte räumliche Mobilität der Kleinbauern . . 187
D. Die wirtschaftlichen Verhältnisse der Kleinbauern im Jahre 1979 . . . . . 193
1. Einflußnahme der Landempfänger auf Produktionsfaktoren, die durch die Lage des zugeteilten Bewässerungslandes vorgegeben sind . . . . . . 194
2. Staatliche Anbaupläne, tatsächlicher Anbau und daraus resultierendes Einkommen der Kleinbauern . . . . . . . . . . . . . . 198
3. Viehhaltung und außerbetriebliche Erwerbstätigkeit der Landempfänger . . 201
E. Die Entwicklung der Haushaltsstruktur und beruflichen Situation der Landempfängerfamilien seit Projektbeginn . . . . . . . . . . . . 206
1. Veränderungen im Altersaufbau und bei der Haushaltsgröße . . . . . 207
2. Berufliche und räumliche Mobilität der Söhne von Landempfängern . . 210
3. Entwicklung der Erwerbstätigkeit nach Wirtschaftssektoren . . . . . 217
IV. Allgemeine Beobachtungen zum sozialen und wirtschaftlichen Wandel im Lebensraum der bäuerlichen Bevölkerung . . . . . . . . . . . . 219
V. Zusammenfassung . . . . . . . . . . . . . . . . . . 221

*Vierter Teil*

*Zum wirtschaftlichen und sozialen Wandel im nomadischen Lebensraum Syriens, dargestellt am Beispiel mobiler Schafhalter im Ġāb* . . . . . . . . . . . 227
I. Übersicht über die Entwicklung im nomadischen Lebensraum Syriens bis zu den sechziger Jahren des 20. Jahrhunderts . . . . . . . . . . . . 229
II. Die staatlichen Maßnahmen zur Förderung der mobilen Schafhaltung . . . . 231
III. Problemstellung und bisheriger Kenntnisstand zum Nomadismus im Untersuchungsgebiet . . . . . . . . . . . . . . . . . 234
IV. Methodisches Vorgehen und Datenbasis . . . . . . . . . . . . 236
V. Zusammensetzung und räumliche Struktur der sozialen Gruppen mobiler Schafhalter im Ġāb . . . . . . . . . . . . . . . 239
A. Die Zeltbesatzungen . . . . . . . . . . . . . . . . 240
B. Zeltplatzgruppen . . . . . . . . . . . . . . . . . 242
C. Weidegruppen . . . . . . . . . . . . . . . . . . 245
D. Teile von Stämmen und Stammesfraktionen . . . . . . . . . . 248
VI. Ausmaß und Ablauf der saisonalen Weidewanderung . . . . . . . . . 256
A. Der Weideaufenthalt im Ġāb . . . . . . . . . . . . . . 256
B. Die Weidewanderung in die siedlungsferne Wüstensteppe . . . . . . . 258
C. Der Aufenthalt in der Siedlungszone außerhalb des Ġāb . . . . . . . 261
D. Wanderungsdistanzen und Transportmittelbenutzung . . . . . . . . 266

VII. Die wirtschaftliche Situation der Schafhalter . . . . . . . . . . . . . 268
A. Herdengröße und -besitzverhältnisse . . . . . . . . . . . . . . 268
B. Einkünfte aus der Schafhaltung . . . . . . . . . . . . . . . 274
C. Landbesitz- und Anbauverhältnisse . . . . . . . . . . . . . . . 278
D. Einkünfte als Landarbeiter . . . . . . . . . . . . . . . . 280

VIII. Die Position der Schafhalter zwischen Nomadismus und Seßhaftigkeit . . . . 282
A. Die Ansiedlung der mobilen Schafhalter vor dem Hintergrund sich wandelnder wirtschaftlicher Rahmenbedingungen . . . . . . . . . . . . 284
B. Teilnahme der Haushaltsmitglieder an dem Weideaufenthalt im Ġāb . . . 286
C. Typisierung der Schafhalter nach nomadisch/seßhaften Merkmalen . . . . 288
D. Schulbesuch und Berufswahl der heranwachsenden Generation als Indikatoren für die weitere Auflösung der nomadischen Lebens- und Wirtschaftsform . . . . . . . . . . . . . . . . . . . . . . 289

IX. Zusammenfassung . . . . . . . . . . . . . . . . . . . . 295

English Summary . . . . . . . . . . . . . . . . . . . . . 299

Literaturverzeichnis . . . . . . . . . . . . . . . . . . . . 313

Übersetzung des arabischen Fragebogens zur Arbeitsemigration . . . . . . . . 323

## Verzeichnis der Tabellen

1. Von den Umsiedlern genannte Gründe für die Wahl ihres neuen Wohnstandortes und die Ablehnung anderer Umsiedlungsgebiete
2. Sozio-ökonomische Ausgangsbedingungen der Reservoirbevölkerung, differenziert nach Zuwanderungsgebieten
3. Jahreseinkommen der Umsiedlerhaushalte in der Provinz Ḫasake aus der Bewirtschaftung der zugeteilten Agrarflächen im Vergleich zu den mittleren Einkünften im Herkunftsgebiet (Preisniveau 1978/79)
4. Anbauverhältnisse auf den Staatsfarmen des Pilotprojektes 1977/78
5. Berufliche Situation und Einkommensverhältnisse der Vorstände von Umsiedlerhaushalten in vier Zuwanderungsgebieten des Mittleren Euphrattals (Frühjahr 1979)
6. Berufliche Situation und Einkommensverhältnisse von Haushaltsvorständen, die sich im Randbereich des Assad-Sees ansiedelten
7. Arabische Beschäftigungsländer der Arbeitsemigranten aus Syrien insgesamt sowie aus dem Mittleren und Unteren Euphrattal im Jahre 1975
8. Berufliche Tätigkeit vor dem ersten Arbeitsaufenthalt im Ausland
9. Analphabetismus und Schulbesuch der Arbeitsemigranten, unterschieden nach Arbeitsländern
10. Landbesitzstruktur in den Projektdörfern, differenziert nach der Gesamtheit aller Betriebe und den im Ausland arbeitenden Bauern
11. Landbesitzstruktur und Betriebsgrößen der Bauern, die im Ausland arbeiteten
12. Anteil der im Ausland arbeitenden Bauern mit gleicher Landbesitzstruktur wie ihre Väter an der Gesamtzahl der Arbeitsemigranten in der jeweiligen Betriebsgrößenklasse

13. Zusammenhang zwischen der früheren beruflichen Tätigkeit der Migranten aus dem Euphrattal und der Wahl des Arbeitslandes
14. Frühere berufliche Tätigkeit der Personen aus dem Mittleren Euphrattal, die jeweils als erste aus ihrem Dorf im Ausland arbeiteten
15. Begleitung durch weitere Personen bei der ersten Fahrt zur Arbeitsaufnahme im Ausland
16. Einreisearten beim ersten Arbeitsaufenthalt in Saudi-Arabien
17. Art der Arbeitsvermittlung beim ersten Aufenthalt in den einzelnen Arbeitsländern
18. Berufliche Tätigkeit während des ersten Aufenthaltes in den einzelnen Arbeitsländern
19. Art der Unterkunft während des ersten Aufenthaltes in den einzelnen Arbeitsländern
20. Mittlere Dauer der abgeschlossenen Aufenthalte in den einzelnen Arbeitsländern
21. Investitionsverhalten der Arbeitsemigranten, unterschieden nach Beschäftigungsländern
22. Berufliche Tätigkeit nach Rückkehr aus dem Ausland
23. Änderung der beruflichen Tätigkeit nach der Rückkehr aus dem Ausland
24. Gründe für den Verzicht auf weitere Arbeitsaufenthalte im Ausland
25. Die Anbauflächen im Ġāb im Jahre 1978/79
26. Beginn der permanenten Bewirtschaftung von Agrarland im Projektgebiet des Ġāb durch die befragten Landempfänger
27. Berufliche Tätigkeit der Landempfänger vor Aufnahme einer permanenten Bewirtschaftung von Agrarland im Projektgebiet
28. Erreichbarkeit der im Ġāb zugeteilten Agrarflächen und dadurch bedingte Migrationsvorgänge aller Landempfänger aus den untersuchten Herkunftsorten
29. Abweichungen der tatsächlichen bebauten Flächen von den behördlich vorgeschriebenen Anbauflächen im kooperativen Sektor der Ġāb-Administration 1978/79
30. Viehhaltung der im Ġāb untersuchten Betriebe
31. Zusätzliche Einkünfte der Landempfänger durch Erwerbstätigkeit außerhalb des eigenen landwirtschaftlichen Betriebes im Ġāb
32. Von den Landempfängern geforderte staatliche Maßnahmen zur Verbesserung ihrer Arbeits- und Lebensbedingungen im Ġāb
33. Durchschnittliche Haushaltsgröße der Landempfänger aus unterschiedlichen Herkunftsorten bei Beginn der Bewirtschaftung von Agrarland im Ġāb sowie in den Jahren 1969 und 1979
34. Berufliche Tätigkeit der Söhne von Landempfängern im Ġāb (ab 14 Jahre)
35. Berufliche Tätigkeit der in syrische Städte abgewanderten Söhne von Landempfängern im Ġāb (ab 14 Jahre)
36. Schulbesuch der Söhne von Landempfängern im Ġāb
37. Permanente Abwanderung und temporäre Arbeitsemigration der erwerbstätigen Söhne von Landempfängern
38. Anzahl der Schafhalter pro Zeltbesatzung
39. Größe der im Ġāb erfaßten Zeltplatzgruppen
40. Stammeszugehörigkeit der im Ġāb erfaßten Zeltbesatzungen
41. Charakteristika der unterschiedlichen Typen sozialer Gruppen von Schafhaltern im Ġāb
42. Aufenthaltsdauer der Schafhalter im Ġāb nach Herkunftsgebieten
43. Durchführung der Weidewanderung im Winter und Frühjahr nach Herkunftsgebieten der Schafhalter

44. Herdengröße und Transportmittelverfügbarkeit der Schafhalter
45. Transportmittelverfügbarkeit der Schafhalter nach Herkunftsgebieten
46. Herdengröße der Schafhalter nach Herkunftsgebieten
47. Anzahl der eigenen Tiere nach Herkunftsgebieten der Schafhalter
48. Eigentumsverhältnisse der im Ġāb mitgeführten Herden nach Herkunftsgebieten der Schafhalter
49. Wohnorte und Herdengröße der Eigentümer, deren Tiere im Ġāb von anderen Schafhaltern betreut wurden
50. Berufliche Tätigkeit und Wohnort der Schafeigentümer, deren Tiere im Ġāb von anderen Schafhaltern betreut wurden
51. Durchschnittliche Einkünfte und Ausgaben eines Familienbetriebes mit 100 Schafen ohne eigenen Anbau
52. Geschätzte Jahreseinkünfte aus der Schafhaltung nach Herkunftsgebieten der Schafhalter
53. Bewirtschaftung von Agrarland durch die Schafhalter
54. Größe und Besitzstruktur der von den Schafhaltern bewirtschafteten Regenfelder
55. Merkmale der Schafhalterfamilien, deren Mitglieder als Erntearbeiter im Ġāb tätig waren
56. Jahr der Ersterrichtung eines Hauses nach Herkunftsgebieten der Schafhalter
57. Aufenthaltsort der Haushaltsmitglieder während der Weideperiode im Ġāb nach Herkunftsgebieten der Schafhalter
58. Schulbesuch der männlichen Haushaltsmitglieder von im Ġāb erfaßten Schafhaltern in der Altersgruppe zwischen 7 und 20 Jahren, differenziert nach Schafhaltertypen mit unterschiedlichen nomadisch/seßhaften Merkmalen
59. Haupterwerbstätigkeit der Söhne und Brüder von im Ġāb erfaßten Schafhaltern in der Altersgruppe zwischen 20 und 30 Jahren, differenziert nach Schafhaltertypen mit unterschiedlichen nomadisch/seßhaften Merkmalen

## Verzeichnis der Abbildungen

1. Übersichtskarte von Syrien
2. Die Erschließungsregionen des Euphratprojektes
3. Lage der Umsiedlerdörfer in der Provinz Ḥasake
4. Die Neuansiedlung der aus dem Reservoirbereich stammenden Familien in unterschiedlichen Gebieten Nordostsyriens
5. Die Lage der Staatsfarmen im Pilot-Projekt
6. Übersicht über die Gruppen von Umsiedlerhaushalten mit gleichem Handlungsrahmen oder Wertsystem und gleichen räumlichen Entscheidungen bei der Wahl der Ansiedlungsgebiete
7. Stammesmäßige Zusammensetzung der Reservoirbevölkerung in den neuen Dörfern der Provinz Ḥasake
8. Anbau und Einkommensverhältnisse in den Umsiedlerdörfern der Provinz Ḥasake
9. Frühere Landbesitzverhältnisse der Umsiedlerfamilien und maschinelle Ausstattung der neuen Dörfer in der Provinz Ḥasake

10. Erwerbstätigkeit der Umsiedler außerhalb der neuen Dörfer in der Provinz Ḥasake
11. Herkunft der Bewohner auf der Staatsfarm Rabī$^{c}$a
12. Beschäftigungsländer von temporären Arbeitsemigranten der Reservoirbevölkerung zwischen 1971 und 1979
13. Aus den Angaben der Umsiedler abgeleitetes Modell zur Entscheidungsfindung bei der Wahl der Ansiedlungsgebiete
14. Die Entwicklung der Arbeitsemigration im Mittleren und Unteren Euphrattal zwischen 1966 und 1979
15. Beteiligungsquoten an der Arbeitsemigration in den Dörfern des Mittleren Euphrattals
16. Tagelöhne für Gelegenheitsarbeiter in den Hauptbeschäftigungsregionen der Arbeitsemigranten aus dem syrischen Euphrattal 1978/79
17. Landwirtschaftliche Probleme als Grund für die Arbeitsemigration aus den Dörfern des Euphrattals
18. Die arabischen Beschäftigungsländer der syrischen Arbeitsemigranten im Jahre 1975
19. Altersaufbau der syrischen Bevölkerung in der saudi-arabischen Provinz Mekka 1974 und in Kuwait 1975
20. Alter der Arbeitsemigranten aus dem syrischen Euphrattal zu Beginn ihres ersten Arbeitsaufenthaltes in den jeweiligen Beschäftigungsländern
21. Berufliche Situation der Arbeitsemigranten aus den Dörfern des Untersuchungsgebietes vor dem ersten Auslandsaufenthalt
22. Analphabetismus und Schulbesuch der Arbeitsemigranten aus den Dörfern des Untersuchungsgebietes
23. Beteiligungsquoten an der Arbeitsemigration von Bauern unterschiedlicher Betriebsgrößenklassen (nur Projektdörfer)
24. Beteiligungsquoten an der Arbeitsemigration von Bauern unterschiedlicher Landbesitzstruktur und Betriebsgrößenklassen (nur Projektdörfer)
25. Arbeitsemigration nach Saudi-Arabien oder Jordanien von Bauern unterschiedlicher Betriebsgrößenklassen (nur Projektdörfer)
26. Beschäftigungsorte der Arbeitsemigranten aus den Dörfern des syrischen Euphrattals im Jahre 1974
27. Beschäftigungsorte der Arbeitsemigranten aus den Dörfern des syrischen Euphrattals im Jahre 1976
28. Beschäftigungsorte der Arbeitsemigranten aus den Dörfern des syrischen Euphrattals im Jahre 1978
29. Beschäftigungsorte der Arbeitsemigranten aus den Dörfern des syrischen Euphrattals im Jahre 1979
30. Dauer der Arbeitsaufenthalte in den jeweiligen Beschäftigungsländern
31. Saisonale Schwankungen der Arbeitsemigration in den Dörfern des Mittleren und Unteren Euphrattals
32. Saisonale Schwankungen der Arbeitsemigration, unterschieden nach Beschäftigungsländern
33. Höhe der Ersparnisse von Arbeitsemigranten, die zwischen August 1978 und Juli 1979 aus den einzelnen Beschäftigungsländern ins Euphrattal zurückkehrten
34. Besiedlung des Ġāb vor Beginn der Erschließungsmaßnahmen
35. Besitzverhältnisse im Ġāb

36. Registrationsorte und Wohnsitzverlegungen der Landempfänger, die bereits vor 1969 Land im Ġāb bewirtschafteten
37. Die Abwanderung der Landempfänger aus ihren Herkunftsregionen
38. Wohnorte und Herkunftsgebiete der Landempfänger im Ġāb im Jahre 1969
39. Wohnregionen und herkunftsmäßige Differenzierung der Landempfänger im Ġāb
40. Herkunft der Landempfänger im mittleren Ġāb
41. Die Anbauflächen im Bewässerungsgebiet des Ġāb 1978/79
42. Die Ertragsverhältnisse im Bewässerungsgebiet des Ġāb beim Anbau von Weizen und Baumwolle 1978/79
43. Lage, ethnisch-religiöse Charakterisierung der Bevölkerung und Grundzüge der Bodennutzung in den Herkunftsorten der im Rahmen der Untersuchung erfaßten Landempfänger
44. Verteilung der Agrarflächen im Ġāb von Landempfängern aus den untersuchten Herkunftsorten
45. Anbau- und Einkommensverhältnisse der untersuchten Betriebe im Ġāb 1978/79
46. Altersaufbau und Personenzahl der Landempfängerhaushalte bei Aufnahme der Bewirtschaftung von Agrarland im Ġāb sowie 1969 und 1979
47. Veränderungen im Altersaufbau der Landempfängerhaushalte in den ersten 21 Jahren nach Aufnahme der Bewirtschaftung von Agrarland im Ġāb
48. Berufliche Tätigkeit der in syrische Städte abgewanderten Söhne von Landempfängern aus dem Ġāb
49. Überwiegender Aufenthaltsort und berufliche Tätigkeit der Söhne von Landempfängern im Ġāb
50. Entwicklung der Erwerbstätigkeit nach Wirtschaftssektoren zwischen 1958 und 1979 von Landempfängern und ihren Söhnen
51. Anzahl der Personen pro Zeltbesatzung im Ġāb
52. Verteilung der Zeltbesatzungen im Nordteil des Ġāb nach Stammeszugehörigkeit (Okt. 1979)
53. Verteilung der Zeltbesatzungen im Südteil des Ġāb nach Stammeszugehörigkeit (Okt. 1979)
54. Übersichtsschema der Zusammensetzung sozialer Gruppen von Schafhaltern im Ġāb
55. Anzahl der Schafe und Betriebe mobiler Schafhalter im Ġāb für den Ablauf des Jahres 1979
56. Anzahl der Schafe und Betriebe mobiler Schafhalter in der Wüstensteppe 1978/79
57. Weidewanderung der Mawālī und Ḥadīdīn um 1930
58. Weidewanderung der Mawālī und verbündeter Stämme im Winter und Frühjahr 1978/79
59. Weidewanderung der Ḥadīdīn und verbündeter Stämme im Winter und Frühjahr 1978/79
60. Aufenthalt der Betriebe mobiler Schafhalter im Ġāb, in der übrigen Siedlungszone und in der Wüstensteppe im Jahresgang
61. Durchschnittliche Herdengröße im Ġāb, in der übrigen Siedlungszone und in der Wüstensteppe im Jahresgang
62. Wohnorte der Eigentümer und Größe ihrer Herden, die im Ġāb von anderen Schafhaltern betreut wurden
63. Die Entwicklung des Schafbestandes in Syrien von 1956 bis 1980
64. Altersaufbau der Haushalte, die mit allen oder nur mit einem Teil ihrer Mitglieder ins Ġāb kamen
65. Die Position der im Ġāb erfaßten Schafhalter innerhalb des nomadisch/seßhaften Spektrums

## Verzeichnis der Faltkarten


1. Die Entwicklung der Arbeitsemigration in den Dörfern des Mittleren und Unteren Euphrattals
2. Stammeszugehörigkeit und Herkunftsort der im Ġāb erfaßten Schafhalter
3. Saisonale Weidewanderung der Herden, bezogen auf den Herkunftsort der Schafhalter
4. Anzahl der im Ġāb mitgeführten eigenen Schafe, bezogen auf den Herkunftsort der Schafhalter
5. Eigentumsverhältnisse der im Ġāb mitgeführten Herden, bezogen auf den Herkunftsort der Schafhalter
6. Anbau und Bodenbesitz der Schafhalter am Herkunftsort
7. Jahr der Ersterrichtung eines Hauses der Schafhalter am Herkunftsort
8. Typisierung der Schafhalter nach Merkmalen der Seßhaftigkeit, bezogen auf den jeweiligen Herkunftsort

# Einleitung

„Die scharfe Ausprägung der drei sozialen Lebensformen des Orients, des Bauerntums, des Nomadentums und des Städtertums, die sich vor rund zweitausend Jahren voll ausbildete, reicht bis zur heutigen Zeit. Heute ist sie einer umstürzenden Wandlung unterworfen." Seit HERMANN VON WISSMANN diese Feststellung traf (1960, S. 25), sind mehr als zwei Jahrzehnte vergangen. In ihnen ist jener Wandlungsprozeß bereits so weit fortgeschritten, daß die einstmals vermeintlich klaren Konturen der drei gesellschaftlichen Hauptgruppen in allen Ländern des Vorderen Orients mehr oder weniger stark verwischt sind, durch fließende Übergänge ersetzt und durch moderne Entwicklungen überprägt wurden. Westlich-modernistische Leitvorstellungen verbreiteten sich unter der städtischen Bevölkerung, fanden Eingang in die Regierungsprogramme der jungen Nationalstaaten und schlugen sich ebenso in einer Umgestaltung der traditionellen Lebensweise von Bauern und Nomaden nieder[1]. Über Art und Ausmaß jener Wandlungen gerade in den ländlichen Regionen mancher orientalischen Staaten wissen wir allerdings noch viel zu wenig. Zwar sind meist die Grundzüge der Entwicklung in groben Umrissen bekannt; es fehlen jedoch vor allem empirische Erhebungen, die aufgrund einer breiten Datenbasis Auskunft geben könnten über den aktuellen sozio-ökonomischen Entwicklungsstand im bäuerlichen und nomadischen Lebensraum.

Dies gilt weitgehend auch für Syrien, ein Entwicklungsland, in welchem seit dem Zweiten Weltkrieg, mit dem Auslaufen der französischen Mandatsherrschaft, ein eindrucksvoller *Wirtschaftsaufschwung* einsetzte. Im Unterschied zu anderen Staaten auf der Arabischen Halbinsel beruhte das kräftige ökonomische Wachstum jedoch zunächst keineswegs auf der Ausbeutung von Erdöllagerstätten. „Ausgelöst wurde das syrische Wirtschaftswunder im wesentlichen durch einen steilen Anstieg der landwirtschaftlichen Produktion" (E. WIRTH 1971, S. 12), der vor allem auf der massiven Ausweitung der landwirtschaftlichen Nutzfläche durch das Vordringen des Ackerbaus in die Steppenregionen basierte. Träger dieser Entwicklung waren in erster Linie kapitalkräftige einheimische Unternehmer, die durch die Installation von Motorpumpen und die Verbreitung des bewässerten Baumwollanbaus auch zur Intensivierung der Agrarproduktion beitrugen. Gleichzeitig wurde von staatlicher Seite mit der Realisierung mehrerer Bewässerungsprojekte begonnen, von denen die Trockenlegung und Erschließung eines mehr als 40000 ha umfassenden Areals in der versumpften Ġāb-Niederung (vgl. Abb. 1) das größte Vorhaben darstellte. Außerdem propagierte die Regie-

1) Zum Prozeß der Verwestlichung im Vorderen Orient und seinen Konsequenzen s. E. WIRTH 1972, S. 259–261.

rung die Ansiedlung der Beduinen, um damit die als sicherheitspolitisches Risiko angesehene und als fortschrittsfeindlich erachtete nomadische Lebensform zu beseitigen.

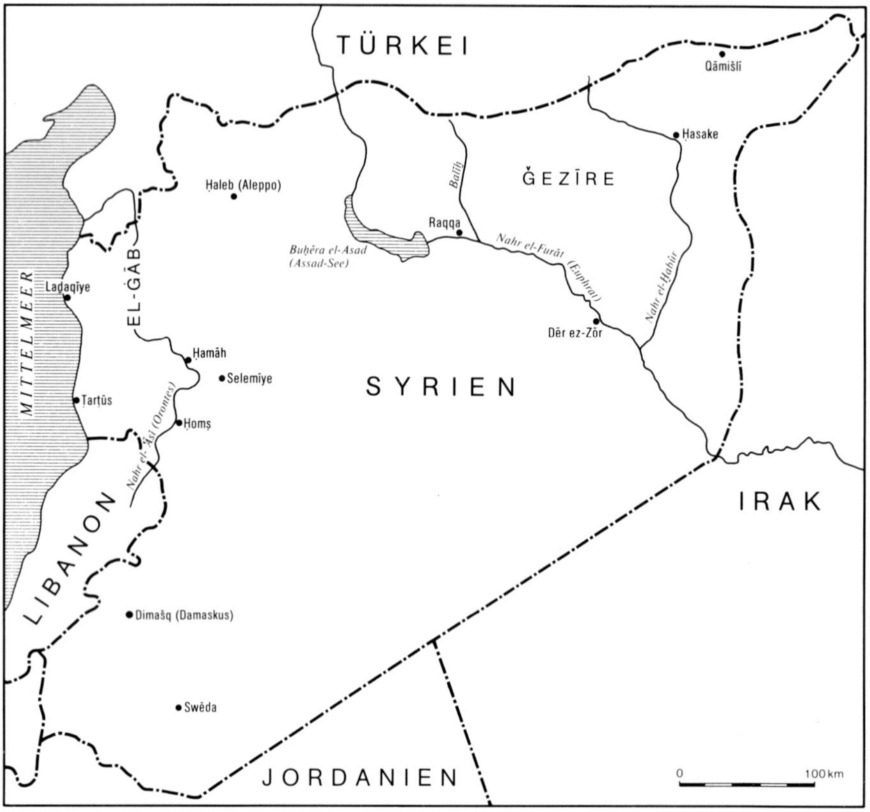


*Abb. 1. Übersichtskarte von Syrien*

Auf diese Phase des Wirtschaftsaufschwungs folgte 1958 mehr als ein Jahrzehnt *politischer und wirtschaftlicher Instabilität.* Ausgelöst wurde die Trendwende durch zwei Ereignisse: der von der Einleitung der Bodenreform, ersten Sozialisierungsmaßnahmen und beträchtlicher Kapitalflucht ins Ausland begleitete Anschluß an Ägypten in den Jahren 1958 bis 1961 und eine etwa ebenso lang anhaltende Dürreperiode, die insbesondere für Bauern und Nomaden eine wirtschaftliche Katastrophe größten Ausmaßes bedeutete. Im Gefolge der Machtübernahme durch die sozialistische Baᶜṯ-Partei im Jahre 1963 erlitt die syrische Volkswirtschaft weitere schwere Rückschläge. Bis zum Ende des Jahrzehnts wurden Banken, Versicherungen, größere Industriebetriebe, der gesamte Außenhandel und große Teile des Binnenhandels verstaatlicht und die bereits

1958 begonnene Bodenreform energisch vorangetrieben, während sich das von Enteignung bedrohte syrische Privatkapital weitgehend aus der landwirtschaftlichen und industriellen Produktion zurückzog und das Volkseinkommen pro Kopf der Bevölkerung 1965/66 unter den Stand von 1956/57 sank (E. WIRTH 1971, S. 14). In jene Phase fällt auch der Baubeginn des Euphrat-Staudamms im Jahre 1968, welcher der Lieferung von Energie für die weitere Elektrifizierung und Industrialisierung des Landes dienen und vor allem die Voraussetzung für die Bewässerung einer Agrarfläche von 640000 ha schaffen sollte.

Der Regierungsantritt von Ḥāfiz el-Asad im Jahre 1970 markiert den Übergang zu einer *Periode der politischen Stabilisierung und des erneuten wirtschaftlichen Aufschwungs*, trotz schwerer Belastungen durch den Krieg mit Israel 1973 und das militärische Engagement Syriens in Libanon. Nachdem inzwischen der aus den Landenteignungen resultierende anfängliche Rückgang der Agrarproduktion überwunden ist und sich die Besitzverhältnisse konsolidiert haben, nimmt die landwirtschaftliche Erzeugung wieder kräftig zu (W. KÖHLER 1978, S. 631). Insbesondere die mehr als 100000 Bauernfamilien, denen im Zuge der Bodenreform Land zugeteilt wurde, investieren viel Arbeit und Kapital in ihre Betriebe und können dadurch ihre Erträge erhöhen. Infolge der Reformmaßnahmen, durch den verstärkten Einsatz von verbessertem Saatgut, Mineraldünger und Schädlingsbekämpfungsmitteln sowie durch die Ausweitung des Bewässerungsareals steigen die Einkünfte der in der Landwirtschaft tätigen Bevölkerung, und „in den Dörfern zeichnen sich Ansätze zur Überwindung und Aufhebung der sozialen Rückständigkeit ab, die für die ländlichen Gebiete Syriens früher kennzeichnend war“ (U. PLANCK 1981, S. 175). Gleichzeitig laufen umfangreiche staatliche Programme zur Förderung der mobilen Schafhaltung an, durch die auch das Einkommen der nomadischen Bevölkerung gesteigert werden soll.

Trotz der Verbesserungen der sozio-ökonomischen Verhältnisse und eines energischen Ausbaus der öffentlichen Infrastruktureinrichtungen auch in dünn besiedelten und abgelegenen Landesteilen hält in Syrien die für alle Entwicklungsländer typische Abwanderung aus den ländlichen Regionen in die Städte unvermindert an, so daß zwischen 1960 und 1977 der Anteil der Landbevölkerung von 63 % auf 52 % sank, während sich der Anteil der städtischen Bevölkerung entsprechend von 37 % auf 48 % erhöhte (Central Bureau of Statistics 1978, S. 78 u. 102). Hinzu kommt eine beträchtliche temporäre Arbeitsemigration in die arabischen Nachbarstaaten, über deren Ausmaß jedoch keine zuverlässigen Angaben vorliegen. Beide Formen der Abwanderung deuten darauf hin, daß die bisher erzielten Fortschritte noch nicht genügen, um in den Dörfern ausreichende Einkommensverhältnisse und Beschäftigungsmöglichkeiten für die um jährlich mehr als 3 % wachsende Bevölkerung zu schaffen.

Vor dem Hintergrund dieser kurz skizzierten allgemeinen Wandlungstendenzen sollen im folgenden anhand von ausgewählten sozialgeographischen Fallstudien die jeweilige Ausgangslage, aktuelle Entwicklungsprozesse und der gegenwärtige Entwicklungsstand im ländlichen Raum Syriens dargestellt werden. Als Ansatzpunkte solcher Untersuchungen bieten sich folgende Themenbereiche an, die schlaglichtartig die wichtigsten Umstrukturierungen und aktuellen Problembereiche in den syrischen Agrarregionen beleuchten:

- die Auswirkungen der *Agrarreform*, in deren Verlauf mehr als ein Fünftel der gesamten landwirtschaftlichen Nutzfläche enteignet und zu einem großen Teil an Kleinbauern verteilt wurde;
- Stagnation oder autochthone Entwicklungen in den *Gebieten mit Regenfeldbau*, der in der staatlichen Entwicklungsplanung noch bis vor kurzem weitgehend ausgespart wurde, obwohl die unbewässerten Agrarflächen rund neun Zehntel der gesamten landwirtschaftlichen Nutzfläche Syriens einnehmen;
- Strukturwandlungen in den *traditionellen Bewässerungsgebieten*; anzusprechen sind dabei etwa die Bergrandoasen und hier insbesondere die Ġūṭa von Damaskus, die unter dem Einfluß der expandierenden Metropole eine tiefgreifende Umgestaltung erfährt;
- die Folgen der meist in Privatinitiative vorangetriebenen *Expansion des Bewässerungslandes* durch die Nutzung oberflächennaher Grundwasservorkommen *mit Hilfe von Motorpumpen*; vielerorts hat diese Entwicklung bereits zu einer starken Absenkung des Grundwasserspiegels und zu einem Rückgang der pumpbewässerten Flächen geführt;
- die Entwicklungen in den jungen, *staatlich erschlossenen Bewässerungsregionen* des Ġāb, der südlich angrenzenden Ebene von ʿAšārne und der nördlich gelegenen Rūǧ-Region, wo 1969 mehr als 50000 ha Staatsland an rund 18000 Bauernfamilien verteilt wurden (Y. BAKOUR 1978, S. 7);
- die bisher feststellbaren Auswirkungen des erst teilweise realisierten *Euphratprojektes*, welches das größte und kostspieligste Entwicklungsvorhaben im syrischen Agrarbereich darstellt;
- die *Abwanderung* der Bevölkerung aus den ländlichen Gebieten *in die Städte;*
- die *temporäre Arbeitsemigration* in andere arabische Staaten und die Konsequenzen für die Entwicklung in den ländlichen Herkunftsregionen der Migranten;
- der Wandel im *nomadischen Lebensraum* Syriens unter dem Einfluß staatlicher Programme zur Förderung der mobilen Schafhaltung.

Einige der hier vorgestellten Themen wurden bzw. werden bereits von anderen Wissenschaftlern untersucht. So liegt seit 1981 eine sehr fundierte empirische Studie von M. HOSRY über die sozialökonomischen Auswirkungen der Agrarreform vor. Mit den Entwicklungen in den Regenfeldbaugebieten beschäftigen sich gegenwärtig zahlreiche Wissenschaftler im International Center for Agricultural Research in the Dry Areas (ICARDA) in Ḥaleb sowie im Arab Center for the Studies of Arid Zones and Dry Lands (ACSAD) in Damaskus, wo auch die Probleme der Grundwasserabsenkung bearbeitet werden. Die Wandlungen in den traditionellen Bewässerungsgebieten am Beispiel der Ġūṭa von Damaskus stehen im Mittelpunkt einer Untersuchung von A.M. BIANQUIS (Institut Français de Damas), während K. DETTMANN (Institut für Geowissenschaften der Universität Bayreuth) sozialgeographische Erhebungen zu Fragen der Landflucht und des Städtewachstums am Beispiel von Damaskus durchführt. Es bleiben somit vier Themenbereiche übrig, die in der vorliegenden Arbeit behandelt werden sollen.

Die erste Fallstudie beschäftigt sich mit dem *Euphratprojekt*. Hier sollen uns jedoch weniger die Erfolge oder Rückschläge der noch im Anfangsstadium befindlichen Neulanderschließung interessieren; gerade bei Projekten einer derartigen Größenordnung sind – nicht nur in Ländern der Dritten Welt – trotz guten Willens aller beteiligten Organisationen anfängliche Fehlentwicklungen kaum vermeidbar (vgl. G. MEYER 1981a, S. 41), so daß bei einer zu früh angesetzten Studie die Gefahr der Überbetonung nicht erfüllter Planziele und negativer Auswirkungen sehr groß ist. Statt dessen steht im Mittelpunkt der Untersuchung eine Bevölkerungsgruppe, deren bisheriger Lebensraum ein Opfer dieses bei weitem aufwendigsten Entwicklungsprojektes der syrischen Agrarwirtschaft wurde: jene mehr als 60000 Menschen, die im Überflutungsbereich des neu geschaffenen Assad-Sees gelebt hatten und nach der Fertigstellung des Euphrat-Staudamms im Jahre 1973 ihre Heimatregion verlassen mußten. Dargestellt werden soll die *Umsiedlung der Bevölkerung aus dem Reservoirgebiet* und die Entwicklung ihrer sozialen und wirtschaftlichen Verhältnisse in den unterschiedlichen Zuwanderungsgebieten.

Die *Arbeitsemigration aus den Dörfern des syrischen Euphrattals in andere arabische Staaten* ist Gegenstand der zweiten Studie. Damit wird auf einen Entwicklungsprozeß eingegangen, der vor allem seit dem Beginn der sechziger Jahre in den ärmeren Ländern des Vorderen Orients durch eine massive Abwanderung von Arbeitskräften insbesondere in die erdölreichen Staaten der Arabischen Halbinsel zu tiefgreifenden Veränderungen im gesamten Sozial- und Wirtschaftssystem führt und gerade im ländlichen Bereich grundlegende Wandlungen induziert. Für die agrarwirtschaftliche Entwicklung Syriens stellt sich dabei das Problem, daß die im Rahmen des Euphratprojekts angestrebte Ausweitung und Intensivierung der Agrarproduktion ohne ein ausreichendes Arbeitskräftepotential kaum realisierbar ist; ein durch Abwanderung ins Ausland bedingter Mangel an Arbeitskräften könnte den Erfolg des gesamten Erschließungsvorhabens in Frage stellen. Es sollen deshalb nähere Aufschlüsse gewonnen werden über die bisherige Entwicklung, das Ausmaß und den Ablauf der Arbeitsemigration sowie über die sozio-ökonomischen Charakteristika der Migranten und die wirtschaftlichen Konsequenzen für das Abwanderungsgebiet.

Nachdem im Agrarsektor das Schwergewicht der staatlichen Investitionen und Entwicklungsprogramme auf der Erschließung der Euphratregion liegt und die dortigen Bewässerungsprojekte in der Erwartung eines hohen zukünftigen Nutzens für die gesamte Volkswirtschaft vorangetrieben werden, stellt sich die Frage, welche Erfahrungen bisher in anderen Landesteilen bei der Entwicklung jener von staatlicher Seite erschlossenen Bewässerungsgebiete gesammelt werden konnten, die bereits seit längerem bewirtschaftet werden. Mit diesem Themenkreis beschäftigt sich der dritte Hauptabschnitt der vorliegenden Arbeit, in welchem die *wirtschafts-, sozial- und bevölkerungsgeographischen Entwicklungen im Bewässerungsprojekt des Ġāb* untersucht werden sollen.

In jener Region wurden auch die Erhebungen durchgeführt, welche in der abschließenden Studie Einsichten in *aktuelle Wandlungsprozesse im nomadischen Lebensraum* vermitteln sollen. Dabei kommt gerade der Entwicklung des Nomadismus in Syrien wie in anderen Ländern des Vorderen Orients „als Indikator für sozialen und wirtschaftlichen Fortschritt oder soziale und wirtschaftliche Stagnation" (F. SCHOLZ 1981b, S. 2) eine besondere Bedeutung zu.

Die vier ausgewählten Themen erfassen beispielhaft jene Bereiche im Lebensraum der ländlichen Bevölkerung Syriens, die sich gegenwärtig durch eine besonders große Dynamik auszeichnen und von denen starke Impulse für die gesamte zukünftige Agrarentwicklung des Landes ausgehen. Gleichzeitig werden mit den hier vorgestellten Untersuchungen grundlegende Probleme und Wandlungsprozesse behandelt, die in ähnlicher Ausprägung auch für andere orientalische Staaten signifikant sind und darüber hinaus zahlreiche Parallelen zu Entwicklungen in anderen Teilen der Dritten Welt aufweisen.

# Erster Teil

# Die Umsiedlung der Bevölkerung aus dem Überflutungsbereich des Assad-Sees

# I. Einführung

## A. Vorgeschichte und Zielsetzung des Euphratprojektes

Am 5. Juli 1973 wurde bei Ṭabqa, etwa 150 km östlich von Ḥaleb, der Euphratdamm geschlossen (vgl. Foto 1). Vor dem 2,5 km langen Damm stauten sich die Wassermassen und überfluteten im Laufe der folgenden drei Jahre auf einer Länge von 80 km und einer durchschnittlichen Breite von etwa 8 km ein Gebiet, das mit seinen 625 qkm die Fläche des Bodensees noch deutlich übertrifft.

*Foto 1. Der Euphratstaudamm bei Ṭabqa*

Damit waren die Pläne zum Aufstau des größten Flusses in Syrien, die in ihrem Ursprung bis in die französische Mandatszeit zurückreichen, Realität geworden. Bereits 1927 hatte sich die Mandatsverwaltung mit Vorschlägen zum Bau eines allerdings weiter flußaufwärts gelegenen Staudamms beschäftigt (OFA o.J., S. 3), die nach der

Unabhängigkeit des Landes von der syrischen Regierung wieder aufgegriffen wurden; in deren Auftrag wurden sie 1949 von einer britischen Gesellschaft und von 1957 bis 1960 im Rahmen eines Kooperationsvertrages von der Sowjetunion weiter verfolgt. In einem Protokoll aus dem Jahre 1961 wurde dann die Teilnahme der Bundesrepublik Deutschland an der Errichtung und Finanzierung des Staudamms vereinbart – ein Vorhaben, das sich jedoch 1965 durch den Abbruch der diplomatischen Beziehungen zwischen den arabischen Staaten und der Bundesrepublik zerschlug. Statt dessen wurde ein Jahr später ein syrisch-sowjetischer Vertrag über den Bau des Euphratdammes abgeschlossen und 1968 mit dessen Errichtung begonnen[2].

Folgende Ziele sollten mit dem Projekt verfolgt werden (Ministry of the Euphrates Dam 1976, S. 7):

1. Bewässerung einer Fläche von 640000 ha; davon sollten rund 490000 ha neu erschlossen und etwa 150000 ha, die bisher im Euphrattal mit Hilfe von Pumpen bewässert wurden, auf eine effizientere Kanalbewässerung umgestellt werden (vgl. Abb. 2). Die gesamte Bewässerungsfläche des Landes, die 1972 ein Areal von 625000 ha umfaßte (Central Bureau of Statistics 1978, S. 192), würde sich damit um 78 % ausweiten.
2. Gewinnung elektrischer Energie durch ein Kraftwerk mit einer Kapazität von 800 Megawatt. In einer späteren Ausbauphase, nach Erhöhung des gegenwärtigen Wasserstandes von 300 auf 320 m Meereshöhe, ist eine weitere Steigerung der Kapazität auf 1100 Megawatt vorgesehen.
3. Regulierung der Wasserführung im Euphrat und damit Schutz gegen Überschwemmungen sowie ausreichende Wasserversorgung in Trockenjahren.

Welchen Stellenwert die syrische Regierung der Realisierung des Projektes für die wirtschaftliche Entwicklung des Landes einräumt, läßt sich aus den Fünfjahresplänen ablesen, in denen für den Zeitraum von 1966 bis 1970 allein 13 % der staatlichen Investitionen für dieses Vorhaben eingeplant waren. In der anschließenden Planungsperiode erhöhte sich der Anteil noch weiter auf 20 %, und im Fünfjahresplan von 1976 bis 1980 war mit 13 Mrd. S.L. sogar fast ein Viertel der gesamten syrischen Investitionsausgaben für die Bewässerung, Neulanderschließung und andere landwirtschaftliche Entwicklungsmaßnahmen im Euphratgebiet vorgesehen (UN/FAO/WFP 1978, S. 1). Dieses Projekt bildet – wie es in einer Veröffentlichung der syrischen Regierung heißt – das Rückgrat der wirtschaftlichen und sozialen Entwicklungsprogramme sowie eine der Säulen für die Errichtung der soliden materiellen Basis einer stabilen und florierenden Wirtschaft (Ministére de l'Information 1974, S. 28).

---

2) Zur ursprünglichen Planung und politischen Vorgeschichte des Damms vgl. H. PRESS 1963, G.A. SONNENHOL 1963 und N. SARKIS 1966.

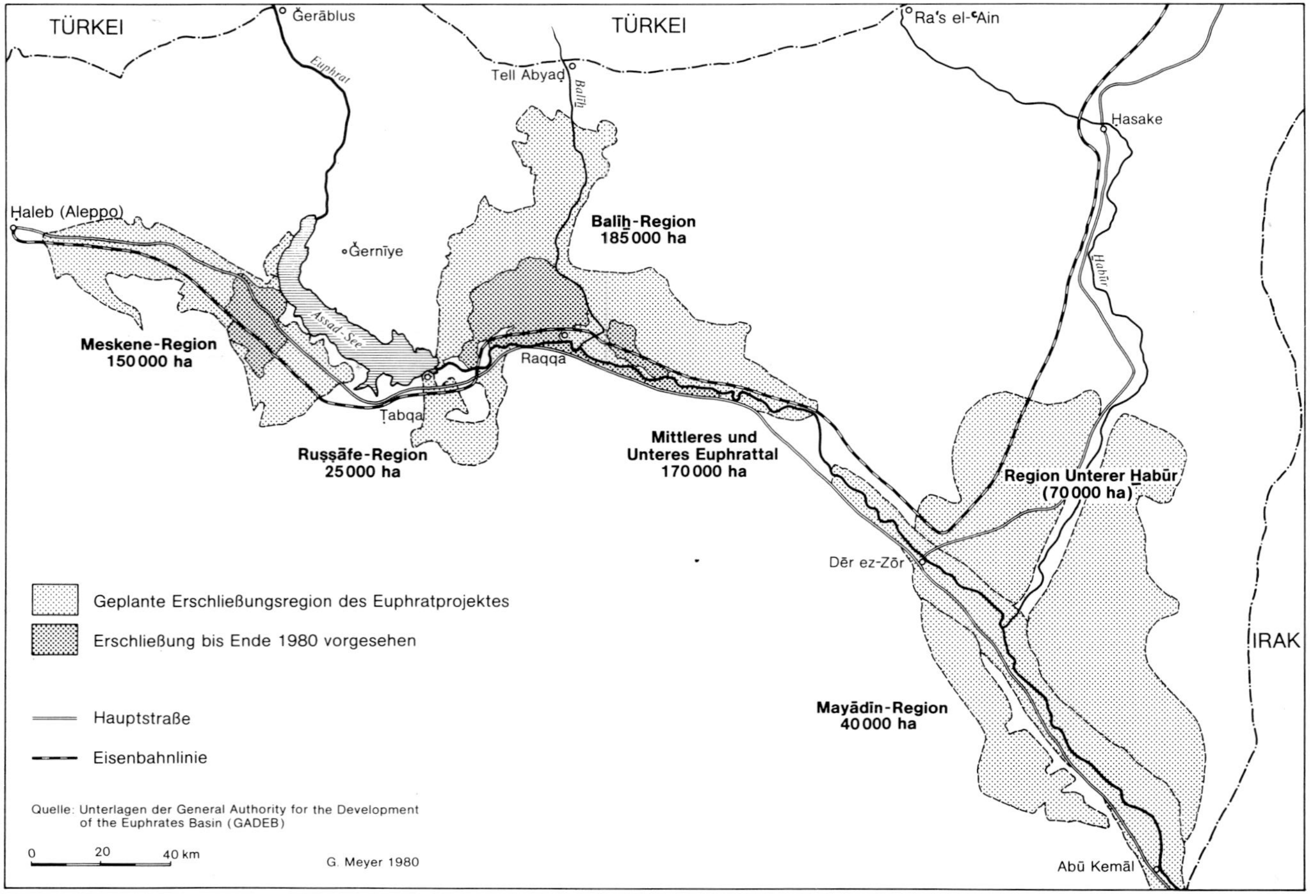


*Abb. 2. Die Erschließungsregionen des Euphratprojektes*

## B. Problemstellung und Materiallage

Hinsichtlich seiner enormen Bedeutung für die Landesentwicklung ist das Euphratprojekt durchaus vergleichbar mit anderen Staudamm-Großprojekten, die in vielen Teilen der Dritten Welt als wichtige Motoren zur Beschleunigung des wirtschaftlichen Fortschritts angesehen werden und auch als Prestigeobjekte dieser jungen Staaten eine bedeutende Rolle spielen (W. MANSHARD 1972, S. 79). Zu nennen wären hier etwa die in Afrika errichteten Staudämme von Kariba (Zambia/Rhodesien), Koussou (Elfenbeinküste) und am Volta (Ghana) oder der Hochdamm bei Assuan. Jedes dieser Vorhaben repräsentierte für den Zeitraum seiner Ausführung den teuersten und aufwendigsten Posten in den nationalen Entwicklungsplänen. Gemeinsam ist den genannten Projekten auch das Problem der Umsiedlung von jeweils mehr als 50000 Menschen aus dem Überflutungsbereich der neu entstandenen Stauseen. Während jedoch bei den afrikanischen Beispielen die Durchführung der Umsiedlung sowie die sozialen, demographischen und wirtschaftlichen Implikationen für die betroffene Bevölkerung bereits sehr früh das Interesse verschiedener sozialwissenschaftlicher Disziplinen fanden und relativ gründlich untersucht und dokumentiert wurden[3], fehlen für das syrische Euphratprojekt bisher jegliche Publikationen zu jener Thematik. *Was geschah mit den Zehntausenden von Menschen, die im Bereich des neu entstandenen Assad-Sees gelebt hatten? In welchen Gebieten haben sie sich angesiedelt, welche Faktoren spielten bei der Wahl ihrer neuen Wohnstandorte eine Rolle, und wie haben sich die wirtschaftlichen und sozialen Verhältnisse der Umsiedler in den einzelnen Zuwanderungsregionen entwickelt?* Das sind die Kernfragen, die in der folgenden Untersuchung näher behandelt werden sollen.

Ausgegangen wird dabei von einer Darstellung der allgemeinen wirtschaftlichen und sozialen Verhältnisse im Euphrattal vor dem Aufstau des Assad-Sees und den ursprünglichen Umsiedlungsplänen. Während darüber einige Angaben und Daten insbesondere aus FAO-Publikationen vorliegen, fehlen seit der Zeit, da eigentlich die Umsiedlung beginnen sollte, zuverlässige Informationen über das weitere Schicksal der aus dem Reservoirgebiet stammenden Bevölkerung. In jüngeren Veröffentlichungen über das Euphratprojekt wird dieses Thema entweder nicht behandelt, oder es wird so getan, als habe die ursprünglich geplante – wie sich erst im Laufe der Untersuchung zeigen sollte, allerdings nie realisierte – Ansiedlung von über 6000 Familien auf neu erschlossenem Bewässerungsland im Mittleren Euphrattal wie vorgesehen stattgefunden[4]. Alle

3) Zur Umsiedlungsproblematik bei den afrikanischen Großprojekten sind besonders folgende Arbeiten hervorzuheben: Zum Kariba-Projekt T. SCUDDER 1968a, E. COLSON 1971; zum Volta-Projekt A. FRISCHEN und W. MANSHARD 1971, W. THOMI 1981; zum Assuan-Projekt H. SCHAMP 1965, R.A. FERNEA und J.G. KENNEDY 1966, H.M. FAHIM 1972, 1973, 1975, G. HEINRITZ 1977; zusammenfassende Darstellungen der Umsiedlungsproblematik bei D. BROKENSHA und T. SCUDDER 1968, W. MANSHARD 1972, T. SCUDDER 1973a,b, D.R. SIKKA 1973, C.A.P. TAKES 1973.

4) So z.B. selbst in dem Evaluierungsbericht einer internationalen Expertenkommission vom 14.6.1978 (UN/FAO/WFP 1978).

Fragen bei Ministerien und öffentlichen Dienststellen in Damaskus sowie in den Provinzhauptstädten Raqqa und Ḥasake nach dem Verbleib der vom Aufstau betroffenen Menschen wurden entweder falsch beantwortet oder mit dem Hinweis auf nicht vorhandene Unterlagen bzw. fehlende Zuständigkeit abgeblockt. Aus einigen Andeutungen war dabei auch zu entnehmen, daß weitere Nachforschungen zu diesem Themenkomplex nicht erwünscht waren. Es blieb deshalb nur die Möglichkeit, durch Kontaktaufnahme mit Angehörigen der ehemaligen Reservoirbevölkerung die wichtigsten Ansiedlungsgebiete in Erfahrung zu bringen und dort ohne behördliche Absicherung eigene Untersuchungen anzustellen.

Verteilt auf drei Hauptregionen konnten mehr als 150 einzelne Siedlungen und Siedlungsteile ausfindig gemacht und aufgesucht werden, in denen sich die aus dem Aufstaubereich verdrängte Bevölkerung niedergelassen hatte. Hier wurde während vier Forschungsaufenthalten in den Jahren 1978 und 1979 in der Regel jeweils mindestens eine zur lokalen Führungsschicht gehörende Person über die soziale und wirtschaftliche Situation der Einwohner des betreffenden Ortes befragt. Außerdem konnten in bestimmten Gebieten weitere 414 ausgewählte Haushaltsvorstände und 104 Umsiedler, die im Ausland gearbeitet hatten, zu gesonderten Fragestellungen interviewt werden. Hinzu kamen ergänzende Informationen und Unterlagen, die im Zusammenhang mit den im zweiten Teil behandelten Erhebungen zur Arbeitsemigration von Mitarbeitern der für die Ausführung des Euphratprojektes zuständigen GADEB (General Authority for the Development of the Euphrates Basin) zur Verfügung gestellt wurden.

## II. Die wirtschaftlichen und sozialen Verhältnisse im Euphrattal vor dem Aufstau des Assad-Sees

Die rund 62500 ha des Reservoirgebietes wurden zur Hälfte von Bewässerungsland eingenommen[5], das überwiegend mit Baumwolle bestellt war. Etwas höher gelegene Talbereiche – rund 12 % der Gesamtfläche – wurden im Trockenfeldbau genutzt. Bei mittleren Jahresniederschlägen zwischen 200 und 300 mm (vgl. E. WIRTH 1971, Karte 3) baute man in jährlichem Wechsel auf einer Hälfte dieser Ländereien Getreide an, während die andere Hälfte brach lag. Etwa ein Drittel des Reservoirgebietes entfiel auf das Flußbett des Euphrat sowie auf unkultivierbares Ödland, das z.T. als Schafweide genutzt werden konnte. Die verbleibenden knapp 5 % des Überflutungsbereiches bedeckten Siedlungsflächen; offiziell waren 61 Gemeinden registriert, die häufig aus mehreren getrennten Weilern oder Gehöftgruppen bestanden.

Die dort ansässige Bevölkerung war fast ausschließlich *nomadischer oder halbnomadischer Herkunft* und gehörte verschiedenen Fraktionen des Welde-Stammes an. Sie hatte bis gegen Ende des Zweiten Weltkriegs vorwiegend von der mobilen Schafhal-

5) Flächenangaben zur Landnutzung nach: I.L.O.-Report on aspects of employment in the Euphrates valley, 1965; zit. nach G.C.C. GATTINARA 1973, S. 12.

tung gelebt und daneben meist auch noch Regenfeldbau betrieben. Seit der Befriedung durch die französische Mandatsmacht in den zwanziger Jahren hatten kleinere Gruppen der Welde an einigen Stellen behelfsmäßige Wohnsitze am Flußufer errichtet und dort mit Hilfe von einfachen Wasserhebevorrichtungen einen primitiven Bewässerungsfeldbau auf Weizen, Gerste und Hirse begonnen, wobei sie jedoch außerhalb der Anbau- und Ernteperiode die traditionelle Weidewanderung mit ihren Schafherden weiter aufrechterhielten. Abgesehen von diesen vereinzelten Ansätzen dauerte es bis 1949, ehe der *Baumwollanbau mit Pumpbewässerung die entscheidenden Impulse zu einer permanenten Ansiedlung* im Euphrattal lieferte.

Die Initiatoren der in kürzester Zeit vollzogenen landwirtschaftlichen Erschließung von Bewässerungsfluren in den Talbereichen des Euphrat und seiner Nebenflüsse waren meist spekulativ eingestellte städtische Unternehmer (vgl. E. WIRTH 1965a und 1971, S. 433). Sie investierten hohe Beträge in die Installation von Motorpumpen und veranlaßten viele insbesondere der ärmeren Halbnomaden, als Teilpächter auf den neu erschlossenen Flächen Baumwolle anzubauen und dort seßhaft zu werden. Angesichts der hohen Einkünfte, die hier zu erzielen waren – vor allem nachdem 1950 die Baumwollpreise im Zusammenhang mit dem Koreakrieg in die Höhe schnellten –, gingen auch bald wohlhabendere Halbnomaden zum selbständigen Baumwollanbau über. Das dazu erforderliche Investitionskapital bekamen sie in der Regel durch den Verkauf eines großen Teils ihrer Herden. Einer der wichtigsten Vorreiter dieser Entwicklung im Reservoirbereich war der Oberscheich Šawwaḫ Burṣān, der als größter Grundbesitzer auf der östlichen Euphratseite wesentlich zur dortigen Expansion der Pumpbewässerung beitrug und die Ansiedlung von Stammesangehörigen als Teilpächter auf seinem Land förderte.

Für den Beginn der siebziger Jahre lassen sich aufgrund von Interviews mit ehemaligen Einwohnern aus jedem der überfluteten Dörfer, ergänzt durch die Kenntnis der Situation im übrigen Euphrattal, sowie unter Berücksichtigung der Untersuchungsergebnisse von G.C.C.GATTINARA aus dem Jahr 1972 die sozio-ökonomischen Verhältnisse der Bevölkerung im Reservoirgebiet etwa in folgender Weise rekonstruieren:

Eine führende Stellung als soziale und wirtschaftliche Elite nehmen die jeweiligen *Scheich-Familien* der drei Hauptfraktionen des Welde-Stammes ein, auch wenn ihre Position in den letzten Jahrzehnten immer mehr geschwächt wurde. So ging der politische Einfluß der Stammesführer gegenüber der erstarkten Staatsmacht fast völlig verloren – abgesehen von Scheich Šawwaḫ Burṣān, der als Parlamentsabgeordneter die Interessen des Welde-Stammes vertritt. Zudem erlitten diese Familien schwerste wirtschaftliche Einbußen infolge der zwischen 1958 und 1969 durchgeführten Bodenreform, deren gesetzliche Bestimmungen eine Enteignung jedes Besitzes von mehr als 50 ha Bewässerungsland und 300 ha Trockenfeld vorsahen[6]. Scheich Šawwaḫ Burṣān bei-

6) In den anderen Landesteilen sind die Höchstgrenzen des Grundeigentums niedriger; vgl. dazu M. HOSRY 1981, S. 39.

spielsweise mußte nach Angaben seines Sohnes 250 ha auf eigene Kosten erschlossenes Bewässerungsland einschließlich der darauf vorhandenen Pumpen sowie 1200 ha Trockenfelder entschädigungslos abtreten. Mit dem ihm verbleibenden 50 ha Bewässerungsland sowie 600 Schafen und mit einem umfangreichen Landmaschinenpark, der im großflächigen Getreidebau auf Pachtland eingesetzt wurde, gehörte er jedoch immer noch zu den reichsten Männern im Reservoirgebiet.

Ähnlich war die Situation bei den übrigen führenden Familien der insgesamt 15 Unterfraktionen des Welde-Stammes. Trotz z.T. erheblicher Landverluste durch die Bodenreform besaßen sie immer noch größere, meist von Teilpächtern bewirtschaftete Bewässerungsflächen im Euphrattal, Trockenfelder auf dem höher gelegenen Plateau und Schafherden. Aus diesen Kreisen und vor allem aus der Aleppiner Kaufmannsschicht stammte die Mehrzahl der *landwirtschaftlichen Unternehmer*, die als Pächter und Pumpenbesitzer für die Erschließung der Bewässerungsfluren verantwortlich waren und auch nach der Bodenreform[7] daraus noch beträchtliche Gewinne ziehen konnten. So hatten sie für die Bereitstellung von Wasser, Saatgut, 60 % des Düngers sowie von Traktoren zum Pflügen der Baumwollfelder und von 60 % der für das Baumwollpflücken benötigten Arbeitskräfte Anspruch auf 40 % der Ernte.

Während diese wirtschaftlich führende Schicht weniger als 5 % der im Reservoirbereich lebenden Familien ausgemacht haben dürfte, wurde die Masse der dortigen Bevölkerung von *Kleinbauern* gebildet (ca. 80 %), *die zum weitaus überwiegenden Teil zwischen 2 und 4 ha Bewässerungsland sowie meist auch noch 5 bis 25 ha Trockenfeld bewirtschafteten.* Etwa 25 bis 30 % der Kleinbauern waren *Eigentümer* des Bewässerungslandes; dabei verfügten nur wenige über eigene Pumpen, während die meisten gegen Ablieferung von Ernteanteilen Wasser von anderen Pumpenbesitzern bezogen. Zwischen 35 und 40 % der Kleinbauern bildeten die Gruppe der *Teilpächter*, die in einem engen Abhängigkeitsverhältnis zu den jeweiligen Pumpen- und Landbesitzern standen und beim Baumwollanbau für die Durchführung aller Feldarbeiten sowie 40 % der Erntearbeiten einen gesetzlich festgelegten Ertragsanteil von 40 % erhielten. Etwa 25 bis 30 % der Kleinbauern hatten im Rahmen der *Bodenreform* die Verfügungsgewalt über das vorher meist schon als Teilpächter bewirtschaftete Land bekommen, und zwischen 5 und 10 % hatten das Bewässerungsland gegen einen relativ geringen Geldbetrag vom Staat gepachtet[8]. Das Jahreseinkommen der kleinbäuerlichen Familienbetriebe aus

---

7) Die Kontraktoren waren von den Enteignungsgesetzen der Bodenreform nicht direkt betroffen, da sie nicht die Eigentümer des von ihnen bewirtschafteten Landes waren.

8) Diese Angaben weichen erheblich von den Ergebnissen G.C.C. Gattinaras ab, der aufgrund seiner Untersuchungen z.B. für die Bodenreformbauern nur einen Anteil von 11 % angibt und Pacht von Staatsland gar nicht erwähnt (1973, S. 39). Die Diskrepanz dürfte darauf beruhen, daß z.T. sehr starke Unterschiede zwischen den einzelnen Dörfern bestehen, so daß die auf nur 50 Interviews basierende Studie Gattinaras (in 12 von 61 Dörfern wurde eine dreiprozentige Zufallsstichprobe aus dem Verzeichnis der Haushaltsvorstände gezogen) sicherlich nicht als repräsentativ für die gesamte Reservoirbevölkerung gelten kann.

dem landwirtschaftlichen Anbau auf dem Bewässerungsland und den Trockenfeldern wurde meist noch durch die *Haltung von 5 bis 25 Schafen* sowie durch die Entlohnung für Feldarbeiten bei Nachbarn oder durch andere Gelegenheitsarbeiten aufgestockt und bewegte sich zu Beginn der siebziger Jahre in der Mehrzahl der Fälle in einem Bereich zwischen 2500 und 4500 S.L. – ein für syrische Agrarbetriebe damals *relativ hohes Einkommen.*

Schließlich blieb noch ein kleiner Teil der Reservoirbevölkerung übrig (etwa 15 %), der sich aus Land- und Gelegenheitsarbeitern, Hirten, bei den Kontraktoren angestellten Fahrern, Mechanikern und Pumpenwarten, wenigen Händlern und Handwerkern sowie Angehörigen einiger anderer Berufsgruppen zusammensetzte.

## III. Die ursprünglichen Umsiedlungspläne und die Reaktion der Betroffenen

Anfangs war vorgesehen, die gesamte Bevölkerung aus dem Überflutungsbereich in das sogenannte Pilotprojekt (mašruᶜ el-rā'id umzusiedeln. Es handelt sich dabei um ein Gebiet, das, rund 10 km unterhalb des Staudamms beginnend, sich auf der ersten und zweiten Euphratterrasse[9] im Südteil der Balīẖ-Region über eine Entfernung von 60 km erstreckt. 1969 wurde dort mit der Erschließung von 19600 ha Bewässerungsland und ein Jahr später mit dem Bau von 15 neuen Dörfern angefangen. Hier sollte die Reservoirbevölkerung eine neue Heimat finden und jede Familie 3,3 ha genossenschaftlich zu bewirtschaftendes Bewässerungsland erhalten. Als dann jedoch die Ergebnisse einer Zählung der Reservoirbevölkerung aus dem Jahre 1969 vorlagen, stellte sich heraus, daß bei einer für 1973 zu erwartenden Anzahl von rund 11000 Familien mit insgesamt 64000 Personen nur für etwa die Hälfte der betroffenen Menschen genügend Land im Pilotprojekt vorhanden sein würde.

Dennoch hätte damit die tatsächliche Nachfrage nach Siedlerstellen in etwa abgedeckt werden können; denn nachdem die GADEB mehrere Informationskampagnen im späteren Überflutungsbereich durchgeführt hatte, zeigte sich, daß nur 34 % der Familien bereit waren, sich im Projektgebiet anzusiedeln. 16 % wollten nur dann der Umsiedlungsaktion zustimmen, wenn sich das ganze Dorf daran beteiligte, und 50 % lehnten eine Ansiedlung im Projektgebiet kategorisch ab (G.C.C. GATTINARA 1973, S. 69). In den durch die Untersuchung von Gattinara ermittelten Gründen für die negative Einstellung der Reservoirbevölkerung gegenüber der Umsiedlung kamen eine Reihe von wirtschaftlichen und sozialen Charakteristika dieser gesellschaftlichen Gruppierung zum Tragen, auf welche hier entsprechend der Häufigkeit der Nennungen näher eingegangen werden soll:

---

9) Zur Genese und Datierung der Euphratterrassen vgl. E. WIRTH 1971, S. 429–431 und UNDP/FAO 1976, S. 8–9.

*1. Furcht, die Freiheit zu verlieren*

Es ist bezeichnend für die starke Prägung jener Bevölkerungsgruppe durch ihre nomadische Vergangenheit, daß gerade dieser Punkt, in dem sich das starke Verlangen nach Unabhängigkeit und Individualität ausdrückt, als wichtigster Hinderungsgrund empfunden wurde.

*2. Unzureichende Wohn- und Wirtschaftsgebäude*

In den Siedlungen im Reservoirbereich hatten die Häuser eine durchschnittliche Wohnfläche von 62 $m^2$ sowie einen oft U-förmig umbauten Innenhof. Die Gehöfte waren meist in relativ weiten Abständen voneinander errichtet, wie das etwa noch im Jahre 1979 am Beispiel des nicht überfluteten Teils der Siedlung von Šams ed-Dīn dokumentiert werden konnte (vgl. Foto 2). Durch die räumliche Distanz zum Nachbarn kommt das Bedürfnis zum Ausdruck, die eigene Privatsphäre nach außen hin abzuschirmen.

In den 15 neuen Dörfern des Pilotprojektes hatte man dagegen nach dem Vorbild der Siedlungen in den ägyptischen Neulandgebieten eher städtisch wirkende Einheitshäuser gebaut, die längsgeteilt waren und zwei Wohnungen enthielten (vgl. Foto 3). Daß aber zwei Familien zusammen in einem Haus wohnen sollten, war für viele nur akzeptabel, sofern es sich dabei um sehr nahe Verwandte handelte. Jede Wohneinheit bestand aus zwei kleineren Räumen und einer Küche bei einer Wohnfläche von nur 30 qm. Dazu kam eine Toilette ohne Wasserspülung unmittelbar neben der Küche. Es fehlten Speichermöglichkeiten, und die Häuser waren so dicht aneinander gebaut, daß die gewohnte Privatsphäre der Familie in hohem Maße gefährdet schien. Dieser Siedlungstyp entsprach damit in keiner Weise den Wünschen und Bedürfnissen der Reservoirbevölkerung.

*3. Ungenügende Landzuweisung, Verlust des Trockenfeldes und Beschränkung bei der Anzahl der Schafe*

Bei der in weiten Bereichen aufgrund eines hohen Gips- und Salzgehalts geringen Bodenqualität des neuerschlossenen Bewässerungslandes (vgl. UNDP/FAO 1976, S. 1) stand zu erwarten, daß auf den vorgesehenen 3,3 ha pro Familie auch nicht annähernd so hohe Erträge zu erzielen waren wie auf den bisher bewirtschafteten fruchtbaren Talböden. Außerdem besitzt gerade die Ausübung des Regenfeldbaus als altüberkommene Wirtschaftsweise eine erhebliche emotionale Relevanz für diese Bevölkerung, während die Schafe nicht nur eine zusätzliche Einnahmequelle für die Fellachen sind, sondern ihr wichtigstes mobiles Kapital darstellen. So ist es beispielsweise häufig nur durch den Verkauf der Schafe für einen Bauern möglich, die hohen

*Foto 2. Šams ed-Dīn im nördlichen Randbereich des Assad-Sees (März 1979)*

*Foto 3. Einheitshäuser in den neuen Dörfern des Pilotprojektes*

Brautpreise von wenigstens 4000 S.L. aufzubringen, um sich selbst oder seine Söhne zu verheiraten.

4. *Beschränkungen durch die genossenschaftlichen Regeln und Vorschriften*
Für alle Umsiedler sollte die Mitgliedschaft in einer Kooperative verpflichtend sein. Sie würden damit nicht mehr frei über ihren Anbau entscheiden können, sondern müßten die staatlich vorgeschriebenen Anbaurotationen befolgen. Teilweise negative Erfahrungen mit bereits bestehenden Genossenschaften trugen ebenso zur Ablehnung bei wie die mangelnde Vertrautheit mit dem kooperativen Prinzip, da ihnen früher jede Form der gemeinschaftlichen Agrarproduktion und der Nachbarschaftshilfe – außer gegen direkte Bezahlung – fremd war. Selbst die Hilfe auf dem Feld des eigenen Bruders ließ man sich üblicherweise bezahlen (G.C.C. GATTINARA 1973, S. 31).

5. *Furcht vor Stammeskonflikten*
Fast die gesamte Bevölkerung des Reservoirgebietes gehört zwar dem Stamm der Welde an; doch herrschen zwischen den einzelnen Stammesgruppen gewisse Rivalitäten, so daß ein relativ stark ausgeprägtes Zusammengehörigkeitsgefühl meist nur im Rahmen der in einem Ort oder Siedlungsteil zusammen wohnenden erweiterten Großfamilie zu finden ist. Bei der Konzentration von Bewohnern aus 61 Reservoirdörfern, die sich noch weiter in 126 Gruppensiedlungen unterteilen ließen, in nur 15 eng bebauten Neusiedlerdörfern mußte mit erheblichen Spannungen zwischen den Angehörigen verschiedener Herkunftsorte gerechnet werden.
Noch größer war allerdings die Furcht vor massiven Auseinandersetzungen mit der innerhalb und am Rande des Pilotprojektes ansässigen Bevölkerung, die dem Stamm der ᶜAfāḏle angehört. In der Vergangenheit hatten beide Stämme im Balīḫ-Gebiet gelebt. Mit wachsender Bevölkerungszahl nahmen jedoch die Konflikte zwischen ihnen um Weide- und Regenfeldbauareale zu. Sie entluden sich im 19. Jahrhundert in einem Stammeskrieg, in dessen Verlauf die Welde nach blutigen Massakern von den ᶜAfāḏle nach Westen ins Reservoirgebiet abgedrängt wurden. Offiziell haben sich mittlerweile die Beziehungen zwischen den beiden Stämmen zwar normalisiert; trotzdem waren die Welde als Siedler im Gebiet der ᶜAfāḏle höchst ungern gesehen, und die überwiegende Mehrheit der im Projektgebiet ansässigen Bevölkerung hielt Konflikte mit den Umsiedlern für unvermeidbar (G.C.C.GATTINARA 1973, S. 27).

## IV. Die Verteilung der Reservoirbevölkerung auf unterschiedliche Umsiedlungsgebiete in Nordostsyrien

Trotz dieser Einwände gegen eine Niederlassung in den neuen Dörfern gelang es schließlich doch noch durch intensive Propaganda- und Aufklärungsaktionen der

GADEB-Sozialabteilung, die Mehrzahl der nur bedingt Umzugswilligen zur Übersiedlung ins Pilotprojekt zu gewinnen. Nach Angaben eines leitenden Mitarbeiters der damaligen Umsiedlungskampagne waren die Pläne für den Bezug der neuen Dörfer bereits aufgestellt worden, wobei man darauf geachtet hatte, jeweils die ehemaligen Bewohner eines Reservoirdorfes möglichst gemeinsam in einer Neusiedlung unterzubringen. Man hatte die Umzugswilligen auch schon informiert, in welchem Dorf sie künftig leben sollten – da wurden schlagartig im April 1973, ein Vierteljahr vor der Schließung des Damms, alle bisherigen Pläne umgestoßen und die jahrelangen Vorbereitungen der Umsiedlungsaktion weitgehend zunichte gemacht. *Die 15 Dörfer des Pilotprojektes wurden zu Staatsfarmen erklärt,* so daß die Umsiedler sich dort nicht als Genossenschaftsbauern auf eigenem Land, sondern allenfalls als Arbeiter ihren Lebensunterhalt verdienen konnten. Statt dessen wurde von der regierenden Baᶜṯ-Partei die *Ansiedlung der Reservoirbevölkerung im äußersten Nordosten des Landes* propagiert und organisiert.

In ähnlicher Weise, wie unter der osmanischen Herrschaft vor dem Ersten Weltkrieg in Nordostsyrien tscherkessische Wehrdörfer zur Befriedung der Nomaden errichtet wurden (E. WIRTH 1963, S. 18), sah die politische Führung Syriens jetzt die Chance, durch eine Kette von Neusiedlungen entlang der türkischen Grenze die bereits seit Beginn der sechziger Jahre bestehenden Pläne zur *Anlage eines „arabischen Gürtels" in dem vorwiegend von Kurden bewohnten Gebiet zu verwirklichen*[10] (Abb. 3). Dieser

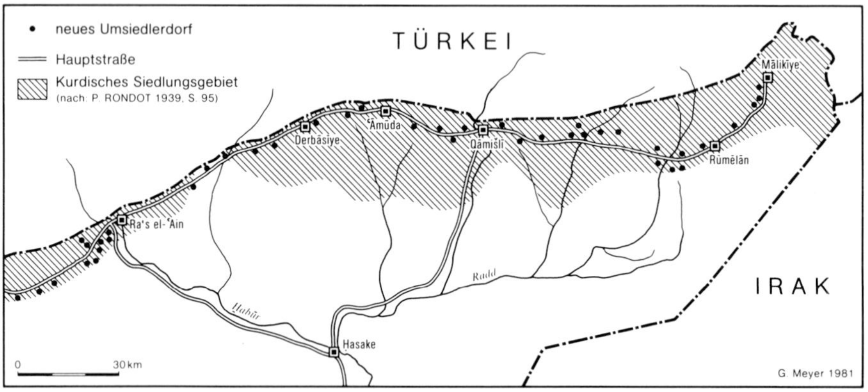


*Abb. 3. Lage der Umsiedlerdörfer in der Provinz Ḥasake*

10) Vgl. M. NAZDAR 1978, S. 317; zur Situation der kurdischen Bevölkerung in Syrien und speziell in diesem Gebiet siehe A. POIDEBARD 1927, M.R. MONTAGNE 1932, P. RONDOT 1939, M. SEURAT 1980, S. 103–105. Ein Überblick über die physische Ausstattung und kulturgeographische Entwicklung der Region findet sich bei E. WIRTH 1964 und 1971, S. 421–429.

Siedlungspolitik kommt nicht zuletzt wegen der in jener Region ausgebeuteten Erdöllagerstätten eine erhebliche sicherheitspolitische Bedeutung zu. Ermöglicht wurde die Umsiedlung dadurch, daß hier ausgedehnte Ländereien verfügbar waren, die früher meist kurdischen Großgrundbesitzern gehört hatten und im Rahmen der Bodenreform enteignet worden waren.

Als die Reservoirbevölkerung von den geänderten Plänen erfuhr, war die erste Reaktion eine nahezu einhellige Ablehnung. Sich in so großer Entfernung von ihrer vertrauten Stammesregion und noch dazu im Kurdengebiet niederzulassen, das erschien den meisten von ihnen undenkbar. Um genügend Umzugswillige zu finden, bedurfte es eines intensiven Propagandafeldzugs der Ba$^{c}$ṯ-Partei, in dessen Verlauf man vor allem die Stammesführer für den Umsiedlungsplan zu gewinnen versuchte. Gleichzeitig bemühte man sich, bei den zum Bleiben Entschlossenen die Hoffnung auf eine neue Existenzgründung auf dem benachbarten Plateau dadurch zu zerstören, daß man verbot, Wasser aus dem zukünftigen Stausee für private Bewässerungszwecke zu entnehmen. Durch jene Maßnahmen konnte gut ein Drittel der Reservoirbevölkerung dazu bewogen werden, sich an der offiziellen Umsiedlungsaktion zu beteiligen. Dabei kam es nur in einem Fall vor – bei dem Dorf Abū Dārā im Nordwesten des Reservoirbereiches –, daß die gesamte Einwohnerschaft eines Dorfes sich zur gemeinsamen Ansiedlung im Kurdengebiet entschloß. Wie aus der Abb. 4 hervorgeht, war in zehn Dörfern niemand zur Teilnahme an der offiziellen Umsiedlungsaktion bereit, in 21 weiteren Orten lagen die Beteiligungsquoten unter 25 %, und nur in 14 Orten konnte mehr als die Hälfte der Bevölkerung für die Pläne der Ba$^{c}$ṯ-Partei gewonnen werden. Dagegen entschloß sich der größte Teil der Reservoirbevölkerung (55 %) zu einer Neuansiedlung auf dem Plateau beidseits des Stausees. Knapp 9 % zogen auf die Staatsfarmen im Pilotprojekt des Mittleren Euphrattals, und 3 % bzw. 0,4 % wanderten in die Provinzhauptstädte Raqqa und Ḥaleb ab[11].

Wie läßt sich das unterschiedliche Entscheidungsverhalten der Umsiedler erklären? Welche Gründe haben bei der Wahl der neuen Wohnstandorte eine Rolle gespielt? Diesen Fragen wird im folgenden Abschnitt nachzugehen sein.

---

11) Während die Zahl der aus dem Reservoirgebiet stammenden Haushalte in den übrigen Zuzugsgebieten durch eigene Befragungen ermittelt werden konnte, war es nicht möglich, eine vollständige Erfassung aller entlang des Stausees neu errichteten Siedlungen vorzunehmen, die häufig nur aus wenigen Häusern bestanden oder am Rande älterer Dörfer erbaut worden waren. In strittigen Fällen wurde deshalb zunächst für das Jahr 1978 die Gesamtzahl der aus jedem einzelnen Dorf stammenden Familien errechnet (basierend auf den Daten der Bevölkerungszahlung von 1969 bei einer jährlichen Zuwachsrate von 3 %). Die Differenz zwischen diesem Wert und der Summe der in den übrigen Zuzugsgebieten erfaßten Haushalte ergab dann die Zahl der auf dem Plateau beiderseits des Stausees angesiedelten Familien.

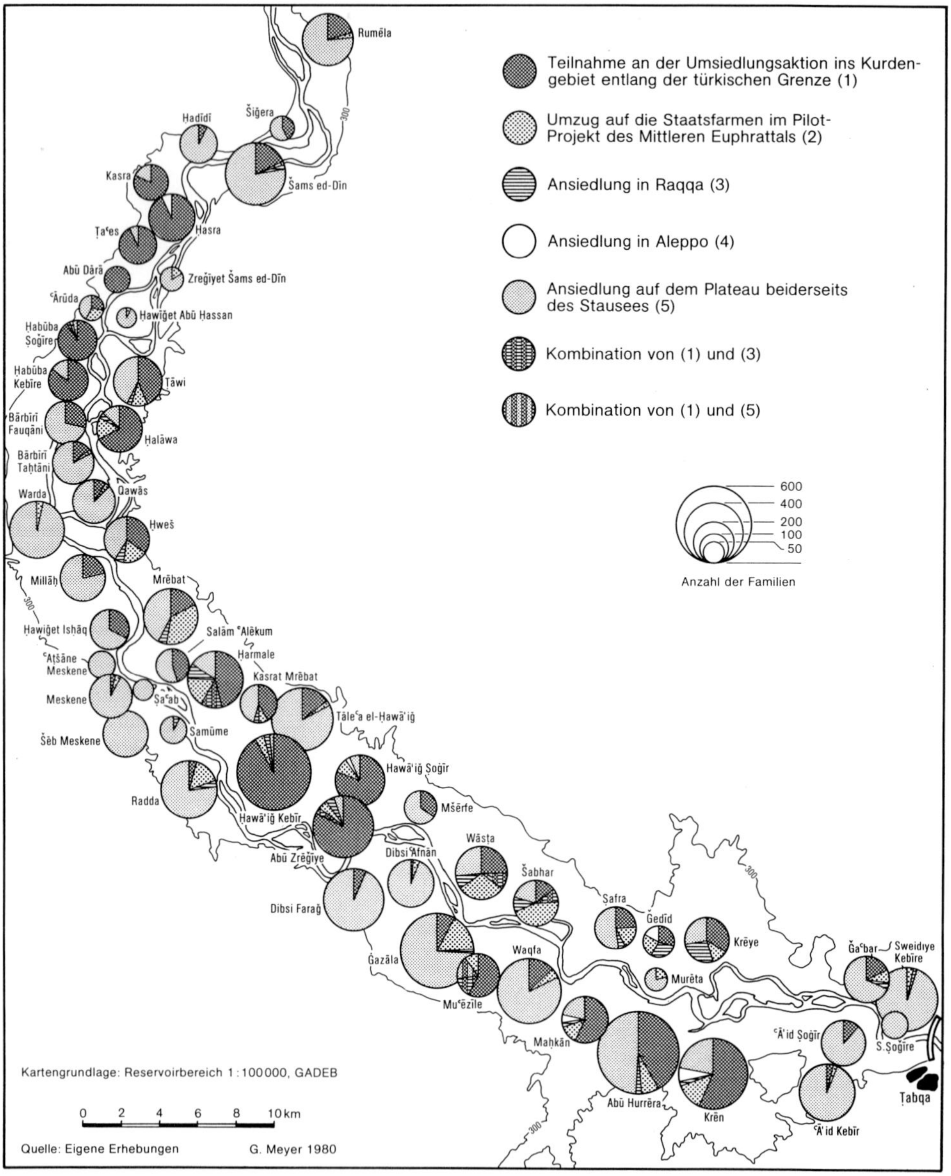


*Abb. 4. Die Neuansiedlung der aus dem Reservoirbereich stammenden Familien in unterschiedlichen Gebieten Nordostsyriens*

# V. Untersuchungen zu den räumlichen Entscheidungen der Reservoirbevölkerung bei der Wahl ihrer neuen Wohnstandorte

Es ist klar, daß eine vollständige Erhellung des Entscheidungsprozesses bei der Wohnstandortwahl der aus dem Überflutungsbereich verdrängten Bevölkerung auch nicht annähernd möglich sein kann. Zu viele sich gegenseitig bedingende psychologische, soziale und wirtschaftliche Faktoren müßten dabei berücksichtigt werden, die sich in ihrer Komplexität auch durch umfangreiche individual- und sozialpsychologische Erhebungen nicht mehr rekonstruieren lassen, zumal die Umzugsentscheidungen zum Zeitpunkt der Untersuchung bereits zwischen drei und sechs Jahren zurücklagen. Durch Fragen nach den Gründen für die Standortentscheidungen kann hier nur versucht werden, die auch im nachhinein von den Migranten noch als dominant empfundenen entscheidungsrelevanten Faktoren für die Wahl oder Ablehnung der verschiedenen Ansiedlungsgebiete in Erfahrung zu bringen. Darüber hinaus soll durch die Erfassung der *sozio-ökonomischen Bedingungen im Herkunftsgebiet der Handlungsrahmen der Umsiedlerhaushalte* aufgezeigt werden, in welchem eine entscheidende Ursache für die Ansiedlung in den unterschiedlichen Regionen gesehen wird.

## A. Ausgangshypothese

Aufbauend auf den grundsätzlichen Überlegungen von LEE zum Ablauf von Wanderungen (1972, S. 118–120) läßt sich im vorliegenden Fall die Hypothese aufstellen, daß die entscheidungsrelevanten Faktoren, die auch im nachhinein noch als solche empfunden werden, vorwiegend von der positiven, indifferenten oder negativen *Bewertung der erwarteten Verhältnisse in den zur Auswahl stehenden Zuzugsgebieten* bestimmt wurden. Es ist weiter anzunehmen, daß die Beurteilung der alternativen Wohnstandorte – insbesondere im Hinblick auf die mögliche Inwertsetzung der dort erwarteten Gegebenheiten durch die Migranten – in ganz wesentlichem Umfang durch die *den Handlungsrahmen der Umzugswilligen begrenzenden sozio-ökonomischen Ausgangsbedingungen sowie durch das jeweilige Wertsystem der Umsiedler* beeinflußt wurde. So dürfte beispielsweise ein Landarbeiter eher als ein selbständiger Bauer bereit gewesen sein, an einen Ort zu ziehen, an dem er nur mit Gelegenheitsarbeiten seinen Lebensunterhalt verdienen kann. Daraus resultiert zumindest partiell eine Selektion und *räumliche Segregation der Reservoirbevölkerung entsprechend sozio-ökonomischer Charakteristika* der einzelnen Haushalte, Familienverbände oder größerer sozialer Gruppierungen.

Als Selektionskriterien kommen in Frage:

– die *bisherige berufliche Situation*, aus der sich der Wunsch ableiten läßt, im Zuzugsgebiet eine möglichst ähnliche Tätigkeit ausüben zu können.

– *Landbesitzverhältnisse;* daraus resultiert sowohl ein unterschiedliches Anspruchsniveau gegenüber den zu erwartenden Einkommensverhältnissen (z.B. bei Teilpächtern und ehemaligen Großgrundbesitzern) als auch die Zugehörigkeit zu verschiedenen sozialen Gruppen, von deren Mitgliedern ähnliche Verhaltensweisen erwartet werden können (z.B. in einer Genossenschaft organisierte Bodenreformbauern).
– *Besitz von Schafen;* daraus läßt sich einerseits das Bestreben zur Ansiedlung in einem Gebiet ableiten, in welchem man die gewohnte Schafhaltung beibehalten kann, während die Tiere andererseits als mobiles Kapital zur Gründung einer neuen wirtschaftlichen Existenzbasis eingesetzt werden können.
– *Alter und Bildung des Haushaltsvorstandes sowie Haushaltsgröße;* es ist beispielsweise anzunehmen, daß kleine Familien mit jungen lese- und schreibkundigen Haushaltsvorständen risikofreudiger und eher bereit sind, sich selbständig neue Lebens- und Arbeitsbedingungen zu schaffen, als dies bei Familien der Fall sein dürfte, in denen eine große Zahl von Angehörigen von einem älteren Haushaltsvorstand ernährt werden muß, der Analphabet ist.

## B. Erhebungsmethode und Datenbasis

Zur Überprüfung der Arbeitshypothesen führte ich im Frühjahr 1979 in den verschiedenen Zuzugsgebieten Kurzinterviews mit stichprobenartig ausgewählten Haushaltsvorständen durch. Gefragt wurde anhand eines Interviewerleitfadens nach den oben genannten sozio-ökonomischen Ausgangsbedingungen im Reservoirgebiet, den wirtschaftlichen Verhältnissen nach der Umsiedlung sowie den wichtigsten Gründen für die Wahl bzw. Ablehnung der Hauptzuwanderungsgebiete, um die subjektiven Beurteilungskriterien der Umsiedler kennenzulernen. Da im Vordergrund der Untersuchung nicht das Streben nach repräsentativen Aussagen über die gesamte Reservoirbevölkerung, sondern der Vergleich der zahlenmäßig unterschiedlich starken Gruppierungen in den einzelnen Zuwanderungsregionen stand, wurde versucht, eine etwa gleich große Zahl von Interviews in jedem der Zuzugsgebiete zu bekommen.

In den 41 Umsiedlerdörfern entlang der türkischen Grenze wurde im Rahmen einer zweiprozentigen systematischen Stichprobe jedes fünfzigste bewohnte Haus in den regelmäßig angelegten Siedlungen für ein Interview ausgewählt. Sofern dort niemand anzutreffen war, fand die Befragung in dem jeweils benachbarten Wohngebäude statt. Bei einer Gesamtzahl von 4530 Haushalten wurden 91 Interviews durchgeführt.

Die Erhebungen auf den Staatsfarmen im Mittleren Euphrattal wurden dadurch erschwert, daß derartige Untersuchungen nur mit Genehmigung des obersten GADEB-Direktors durchgeführt werden durften. Ohne Aussicht auf eine solche Erlaubnis blieb nur die Möglichkeit, die Interviews jeweils nach Ende der täglichen Arbeitszeit auf den Staatsfarmen durchzuführen, da dann das Risiko gering war, noch

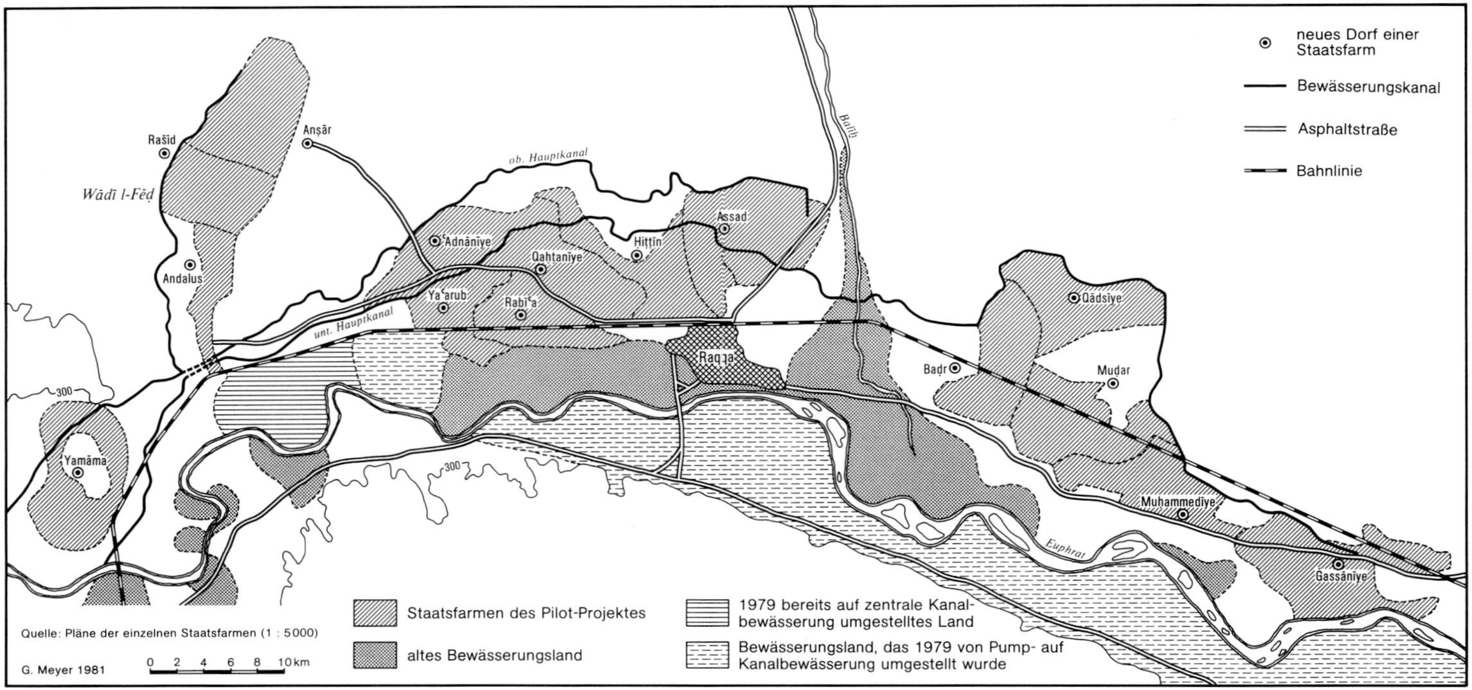


*Abb. 5. Die Lage der Staatsfarmen im Pilot-Projekt*

Angehörigen der GADEB oder des Farmmanagements zu begegnen. Für die Untersuchung ausgewählt wurden die drei Staatsfarmen im Wādī l-Fēḍ und die nahe Raqqa gelegenen Statsfarmen Rabīᶜa, Qaḥṭanīye und Assad (vgl. Abb. 5). Hier lebten jeweils zwischen 120 und 146 Familien aus dem Überflutungsbereich, insgesamt 826 Haushalte. Weitere 283 Familien, die sich auf die übrigen 9 Staatsfarmen verteilten, konnten nicht in die Untersuchung einbezogen werden. Bei der Auswahl der zu Befragenden mußte berücksichtigt werden, daß in den Siedlungen auch Zuwanderer aus anderen Landesteilen wohnten und die genaue Zahl der aus dem Überflutungsbereich stammenden Haushalte sowie die Lage ihrer Wohnungen zunächst nicht bekannt war. Um eine möglichst große Streuung der Interviews über die gesamte Staatsfarm zu erreichen, wurde jedes fünfte Doppelhaus für ein Interview vorgesehen. Stammten die Bewohner nicht aus dem überfluteten Euphratal, wurde die Befragung bei der zur Reservoirbevölkerung gehörenden Familie durchgeführt, die als nächste in der jeweiligen Häuserreihe wohnte. Bei einer vorab festgelegten Quote von 25 Interviews pro Staatsfarm konnten 150 Haushalte erfaßt werden, die sich je zur Hälfte auf das Wādī l-Fēḍ und die nahe Raqqa gelegenen Staatsfarmen verteilten.

In ähnlicher Weise wie auf den Staatsfarmen wurde auch bei drei neuen Wohngebieten am Stadtrand von Raqqa verfahren, in denen sich 294 aus dem Überflutungsgebiet stammende Haushalte konzentrierten. Nach einer Befragung jeder vierten Familie liegen von dort die Daten über 74 Haushalte vor. Hinzu kamen Interviews mit einem Drittel der 91 Familien, die verstreut in älteren Stadtteilen Raqqas lebten; ihre Adressen konnten durch Erkundigungen bei anderen zur Reservoirbevölkerung gehörenden Familien in Erfahrung gebracht werden.

Besonders große Schwierigkeiten gab es bei der Erfassung der Umsiedler auf dem Plateau entlang des Stausees. Die Siedlungen sind auf beiden Seiten des Assad-Sees über ein weitgehend unübersichtliches Gebiet von jeweils etwa 80 km Länge und bis zu 15 km Breite verstreut. Neben größeren Dörfern handelt es sich dabei vor allem im Bereich der Ǧezīre oft um einzelne Gehöfte und Häusergruppen sowie neue Siedlungsteile am Rande oder innerhalb älterer Dörfer. Die Lage der neuen Siedlungen war auf den verfügbaren Karten ebensowenig verzeichnet wie das Gewirr von Pisten, über welche die Orte zu erreichen waren. Hier wurde etwa jedes hundertste der durch Auskünfte der Bevölkerung lokalisierten Wohngebäude von Umsiedlerfamilien für die Befragung ausgewählt, wobei nicht der Anspruch erhoben werden kann, daß in diesem Gebiet mit Sicherheit alle Siedlungen der Reservoirbevölkerung ausfindig gemacht worden sind. Die Zahl der interviewten Haushaltsvorstände betrug 69. Die Auskunftsbereitschaft war in allen Fällen sehr groß, und Verweigerungen gab es keine. Dabei nutzten viele die Gelegenheit, ihrer Erbitterung Luft zu machen über die bisher nicht eingelöste Zusage einer angemessenen Entschädigung für die durch den Stausee erlittenen Verluste.

## C. Gründe für die Wahl oder Ablehnung der einzelnen Umsiedlungsgebiete

Aus den Antworten auf die Frage nach den wichtigsten Gründen für die Ansiedlung in dem jeweiligen Wohngebiet läßt sich ebenso wie aus den Gründen für die Ablehnung der anderen zur Wahl stehenden Regionen vor allem die große Bedeutung ökonomischer Faktoren erschließen. Wie aus Tab. 1 hervorgeht, werden in den meisten Fällen sowohl bei der Entscheidung für wie auch gegen ein bestimmtes Umsiedlungsgebiet die spezifischen *Arbeitsverhältnisse* und Verdienstmöglichkeiten in den Vordergrund gestellt. Die sodann folgenden Gründe beziehen sich in der Regel auf die *Wohnsituation und Infrastruktureinrichtungen* sowie die gemeinsame *Ansiedlung zusammen mit Verwandten,* Nachbarn oder Angehörigen derselben Stammesfraktion – ein deutlicher Hinweis auf das Ausmaß, in welchem der einzelne Haushalt in seinen räumlichen Entscheidungen durch die Einbindung in größere soziale Verbände beeinflußt wird. Auch der Distanzfaktor mit der *„Nähe zum Herkunftsgebiet"* spielt eine Rolle als Zuzugsgrund, dessen Bedeutung natürlich mit abnehmender Entfernung zum Überflutungsgebiet sinkt. Mit umgekehrtem Vorzeichen als „zu große Entfernung zum Herkunftsgebiet" ist jener Faktor dann wieder der am häufigsten genannte Ablehnungsgrund einer Umsiedlung in die Provinz Ḥasake. Hinter diesem Argument verbirgt sich in der Regel das Bestreben, weiter in der Heimat, der vertrauten Umwelt und der traditionellen Stammesregion leben zu können oder sich zumindest die Möglichkeit einer zukünftigen Rückkehr dorthin offen zu halten. Insgesamt werden damit Bestimmungsgründe für das räumliche Verhalten der Reservoirbevölkerung aufgeführt, die als *grundlegende Determinanten*[12] *für die Wahl der Wohnstandorte auch bei anderen erzwungenen Wanderungen* gelten können.

Neben dem gemeinsamen Grundmuster der für oder gegen die einzelnen Ansiedlungsgebiete aufgeführten Argumente wurden entsprechend den unterschiedlichen Verhältnissen in den betreffenden Regionen jeweils sehr spezifische Entscheidungskriterien angegeben. So wiesen die Teilnehmer an der offiziellen *Umsiedlungsaktion ins türkische Grenzgebiet* fast immer auf die hohen Erträge hin, die sie sich auf den Trokkenfeldern erhofft hatten. Der Ausgangspunkt dieser Erwartungen bestand neben der Werbekampagne der Baᶜṯ-Partei häufig auch in den Informationen von einzelnen Angehörigen der Reservoirbevölkerung, die vor der Umsiedlungsaktion bereits in dem Gebiet um Qāmišlī gewesen waren. Nach ihrer Rückkehr schwärmten sie vor allem von den dortigen Getreidefeldern, die im Regenfeldbau bei höheren Niederschlägen wesentlich bessere Ernten lieferten als im Reservoirbereich und auf dem angrenzenden Plateau im allgemeinen erzielt werden konnten.

Von der übrigen Reservoirbevölkerung wurde eine Ansiedlung in der Provinz Ḥasake neben der großen Entfernung zum Herkunftsgebiet auch wegen befürchteter

12) Zum Begriffsinhalt von „Determinante" und „Determination" vgl. E. WIRTH 1979, S. 230–232.

Tabelle 1: Von den Umsiedlern genannte Gründe für die Wahl ihres neuen Wohnstandortes und die Ablehnung anderer Umsiedlungsgebiete

| Gründe für die eigene Ansiedlung | | |
|---|---|---|
| in der Provinz Ḥasake (n = 91) | auf den Staatsfarmen | |
| | im Wādī l-Fēḍ (n = 75) | nahe Raqqa (n = 75) |
| – Eigenes Land, das wegen der hohen Niederschläge besonders ertragreich sein sollte (89 %)<br>– Von den Behörden gestelltes neues Haus mit Wasser- und Elektrizitätsanschluß (70 %)<br>– Neuansiedlung zusammen mit Verwandten und Nachbarn (58 %)<br>– Einzige Möglichkeit, Bauer zu bleiben (38 %)<br>– Eigene Landmaschinen weiter einsetzbar (7 %) | – Erwartung einer festen Anstellung auf der Staatsfarm (72 %)<br>– Fertiges Wohnhaus (56 %)<br>– Nähe zum Herkunftsgebiet (48 %)<br>– Umzug zusammen mit Verwandten und Nachbarn (41 %)<br>– Möglichkeit, eigene oder gepachtete Trockenfelder am Rande des Stausees weiter zu bewirtschaften (7 %) | – Arbeitsmöglichkeiten auf der Staatsfarm, in Raqqa und bei Projekten der GADEB (81 %)<br>– Fertiges Wohnhaus (52 %)<br>– Umzug zusammen mit Verwandten und Nachbarn (32 %)<br>– Nähe zum Herkunftsgebiet (4 %) |

| Gründe für die Ablehnung einer Ansiedlung | |
|---|---|
| in der Provinz Ḥasake | auf den Staatsfarmen |
| – Zu große Entfernung zum Herkunftsgebiet (außerhalb des eigenen Stammesgebietes; Region unbekannt) (67 %)*<br>– Erwartete Auseinandersetzungen mit den Kurden (43 %)<br>– Keine Verwandten oder Nachbarn dort (38 %)<br>– Beschränkung der Schafhaltung (23 %)<br>– Schlechte Erreichbarkeit von Arbeitsmöglichkeiten beim Euphratprojekt und in Jordanien (18 %)<br>– Periphere Lage; schlecht erreichbar (14 %)<br>– Ablehnung der Mitgliedschaft in landwirtschaftlicher Kooperative (11 %)<br>– Keine Berücksichtigung bei zukünftiger Verteilung von neu erschlossenem Bewässerungsland (4 %)<br>– Schlechte schulische Ausbildungsmöglichkeiten für Kinder (2 %) | – Keine Möglichkeit, weiter als Bauer zu arbeiten (65 %)<br>– Zu schlechte Arbeits- und Verdienstmöglichkeiten (34 %)<br>– Keine Verwandten oder Nachbarn auf den Staatsfarmen (32 %)<br>– Unzureichende Wohnverhältnisse (30 %)<br>– Verbot der Schafhaltung (19 %)<br>– Verlust der Freiheit; Gängelung durch staatliche Vorschriften (9 %)<br>– Zu weit weg vom Herkunftsgebiet (außerhalb des eigenen Stammesgebietes) (6 %) |

* Gewichtung der Nennungen entsprechend der Gesamtheit der Umsiedlerfamilien in dem jeweiligen Erhebungsgebiet.

Fortsetzung

Tabelle 1: Von den Umsiedlern genannte Gründe für die Wahl ihres neuen Wohnstandortes und die Ablehnung anderer Umsiedlungsgebiete

| Gründe für die eigene Ansiedlung | | |
|---|---|---|
| in Randbereichen von Raqqa<br>(n = 74) | in älteren Wohngebieten von Raqqa<br>(n = 30) | auf dem Plateau beiderseits des Stausees<br>(n = 69) |
| – Arbeitsmöglichkeiten in Raqqa (71 %)<br>– Schulausbildung für Kinder (47 %)<br>– Günstiger Erwerb von Bauland; Hausbau nach eigenen Bedürfnissen (43 %)<br>– Bessere Infrastruktureinrichtungen (Wasser-, Elektrizitätsversorgung, Einkaufsmöglichkeiten) (39 %)<br>– Ansiedlung zusammen mit Verwandten und Nachbarn (28 %)<br>– Schlechte Erfahrungen in anderen Umsiedlungsgebieten (14 %)<br>– Schon früher enge Verbindungen zur Stadt (5 %) | – Arbeitsmöglichkeiten in Raqqa (77 %)<br>– Bessere Infrastruktureinrichtungen (Wasser-, Elektrizitätsversorgung, Einkaufsmöglichkeiten) (47 %)<br>– Vom Staat gestellte Mietwohnung (37 %)<br>– Schon früher enge Verbindungen zur Stadt (33 %)<br>– Schulausbildung für Kinder (33 %)<br>– Umzug zu bereits ansässigen Verwandten (Unterstützung bei Wohnungsbeschaffung, Hausbau) (27 %) | – Nähe zum Herkunftsgebiet (Ansiedlung innerhalb des Stammesgebietes oder der alten Dorfgemarkung) (62 %)<br>– Möglichkeit, weiterhin Schafhaltung zu betreiben (46 %)<br>– Arbeitsmöglichkeiten bei Neulandprojekten (33 %)<br>– Ansiedlung zusammen mit Nachbarn und Verwandten (32 %)<br>– Eigene oder gepachtete Trockenfelder auf dem Plateau (22 %)<br>– Leichte Erreichbarkeit von Arbeitsmöglichkeiten in Jordanien (17 %)<br>– Nur hier Freiheit behalten (17 %)<br>– Früher schon eigenes Haus auf dem Plateau (10 %)<br>– Hoffnung auf Zuteilung von Bewässerungsland (10 %)<br>– Rückkehr zu ursprünglichem Herkunftsort vor Ansiedlung im Euphrattal (6 %) |

| Gründe für die Ablehnung einer Ansiedlung | |
|---|---|
| in Raqqa | auf dem Plateau beiderseits des Stausees |
| – Keine Möglichkeit, weiter als Bauer zu arbeiten (64 %)<br>– Keine Unterkunft (43 %)<br>– Keine Ansiedlung von Verwandten oder Nachbarn in Raqqa (41 %)<br>– Leben in der Stadt ist nicht gut (beengend, fremdartig) (29 %)<br>– Keine Möglichkeit der Schafhaltung (18 %)<br>– Zu weit vom Herkunftsgebiet entfernt (außerhalb des eigenen Stammesgebietes) (6 %) | – Keine Arbeitsmöglichkeiten (75 %)<br>– Mangelhafte Infrastruktur (keine Straßen, Schulen, Stromversorgung) (69 %)<br>– Keine Unterkunft (44 %)<br>– Keine Verwandten oder Nachbarn auf dem Plateau angesiedelt (31 %) |

Auseinandersetzungen mit den dort ansässigen Kurden abgelehnt. Man konnte sich nur schwer vorstellen, daß ein friedliches Zusammenleben mit der einheimischen Bevölkerung möglich sein würde, nachdem man deren früher bewirtschaftetes Land in Besitz genommen hatte.

Die Entscheidung zu einem Umzug auf die *Staatsfarmen des Pilotprojektes* wurde meistens mit der dort erwarteten Dauerbeschäftigung als Landarbeiter und der fertigen Wohnung begründet, die gegen einen relativ geringen Betrag gemietet werden konnte. Große Bedeutung bei der Wahl zwischen einer Ansiedlung auf den im Wādī l-Fēḍ und den nahe Raqqa gelegenen Staatsfarmen hatte die unterschiedliche Entfernung zum Herkunftsgebiet, die im ersten Fall geringer war und dadurch ein Aufrechterhalten der Beziehungen zu Verwandten oder Angehörigen derselben Stammesfraktion erleichterte, die am Rande des Stausees lebten. Außerdem bot sich dadurch die Möglichkeit für einige Umsiedler, die oberhalb des Überflutungsgebietes kleinere Trockenfelder besaßen oder gepachtet hatten, diese Flächen auch weiterhin zu bewirtschaften. Demgegenüber konnte auf den nahe Raqqa gelegenen Staatsfarmen ein besseres Arbeitsplatzangebot erwartet werden, da sowohl der Bausektor in der rasch wachsenden Provinzhauptstadt als auch die dort ansässige Zentrale der GADEB sowie die am Euphratprojekt beteiligten Erschließungsgesellschaften einen großen Bedarf an Arbeitskräften hatten.

Gegen eine Ansiedlung innerhalb des Pilotprojektes sprechen insbesondere die relativ geringe Entlohnung als Landarbeiter und der damit verbundene Verzicht auf die bisher von den meisten Umsiedlern gewohnte Tätigkeit als Bauer und Schafhalter. Verglichen mit den Punkten, die G.C.C. Gattinara vor der Überflutung des Euphrattals als Argumente gegen einen Umzug in die neu gebauten Siedlungen des Pilotprojektes erheben konnte (vgl. Kap. V.C), fällt die geringe Bedeutung auf, die jetzt noch dem einstmals wichtigsten Ablehnungsgrund, nämlich „Furcht, die Freiheit zu verlieren", beigemessen wird. Obwohl die Unterwerfung unter staatliche Autorität und Vorschriften als Landarbeiter auf den Staatsfarmen ungleich größer ist als bei den ursprünglich geplanten Dörfern mit genossenschaftlich organisierten Kleinbauern, treten derartige Überlegungen offenbar in den Hintergrund angesichts der konkreten Umsiedlungsentscheidung und der dabei zu bewältigenden Wohn- und Arbeitsprobleme, oder sie werden im nachhinein nicht mehr als wichtig empfunden.

Als Begründung für die Ansiedlung in der *Provinzhauptstadt Raqqa* wurden vor allem solche Argumente angeführt, die allgemein in der Mobilitätsforschung im Rahmen der weltweit mehr oder weniger stark ausgeprägten Land-Stadtwanderung als pull-Faktoren angesprochen werden: bessere Arbeits- und schulische Ausbildungsmöglichkeiten sowie ein höheres Niveau der Infrastrukturausstattung. Ein großer Teil der Haushalte, die sich in drei *neuen Wohnvierteln am Stadtrand* konzentrieren, hat dort wegen der relativ niedrigen Bodenpreise Land gekauft, um sich darauf entsprechend ihren individuellen Bedürfnissen ein Haus zu errichten. Verglichen mit jenen Familien wird bei den Zuzugsgründen der Haushalte in den *älteren Wohnvierteln* wesentlich häufiger auf die früher bereits sehr engen beruflichen oder verwandschaftlichen Beziehungen zur Stadt hingewiesen. Dadurch war für diese Zuwanderer das städtische Leben nicht mehr fremd. Auch konnten sie nicht selten auf die Unterstützung von bereits in Raqqa lebenden Verwandten vertrauen, die ihnen zunächst Unterkunft gewährten und dann bei der weiteren Arbeits- und Wohnungsbeschaffung halfen. Die übrige Reservoirbevölkerung lehnte einen Zuzug nach Raqqa in erster Linie deshalb ab, weil sie ihre bisherige durch Ackerbau und Schafhaltung bestimmte Lebensweise beibehalten und nicht gegen ein Leben in der Stadt eintauschen wollte, das als schlecht, fremdartig oder beengend empfunden wird.

Für eine Ansiedlung auf dem *Plateau beidseits des Stausees* hatten sich vor allem solche Familien entschieden, die ihr vertrautes Stammesgebiet nicht verlassen wollten. Viele hatten nur hier die Möglichkeit gesehen, weiterhin Schafhaltung zu betreiben, insbesondere wenn sie auch noch über Trockenfelder verfügten, deren Stoppel- oder Brachflächen ebenso als Futterquelle für die Tiere dienen können wie ein Teil des geernteten Getreides. Eine beträchtliche Anzahl der auf der Südseite des Stausees angesiedelten Familien hatte erwartet, bei den dortigen Erschließungsmaßnahmen des Euphratprojektes beschäftigt zu werden, während ein großer Teil der Bewohner auf der Nordseite darauf vertraut hatte, von hier relativ leicht nach Jordanien zu kommen und dort eine gut bezahlte Arbeit zu finden. Demgegenüber hatten die Haushalte in den übrigen Umsiedlungsgebieten auf einen Verbleib innerhalb ihres Stammesterritoriums verzichtet, weil sie dort für sich weder Arbeits- noch Wohnmöglichkeiten sahen und außerdem die öffentliche Infrastruktur speziell auf der Ǧezīre-Seite des Reservoirs äußerst mangelhaft war.

Bei einer Gesamtbeurteilung der im einzelnen sehr einsichtigen Begründungen darf nicht übersehen werden, daß es sich hier um *nachträgliche Reflexionen über bereits vollzogene Umzugsentscheidungen* handelt. Damit ist eine bewußte oder unbewußte Rationalisierung des möglicherweise auf ganz anderen Motiven[13] basierenden räumlichen Verhaltens ebensowenig auszuschließen wie das Bestreben, gegenüber dem Fragenden die eigene räumliche Entscheidung zu rechtfertigen, um damit das Gesicht zu wahren. In diesem Zusammenhang fällt beispielsweise auf, daß keiner der Interviewten als Grund für die Ansiedlung in der Provinz Ḥasake den teilweise recht massiven Druck erwähnte, mit welchem die staatlichen Organe die Beteiligung der Reservoirbevölkerung an der offiziellen Umsiedlungsaktion sicherzustellen versuchten. So war aus zahlreichen Gesprächen über die Phase vor dem Auszug aus dem Euphrattal zu entnehmen, daß Vertreter der Baᶜṯ-Partei nachdrücklich erklärt hatten, die Reservoirbevölkerung müsse den staatlichen Beschlüssen Folge leisten und sich im äußersten Nordosten des Landes ansiedeln. Es ist kaum vorstellbar, daß solche Aussagen ohne Einfluß auf die

13) Hier stellt sich das grundsätzliche Problem, daß „Behauptungen über die Motive einer Handlung oder Entscheidung ... in der Mehrzahl aller Fälle nur plausibel gemacht, nicht aber bewiesen werden" können (E. WIRTH 1979, S. 233).

Umsiedlungsentscheidungen der Befragten blieben. Im nachhinein wird dieser Faktor bei der Begründung des räumlichen Verhaltens jedoch möglicherweise deshalb nicht mehr erwähnt, weil man – bewußt oder unbewußt – nicht eingestehen will, daß man sich im Gegensatz zur Mehrzahl der betroffenen Stammesmitglieder, die in andere Gebiete zogen, den Anordnungen der staatlichen Autorität gebeugt hat.

Trotz solcher Einschränkungen behalten die in der Untersuchung gegebenen Antworten auf die Frage nach den Kriterien für die Wahl oder Ablehnung der jeweiligen Umsiedlungsgebiete ihre Bedeutung, indem sie *auf grundlegende Determinanten räumlichen Verhaltens hinweisen, die auch für andere erzwungene Wanderungen gelten können, und außerdem zeigen, mit welchen Argumenten die Reservoirbevölkerung ihre Entscheidungen bei der Wohnstandortwahl rational begründet.* Gerade derartige Begründungen – wie beispielsweise das Bestreben, sich zusammen mit den Angehörigen der eigenen Stammesfraktion anzusiedeln, oder die Furcht, durch die Umsiedlung in ein bestimmtes Gebiet die Freiheit und Unabhängigkeit zu verlieren, sowie das Bemühen, den Kindern eine bessere Schulausbildung zu ermöglichen – enthalten *wichtige Hinweise auf die gruppenspezifischen Wertsysteme der untersuchten Bevölkerung.*

Weiterhin bestätigen die von den Umsiedlern genannten subjektiven Entscheidungskriterien den ersten Teil der Ausgangshypothese, wonach die auch im nachhinein noch als entscheidungsrelevant empfundenen Faktoren vorwiegend von der positiven, indifferenten oder negativen Bewertung der erwarteten Verhältnisse in den zur Auswahl stehenden Zuzugsgebieten bestimmt wurden. Bei jeder Zuwanderungsregion konnte gezeigt werden, daß die Bewertung der jeweiligen Standortgegebenheiten außerordentlich stark differiert: Während einige Familien der Reservoirbevölkerung beispielsweise die Arbeits- oder Wohnbedingungen in einem bestimmten Gebiet so positiv einschätzten, daß sie darin einen Grund für ihren Zuzug sahen, fiel das Urteil über denselben Sachverhalt von anderen Familien so negativ aus, daß sie deshalb die dortige Ansiedlung ablehnten. In welchem Maße diese unterschiedliche Bewertung durch die den Handlungsrahmen der Umsiedler bestimmenden sozio-ökonomischen Ausgangsbedingungen beeinflußt wurde und damit zu einer räumlichen Segregation der Reservoirbevölkerung geführt hat, wird im folgenden Abschnitt zu untersuchen sein.

## D. Die sozio-ökonomischen Ausgangsbedingungen der Reservoirbevölkerung, differenziert nach Zuwanderungsregionen

Zur Beantwortung der Frage nach der vermuteten Selektion und räumlichen Segregation der Umsiedler entsprechend ihren wirtschaftlichen und sozialen Gegebenheiten im Herkunftsgebiet werden in der Tab. 2 für die untersuchten Zuwanderungsregionen die jeweiligen Ausgangsbedingungen der Haushaltsvorstände aufgeführt. Schon

Tabelle 2: Sozio-ökonomische Ausgangsbedingungen der Reservoirbevölkerung, differenziert nach Zuwanderungsgebieten

| | Provinz Ḥasake (n = 91) | Staatsfarmen im Wādī l-Fēḍ (n = 75) | Staatsfarmen nahe Raqqa (n = 75) | Stadtrand von Raqqa (n = 74) | Ält. Wohngeb. von Raqqa (n = 30) | Am Rande des Stausees (n = 69) |
|---|---|---|---|---|---|---|
| *Berufliche Tätigkeit und Besitzverhältnisse im Reservoirgebiet *)* | | | | | | |
| Haushalte, die Bewässerungsland bewirtschafteten als: | | | | | | |
| – Landeigentümer | 35 % | 7 % | 29 % | 63 % | 40 % | 25 % |
| (Bewässerungsfläche: Median und Grenze 5./6. Sextil) | (4,0 / 14,5 ha) | (2,5 ha) | (3,6 / 10 ha) | (12 / 30 ha) | (13 / 26 ha) | (3,2 / 12 ha) |
| – Bodenreformbauer | 47 % | 37 % | 24 % | 13 % | – | 12 % |
| (Bewässerungsfläche) | (3,1 / 4,5 ha) | (3,3 / 4,5 ha) | (3,0 / 3,5 ha) | 2,5 / 4 ha | – | (3,0 / 5,0 ha) |
| – Teilpächter (ohne Land und Wasser) | 10 % | 42 % | 39 % | 13 % | 3 % | 42 % |
| (Bewässerungsfläche) | (3,0 / 4,2 ha) | (3,0 / 4,5 ha) | (3,4 / 5,0 ha) | (3,2 / 4 ha) | (3 ha) | (3,0 / 4,8 ha) |
| – Pächter auf Staatsland | 7 % | – | – | – | – | 7 % |
| (Bewässerungsfläche) | (4,2 / 6,5 ha) | – | – | – | – | (4,0 / 7,5 ha) |
| – Pumpenbesitzer/Kontraktor | 6 % | – | – | 8 % | 17 % | 3 % |
| (Bewässerungsfläche) | (10 ha) | – | – | (18 / 30 ha) | (35 / 50 ha) | (7 ha) |
| Haushalte mit eigenem oder gepachtetem Trockenfeld | 45 % | 62 % | 70 % | 49 % | 33 % | 82 % |
| (Trockenfeldfläche) | (14 / 45 ha) | (10 / 30 ha) | (15 / 42 ha) | (15 / 50 ha) | (32 / 75 ha) | (8,5 / 35 ha) |
| Haushalte mit Schafhaltung | 71 % | 54 % | 43 % | 59 % | 40 % | 81 % |
| (Anzahl der Schafe: Median u. Grenze 5./6. Sextil) | (8 / 24 Sch.) | (15 / 32 Sch.) | (20 / 45 Sch.) | (25 / 120 Sch.) | (30 / 200 Sch.) | (15 / 140 Sch.) |
| Haushaltsvorstände mit anderen Berufen: | | | | | | |
| – Land- oder Gelegenheitsarbeiter | – | 12 % | 8 % | 3 % | – | 9 % |
| – Mechaniker/Fahrer | – | 1 % | – | 4 % | 3 % | 1 % |
| – Sonstige Berufe | – | 1 % | – | – | 43 % | 4 % |
| *Demographische Situation im Zuwanderungsgebiet* | | | | | | |
| Durchschnittl. Zahl der Haushaltsmitglieder | 5,8 Pers. | 7,3 Pers. | 6,7 Pers. | 5,0 Pers. | 5,6 Pers. | 5,9 Pers. |
| Haushaltsvorstände über 50 Jahre | 43 % | 51 % | 36 % | 15 % | 37 % | 45 % |
| Analphabeten unter den Haushaltsvorständen | 64 % | 79 % | 70 % | 32 % | 20 % | 74 % |

* Soweit es sich um neu gegründete Haushalte handelte, bei denen der gegenwärtige Haushaltsvorstand vor der Umsiedlung im Betrieb seines Vaters mitgearbeitet hatte, wurden die Besitzverhältnisse des damaligen Haushaltsvorstandes zugrunde gelegt. Bei den Prozentangaben zur beruflichen Tätigkeit ergeben sich durch Mehrfachnennungen mehr als 100 %.

die erste oberflächliche Durchsicht dieser Daten enthüllt bei nahezu allen ausgewählten sozio-ökonomischen Charakteristika gravierende Unterschiede der Bevölkerungsstruktur in den einzelnen Umsiedlungsgebieten.

So fällt auf, daß sich an der geplanten *Umsiedlungsaktion in den Nordosten* des Landes ein weit über dem Durchschnitt liegender Anteil von *Bodenreformbauern* beteiligt hat. Die starke Präferenz gerade dieser Haushalte für eine Ansiedlung im Kurdengebiet dürfte zu einem wesentlichen Teil darauf zurückzuführen sein, daß diese Gruppe durch die Landzuteilung im Herkunftsgebiet der Baᶜṯ-Partei bereits eine wesentliche Verbesserung ihrer wirtschaftlichen Verhältnisse zu verdanken hatte und deshalb dem Werben jener Organisation um Ansiedlung in der Provinz Ḥasake besonders aufgeschlossen gegenüberstand. Hinzu kommt die Vertrautheit der Bodenreformbauern mit den landwirtschaftlichen Genossenschaften. Bereits in ihrer Herkunftsregion mußten sie sich den Anordnungen der Kooperative fügen, die als landwirtschaftliche Organisationsform auch nach der staatlichen Landzuteilung in der Provinz Ḥasake vorgeschrieben sein sollte. Umgekehrt könnte die mangelnde Vertrautheit mit den Genossenschaften für den sehr *geringen Prozentsatz der Teilpächter* verantwortlich sein, die sich für das nordöstliche Grenzgebiet entschieden haben. Tatsächlich waren es vor allem die beidseits des Stausees angesiedelten Teilpächter, die sich immer wieder ablehnend gegenüber der Zwangsmitgliedschaft in einer Kooperative äußerten.

Bemerkenswert ist unter den Umsiedlern in der Provinz Ḥasake weiterhin der relativ hohe Anteil von Landeigentümern, von denen etwa jeder sechste gleichzeitig auch Pumpenbesitzer oder Kontraktor gewesen war. Somit hatten sich besonders viele *Angehörige der wirtschaftlich führenden Schicht* dazu entschlossen, das staatliche Angebot der Landvergabe zu nutzen und ins Kurdengebiet zu ziehen. Als wichtiges Selektionskriterium kommt schließlich auch die Beschränkung der Schafhaltung auf maximal zehn Tiere zum Tragen, denn der größte Teil der dort angesiedelten Haushalte hatte bereits früher im Reservoirbereich nur eine geringe Zahl von Schafen besessen.

Ganz anders als bei den Teilnehmern an der offiziellen Umsiedlungsaktion sind die sozio-ökonomischen Ausgangsbedingungen der Familien auf den *Staatsfarmen im Wādī l-Fēḍ.* Während ehemalige Landeigentümer kaum vertreten sind, stellen frühere *Teilpächter, Land- und Gelegenheitsarbeiter* mehr als die Hälfte aller dort angesiedelten Haushaltsvorstände. Ungewöhnlich nimmt sich auch die demographische Situation aus, die durch überdurchschnittlich *große Familien und relativ alte Haushaltsvorstände mit der höchsten Analphabetenquote* gekennzeichnet ist. Somit handelt es sich also vorwiegend um Bevölkerungsteile, die in einer *ökonomisch sehr schwachen Ausgangsposition* waren und weder die finanziellen Mittel noch die nötige Risikobereitschaft besaßen, um sich eine selbständige wirtschaftliche Zukunft aufzubauen. Sie waren am ehesten bereit, die wenig attraktiven Arbeits- und Wohnbedingungen auf den Staatsfarmen zu akzeptieren. Nachdem besonders die älteren Familienmitglieder sich in möglichst geringer Entfernung zu ihrer vertrauten Herkunftsregion niederlassen wollten, ist durchaus verständlich, daß derartige Haushalte in dem relativ nahe am Reservoirbereich gelegenen Wādī l-Fēḍ überrepräsentiert sind. Dagegen spielt auf den *nahe Raqqa gelegenen Staatsfarmen* bei einer wesentlich jüngeren Haushaltsstruktur der Faktor Entfernung zum Herkunftsgebiet als Zuzugsgrund fast keine Rolle mehr. Dort sind es vor allem die Arbeitsmöglichkeiten bei Projekten der GADEB und in der Provinzhauptstadt, wodurch diese Siedlungen als Wohnstandorte auch von einer Reihe ehemaliger Landbesitzer akzeptiert wurden.

Unter den in *Raqqa* angesiedelten Haushalten ist die *ehemalige wirtschaftliche Elite* des Reservoirgebietes besonders stark vertreten. Der Anteil der früheren Landeigentümer, deren Bewässerungsflächen ertragsmäßig weit über dem Durchschnitt lagen, ist außerordentlich hoch. Vielfach waren sie auch Pumpenbesitzer oder Kontraktoren gewesen und hatten große Trockenfelder bewirtschaftet sowie zahlreiche Schafe besessen. Der Verkauf der Herden lieferte häufig das Startkapital für den Erwerb von Bauland, die Errichtung eines Hauses und die Gründung einer wirtschaftlichen Existenz in Raqqa. Die verhältnismäßig *kleinen Familien,* die sich *am Stadtrand* konzentrieren, sind meist relativ *jung und aufstiegsorientiert.* Letzteres zeigte sich bereits an dem hohen Anteil von 47 % der dort Befragten, die eine gute Schulausbildung für ihre Kinder als Zuzugsgrund genannt hatten. Manche dieser Haushalte wären wahrscheinlich auch ohne den Zwang zum Verlassen ihres Herkunftsgebietes früher oder später in die Stadt gezogen.

Die Zuwanderer in den *älteren Wohngebieten* von Raqqa weisen die mit Abstand niedrigste Analphabetenquote unter den Haushaltsvorständen auf. Fast die Hälfte von ihnen war schon *früher im außeragrarischen Bereich tätig.* So befanden sich unter den Interviewten 5 ehemals im Reservoirbereich ansässige Händler, 2 Taxi- und 1 Kleinbusbesitzer, der Inhaber einer Kfz-Werkstatt, 1 Landmaschinenmechaniker, 1 Lehrer, 1 Schreiber in einer Kooperative und 2 Männer, die schon vor der Überflutung des Euphrattals mit ihrer Ingenieurausbildung begonnen hatten. Aus diesem beruflichen Spektrum erklärt es sich auch, daß ein Drittel der Haushaltsvorstände, die in den älteren Wohngebieten Raqqas befragt wurden, ihre intensiven Verbindungen zur Provinzhauptstadt als Zuzugsgrund nannten. Für viele von ihnen lieferte der Aufstau des Assad-Sees nur noch den letzten Anstoß für eine *ohnehin erwogene Abwanderung in die Stadt.*

Unter den Umsiedlern, die sich auf dem *Plateau beidseits des Stausees* niedergelassen haben, fällt vor allem der relativ hohe Anteil von *Teilpächtern* auf. Von ihnen wurde als Grund für die Wahl ihres neuen Wohnstandortes häufig die verhältnismäßig leichte Erreichbarkeit von Arbeitsmöglichkeiten in Jordanien sowie bei den Neulandprojekten der GADEB angegeben. Letzteres erklärt auch, weshalb besonders aus den Reservoirdörfern, die nahe den Erschließungszentren von Ṭabqa und Meskene lagen, nur sehr wenige Familien in die anderen Umsiedlungsgebiete abwanderten (vgl. Abb. 4). In Ṭabqa hatten auch schon vor der Flutung des Stausees zahlreiche Teilpächter und

Landarbeiter aus dem Reservoirbereich zumindest zeitweise eine Beschäftigung beim Dammbau gefunden; eine Tätigkeit als Gelegenheitsarbeiter war ihnen also durchaus vertraut.

Sehr *niedrig* ist unter den nahe am Stausee angesiedelten Haushalten der *Anteil der ehemaligen Bodenreformbauern.* Sie entschieden sich in ihrer überwiegenden Mehrheit für die Teilnahme an der offiziellen Umsiedlungsaktion, wie bereits früher gezeigt werden konnte. Doch gibt es dabei bemerkenswerte Ausnahmen. So hatten sich in Šams ed-Dīn die Bodenreformbauern zum Verbleib in der Nähe des Stausees entschlossen, während fast alle Landeigentümer ins Kurdengebiet umzogen. Weitere Nachforschungen zeigten, daß es hier zwischen beiden Gruppen offenbar zu erheblichen Spannungen und wechselseitigen Anfeindungen gekommen war, nachdem die Bodenreformbauern jene enteigneten Ländereien zur selbständigen Bewirtschaftung erhalten hatten, die vorher den dort ansässigen Großgrundbesitzern – insbesondere Scheich Šawwaḫ Burṣān und seiner Verwandtschaft – gehört hatten. Zwischen beiden Gruppen war die Kluft so groß, daß sie sich auch in einer klaren räumlichen Trennung der jeweiligen Umsiedlungsgebiete niederschlug.

Charakteristisch für die Ausgangsbedingungen der Familien auf dem Plateau beidseits des Stausees ist neben der *großen Bedeutung der Schafhaltung* auch der sehr hohe Prozentsatz der *Eigentümer oder Pächter von Trockenfeldern.* Vor allem wenn sich die früher bewirtschafteten Flächen ganz oder teilweise außerhalb des Überflutungsbereiches befanden, entschlossen sich die betreffenden Haushalte in der Regel zur dortigen Ansiedlung und zur Weiterführung des Getreidebaus. Umgekehrt war es bei Dörfern wie Abū Zrēǧīye und Hawā'iğ Kebīr, deren gesamte Gemarkung im mittleren Teil des Euphrattals lag: Ansiedlungen in der Nähe des Assad-Sees bilden hier die Ausnahme.

Insgesamt zeigt sich, *daß die Reservoirbevölkerung aufgrund ihres durch die sozioökonomische Ausgangssituation vorgegebenen Handlungsrahmens und aufgrund des jeweiligen Wertsystems im allgemeinen sehr vernünftige Entscheidungen bei der Wahl ihrer Umsiedlungsgebiete getroffen hat.* So besteht beispielsweise für Haushalte, die viele Schafe gehalten haben und diese Tätigkeit auch weiterhin ausüben wollen, ein Handlungsspielraum, der die Entscheidung zur Ansiedlung in einem Gebiet nahelegte, in welchem die Schafhaltung möglich ist, während durch den Besitz von Trockenfeldern außerhalb des Überflutungsbereichs ein Handlungsrahmen vorgezeichnet ist, der eine Ansiedlung in der Nähe dieser Felder als sinnvoll erscheinen läßt. Ebenso vernünftig ist es für jemanden, der großen Wert auf eine gute Schulausbildung für seine Kinder legt, daß er sich in einer Stadt niederläßt, und ein anderer, dessen Wertsystem durch den starken Rückhalt der Großfamilie oder der Stammesfraktion geprägt ist, wird dorthin gehen, wo sich auch die übrigen Angehörigen seiner Verwandtschaft ansiedeln. Während in den zuletzt genannten Beispielen keine klare Prädisposition für die Entscheidung zur Umsiedlung in eine bestimmte Region gegeben ist, lassen sich in vielen anderen Fällen aufgrund der erwarteten Verhältnisse in den Zuzugsgebieten die Haushalte

| Handlungsrahmen und/oder Wertsystem der Umsiedlerhaushalte: | Entscheidung bei der Wahl der Ansiedlungsgebiete: |
|---|---|
| Bodenreformbauern, die der Baʿṯ-Partei die Verbesserung ihrer wirtschaftlichen Situation im Herkunftsgebiet verdanken und mit dem genossenschaftlichen System vertraut sind | Teilnahme an der Umsiedlungsaktion in der Provinz Ḥasake |
| Landeigentümer, die weiter als Bauern tätig sein wollen, keine Trockenfelder am Rand des Überflutungsbereiches bewirtschaften und nur wenig Schafhaltung betreiben | |
| Haushalte in einer ökonomisch schwachen Ausgangsposition (Teilpächter, Land- und Gelegenheitsarbeiter) ohne ausreichende finanzielle Mittel und Risikobereitschaft zum Aufbau einer selbständigen wirtschaftlichen Existenz | Ansiedlung auf den Staatsfarmen im Mittleren Euphrattal |
| Junge, aufstiegsorientierte Haushalte, die für ihre Kinder bessere Ausbildungsmöglichkeiten suchen und durch die Nutzung der städtischen Verdienstmöglichkeiten und Infrastruktur ihre Lebensbedingungen verbessern wollen | Ansiedlung in der Provinzhauptstadt Raqqa |
| Angehörige der wirtschaftlich führenden Schicht (Eigentümer großer Bewässerungsflächen, Kontraktoren, Besitzer großer Schafherden) mit engen Beziehungen zur Provinzhauptstadt, die über genügend Kapital und Initiative zum Aufbau einer selbständigen wirtschaftlichen Existenz verfügen | |
| Haushalte mit beruflich besser qualifizierten, im nichtagrarischen Bereich tätigen Mitgliedern, die intensive Verbindungen nach Raqqa unterhalten | |
| Haushalte, die Trockenfelder außerhalb des Überflutungsbereiches bewirtschaften | Ansiedlung im Randbereich des Assad-Sees |
| Teilpächter, die eine genossenschaftliche Bevormundung und eine Einschränkung ihrer Freiheit auf den Staatsfarmen ablehnen und bereits über Erfahrungen als Gelegenheitsarbeiter verfügen | |
| Haushalte, die größere Schafherden besitzen und auch in Zukunft Schafhaltung betreiben wollen | |

*Abb. 6. Übersicht über die Gruppen von Umsiedlerhaushalten mit gleichem Handlungsrahmen oder Wertsystem und gleichen räumlichen Entscheidungen bei der Wahl der Ansiedlungsgebiete*

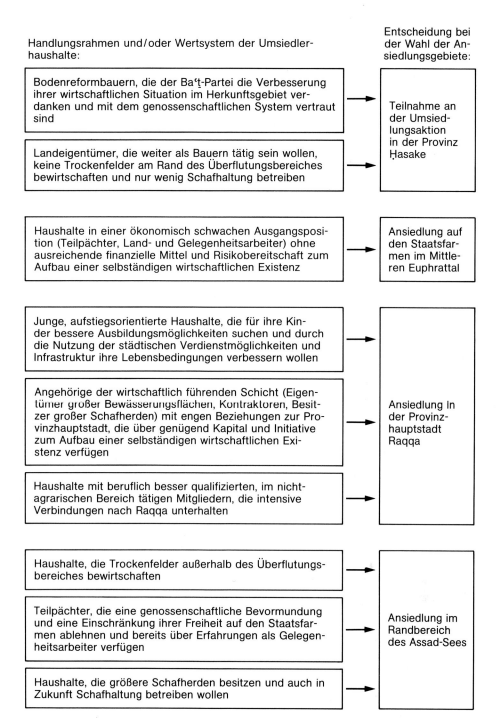

zu *Gruppen mit gleichem Handlungsrahmen oder Wertsystem und gleichen räumlichen Entscheidungen bei der Wahl ihrer neuen Wohnstandorte* zusammenfassen. In einer abschließenden Übersicht (Abb. 6) werden diese Gruppen mit ihren jeweils zugeordneten Ansiedlungsgebieten aufgeführt.

# VI. Die wirtschaftlichen und sozialen Verhältnisse nach der Ansiedlung in den einzelnen Zuwanderungsgebieten

Nach der Analyse der Faktoren, welche die Wahl zwischen den verschiedenen Umsiedlungsregionen beeinflußten, ist jetzt zu fragen, in welchem Umfang die mit den jeweiligen Umzugsentscheidungen verknüpften Erwartungen oder Befürchtungen tatsächlich eingetreten sind. Wie sehen die Lebensbedingungen der Reservoirbevölkerung in ihren neuen Wohnstandorten aus, und wie weit ist den Umsiedlern eine Anpassung an die geänderten wirtschaftlichen und sozialen Verhältnisse gelungen?

## A. Die neuen Siedlungen in der Provinz Ḥasake

Die Ankunft der rund 4600 Umsiedlerhaushalte in der Provinz Ḥasake erstreckte sich entsprechend der allmählichen Auffüllung des Reservoirs über den Zeitraum von 1973 bis 1976. Viele Familien hatten den Fortzug aus ihren Herkunftsgebieten soweit wie möglich hinausgezögert und wollten lange Zeit nicht wahrhaben, daß auch ihre Ländereien und Häuser überflutet werden würden. Um ihnen die Aussichtslosigkeit eines weiteren Verbleibs im Reservoirbereich vor Augen zu führen, wurden schon Monate vor der Überflutung des jeweiligen Terrassenniveaus Hauptbewässerungskanäle und Schulen durch die Armee gesprengt oder mit Raupenfahrzeugen zerstört. Selbst nachdem ihre Häuser schon überflutet waren, hatten manche Familien zunächst für einige Wochen oder Monate in Zelten in höher gelegenen Bereichen des Euphrattals gelebt, um ihre noch nicht überfluteten Felder abernten zu können oder auch nur, um die Entscheidung zum Verlassen ihrer Heimatregion hinauszuzögern. Andere waren vorübergehend auf die Staatsfarmen im Pilotprojekt gezogen. Als sie dann endlich den Umzug ins Kurdengebiet antraten, mußte etwa die Hälfte der Familien zunächst in Zelten oder anderen Behelfsunterkünften wohnen, da viele Dörfer noch nicht fertig waren. Dennoch ist es angesichts der äußerst kurzfristigen Planung der Umsiedlungsaktion eine beachtliche Leistung der syrischen Behörden, daß 1973 bei der Ankunft der ersten 571 Familien bereits sechs von sieben geplanten Siedlungen bezugsfähig waren. Als jedoch im darauf folgenden Jahr mit rund 2500 Familien mehr als die Hälfte der vorgesehenen Umsiedler in der Provinz Ḥasake eintrafen, waren häufig Behelfsunterkünfte für die Dauer von einem Monat bis zu einem Jahr in Kauf zu nehmen, ehe die neuen Häuser bezogen werden konnten. Ebenso erging es den meisten Familien, die 1975 und 1976 ankamen.

Die von einer staatlichen Gesellschaft aus Lehmziegeln errichteten *Wohngebäude* bestehen in der Regel aus zwei Räumen (vgl. Foto 4). Nachdem viele der Umsiedler im Euphrattal wesentlich größere Häuser – teilweise bereits aus Steinen oder Stahlbeton – besessen hatten, ist die Unzufriedenheit mit diesen Gebäuden sehr groß. Besonders die schlechten Dachkonstruktionen werden bemängelt, welche gegen die Winterregen vor allem in den nordöstlichen Siedlungen nur ungenügend Schutz bieten. So waren bereits drei Jahre nach dem Bezug von ʿAin el-Ḫadra durch die starken Niederschläge in zahlreichen Fällen die Dächer und Lehmwände eingebrochen, so daß diese Häuser aufgegeben wurden. Wohlhabendere Familien sind in der Regel dazu übergegangen, ihre Dächer durch Wellblech abzudichten.

Geklagt wurde auch über die *unzureichende Infrastrukturausstattung.* Auf die vor der Umsiedlung versprochene Elektrizitäts- und Wasserversorgung warteten die meisten Dörfer im Frühjahr 1979 noch vergebens. Zwar sind die Siedlungen überwiegend mit hoch aufragenden Wassertürmen ausgerüstet; doch im allgemeinen fehlte der Anschluß an eine Hauptwasserleitung, so daß die Frauen und Mädchen das Trinkwasser aus z.T. weit entfernten Brunnen heranholen mußten.

*Foto 4. Umsiedlerdorf im äußersten Nordosten der Provinz Ḥasake (April 1979)*

## *1. Herkunftsmäßige Zusammensetzung der Bevölkerung und Beziehungen zu kurdischen Nachbarorten*

Bei der Verteilung der Bevölkerung war man zwar bemüht gewesen, die herkunftsmäßige Zusammengehörigkeit der Umsiedler zu berücksichtigen; dennoch ließ es sich im allgemeinen nicht vermeiden, daß die Angehörigen eines Reservoirdorfes auf mehrere Orte verteilt wurden. In einigen Fällen bekamen sogar Brüder oder Vater und Sohn Wohnungen in unterschiedlichen Siedlungen zugewiesen. Diese behördlichen Entscheidungen rückgängig zu machen, scheint nur Scheich Šawwaḫ Burṣān gelungen zu sein: Die zu seiner entfernten Verwandtschaft gehörenden Haushalte waren zunächst auf mehrere Dörfer verteilt worden, ehe sie sich gemeinsam in Buḥēra ansiedelten.

Wie aus der Abb. 7 hervorgeht[14], weisen nur 9 der 41 Dörfer, die jeweils zwischen 34 und 192 Haushalte umfassen, eine nach den Herkunftsorten ihrer Bewohner homogene Zusammensetzung auf. In den übrigen Siedlungen sind Haushalte aus bis zu sieben verschiedenen Reservoirdörfern vereint. Sofern die Familien dann auch noch zu unterschiedlichen Hauptfraktionen des Welde-Stammes gehören[15], kommt es häufig zu internen Reibereien und Rivalitäten. In manchen Dörfern haben sich die einzelnen Gruppen in ihren sozialen Beziehungen schon so weit voneinander abgekapselt, daß jede Fraktion ihren eigenen Muḫtār hat.

Weit besser als von vielen Umsiedlern anfangs befürchtet, hat sich dagegen das Verhältnis zu den kurdischen Nachbardörfern entwickelt. Zumindest wurde von beiden Seiten immer wieder betont, daß es bisher keine gravierenden Konflikte oder gar Auseinandersetzungen mit der jeweils anderen Volksgruppe gegeben habe – wohl nicht zuletzt deshalb, weil ohnehin meist nur sehr geringe Beziehungen zwischen den Bewohnern der arabischen und kurdischen Dörfer bestehen. Allerdings war bei Gesprächen mit Kurden über die Landverteilung an die Reservoirbevölkerung immer wieder eine große Erbitterung zu spüren, die sich jedoch weniger gegen die Umsiedler als vielmehr gegen die staatlichen Behörden richtete. Entgegen arabischen Angaben, wo-

---

14) Die Daten für diese sowie die drei folgenden Abbildungen beruhen auf Interviews mit Angehörigen der lokalen Führungsschicht. In jedem Umsiedlerdorf wurden der Leiter der örtlichen Genossenschaft (ra'īs el-ǧamaʿīye) oder der Muḫtār (Bürgermeister) nach der jeweiligen wirtschaftlichen und sozialen Situation im Dorf befragt. Durch ihre Ämter stehen die betreffenden Personen im ständigen Kontakt mit allen Dorfbewohnern und konnten deshalb umfassende Informationen über alle Familien liefern. Die Zuverlässigkeit ihrer Angaben ließ sich weitgehend durch Ergänzungsfragen im Anschluß an die vorher behandelte Umsiedlerstichprobe (vgl. Kap. V, B) überprüfen.

15) Die Welde der Ǧezīre bewohnten die östliche Seite des Euphrattals, während die Welde der Šāmīye auf der Westseite lebten. In den dreißiger Jahren wurden aus administrativen Gründen die nördlich von Meskene lebenden Unterstämme von den Welde der Šāmīye abgetrennt und als Welde von Bāb Menbiǧ zu einer weiteren Gruppe zusammengefaßt (nach M. VON OPPENHEIM 1939, S. 209).

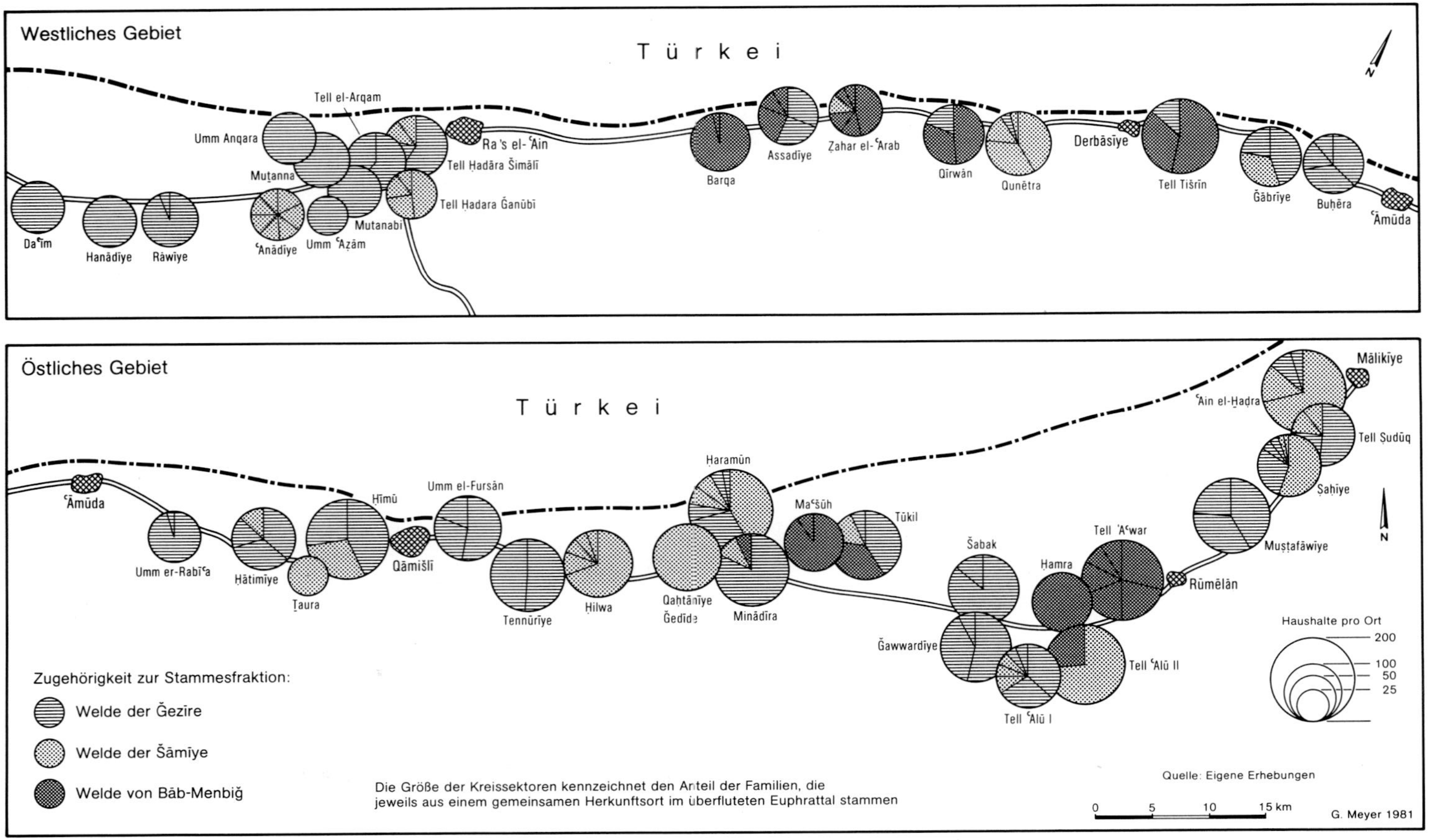


*Abb. 7. Stammesmäßige Zusammensetzung der Reservoirbevölkerung in den neuen Dörfern der Provinz Ḥasake*

nach nur Großgrundbesitz enteignet und neu verteilt worden sei, wurden zumindest in Einzelfällen auch Ländereien kurdischer Kleinbauern eingezogen. Als Entschädigung sollten die betroffenen Familien Bewässerungsland im Gebiet des Radd-Projekts erhalten und dort, rund 50 km südöstlich von Qāmišlī (vgl. Abb. 3), neu angesiedelt werden. Angeblich waren die Böden auf den zugewiesenen Flächen jedoch hochgradig versalzen, so daß meistens auf die angebotene Entschädigung verzichtet wurde.

## 2. *Anbau- und Einkommensverhältnisse*

Als der wohl wichtigste Faktor für die Entwicklung der neuen Umsiedlerdörfer hat sich deren ökonomische Basis herausgestellt. Bei dem anfänglichen Werben für einen Umzug in die Provinz Ḥasake hatte man jeder Familie eine Getreideanbaufläche von 15 ha versprochen, die Spitzenerträge von 30 dz Weizen pro ha liefern würde. Nach Abzug aller Produktionskosten konnte damit ein Haushaltseinkommen von etwa 26000 S.L.[16] (Preisniveau 1978/79) erwartet werden – ein Mehrfaches des Durchschnittseinkommens von Kleinbauernbetrieben im Euphrattal. In welchem Umfang konnten diese Versprechungen eingelöst und die hochgespannten Erwartungen der Umsiedlerfamilien erfüllt werden?

Zumindest im Hinblick auf die Verteilung der Agrarflächen wurden die Zusagen für etwa die Hälfte aller neuen Dörfer eingehalten, so daß dort jede Familie eine Anbaufläche von 15 ha erhielt. Wie aus der Abb. 8 hervorgeht, ergibt sich daraus für die am weitesten westlich gelegenen Siedlungen mit Jahresniederschlägen um durchschnittlich 300 mm die Zuweisung von 30 ha pro Haushalt, weil jeweils nur eine Hälfte des Landes bebaut wird, während die andere Hälfte zur Regenerierung des Bodens brach liegt. In einem Fall, in Ḥilwa, erhielt jede Familie sogar 20 ha Land, obwohl dort im allgemeinen bei ausreichenden Niederschlägen die Einschaltung eines Brachjahres entfällt. Für die Haushalte in sechs Siedlungen westlich von Ra's el-ᶜAin waren jeweils nur 6,7 bzw. 8 ha Land vorgesehen, doch wurden hier von der Genossenschaft Grundwasserpumpen installiert, so daß jeder Siedlerbetrieb über 2,7 bzw. 3 ha Bewässerungsland verfügt. Dagegen bleibt in einigen Dörfern die zugewiesene Fläche bis zu einem Drittel hinter den ursprünglichen Ankündigungen zurück, weil entweder ein Teil des Landes unkultivierbar ist (z.B. Tūkil und Maᶜšūh) oder von vornherein nicht genug Land verteilt werden konnte (z.B. Ḥamra, Tell 'Aᶜwar, Muṣṭafāwīye, Tell Ṣudūq, ᶜAin el-Ḫadra). Besonders schlecht sind die Verhältnisse in den vier Dörfern Umm ᶜAẓām, Ǧawwardīye sowie Tell ᶜAlū I und II, wo jede Familie nur 5 ha Regenfeld bebauen kann. Offenbar war dort in der ursprünglichen Planung ebenfalls die Erschließung von Grundwasser zu Bewässerungszwecken vorgesehen. Ohne solche Maßnahmen ist die wirtschaftliche Ausgangsbasis der Betriebe höchst ungenügend. Deshalb wird auch die Empörung der betroffenen Familien verständlich, die sich von der zuständigen staatlichen Organisation betrogen fühlten.

---

16) 1 S.L. = 0,48 DM (Stand März 1979)

Auf den Regenfeldflächen wurden 1978/79 neben dem vorherrschenden Weizen in einigen Dörfern auch bis zu 20 % der Flächen mit Linsen bebaut (z.B. Tennūrīye, Minādīra). Von wirtschaftlicher Bedeutung ist die Kultivierung von Gemüse sonst nur in dem Dorf Ḥīmu, wo ein Viertel des Landes für den Anbau von Melonen genutzt wurde; das benachbarte Qāmišlī bietet dafür gute Absatzmöglichkeiten. Auf den genossenschaftlich erschlossenen Bewässerungsfeldern wurde jeweils eine Hälfte mit Baumwolle und die andere mit Weizen bebaut. In Tell el-Arqam hatte man außerdem insgesamt 3 ha Pappeln angepflanzt, die nach etwa 10 Jahren als Bauholz hohe Gewinne erwarten lassen. Einen Sonderfall bildet Qīrwān, wo im Jahre 1977 sechs Familien in Privatinitiative einen Brunnen bohren und eine Pumpe installieren ließen, so daß jede von ihnen 8,5 ha ihres Landes bewässern kann. Zwei jener Familien hatten sogar größere bewässerte Obstbaumgärten angelegt.

Eigentlich sollte in jeder neuen Siedlung eine *landwirtschaftliche Kooperative* bestehen, in der alle Landempfänger organisiert sind. Für Dörfer mit einem hohen Prozentsatz ehemaliger Bodenreformbauern (vgl. Abb. 8) trifft dies in der Regel auch zu. Sofern jedoch die Mehrheit ehemalige Landbesitzer stellten – zumal solche, die im Euphrattal relativ große Flächen besessen hatten –, unterblieb häufig der Zusammenschluß zu einer Genossenschaft. Es gibt auch Fälle wie in Ǧabrīye, wo nur die ehemaligen Bodenreformbauern und Teilpächter eine Kooperative bildeten, während die früheren Landbesitzer einen Beitritt ablehnten.

Die Hauptfunktion der Genossenschaften besteht neben Anbauabsprachen in der Bereitstellung von Saatgut, Mineraldünger und Maschinen. Doch gerade bei dem hier wie auch in der übrigen Provinz Ḥasake vorwiegend praktizierten vollmechanischen Getreidebau sind saisonale Engpässe beim Einsatz der Traktoren und Mähdrescher kaum zu vermeiden. Zwar haben die Genossenschaftsmitglieder ein Anrecht darauf, daß die übergeordnete Organisation der „Bauern-Union" (ittiḥād el-fellāḥīn) ihnen die benötigten Maschinen zur Verfügung stellt; doch häufig sind die Wartezeiten zu groß[17] oder die Traktoren fallen wegen Reparaturen aus. In den meisten örtlichen Kooperativen haben sich deshalb die Mitglieder aus gemeinsamen Mitteln oder mit staatlichen Krediten einen oder auch mehrere Traktoren gekauft (Abb. 9), welche allen Genossenschaftsangehörigen zur Verfügung stehen. Ist die saisonale Nachfrage nach Landmaschinen zu groß, so werden zusätzliche Traktoren aus benachbarten Orten, aus Qāmišlī oder auch aus kurdischen Dörfern angemietet[18]. Während manche der neuen Siedlun-

---

17) Mehrfach klagten Genossenschaftsmitglieder auch darüber, daß Beschäftigte bei staatlichen Organisationen und Grundbesitzer bei der Zuteilung der Maschinen bevorzugt würden.

18) Entsprechendes gilt auch für den Einsatz von Mähdreschern. In einem Ort, Tell Tišrīn, beauftragten die aus Ḥabūba Kebīre stammenden Umsiedler sogar den selben Unternehmer wie früher im Herkunftsgebiet mit der Getreideernte: Er kam tatsächlich mit seinem riesigen Mähdrescher über streckenweise unbefestigte Pisten aus dem rund 500 km entfernten Aleppo. Dies zeugt von einem sehr guten Verhältnis zwischen den Bauern und dem städtischen Unternehmer und liefert damit gleichzeitig ein Beispiel für die These, daß die Beziehungen zwischen Stadt und Land im Orient durchaus nicht immer parasitärer Art sein müssen (vgl. E. WIRTH 1973, S. 328).

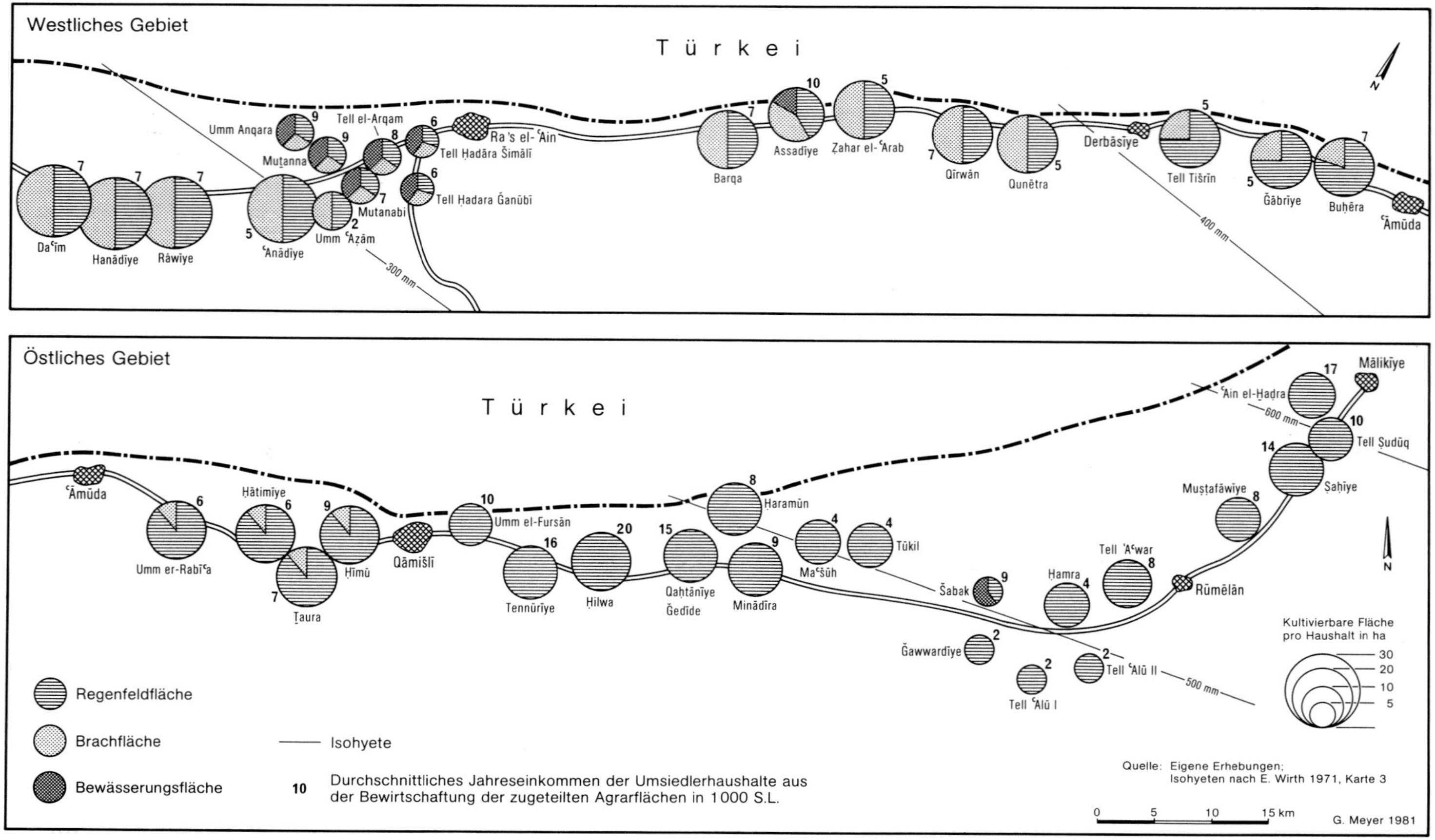


*Abb. 8. Anbau und Einkommensverhältnisse in den Umsiedlerdörfern der Provinz Ḥasake*

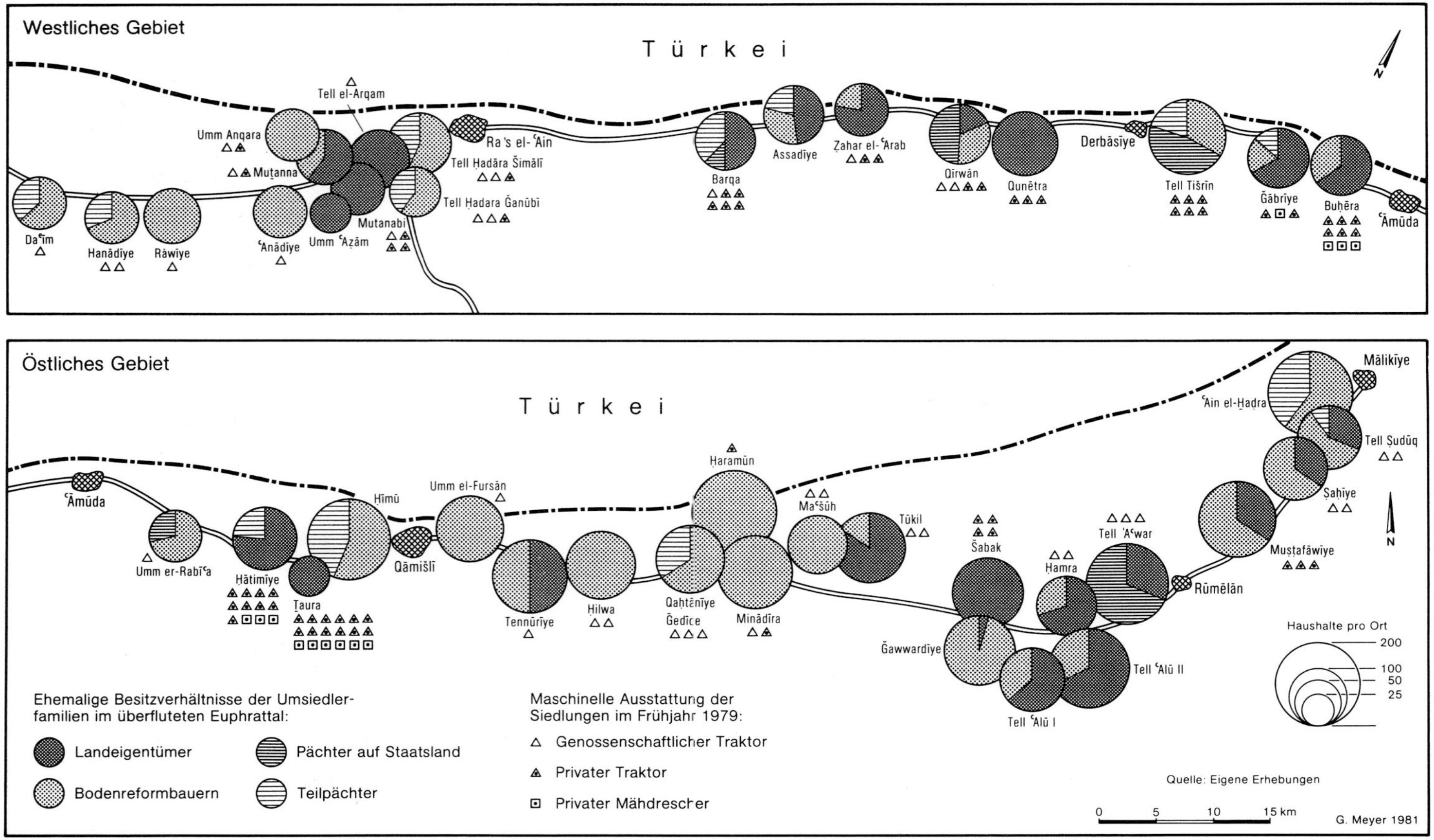


*Abb. 9. Frühere Landbesitzverhältnisse der Umsiedlerfamilien und maschinelle Ausstattung der neuen Dörfer in der Provinz Ḥasake*

gen keinerlei Zugfahrzeuge haben und ausschließlich auf die Anmietung von Traktoren angewiesen sind, konzentrieren sich die privaten Landmaschinen in einigen wenigen Dörfern. Eine hervorragende Position nimmt dabei Ṯaura mit 12 Traktoren und 6 Mähdreschern ein. Die Besitzer sind ehemalige Landeigentümer und Kontraktoren – z.T. im Rahmen der Bodenreform enteignete Großgrundbesitzer –, die alle aus Krēn stammen. Imponierend ist auch die Maschinenausstattung von Buḥēra und Ḥātimīye, wo die Familien und weitere Verwandtschaft von Scheich Šawwaḫ Burṣān und Scheich ᶜAbdallah Burṣān wohnen. Der dortige Maschinenpark nimmt sich allerdings recht bescheiden aus, vergleicht man ihn mit jenen 40 Traktoren und 10 Mähdreschern, über welche der Führer des Welde-Stammes nach Angaben eines seiner Söhne vor der Umsiedlung verfügt hatte.

Besonders groß war die Enttäuschung vieler Umsiedlerfamilien darüber, daß die Erträge auf ihren Feldern in der Regel weit hinter dem zurückblieben, was sie sich aufgrund der ursprünglichen Versprechungen erhofft hatten. Die in Aussicht gestellten 30 dz Weizen pro ha wurden allenfalls in Einzelfällen bei guten Böden und in Jahren mit optimalen Niederschlägen erzielt. In ᶜAin el-Ḫadra, im Dorf mit den höchsten Hektarerträgen, konnten im Durchschnitt etwa 26 dz geerntet werden, während sich in der überwiegenden Mehrzahl der Dörfer die mittleren Ertragsangaben in einem Bereich von 10 bis 15 dz bewegten. Damit fielen natürlich auch die Einkünfte der Umsiedlerhaushalte wesentlich niedriger aus als erwartet. Statt der erhofften 26000 S.L. liegt das durchschnittliche Jahreseinkommen aus eigenem landwirtschaftlichem Anbau in den neuen Dörfern bei maximal 20000 S.L. (vgl. Abb. 8). Nur etwa ein Zehntel dieses Betrages wurde dagegen von den Familien in vier Dörfern aufgrund unzureichender Landzuteilung erreicht. Wie aus Tab. 3 hervorgeht, beläuft sich das Durchschnittseinkommen (Median) aller Umsiedlerbetriebe in der Provinz Ḥasake auf 7200 S.L. Dieser Betrag ist zwar weniger als ein Drittel des in Aussicht gestellten Einkommens – er kann aber in etwa einem Vergleich standhalten mit den Einkünften, welche die Umsiedlerfamilien beziehen würden, wenn sie ihre ehemaligen Flächen im Euphrattal weiter bewirtschaftet hätten. Insofern muß man anerkennen, daß es der Baᶜṯ-Partei und den beteiligten Organisationen mit ihrem offiziellen Umsiedlungsprojekt *im großen und ganzen gelungen ist, für die Mehrzahl der betroffenen Haushalte eine in wirtschaftlicher Hinsicht relativ angemessene neue Existenzbasis zu schaffen.*

Diese insgesamt positive Beurteilung kann jedoch nicht darüber hinwegtäuschen, daß sich die gleiche Bilanz für einzelne Bevölkerungsgruppen vollkommen gegensätzlich ausnehmen kann, entsprechend den jeweils unterschiedlichen Verhältnissen vor und nach der Umsiedlung. Zwei extreme Beispiele mögen das verdeutlichen: Scheich Šawwaḫ Burṣān hätte von seinen 50 ha Bewässerungsland auf besten Böden im Euphrattal bei Bewirtschaftung durch Teilpächter ein Jahreseinkommen von mehr als 100000 S.L. erwarten können. Das Land, das man ihm in Buḥēra zugewiesen hat, ermöglicht nur noch ein Einkommen von knapp 7000 S.L. Wie anders stellt sich dagegen die Situation für den ehemaligen Bodenreformbauern aus Maḥkān dar, der früher auf 3,2 ha Baumwolle anbaute. Bei der mäßigen Bodenqualität seiner Felder im Reservoirgebiet hätte er mit Einkünften von höchstens 6500 S.L. rechnen können. Nach seiner Umsiedlung ist ihm in Hilwa ein etwa dreimal so hohes Einkommen sicher, für das er nur einen Bruchteil der im kleinbäuerlichen Baumwollanbau erforderlichen Arbeitsleistung erbringen muß.

Tabelle 3: Jahreseinkommen der Umsiedlerhaushalte in der Provinz Ḥasake aus der Bewirtschaftung der zugeteilten Agrarflächen im Vergleich zu den mittleren Einkünften im Herkunftsgebiet (Preisniveau 1978/79)

| Landwirtschaftliches Jahreseinkommen der Umsiedlerhaushalte in der Provinz Ḥasake [1] | Anteil der Haushalte (n = 4650) [2] |
|---|---|
| 1 700 bis 2 400 S.L. | 10 % |
| 3 600 bis unter 5 000 S.L. | 17 % |
| 5 000 bis unter 7 500 S.L. | 24 % |
| 7 500 bis unter 10 000 S.L. | 30 % |
| 10 000 bis unter 15 000 S.L. | 10 % |
| 15 000 bis 20 000 S.L. | 9 % |
| Durchschnittseinkommen (Median) | 7 200 S.L. |
| Im Herkunftsgebiet der Umsiedler erzielbares mittleres landwirtschaftliches Haushaltseinkommen [3]: | |
| Landeigentümer (Bewirtschaftung von 4 ha Bewässerungsland, eigene Pumpe, 15 ha Trockenfeld) | 11 900 S.L. |
| Bodenreformbauer (3,1 ha Bewässerungsland, Pumpe im genossenschaftl. Besitz, 7 ha Trockenfeld) | 7 600 S.L. |
| Teilpächter (Bewirtschaftung von 3 ha Bewässerungsland ohne Besitz von Land und Wasser, 5 ha Trockenfeld) | 4 100 S.L. |

1) Berechnungsbeispiel: Hanādīye, zugeteilte Fläche pro Familie 30 ha, davon 15 ha mit Weizen, 15 ha Brache; durchschnittliche Erträge 10 dz/ha = 150 dz/Familie.
- Anbaukosten (Traktorenmiete, Saatgut, Dünger, Genossenschaftsbeitrag) pro ha 220 S.L., insgesamt 3300 S.L.
- Erntekosten (Mähdrescher) 15 % des Getreides
- Erlös aus dem Verkauf von rund 125 dz Weizen à 80 S.L. = 10 000 S.L. und Erlös aus dem Verkauf des Strohs = 450 S.L.
Durchschnittliches Jahreseinkommen der Haushalte in Hanādīye nach Abzug der Produktionskosten = 7150 S.L.

2) Aufsummierte Durchschnittswerte der 41 Dörfer.

3) Anbau auf Bewässerungsland: 65 % Baumwolle und 35 % Weizen. Mittlere Hektarerträge: 22 dz Baumwolle und 30 dz Weizen auf Bewässerungsland, 8 dz Weizen auf Trockenfeld. Deckungsbeiträge auf Bewässerungsland mit eigener Pumpe bei Baumwolle 2450 S.L./ha und bei Weizen 2100 S.L./ha; bei Weizen auf Trockenfeld 350 S.L./ha.

### *3. Das Problem der Unterbeschäftigung und auswärtigen Arbeitsaufnahme*

So vorteilhaft der vollmechanisierte Getreidebau durch seine geringen Arbeitsanforderungen an den einzelnen Landempfänger auch zunächst erscheinen mag, so verbirgt sich doch dahinter das Problem der Unterbeschäftigung. In der Bewässerungslandwirtschaft des Euphrattals gab es häufig die Möglichkeit, neben der ohnehin schon sehr arbeitsintensiven Bewirtschaftung des eigenen Betriebes durch zusätzliche Arbeiten bei Nachbarn die eigenen Einkünfte zu erhöhen. Auch konnten gerade Frauen und Kinder mit ihrem Lohn für das Baumwollpflücken einen erheblichen Beitrag zum Familieneinkommen leisten. In den Umsiedlungsdörfern entfallen solche Einkünfte weitgehend, so daß sich die Frage nach auswärtigen Beschäftigungsmöglichkeiten stellt. Dies gilt insbesondere für die Bevölkerung jener Siedlungen, die bei der Landvergabe benachteiligt wurden; denn ein Jahreseinkommen von 2000 S.L. reicht nicht aus, um die wirtschaftliche Existenz einer mehrköpfigen Familie zu sichern. Hier bietet sich zunächst einmal an, innerhalb der Umsiedlungsregion nach einer Arbeit zu suchen. Wie jedoch aus der Abbildung 10 hervorgeht, ist es nur in rund 6 % aller Haushalte gelungen, für wenigstens ein Mitglied eine zeitweilige Beschäftigung in der Provinz Ḥasake zu finden. Welcher Art sind diese Verdienstmöglichkeiten?

Die Ölfelder von Rūmēlān mit einem beträchtlichen Bedarf an Gelegenheitsarbeitern liegen zwar innerhalb der Ansiedlungszone, doch war in vielen Dörfern die Klage zu hören: „Sobald wir in Rūmēlān unsere Ausweise vorlegen, wird uns gesagt: Ihr habt ja bereits Land bekommen; für euch gibt es hier keine Arbeit!" Ausnahmen wurden anscheinend nur bei einigen Umsiedlern aus dem Rūmēlān benachbarten Tell ʾAᶜwar gemacht, die hin und wieder bei der Vergabe von Gelegenheitsarbeiten Berücksichtigung fanden. Analog zu der in Mitteleuropa weit verbreiteten Zupacht bei arbeitsmäßig nicht ausgelasteten Agrarbetrieben bewirtschaften die Umsiedler dagegen recht häufig Getreide- oder Baumwollfelder in anderen Gebieten der Provinz Ḥasake als *Teilpächter oder auch als Kontraktor.* Letzteres gilt vor allem für die Landmaschinenbesitzer von Ṭaura, Ḥātimīye und Buḥēra. Andere Umsiedler haben eine schlecht bezahlte Beschäftigung als *Lohnhirten* für die Herden benachbarter kurdischer Dörfer angenommen, oder sie sind wieder zur *mobilen Schafhaltung* übergegangen. So leben beispielsweise 20 Familien aus Ṣaḥīye die meiste Zeit des Jahres mit ihren Herden in dem südwestlich von Ḥasake gelegenen Gebiet des Ǧebel ᶜAbd el-ᶜAzīz und kommen nur zur Feldbestellung und Getreideernte in ihr Dorf[19].

---

19) Wie von Herrn Gennaro Ghiradelli (Institut für Ethnologie der Freien Universität Berlin) zu erfahren war, der im Rahmen einer ethnologischen Untersuchung mehrfach die in der Provinz Ḥasake angesiedelten Familien aus Ḥabūba Kebīre besucht hatte, halten auch andere Umsiedlerfamilien in den neuen Dörfern oft Schafe in einer Stückzahl, welche die für jene Agrarregion auf nur wenige Tiere pro Familie festgesetzte offizielle Obergrenze deutlich übersteigt. Wird jemand mit einer größeren Herde von einer kontrollierenden Polizeistreife angetroffen, so zieht man sich meist dadurch aus der Affäre, daß man angibt, die überzähligen Tiere würden den Familien der Brüder oder des Onkels gehören.

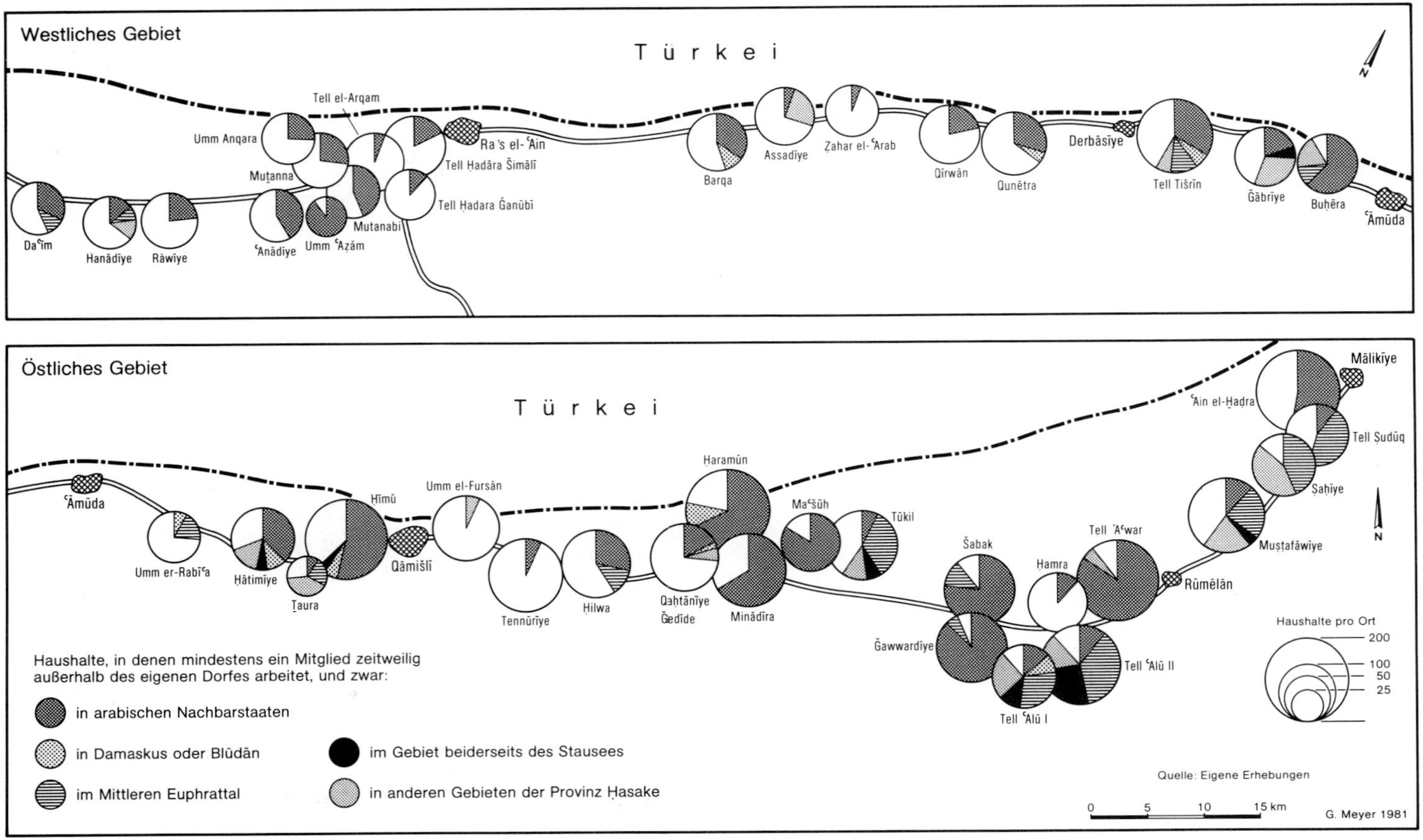


*Abb. 10. Erwerbstätigkeit der Umsiedler außerhalb der neuen Dörfer in der Provinz Ḥasake*

Die am häufigsten von den Arbeitssuchenden frequentierten Beschäftigungsorte liegen jedoch nicht in der näheren Umgebung der Umsiedlerdörfer, sondern in den arabischen Nachbarstaaten. In jedem dritten Haushalt zählte wenigstens ein Mitglied zu den *temporären Arbeitsemigranten*, die meist für mehrere Monate im Jahr als Gelegenheitsarbeiter im Ausland tätig sind. Mit einem Anteil von 94 % arbeitete die überwiegende Mehrheit in Jordanien und zwar entweder im Bausektor von ʿAmmān oder im Hafen von ʿAqaba. Die übrigen Arbeitsemigranten verteilten sich auf verschiedene Städte in Libanon, Irak und Saudi-Arabien.

Mit einem geringeren Verdienst als in den Nachbarstaaten, jedoch höheren Tagelöhnen als im Nordosten des Landes kann man in Damaskus rechnen. Da im *Bausektor der Hauptstadt* und der umgebenden Region in der Regel gute Beschäftigungsaussichten für Hilfsarbeiter bestehen, hatte dort auch ein – allerdings nur sehr kleiner – Teil der Umsiedler (2 %) eine Arbeit gesucht. Blieben ihre Bemühungen in Damaskus erfolglos, so fand sich 1978/79 sicherlich in dem weiter nordwestlich im Anti-Libanon gelegenen Blūdān eine Beschäftigung. Diese Siedlung wurde forciert als Fremdenverkehrszentrums ausgebaut, nachdem die libanesischen Höhenorte wegen der dortigen Unruhen als Sommerfrische insbesondere für reiche Familien aus den Golfstaaten weitgehend ausgefallen waren.

Arbeitsmöglichkeiten in geringerer Entfernung zu den neuen Dörfern in der Provinz Ḥasake, nämlich im Mittleren Euphrattal und im Gebiet beiderseits des Stausees, werden schließlich von insgesamt 11 % der Umsiedlerhaushalte genutzt. Es sind dies meist *Gelegenheitsarbeiten auf den Staatsfarmen, bei Erschließungsprojekten oder in Raqqa.* Einige Männer haben auch *Staatsland in der Nähe des Assad-Sees gepachtet* und bauen dort wieder Getreide an, trotz eines entsprechenden Verbots für alle Teilnehmer an der Umsiedlungsaktion. Jene Bestimmung konnte meist dadurch umgangen werden, daß man formal als Pächter einen nahen Verwandten registrieren ließ.

Während bei der weitaus überwiegenden Zahl der Fälle von auswärtiger Arbeitsaufnahme die Familien im Dorf zurückbleiben, gibt es neben der bereits erwähnten Rückkehr zu einer halbnomadischen Lebensweise unter Beteiligung aller Haushaltsmitglieder noch weitere Beispiele von Umsiedlern, die kaum noch als Bewohner der neuen Dörfer anzusprechen sind. So zogen zahlreiche Familien aus Tell ʿAlū I und II nach Raqqa, oder sie siedelten sich am Rand des Stausees an, nachdem sie erkannt hatten, wie gering ihr erzielbares Betriebseinkommen aufgrund der ungenügenden Landzuteilung war. In diesen Fällen kommen meist nur noch die Männer für wenige Tage zur Regelung der nötigen Feldarbeiten ins Umsiedlungsgebiet zurück. So wurden im März 1979 nur noch 20 Familien in Tell ʿAlū I angetroffen. 90 Häuser waren leer oder wurden als Schafställe genutzt. Von den für die Umsiedlung verantwortlichen Behörden war eine solche Entwicklung sicherlich nicht gewünscht worden; vorhersehbar wäre sie aber durchaus gewesen, nachdem hier durch die völlig unzureichende wirtschaftliche Basis der Siedlerstellen und die sehr heterogene Zusammensetzung der aus 7 verschiedenen

Reservoirdörfern stammenden Einwohnerschaft von Anfang an wichtige Voraussetzungen zur Gründung einer stabilen dörflichen Gemeinschaft fehlten. Solche Fälle bilden jedoch die Ausnahme und sollten nicht überbewertet werden bei der Beurteilung der *insgesamt erfolgreich verlaufenen Neuansiedlung von rund einem Drittel der Reservoirbevölkerung in der Provinz Ḥasake.* Demgegenüber waren die Bedingungen, welche die übrige Bevölkerung aus dem überfluteten Euphrattal in den anderen Umsiedlungsgebieten vorfand, im allgemeinen wesentlich ungünstiger.

## B. Die Neuansiedlung im Mittleren Euphrattal

Nachdem die ursprünglichen Pläne zur Etablierung von genossenschaftlich organisierten kleinbäuerlichen Betrieben im Pilotprojekt aufgegeben und statt dessen binnen kürzester Zeit 15 Staatsfarmen eingerichtet worden waren und mit ihrer Bewirtschaftung begonnen werden sollte, war es den verantwortlichen staatlichen Stellen weitgehend gleichgültig, woher die benötigten Arbeitskräfte kamen. Soziale Überlegungen, etwa das Bestreben, eine herkunftsmäßig möglichst homogene Zusammensetzung der Einwohnerschaft in den neuen Siedlungen zu erreichen, spielten keine Rolle. Um die Ansiedlung von Arbeitswilligen auf den Staatsfarmen wurde sowohl im Reservoirbereich als auch in den Dörfern des Mittleren und Unteren Euphrattals geworben. Nur für das Gebiet des Wādī l-Fēḍ (vgl. Foto 5), das auch nach der neuen Planung bei der FAO unverändert weiter als Umsiedlungsprojekt geführt und aus Mitteln des World Food Programs gefördert wurde, versuchte man vorwiegend Familien aus dem Überflutungsbereich zu gewinnen, die schließlich aus vielen unterschiedlichen Dörfern kamen.

Wie *heterogen die Zusammensetzung der Bevölkerung* ist, geht aus einer Untersuchung über die Herkunft der Bewohner auf der Staatsfarm Rabīᶜa hervor (Abb. 11). Im August 1979 lebten dort 260 Familien, die aus 67 verschiedenen Dörfern stammten, darunter 18 Orte aus dem Reservoirgebiet. 55 % der Haushalte waren aus dem überfluteten Euphrattal zugezogen, wobei ehemalige Bewohner desselben Dorfes sich in der Regel darum bemüht hatten, möglichst nahe beieinander eine Unterkunft zu bekommen. Als Folge haben sich einzelne, nach der Herkunft ihrer Bewohner gegeneinander abgrenzbare Viertel herausgebildet, wie z.B. das durch die Zufahrtsstraße zerschnittene Wohngebiet von Familien, die früher in Radda gelebt hatten. Angesichts des engen räumlichen Nebeneinanders so vieler unterschiedlicher Bevölkerungsgruppen auf den Staatsfarmen sind Spannungen und Reibereien zwischen den Angehörigen verschiedener Stämme und Stammesfraktionen kaum zu vermeiden[20].

---

20) Spannungen zwischen diesen Gruppen bestehen nach offiziellen Angaben nicht, doch als ich während eines Besuches in Muḥammedīye ein Mitglied der 15 dort wohnenden Familien aus dem Reservoirgebiet sprechen wollte, erfuhr ich, daß alle Männer aus diesen Familien in Raqqa verhört wurden, nachdem es in der Nacht vorher bei Auseinandersetzungen mit einer anderen Gruppe einen Toten gegeben hatte. Als ich mich kurz darauf in Qadsīye mit mehreren Männern aus dem Reservoirbereich unterhielt, die aus ihrer Unzufriedenheit über die Lebensumstände auf der Staatsfarm keinen Hehl machten, und sich Angehörige eines anderen Stammes in das Gespräch einmischten, kam es zu Handgreiflichkeiten, die erst durch das Einschreiten des Farmleiters ein Ende fanden.

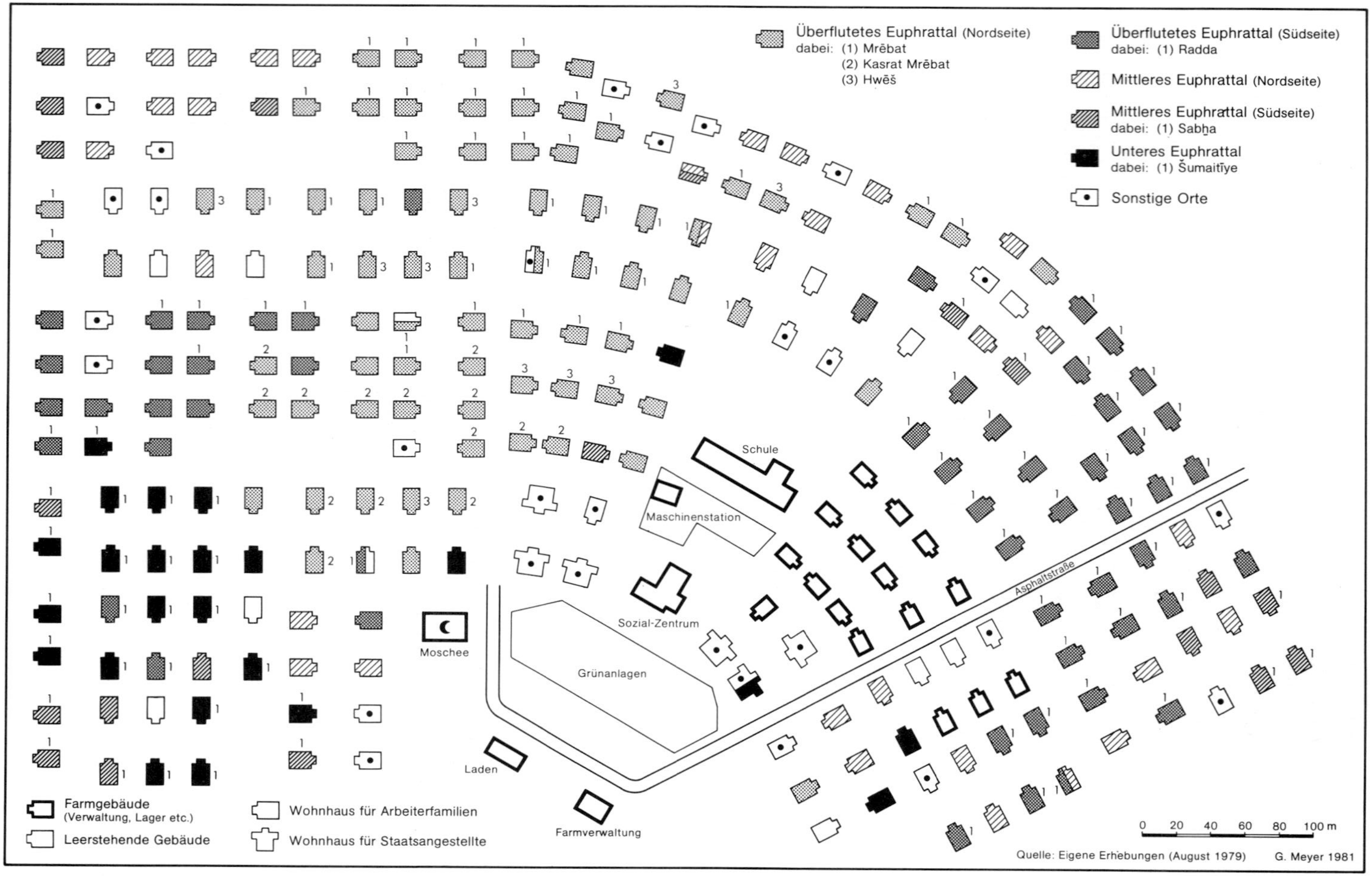


*Abb. 11. Herkunft der Bewohner auf der Staatsfarm Rabīʿa*

*Foto 5. Staatsfarm im Wādī l-Fēḍ*

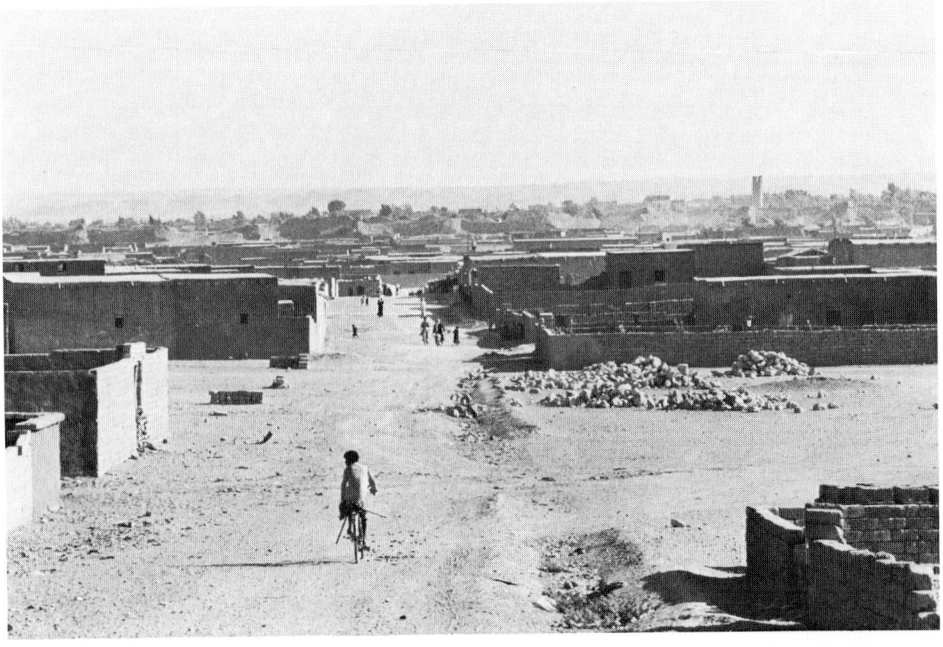

*Foto 6. Neues Wohnviertel am Stadtrand von Raqqa*

Tabelle 4: Anbauverhältnisse auf den Staatsfarmen des Pilotprojektes 1977/78

| Staatsfarm | Erschlossene Bewässerungsfläche in ha | Kultivierte Fläche in % d. Erschließungsfläche | Erntefläche in ha | | | | | | | | |
|---|---|---|---|---|---|---|---|---|---|---|---|
| | | | Einjährige Kulturen | | | | | Dauerkulturen | | | |
| | | | Weizen | Zuckerrüben | Baumwolle | Kartoffeln | Mais | Alfalfa | Obstbäume | Pappeln | Baumschulen |
| Andalus | 900 | 49 | 160 | 152 | 80 | – | – | 26 | 25 | – | – |
| Rašīd | 1 100 | 79 | 323 | 156 | 220 | – | 100 | 41 | 38 | 97 | – |
| Anṣār | 1 760 | 64 | 536 | 227 | 248 | – | 100 | 61 | 46 | – | – |
| Yamāma | 1 600 | 30 | 118 | 130 | 38 | 5 | 64 | 65 | 89 | – | – |
| Ya$^c$arub | 1 145 | 69 | 305 | 156 | 137 | – | 75 | 101 | 38 | 54 | – |
| $^c$Adnānīye | 1 440 | 8 | – | – | – | – | – | – | 25 | 94 | – |
| Qaḥṭanīye | 1 350 | 83 | 529 | 147 | 63 | – | 134 | 47 | 34 | 155 | 144 |
| Rabī$^c$a | 1 415 | 77 | 464 | 316 | 100 | – | 93 | 50 | 45 | 89 | 18 |
| Ḥiṭṭīn | 1 330 | 82 | 515 | 248 | 44 | – | 95 | 181 | 47 | 57 | – |
| Assad | 2 205 | 19 | 241 | 98 | 48 | – | 54 | – | 27 | 15 | – |
| Badṛ | 1 170 | 69 | 283 | 420 | – | – | 37 | 31 | 41 | 33 | – |
| Qādsīye | 1 125 | 93 | 581 | 268 | – | – | 99 | 114 | 22 | 60 | – |
| Muḍar | 965 | 78 | 460 | 140 | 47 | – | 46 | 70 | 32 | – | – |
| Muḥammedīye | 1 120 | 83 | 474 | 151 | 100 | – | 70 | 145 | 55 | – | – |
| Ġassānīye | 975 | 30 | 225 | – | 70 | – | 40 | – | – | – | – |
| Insgesamt | 19 600 | 58 | 5 214 | 2 609 | 1 195 | 5 | 1 007 | 962 | 564 | 654 | 162 |
| Erntefläche in % der kultiviert. Fläche | | | 45,8 | 22,9 | 10,5 | 0,04 | 8,9 | 8,5 | 5,0 | 5,7 | 1,4 |

Quelle: Unterlagen der GADEB

Die längsgeteilten und eigentlich *für jeweils zwei Haushalte konzipierten Wohngebäude* beherbergen meist nicht mehr als eine Familie. In Rabīʿa hatte nur knapp ein Drittel der aus dem Reservoirgebiet stammenden Haushalte eine Wohneinheit gemietet, während vier größere Familien sogar jeweils drei Blockhälften bezogen hatten. Die Miete pro Wohneinheit betrug in der Nähe von Raqqa 12 S.L., dagegen brauchten auf den übrigen Staatsfarmen als Folge einer wesentlich geringeren Nachfrage nach derartigen Wohnungen nur 9 S.L. bezahlt werden.

Während auf Rabīʿa, Qaḥtanīye und Ḥittīn fast alle Häuser belegt waren, standen auf den fünf Staatsfarmen östlich von Raqqa jeweils zwischen einem Viertel und zwei Drittel der Wohngebäude leer. Auf Adnanīye waren sogar nur etwa 10 % der Häuser bewohnt, nachdem der obere Hauptkanal (siehe Abb. 5) aufgrund zahlreicher Einbrüche des hochgradig gipshaltigen Untergrundes stillgelegt und die Bewässerung eingestellt werden mußte. Wie aus Tab. 4 hervorgeht, konnten 1977/78 von den 19600 ha des Pilotprojektes wegen Bewässerungs- oder Drainageproblemen, Versalzung oder zu hohem Gipsanteil der Böden insgesamt nur 58 % kultiviert werden. Daraus resultieren für die auf den Staatsfarmen angesiedelte Bevölkerung weit weniger Arbeitsmöglichkeiten in der Landwirtschaft, als ursprünglich zu erwarten war. Der hohe Mechanisierungsgrad und der überwiegende Anbau von relativ arbeitsextensiven Kulturen läßt den Bedarf an Landarbeitern noch weiter schrumpfen. So ist es erklärlich, daß nicht einmal die Hälfte der im Rahmen der Befragungsaktion im *Wādī l-Fēḍ* erfaßten Vorstände von Umsiedlerhaushalten aus dem Reservoirgebiet eine feste Anstellung auf den Staatsfarmen erhalten hatte (vgl. Tab. 5). 47 % konnten als Gelegenheitsarbeiter nur etwa 5 bis 7 Monate im Jahr mit einer Beschäftigung rechnen. Entsprechend niedriger war das Jahreseinkommen, das bei fast einem Viertel der Haushaltsvorstände nicht einmal 2500 S.L. erreichte. Von solchen Einkünften kann eine mehrköpfige Familie nur existieren, wenn noch weitere Mitglieder – etwa ältere Söhne oder vereinzelt auch Frauen als Erntehilfen – mit ihrem Arbeitslohn zum Haushaltseinkommen beisteuern. Mehrere der Befragten waren auch zeitweilig als Gelegenheitsarbeiter in Jordanien tätig.

Etwas günstiger als in Wādī l-Fēḍ stellt sich die Arbeitssituation für die Umsiedler auf den *Staatsfarmen nahe Raqqa* dar. Zwar ist der Anteil der Gelegenheitsarbeiter sogar noch etwas höher, doch kann in der Regel mit einem Beschäftigungszeitraum von 7 bis 9 Monaten im Jahr gerechnet werden, da hier die staatlichen Erschließungsorganisationen einen großen Teil ihrer benötigten Arbeitskräfte anwerben und täglich zu den jeweiligen Einsatzorten transportieren.

Noch besser sind allerdings die Verdienstmöglichkeiten in Raqqa. Während ein Landarbeiter auf den Staatsfarmen täglich zwischen 10,5 und 12 S.L. erhält, liegen in der Provinzhauptstadt die Tagelöhne beispielsweise für Bauarbeiter in einem Bereich von 18 bis 25 S.L. Entsprechend höher sind die jährlichen Einkünfte der Haushaltsvorstände, die sich am Stadtrand von Raqqa ansiedelten: Mit 5900 S.L. übertrifft ihr mittleres Jahreseinkommen deutlich die durchschnittlichen Bezüge der Umsiedler auf den Staatsfarmen in Höhe von 4200 bzw. 3800 S.L.

Tabelle 5: Berufliche Situation und Einkommensverhältnisse der Vorstände von Umsiedlerhaushalten in vier Zuwanderungsgebieten des Mittleren Euphrattals (Frühjahr 1979)

| | Prozentualer Anteil der Haushaltsvorstände | | | |
|---|---|---|---|---|
| | auf den Staatsfarmen | | am Stadtrand von Raqqa | in älteren Wohnvierteln von Raqqa |
| | im Wādī l-Fēḍ (n = 75) | nahe Raqqa (n = 75) | (n = 74) | (n = 30) |
| *Berufliche Situation des Haushaltsvorstandes* | | | | |
| Gelegenheitsarbeiter | 47 | 51 | 63 | 10 |
| Festangestellter Arbeiter | 41 | 37 | 10 | 7 |
| Fahrer/Mechaniker | 3 | 7 | 10 | 13 |
| Einzelhändler, Kontraktor u. a. selbständiger Unternehmer | 1 | 4 | 17 | 43 |
| Staatlicher Angestellter | – | 1 | – | 27 |
| Arbeitslos (zu alt, krank) | 8 | – | – | – |
| *Jahreseinkommen des Haushaltsvorstandes* (in S. L.) | | | | |
| unter 2500 | 23 | 10 | 1 | – |
| 2500 bis unter 5000 | 64 | 59 | 41 | 3 |
| 5000 bis unter 7500 | 10 | 23 | 25 | 10 |
| 7500 bis unter 10 000 | 3 | 7 | 23 | 13 |
| 10 000 bis unter 15 000 | – | 1 | 6 | 23 |
| 15 000 bis unter 20 000 | – | – | 4 | 30 |
| mehr als 20 000 | – | – | – | 20 |
| Durchschnittliches Jahreseinkommen (Median) in S. L. | 3 700 | 4 300 | 5 900 | 14 600 |

Die im Eigenbau errichteten Häuser der ehemaligen Reservoirbevölkerung, die sich in drei *neuen Vierteln am Rande der Provinzhauptstadt* konzentrieren, befanden sich im Frühjahr 1979 meist noch in einem unfertigen, provisorischen Zustand (vgl. Foto 6). Das aus dem Überflutungsgebiet mitgebrachte oder durch den Verkauf von Schafen erhaltene Geld hatte häufig nur zum Erwerb des Grundstücks und einer begrenzten Zahl von Bausteinen ausgereicht. Mit diesem Material wurde dann in der Regel als erstes die gekaufte Parzelle mit einer hohen Mauer umgeben und so ein Innenhof geschaffen, der die für die Wertordnung der ländlichen Haushalte besonders wichtige Abschirmung der Privatsphäre nach außen hin sicherstellt. Das eigentliche Wohngebäude besteht anfangs noch aus einem Zelt oder einem Verschlag aus Brettern, Säcken und Pappe. Sobald die Familie etwas Geld übrig hat, wird erneut Baumaterial gekauft und zunächst nur ein gemauerter Wohnraum errichtet, an den später – in einer seit Jahrtausenden für die Städte des Orients typischen agglutinierenden Bauweise – weitere Gebäude angefügt werden. Je nach Einkommenslage kann sich der Ausbau über Jahre hinziehen. In einigen Fällen wurde diese Entwicklung beschleunigt durch die Ersparnisse, die Familienmitglieder von einem Arbeitsaufenthalt in Saudi-Arabien mitbrachten. Der Anschluß der peripheren Wohngebiete an die Strom- und Trinkwasserversorgung wurde zwar von allen Befragten sehnlich erwartet, doch war dafür 1979 noch kein Termin absehbar.

In den Genuß derartiger Infrastruktureinrichtungen kamen dagegen die Umsiedlerhaushalte, die in den *älteren, zentraler gelegenen Vierteln von Raqqa* eine staatliche oder private Mietwohnung gefunden hatten oder über so umfangreiche finanzielle Mittel verfügten, daß sie die dort sehr teuren Bodenpreise – 100 bis 160 S.L. pro qm gegenüber 30 bis 50 S.L. am Stadtrand – bezahlen und sich ein Haus nach eigenen Vorstellungen errichten konnten. Nachdem die ökonomische Ausgangsbasis dieser Familien im Durchschnitt ohnehin schon wesentlich besser als bei der übrigen Reservoirbevölkerung gewesen war und viele von ihnen früher bereits enge Beziehungen zur Provinzhauptstadt unterhielten, ist es durchaus einsichtig, daß sie meist mit beträchtlichem Erfolg die städtischen Verdienstmöglichkeiten zu nutzen verstanden. Das mittlere Einkommensniveau ist hier mit 14600 S.L. mehr als zweieinhalbmal so hoch wie am Stadtrand von Raqqa und fast viermal so hoch wie auf den Staatsfarmen im Wādī l-Fēḍ. Knapp die Hälfte der in den älteren Stadtvierteln interviewten Haushaltsvorstände waren als Unternehmer tätig, indem sie selber oder zusammen mit anderen ein Einzelhandelsgeschäft bzw. eine Kfz-Reparaturwerkstätte eröffnet hatten oder mit eigenem Kleinbus, Taxi oder Lkw ein Transportunternehmen betrieben. Andere hatten ihre frühere Tätigkeit als Kontraktoren beibehalten und Ländereien im Balīḫ-Gebiet gepachtet, während eine Familie vorwiegend von den Einkünften einer durch Lohnhirten betreuten 600köpfigen Schafherde lebte. Jeder Dritte der Befragten hatte eine feste Anstellung bei staatlichen Institutionen gefunden, wobei solche Tätigkeiten genannt wurden wie etwa Wächter in der Provinzverwaltung, Raupenfahrer bei der GADEB, Parteisekretär, Lehrer, stellvertretender Leiter des städtischen Fuhrparks oder Ingenieur in der Zuckerfabrik.

So rosig gerade die zuletzt genannten Beispiele erscheinen mögen, darf doch nicht übersehen werden, daß jene 93 Umsiedlerhaushalte, die sich in den besseren Wohnvierteln von Raqqa etablieren konnten, nur eine Minderheit darstellen im Vergleich zu den 1109 Familien auf den Staatsfarmen und den 294 Haushalten am Rande der Provinzhauptstadt. *Insgesamt ist es damit nur einem sehr kleinen Teil der im Mittleren Euphrattal angesiedelten Reservoirbevölkerung gelungen, annähernd das gleiche oder gar ein höheres Einkommensniveau zu erreichen, als in ihrem Herkunftsgebiet erzielbar gewesen wäre. Dagegen hat die Masse der dortigen Umsiedler erhebliche wirtschaftliche Einbußen und eine Absenkung ihres Lebensstandards erfahren.*

## C. Die Ansiedlung der Reservoirbevölkerung im Randbereich des Assad-Sees

Von den rund 7000 Haushalten, die sich auf dem Plateau entlang des Stausees niedergelassen haben, leben gut zwei Drittel auf der Süd- bzw. Westseite des Reservoirs, wo durch die Erschließungsprojekte und die Hauptstraße Ḥaleb – Raqqa wesentlich bessere wirtschaftliche und infrastrukturelle Voraussetzungen für eine Ansiedlung bestehen als auf der Ǧezīre-Seite. Als ein wichtiger Zuzugs- und Arbeitsort vor allem für die Bevölkerung, die früher in den Dörfern unmittelbar oberhalb des Staudamms wohnte, hat sich am Südufer das neue *Ṭabqa* entwickelt, das in Ṯaura (Revolution) umbenannt wurde und mittlerweile eine Einwohnerzahl von mehr als 40000 Menschen erreicht hat. Allerdings gehören von der Reservoirbevölkerung nur sehr wenige zu den Privilegierten, die mietfrei in den modernen vom Staat gebauten Wohnungen im nordwestlichen Teil der Stadt leben (vgl. Foto 7). Dieses Viertel, das im Stil westlicher Neustädte in einer Mischung von Bungalows, zweistöckigen Reihenhäusern und vier- bis fünfstöckigen Wohnblöcken mit Einkaufs- und Schulzentrum, Verwaltungsgebäuden, breiten Straßenzügen und Parkanlagen errichtet wurde, ist den meist aus anderen Städten zugewanderten syrischen Facharbeitern, Ingenieuren und leitenden Angestellten der Euphratbehörde vorbehalten. Dazu kamen im Oktober 1978 etwa 360 Wohneinheiten, die von ausländischen Experten – vorwiegend aus dem Ostblock – und deren Familien bewohnt waren.

Die etwa 400 aus dem Reservoirbereich stammenden Familien haben sich dagegen jenseits eines tief eingeschnittenen Tals im südöstlichen Teil der Stadt angesiedelt. Dort leben sie meist nach Herkunftsorten getrennt in selbstgebauten einstöckigen Häusern in der Nachbarschaft von Vierteln mit Zuwanderern aus anderen Teilen des Landes, darunter zahlreiche Palästinensern. Viele der Umsiedler werden als Gelegenheitsarbeiter bei der Neulanderschließung eingesetzt und täglich mit Bussen zu den wechselnden Arbeitsstellen gebracht.

Ein weiterer Siedlungsschwerpunkt südlich des Stausees hat sich *entlang der Hauptstraße nach Ḥaleb* etwa 40 km westlich von Ṭabqa gebildet. Nahezu die gesamte Bevölkerung des überfluteten Meskene und einiger Nachbardörfer hat sich dort in der Nähe der von russischen Technikern errichteten Staatsfarm auf ihrer ehemaligen Gemarkung neue Häuser gebaut. Die Hoffnungen der meisten Umsiedler auf eine feste Anstellung auf der Staatsfarm, in der neu errichteten Zuckerfabrik oder bei der Neulanderschließung haben sich allerdings nur selten erfüllt. Die verfügbaren Arbeitsplätze reichen bei weitem nicht aus, um allen erwerbsfähigen Umsiedlern eine Verdienstmöglichkeit zu geben. In den meisten Fällen kann nur für die Dauer von 3 bis 4 Monaten im Jahr mit einer Beschäftigung als Gelegenheitsarbeiter gerechnet werden.

Kaum günstiger ist die Situation in den *Gebieten südlich des Assad-Sees*, in denen bisher nicht mit der Erschließung begonnen wurde und wo deshalb noch Regenfeldbau betrieben werden darf. Einige Ländereien sind dabei in Privatbesitz, wie etwa der nicht überflutete Bereich der alten Dorfgemarkung von Dibsi Farağ. In der Regel handelt es sich jedoch um Staatsland, das in einer Größe von 5 – 30 ha an einen Teil der Umsiedler zum Preis von 5 S.L. pro ha verpachtet wurde. In einer Region mit Jahresniederschlägen von etwa 200 mm läßt sich jedoch bei solchen Betriebsflächen – selbst wenn man meistens auch noch eine kleine Schafherde besitzt – nur in ungewöhnlich feuchten Jahren ein ausreichendes Haushaltseinkommen erzielen. Eine weitere Verdienstquelle, die bisher allerdings erst von etwa 100 Familien genutzt wird, bietet die Fischerei. Damit sind bereits die wichtigsten Beschäftigungsmöglichkeiten in dieser Region erschöpft, so daß ein beträchtlicher Prozentsatz der Männer für einige Monate im Jahr als Gelegenheitsarbeiter in Jordanien oder auch in Damaskus tätig ist.

Noch schlechter als auf der Süd- bzw. Westseite des Stausees sind die Arbeitschancen für die *im Bereich der Ǧezīre* angesiedelte Reservoirbevölkerung. Abgesehen vom Regenfeldbau und der Schafhaltung fehlt dort nahezu jede weitere Verdienstmöglichkeit. Außerdem ist in diesem Gebiet die Nachfrage nach dem zu 80 % im Staatsbesitz befindlichen Land so groß, daß nur ein kleiner Teil der Umsiedler bei der Vergabe des Pachtlandes berücksichtigt werden konnte, obwohl pro Familie nicht mehr als 10 ha verpachtet wurden. Durch die Installation von Pumpen am Assad-See könnte hier eine intensive Bewässerungslandwirtschaft betrieben werden. Da es jedoch die Absicht der Behörden ist, möglichst keine permanenten Landnutzungsstrukturen entstehen zu lassen, die eine eventuelle spätere Erschließung und Bewirtschaftung durch Staatsfarmen behindern könnten, wird das Verbot zur Wasserentnahme aus dem Stausee für Anbauzwecke auch weiterhin aufrechterhalten. Allerdings gab es trotzdem einen Pumpenbesitzer, der 1978 in der Nähe von Ḥalāwa eine 6 ha große Fläche bewässerte und durch Baumwoll- und Gemüseanbau soviel verdiente, daß er für das folgende Jahr die Installation einer weiteren Pumpe und die Verdoppelung der Anbaufläche plante – dafür hatte er, wie er stolz erklärte, nur 240 S.L. an Bestechungsgeldern für kontrollierende Beamte zahlen müssen.

Die Anlage von Brunnen zu Bewässerungszwecken ist grundsätzlich möglich; es bedarf dazu aber einer besonderen Genehmigung. Wegen des häufig sehr salzhaltigen Grundwassers wurde von dieser Möglichkeit allerdings bisher kaum Gebrauch gemacht. Nur bei Ǧernīye, dem Sitz der Kreisverwaltung (naḥīye), werden mehrere kleine Baumwollflächen von insgesamt etwa 5 ha aus Brunnen bewässert. Vor allem durch

*Foto 7. Ansicht von Ṭabqa (Ṯaura)*
*Zahlreiche Familien der Reservoirbevölkerung haben sich in dem im Vordergrund erkennbaren Viertel angesiedelt. Im Hintergrund Wohnblöcke für die festangestellten Beschäftigten der GADEB*

*Foto 8. Umsiedler beim Hausbau im Randbereich des Assad-Sees*

die Initiativen eines Polizeioffiziers, der in Ǧernīye Ende 1977 die Leitung übernahm, entwickelte sich dieser Ort zu einem wichtigen Zuwanderungszentrum. So wurden innerhalb eines Jahres ein Generator zur Stromversorgung der Siedlung installiert sowie eine Bäckerei, ein Genossenschaftsladen, eine Schule und eine Arztpraxis eröffnet. Zwischen August und Oktober 1978 begannen dort, wo es zuvor außer dem Polizei- und Verwaltungsposten nur wenige Hütten gegeben hatte, etwa 80 Familien aus dem Reservoirbereich mit der Errichtung neuer Häuser. Weitere Zuzüge wurden erwartet, nachdem für das Frühjahr 1979 die Installation einer Trinkwasserleitung in Aussicht gestellt worden ist.– Während man in Ǧernīye etwas von Dynamik und Fortschritt spüren kann, bestimmen Ungewißheit über die weitere Entwicklung, Unzufriedenheit, häufig auch Resignation den Grundtenor in den übrigen nördlich des Stausees errichteten Siedlungen, denen fast alle öffentlichen Infrastruktureinrichtungen fehlen und deren meist ungewöhnlich kleine, aus Lehmziegeln errichtete Behausungen ihren provisorischen Charakter zum Ausdruck bringen (vgl. Foto 8).

Angesichts der schlechten Arbeitsmöglichkeiten auf der Ǧezīre-Seite des Assad-Sees kann es nicht verwundern, daß dort der Anteil der *temporären Arbeitsemigranten* mit schätzungweise mehr als der Hälfte der erwerbstätigen männlichen Bevölkerung noch wesentlich höher ist als auf der Südseite. Um detaillierte Angaben zu dieser Arbeiterwanderung zu erhalten, wurden im August 1979 insgesamt 104 Umsiedler befragt, die sich im Gebiet zwischen dem ehemaligen Ḥalāwa und Šams ed-Dīn niedergelassen hatten und mindestens einmal im Ausland gewesen waren[21].

Wie aus der Abb. 12 hervorgeht, traten die ersten Fälle von Arbeitsemigration im Jahre 1971 auf, also bereits vor der Schließung des Euphratdammes. Nachdem sich das Reservoir bis 1976 weitgehend gefüllt hatte, schnellte im folgenden Jahr die Zahl der im Ausland nach Arbeit suchenden Umsiedler in die Höhe und stieg auch 1978 noch weiterhin an. Der für 1979 verzeichnete leichte Rückgang beruht darauf, daß nur die ersten siebeneinhalb Monate berücksichtigt werden konnten. Für das gesamte Jahr ist deshalb eine weitere kräftige Steigerung anzunehmen. Das Hauptarbeitsland war bis 1975 der Libanon. Aufgrund der dortigen Unruhen wurde dann Jordanien zum wichtigsten Ziel der Arbeitsemigration. 1978 nahmen die ersten Umsiedler in Saudi-Arabien eine Beschäftigung auf. In sämtlichen Fällen wurde nur in den Hauptstädten der jeweiligen Länder und hier vorwiegend im Bausektor gearbeitet. Bis auf drei Männer, die sich als Fliesenleger- bzw. Tischlermeister bezeichneten, waren alle anderen als unqualifizierte Gelegenheitsarbeiter eingestellt worden. Im Durchschnitt hatte jeder Befragte 3,4 Fahrten ins Ausland durchgeführt bei einer mittleren Aufenthaltsdauer von zweieinhalb Monaten pro Reise. Betrachtet man nur den Zeitraum zwischen Anfang August 1978 und Ende Juli 1979, so waren während dieser zwölf Monate von den 104 Interviewten

21) Die Untersuchung erfolgte in der gleichen Weise wie die Erhebungen zur temporären Arbeitsemigration in den Dörfern des Mittleren und Unteren Euphrattales (vgl. Zweiter Teil, Kap. II).

Das aus dem Ausland auch von früheren Aufenthalten mitgebrachte Geld hatten fast alle (98 %) für ihren eigenen Lebensunterhalt bzw. den ihrer Familien oder zur Rückzahlung von Schulden (91 %) aufgewendet. Letzteres ist ein deutlicher Hinweis auf die wirtschaftliche Notlage, in der sich die meisten Umsiedler befinden. 12 % benutzten ihre Ersparnisse dafür, den Brautpreis für ihre Heirat aufzubringen, während 5 % die finanziellen Mittel zum Hausbau einsetzten. Produktive Investitionen zur Verbesserung ihrer Verdienstmöglichkeiten innerhalb der Herkunftsregion hatten 16 % der Migranten durch den Ankauf von Schafen getätigt.

Tabelle 6: Berufliche Situation und Einkommensverhältnisse von Haushaltsvorständen, die sich im Randbereich des Assad-Sees ansiedelten

| | Prozentsatz der Haushaltsvorstände (n = 69) |
|---|---|
| *Berufliche Situation des Haushaltsvorstandes* * | |
| - Gelegenheitsarbeiter | 78 |
| (davon zeitweilig im Ausland tätig: 36 %) | |
| - Bewirtschaftung von eigenen oder gepachteten Trockenfeldern | 32 |
| - Bewirtschaftung von Bewässerungsfeldern | 1 |
| - Kontraktor | 4 |
| - Haltung eigener Schafe (Median 18 Tiere) | 77 |
| - Lohnhirte | 3 |
| - Fischer | 1 |
| - Fahrer/Mechaniker | 4 |
| - Festangestellter Arbeiter | 3 |
| - Einzelhändler | 1 |
| - Arbeitslos (zu alt) | 1 |
| *Jahreseinkommen des Haushaltsvorstandes in S.L.* | |
| - Unter 2500 | 16 |
| - 2500 bis unter 5000 | 56 |
| - 5000 bis unter 7500 | 18 |
| - 7500 bis unter 10 000 | 6 |
| - 10 000 bis unter 15 000 | 3 |
| - 15 000 bis unter 20 000 | 1 |
| Durchschnittseinkommen (Median) | 3900 S.L. |

*) Mehrfachnennungen

Betrachtet man insgesamt die wirtschaftliche Situation der im Randbereich des Stausees verbliebenen Umsiedler, wie sie sich in Tab. 6 aufgrund der Befragung ausgewählter Haushaltsvorstände darbietet, so wird deutlich, daß sich das individuelle Ein-

– 24 % nicht im Ausland gewesen;
– 19 % hatten weniger als 3 Monate,
– 36 % 3 bis unter 6 Monate,
– 15 % 6 bis unter 9 Monate und
– 6 % zwischen 9 und 11 Monaten im Ausland gearbeitet. Im Durchschnitt wurden 1,3 Fahrten durchgeführt.

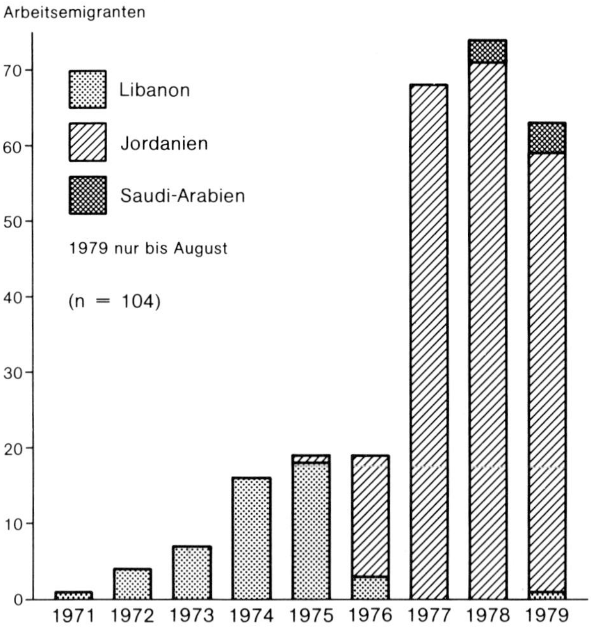


*Abb. 12. Beschäftigungsländer von temporären Arbeitsemigranten der Reservoirbevölkerung zwischen 1971 und 1979*

Das Nettoeinkommen der befragten Umsiedler aus der Arbeitsemigration (Lohn im Ausland abzüglich 35 % Lebenshaltungskosten und Fahrtkosten) ließ sich für den oben angegebenen Zeitraum von einem Jahr folgendermaßen unterteilen:

| | |
|---|---|
| – keine Einkünfte durch Arbeitsemigration | = 24 % der Befragten, |
| – unter 1000 S.L. | = 5 % |
| – 1000 bis unter 2500 S.L. | = 30 % |
| – 2500 bis unter 5000 S.L. | = 30 % |
| – 5000 bis unter 7500 S.L. | = 8 % |
| – mehr als 7500 S.L. | = 3 % |

kommen meist aus zwei Komponenten zusammensetzt: *Einkünfte aus Gelegenheitsarbeiten und aus der Schafhaltung*. Bei rund einem Drittel der Interviewten kamen noch Einnahmen aus dem *Getreideanbau* hinzu. Im Durchschnitt ergibt dies ein Jahreseinkommen, das mit 3900 S.L. etwa mit den Einkommensverhältnissen der Umsiedler auf den Staatsfarmen vergleichbar ist. Dabei erstreckt sich der jährliche Beschäftigungszeitraum in der weitaus überwiegenden Zahl der Fälle nur über 3 bis 6 Monate.

## VII. Die Aussichten auf eine zukünftige wirtschaftliche Rehabilitation der Reservoirbevölkerung

Insgesamt läßt sich feststellen, daß mehr als sieben Jahre nach der Vollendung des Euphratdammes *für rund zwei Drittel der aus dem Überflutungsbereich des Assad-Sees verdrängten Menschen*, deren Zahl bis 1980 auf mehr als 79000 angestiegen sein dürfte, *eine angemessene wirtschaftliche Rehabilitation noch nicht erreicht werden konnte*. Diejenigen, die zum Nutzen der nationalen Wirtschaftsentwicklung ihre Heimatregion, ihre Siedlungen und Felder aufgeben mußten und deshalb eigentlich vor allen anderen von diesem Entwicklungsprojekt profitieren oder zumindest keine wirtschaftlichen Verluste erleiden sollten, müssen sich zum überwiegenden Teil mit weitaus schlechteren Lebensbedingungen als vor dem Dammbau abfinden.

Die daraus abzuleitende *Forderung nach einer umgehenden Entschädigung der betroffenen Familien stößt allerdings auf erhebliche Schwierigkeiten*. Wie von einem leitenden Beamten der GADEB zu erfahren war, sollen die erlittenen Verluste auf keinen Fall allein durch Geldzahlungen abgegolten werden. Man will dadurch verhindern, daß es zu einer Abwanderung der ehemaligen Reservoirbevölkerung in die Städte kommt, wo viele die Möglichkeit sehen könnten, ihre Barabfindungen zum Grundstückskauf und Hausbau einzusetzen. Die ohnehin schon bestehenden Probleme des überproportionalen Städtewachstums würden sich damit nur noch weiter verschärfen[22]. Statt dessen ist beabsichtigt, die *Reservoirbevölkerung durch die Vergabe von neu erschlossenem Bewässerungsland zu entschädigen*, das dann genossenschaftlich zu bewirtschaften wäre. Auf diese Weise hofft man genügend Arbeitskräfte für die unterbevölkerten Neulandgebiete zu bekommen.

Aus der Sicht der regionalen Entwicklungsplanung ist dies durchaus eine sinnvolle Argumentation, zumal offiziell vorgesehen war, bis zum Jahre 1979 bereits eine Bewäs-

---

22) Daß solche Befürchtungen nicht unbegründet sind, zeigen Erfahrungen aus ähnlichen Staudammprojekten in Indien und Ghana, wo ein beträchtlicher Teil der allein durch Geldzahlungen Entschädigten in die Städte abgewandert und dort zu einem sozialen Problem geworden war (K. JOPP 1965, zit. nach A. FRISCHEN und W. MANSHARD 1971, S. 60).

serungsfläche von 41 000 ha im Bāliḫ-Gebiet zu erschließen und dort 7500 Bauernfamilien anzusiedeln, die jeweils eine Fläche von 5,3 ha erhalten sollten (UN/FAO/WFP 1978, S. 2). Die Planer waren davon ausgegangen, daß bereits nach zweijähriger Bewirtschaftung des Landes die Einkünfte dem durchschnittlichen Betriebseinkommen der Reservoirbevölkerung vor ihrer Umsiedlung entsprechen würden.

Die Realisierung dieses Vorhabens mußte jedoch auf unbestimmte Zeit verschoben werden, da die Erfahrungen im Pilotprojekt zeigten, daß die bisher praktizierte Konstruktion der Hauptkanäle, die mit vorgefertigten Betonplatten abgedichtet wurden, in den Gipsgebieten immer wieder zu Einbrüchen mit hohen Wasserverlusten führte. Bei den starken Temperaturunterschieden im Jahres- und Tagesgang traten an den Nahtstellen der Betonplatten meist nach kurzer Zeit Risse auf, durch die Wasser in den Untergrund sickerte, den Gips auflöste und so zum Absacken des betreffenden Kanalabschnittes führte. Nachdem auch die mehrjährige Erprobung von PVC-Matten zur Abdichtung der Kanäle keine befriedigende Lösung dieses Problems brachte, wurde 1978 beschlossen, das gipshaltige Gestein entlang den geplanten Trassen durch gipsfreies Material zu ersetzen und darauf die Kanäle zu errichten.

Doch selbst wenn die vorgesehenen Bewässerungsflächen erschlossen sind, erscheint es immer noch zweifelhaft, ob die Reservoirbevölkerung tatsächlich bei der Landzuteilung berücksichtigt wird. Diese Pläne kollidieren nämlich mit den Absichten von Regierungsstellen, die nur im dicht besiedelten Euphrattal die Etablierung von genossenschaftlichen Kleinbetrieben, für alle übrigen Neulandregionen jedoch die Anlage von Staatsfarmen vorsehen. Bei einer Realisierung der letzteren Alternative dürfte es allerdings kaum möglich sein, die jetzt noch beiderseits des Stausees lebende Reservoirbevölkerung dafür zu gewinnen, sich in die gleiche Situation zu begeben, in der sich bereits zahlreiche Familien ihres Stammes auf den Staatsfarmen im Pilotprojekt befinden. Vielmehr ist zu erwarten, daß es dann auch ohne Barabfindung der Reservoirbevölkerung in großem Umfang zu einer Abwanderung in die Städte kommen wird, nachdem sich die Hoffnung der Betroffenen zerschlagen hat, wieder eigenes Bewässerungsland bewirtschaften zu können.

## VIII. Zusammenfassung

Durch die Schließung des Euphratstaudamms im Jahre 1973 mußten rund 64000 Menschen, die zuvor im Reservoirbereich gelebt hatten, ihre Herkunftsregion verlassen. Es handelt sich dabei um eine Bevölkerung nomadischen oder halbnomadischen Ursprungs, die in der Regel erst ein bis zwei Generationen in dem seit mehr als einem Jahrhundert zu ihrem Stammesterritorium gehörenden Euphrattal ansässig war, vorwiegend von bewässertem Baumwollanbau lebte und daneben auch noch Trockenfelder bewirtschaftete sowie Schafhaltung betrieb. Im Rahmen der Untersuchung sollte herausgefunden werden, in welchen Gebieten die Reservoirbevölkerung sich ansiedelte, welche Faktoren bei der Wahl ihres neuen Wohnstandortes eine Rolle spielten und wie sich die sozio-ökonomischen Verhältnisse der Umsiedler in den einzelnen Zuwanderungsregionen entwickelt haben.

Ursprünglich war eine Ansiedlung im neuerschlossenen Pilotprojekt am Nordrand des Mittleren Euphrattals vorgesehen. Dort sollte etwa die Hälfte aller betroffenen Familien genossenschaftlich zu bewirtschaftendes Bewässerungsland erhalten. Dieser Plan wurde jedoch überraschend geändert und statt dessen die Umsiedlung in den äußersten Nordosten des Landes propagiert, wo durch eine Kette von 41 neuen Dörfern entlang der türkischen Grenze ein „arabischer Gürtel“ in dem vorwiegend von Kurden bewohnten Gebiet entstehen sollte. Nur etwa ein Drittel der Reservoirbevölkerung beteiligte sich an der offiziellen Umsiedlungsaktion, während sich mehr als die Hälfte der Betroffenen auf dem Plateau beiderseits des Stausees niederließ. Knapp 9 % zogen auf die Staatsfarmen im Pilotprojekt des Mittleren Euphrattals, und ein sehr kleiner Teil wanderte in die Provinzhauptstädte Raqqa und Ḥaleb ab.

Aus den Angaben von 414 Haushaltsvorständen, die in den unterschiedlichen Zuwanderungsregionen befragt wurden, läßt sich ein Modell zur Entscheidungsfindung bei der Wahl der Ansiedlungsgebiete ableiten, das durchaus übertragbar ist auf andere Umsiedlungen im Rahmen von Staudammprojekten. Es enthält darüber hinaus wesentliche Determinanten für die räumliche Entscheidung von Menschen auch bei anderen Arten von erzwungenen Wanderungen, in denen zwischen verschiedenen Zuzugsgebieten gewählt werden kann. Wie aus der Abb. 13 hervorgeht, wird eine dem jeweiligen Handlungsrahmen und Wertsystem der Umsiedlerhaushalte entsprechende Bewertung der erwarteten Verhältnisse in den möglichen Zuwanderungsregionen vorgenommen. Die dabei in den Entscheidungsprozeß einbezogenen und im Modell aufgeführten Punkte können auch als grundlegende Anforderungen interpretiert werden,

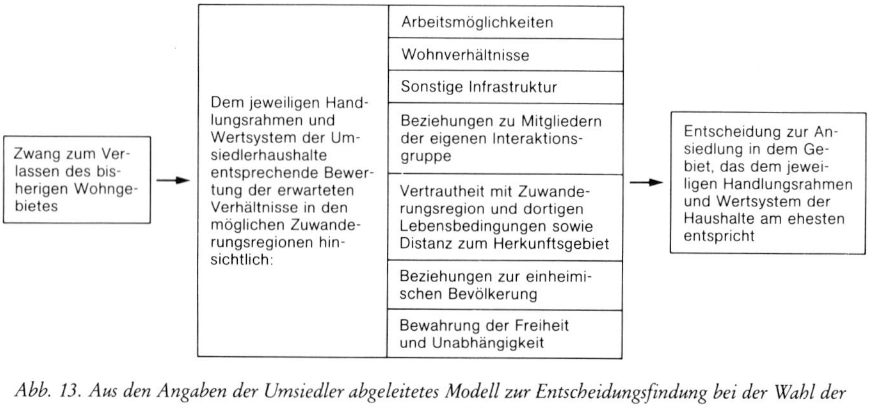


*Abb. 13. Aus den Angaben der Umsiedler abgeleitetes Modell zur Entscheidungsfindung bei der Wahl der Ansiedlungsgebiete*

die bei der Durchführung von geplanten Umsiedlungsprojekten zu berücksichtigen sind. So ist es für eine Umsiedlung, die den Bedürfnissen und Wünschen der betroffenen Bevölkerung Rechnung trägt, erforderlich, daß folgende Kriterien erfüllt sind:

- Arbeitsmöglichkeiten, die der gewohnten beruflichen Tätigkeit und den bisherigen Einkommensverhältnissen entsprechen,
- Bereitstellung angemessener Unterkünfte, welche die traditionellen Wohnbedürfnisse der betroffenen gesellschaftlichen Gruppen berücksichtigen,
- Bereitstellung von Infrastruktureinrichtungen (Wasser- und Elektrizitätsversorgung, Schulen, medizinische Betreuung), durch die eine Verbesserung der Lebensbedingungen ermöglicht wird,
- Aufrechterhalten der Beziehungen zu den Mitgliedern der jeweiligen Interaktionsgruppen durch geschlossene Ansiedlung der bisherigen Dorfgemeinschaften in der Zuwanderungsregion,
- Umsiedlung in eine möglichst nahe am Herkunftsgebiet gelegene Region, die der betroffenen Bevölkerung vertraut ist,
- Sicherstellung, daß die Umsiedler von der einheimischen Bevölkerung im Zuwanderungsgebiet nicht abgelehnt werden und die Voraussetzungen zur Entwicklung positiver nachbarschaftlicher Verhältnisse bestehen,
- Bewahrung der von den Umsiedlern bisher gewohnten Unabhängigkeit und Freiheit.

Bei der Umsiedlung aus dem Reservoirbereich führte die aufgrund des jeweiligen Handlungsrahmens und Wertsystems der betroffenen Haushalte vorgenommene Beurteilung der erwarteten Verhältnisse in den möglichen Zuwanderungsregionen zu einer räumlichen Segregation der Bevölkerung. So beteiligten sich an der offiziellen Umsiedlungsaktion ins nordöstliche Grenzgebiet relativ viele Landeigentümer, die weiter als Bauern tätig sein wollten und deshalb das staatliche Angebot der Landvergabe nutzten. In der Provinz Ḥasake siedelten sich auch überdurchschnittlich viele Bodenreformbauern an, die dem Werben der für Durchführung von Umsiedlungsmaßnahmen verantwortlichen Baᶜṯ-Partei besonders aufgeschlossen gegenüberstanden, nachdem sie jener Organisation durch die Landzuteilung im Herkunftsgebiet bereits eine Verbesserung ihrer wirtschaftlichen Situation zu verdanken hatten; außerdem war diese Gruppe mit dem genossenschaftlichen System vertraut, welches im Zuwanderungsgebiet praktiziert werden sollte.

Auf den Staatsfarmen im Pilotprojekt ließen sich vorwiegend Teilpächter, Land- und Gelegenheitsarbeiter nieder, die in einer ökonomisch sehr schwachen Ausgangsposition waren und weder die finanziellen Mittel noch die nötige Risikobereitschaft besaßen, um sich eine selbständige wirtschaftliche Zukunft aufzubauen. Unter den in Raqqa angesiedelten Haushalten ist neben jungen, aufstiegsorientierten Familien und bereits früher im nichtagrarischen Bereich tätigen Personen die ehemalige wirtschaftliche Elite des Reservoirgebietes besonders stark vertreten, die über genügend Kapital und Initiative zum Aufbau einer unabhängigen wirtschaftlichen Existenz verfügte und meist früher schon enge Beziehungen zur Provinzhauptstadt unterhalten hatte.

Zur Ansiedlung im Randbereich des Assad-Sees entschlossen sich relativ viele Teilpächter, die eine Einschränkung ihrer Freiheit in den übrigen Zuwanderungsregionen befürchteten und bereits über Erfahrungen als Gelegenheitsarbeiter verfügten, sowie Familien, die Trockenfelder auf dem Plateau oberhalb des Überflutungsbereiches bewirtschaftet hatten oder die auf die gewohnte Schafhaltung nicht verzichten wollten. Insgesamt zeigt sich, daß die Reservoirbevölkerung aufgrund ihres durch die sozioökonomische Ausgangssituation vorgegebenen Handlungsrahmens und aufgrund ihres jeweiligen Wertsystems im allgemeinen sehr vernünftige Entscheidungen bei der Wahl ihrer Ansiedlungsgebiete getroffen hat.

Die an der offiziellen Umsiedlungsaktion beteiligten Haushalte erhielten in der Provinz Ḥasake meist Trockenfelder zugewiesen, deren Bewirtschaftung in der Mehrzahl der Fälle Einkünfte ermöglichte, welche in etwa den im Euphrattal erzielbaren Einkommensverhältnissen entsprechen. Durch den vollmechanisierten Getreidebau ist die Arbeitsauslastung der Bevölkerung sehr gering, so daß ein großer Teil der Männer zeitweilig eine Beschäftigung als Gelegenheitsarbeiter in anderen syrischen Regionen oder in den arabischen Nachbarstaaten ausübt.

Wesentlich schlechter nehmen sich dagegen die wirtschaftlichen Verhältnisse der Umsiedler aus, welche auf die Staatsfarmen im Pilotprojekt gezogen sind und dort als relativ schlecht bezahlte Land- oder Gelegenheitsarbeiter oft nur saisonal beschäftigt werden. Über etwas höhere Einkünfte verfügen die meist noch in provisorischen Unterkünften am Stadtrand von Raqqa angesiedelten Haushalte, die vorwiegend von Gelegenheitsarbeiten leben. Ihr Einkommensniveau wird allerdings noch erheblich übertroffen von einer verhältnismäßig kleinen Zahl von Familien, die in den zentraler gelegenen und infrastrukturell besser erschlossenen Vierteln der Provinzhauptstadt wohnen und meist als kleine selbständige Unternehmer oder staatliche Angestellte tätig sind.

Eine deutliche Verschlechterung ihrer früheren wirtschaftlichen Verhältnisse mußten schließlich im allgemeinen auch jene Angehörigen der Reservoirbevölkerung hinnehmen, die sich beidseits des Stausees ansiedelten und ihren Lebensunterhalt vorwiegend mit Einkünften aus Gelegenheitsarbeiten bei der Neulanderschließung, aus der temporären Arbeitsemigration, der Schafhaltung und der Bewirtschaftung von Trokkenfeldern bestreiten.

Insgesamt konnte bisher für rund zwei Drittel der aus dem Überflutungsbereich des Assad-Sees verdrängten Menschen noch keine angemessene wirtschaftliche Rehabilitation erreicht werden, so daß mit einer massiven Abwanderung in die Großstädte des Landes zu rechnen ist, wenn die betroffenen Familien nicht möglichst bald mit der Zuteilung von neuerschlossenem Bewässerungsland für ihre Verluste entschädigt werden und damit eine neue wirtschaftliche Existenzgrundlage erhalten.

# Zweiter Teil

# Die Arbeitsemigration aus den Dörfern des syrischen Euphrattals in andere arabische Staaten

# I. Problemstellung und Zielsetzung der Untersuchung

Die Arbeitsemigration hat in weiten Teilen des Orients eine lange Tradition. Eines der ältesten Beispiele ist hier die bis in vorislamische Zeit zurückreichende Abwanderung aus Hadramaut, die zunächst nach Ostafrika, später auch nach Indien und Indonesien gerichtet war. Nach oft jahrzehntelanger Tätigkeit im Ausland kehrten die meisten der Emigranten im Alter in ihre Heimat zurück (A. LEIDLMAIR 1961). Als weitere relativ frühe Beispiele lassen sich die 1871 beginnende Abwanderung von Landarbeitern und Händlern aus Algerien nach Frankreich und Brasilien (M. TREBOUS 1970, S. 56) oder die Mitte des 19. Jahrhunderts einsetzende Emigration von arbeitssuchenden Jemeniten in die USA, nach Großbritannien, Äthiopien und in den Sudan anführen[23].

Im syrisch-libanesischen Raum waren es vor allem die Christen, die etwa seit 1860 in rasch steigender Zahl ihre Heimat verließen, um nach Nord- und insbesondere nach Südamerika zu gehen und sich dort meist im Einzelhandel zu betätigen[24]. Die Gründe für diese Auswanderung waren anfangs oft religiöser Art und ließen sich vielfach auf die Furcht vor Christenverfolgungen zurückführen, oder sie entsprangen dem Bemühen, sich den Verpflichtungen zum Militärdienst zu entziehen. In zunehmendem Maße veranlaßten die Vorbilder der in der Neuen Welt reich gewordenen Auswanderer in der Folgezeit aber auch solche Syrer zur Emigration, die in erster Linie die besseren Verdienstmöglichkeiten im Ausland nutzen wollten. In Syrien lagen dabei die traditionellen Abwanderungsgebiete im westlichen Bergland und in den ländlichen Regionen des Antilibanon und Qalamūn, wo in vielen Dörfern und Kleinstädten mehr als die Hälfte der christlichen Bevölkerung ins Ausland abwanderte[25]. In der Mehrzahl der Fälle handelte es sich bei den vorwiegend nach Übersee, zu einem geringen Teil auch nach Westeuropa gerichteten Wanderungen um eine permanente Emigration, und nur ein kleiner Teil der Auswanderer kehrte nach Jahren oder Jahrzehnten wieder in die Heimat zurück, um dort durch die mitgebrachten Ersparnisse finanziell abgesichert den Lebensabend zu verbringen.

---

23) Vgl. dazu R.B. SERJEANT 1944, B.U.-D. DAHYA 1964, M. BISHARAT 1975 und H. KOPP 1977a.

24) Siehe dazu O. QUELLE 1916, P.K. HITTI 1924, E. DE VAUMAS 1955, A. SAFA 1960, R. LEWIS 1967 und L. WIGLE 1974.

25) Vgl. R. THOUMIN 1936b, S. 334 und E. WIRTH 1971, S. 182.

Einen ebenfalls meist permanenten Charakter hatte auch die Emigrationswelle, die in den sechziger Jahren des 20. Jahrhunderts besonders Angehörige der wohlhabenderen syrischen Schichten erfaßte. Aus Furcht, ihr Vermögen durch die staatlichen Sozialisierungsmaßnahmen zu verlieren, gingen viele kapitalkräftige Händler und Unternehmer ins Ausland und ließen sich vor allem in Libanon, teilweise auch in den Ländern der Arabischen Halbinsel nieder.

Von dieser Art der Auswanderung unterscheidet sich deutlich die nach dem Zweiten Weltkrieg einsetzende Arbeitsemigration aus Syrien in die umliegenden arabischen Staaten, die darauf abzielt, durch einen saisonalen bzw. temporären Arbeitsaufenthalt im Ausland die dort besseren Verdienstmöglichkeiten zu nutzen und anschließend mit den Ersparnissen wieder in den Heimatort zurückzukehren. So nahmen beispielsweise viele junge Syrer vor allem aus den westlichen Landesteilen für mehrere Monate im Jahr eine Beschäftigung als Landarbeiter in den libanesischen Agrargebieten auf, während sich andere als Bauarbeiter in Libanon, Kuwait, Saudi-Arabien und Libyen betätigten. Insgesamt war jedoch das Ausmaß dieser Arbeitsemigration noch in den sechziger Jahren relativ gering.

In der Folgezeit wurde aber auch Syrien immer stärker in den Sog einer der wichtigsten Entwicklungen im Nahen Osten hineingezogen, die in dem Jahrzehnt zwischen 1970 und 1980 durch den enormen Anstieg der internationalen Arbeiterwanderung zu einer tiefgreifenden Veränderung der traditionellen Wirtschafts- und Sozialstruktur in vielen orientalischen Ländern führte. Ausgelöst wurde diese Entwicklung durch die ungleiche Verteilung des Erdölreichtums und die dadurch induzierte wirtschaftliche Expansion, die vor allem seit dem Ölpreisanstieg im Jahr 1973 einen ungeheueren Auftrieb erhielt. Die Folge war eine immense Zunahme der Nachfrage nach Arbeitskräften, die durch die Bevölkerung der erdölreichen Länder auch nicht annähernd abzudecken war und die dazu führte, daß die Zahl der arabischen Arbeitskräfte und ihrer Familienangehörigen, die außerhalb ihres Heimatlandes in anderen Staaten des Vorderen Orients lebten, schon 1975 auf mehr als 2,5 Mill. angestiegen war[26].

In Syrien rief die wachsende Arbeitsemigration Mitte der siebziger Jahre einen Mangel an qualifizierten Fachkräften hervor, die dringend zum Aufbau der eigenen Wirtschaft benötigt wurden (M.E. SALES 1978, S. 63). Eine von J.S. BIRKS und C.A. SINCLAIR im Auftrag der Internationalen Arbeitsorganisation (ILO) durchgeführte Studie über die Arbeitskräftewanderung in den arabischen Staaten kommt zwar zu dem Ergebnis, daß 1975 nur 70400 Syrer – das entsprach 3,8 % des gesamten Arbeitskräftepotentials des Landes – in anderen Staaten des Vorderen Orients beschäftigt gewesen seien (1980, S. 136). Diese Angaben sind jedoch mit Sicherheit viel zu niedrig angesetzt und werfen dadurch ein bezeichnendes Licht auf die Datenlage zu jener Thematik. Die

---

26) J.S. BIRKS und C.A. SINCLAIR 1980, S. 1; ähnlich dieselben Verfasser 1978, 1979a,b, 1980a; siehe dazu auch N. CHOUCRI 1977, F. HALLIDAY 1977, E. EHLERS 1978, G. SCHWEIZER 1980, A.G. HILL 1981 und G. PENNISE 1981.

einzigen relativ zuverlässigen Angaben zur syrischen Arbeitsemigration basieren auf Volkszählungsergebnissen der erdölreichen Anwerbeländer, während die Zahl jener Syrer unbekannt ist, die in den Hauptarbeitgeberstaaten Libanon und Jordanien beschäftigt sind. Über den tatsächlichen Umfang der Arbeitsemigration fehlen von syrischer Seite bisher jegliche offizielle Angaben. Auch liegen keinerlei empirische Untersuchungen vor, die nähere Aufschlüsse zu den Formen und Auswirkungen der Arbeiterwanderung liefern könnten, so daß die beiden Autoren der ILO-Studie feststellen müssen: "Little is known of Syrian migration: its general outline can be sketched, but fine detail cannot be filled in" (1980, S. 53).

Ein derartig schlechter Kenntnisstand und die daraus resultierende Vernachlässigung des Faktors Arbeitsemigration in der Entwicklungsplanung der gesamten syrischen Wirtschaft und speziell bei einem so bedeutenden Vorhaben zur Intensivierung der Landwirtschaft, wie es das Euphratprojekt darstellt, kann sich höchst verhängnisvoll auswirken. Dies zeigen Untersuchungen aus anderen arabischen Ländern sehr deutlich: So war beispielsweise die temporäre Arbeitsemigration ein entscheidender Grund für das Scheitern des marokkanischen Massa-Bewässerungsprojektes (H. POPP 1981, S. 51). In Nordjemen führte die Abwanderung von Arbeitskräften nach Saudi-Arabien zur Aufgabe landwirtschaftlicher Nutzflächen, Extensivierung des Anbaus und generell sinkender Produktivität in der Agrarwirtschaft[27]. Ähnliche Erscheinungen wurden auch im Sultanat Oman beobachtet[28], während aufgrund der starken jordanischen Arbeitsemigration die Bewirtschaftung des neu erschlossenen Ost-Jordan-Projektes nur durch den massiven Zuzug von ausländischen Arbeitskräften insbesondere aus Ägypten, Pakistan, Südkorea und Indien aufrechtzuhalten ist, die etwa 90 % aller dortigen Landarbeiter stellen[29].

Müssen in einem Land wie Syrien, in dem 1975 noch 51 % aller Erwerbstätigen im Agrarsektor beschäftigt waren, nicht ähnlich negative Konsequenzen erwartet werden? Und muß nicht vor allem eine starke Beeinträchtigung oder gar ein Scheitern des Euphratprojektes befürchtet werden, nachdem bereits im ersten Teil dieser Arbeit am Beispiel der Reservoirbevölkerung gezeigt werden konnte, daß die temporäre Arbeitsemigration im ländlichen Bereich Nordostsyriens eine erhebliche Bedeutung hat? Gerade im Mittleren Euphrattal, wo seit 1976 unter hohem Kostenaufwand die bisherige individuelle Pumpbewässerung auf eine zentral gesteuerte Kanalbewässerung umgestellt wird, könnte eine starke Abwanderung der in der Landwirtschaft tätigen Bevölkerung dazu führen, daß statt der volkswirtschaftlich gewünschten Intensivierung eine Extensivierung der Agrarproduktion aus Mangel an Arbeitskräften eintritt.

---

27) Siehe dazu H. KOPP 1977a, S. 229 sowie 1977b, S. 38 und 1981, S. 233; J.C. SWANSON 1979a, S. 41; J.S. BIRKS, C.H. SINCLAIR und J.A. SOCKNAT 1981, S. 58.

28) Vgl. J.S. BIRKS 1977; J.S. BIRKS und S.E. LETTS 1977.

29) I.J. SECCOMBE 1981, S. 89 und J. TUTUNJI 1981, S. 22.

Als ich im Herbst 1978 diese Problematik mit leitenden Mitarbeitern der für die Erschließung der Euphratregion zuständigen GADEB diskutierte, wurden jegliche Bedenken mit der Begründung zurückgewiesen, daß es in den Dörfern des Mittleren Euphrattals so gut wie keine Arbeitsemigration gäbe. Nachdem ich dann jedoch bei ersten informellen Gesprächen mit der Bevölkerung in einzelnen Projektdörfern festgestellt hatte, daß dort anscheinend bereits bis zu einem Viertel aller erwerbstätigen Männer in arabischen Nachbarstaaten beschäftigt waren, konnte die Unterstützung der GADEB-Sozialabteilung für eine Untersuchung gewonnen werden, die nähere Aufschlüsse über die Arbeitsemigration im Euphrattal liefern sollte. Folgende Fragenkomplexe sollten im einzelnen analysiert werden:

1. Seit wann besteht die Arbeitsemigration aus den Dörfern des syrischen Euphrattals in andere arabische Arbeitgeberländer, und welchen Umfang hat sie inzwischen erreicht?
2. Welche Gründe führten zur Arbeitsaufnahme im Ausland? Ist dies allein auf das unterschiedliche Lohnniveau zurückzuführen, oder gibt es besondere agrarstrukturell bedingte Ursachen für die Abwanderung?
3. Durch welche sozio-ökonomischen Charakteristika zeichnen sich die Migranten aus? Sind es ältere oder vorwiegend jüngere Altersgruppen, Einzelwanderer oder ganze Familien, die von der Abwanderung erfaßt werden? Welche berufliche Tätigkeit haben die Migranten früher ausgeführt, und welche Rolle spielt die wirtschaftliche Ausgangssituation bei der Entscheidung zur Aufnahme der Arbeiterwanderung sowie bei der Wahl des Beschäftigungslandes? Wodurch sind die Personen charakterisiert, die als erste aus den einzelnen Dörfern den Schritt in die Arbeitsemigration wagen?
4. Wie läuft der Arbeitsaufenthalt im Ausland ab? Wird die erste Fahrt ins Ausland allein oder in Begleitung anderer vorgenommen? Welche Beschäftigungsorte werden aufgesucht? Wie erhalten die Migranten ihre Arbeitsplätze, welcher Art sind diese, und wie lange dauern die Arbeitsaufenthalte?
5. Wie stellen sich die wirtschaftlichen Verhältnisse der Migranten nach ihrer Rückkehr aus dem Ausland dar? Wie hoch sind die mitgebrachten Ersparnisse, und wofür werden sie ausgegeben? Welche Tätigkeiten üben die Rückkehrer im Herkunftsgebiet aus, und welche Auswirkungen ergeben sich dadurch für die wirtschaftliche Entwicklung der Euphratregion?
6. Ist die Arbeitsemigration nur als eine vorübergehende Erscheinung zu bewerten, die voraussichtlich mit der Inbetriebnahme des Euphratprojektes ihr Ende findet, oder ist zu erwarten, daß die Arbeitsemigration über diesen Zeitpunkt hinaus fortgesetzt wird?

## II. Durchführung der Erhebungen und Datenbasis

Um einen ersten Überblick über das Ausmaß und den Ablauf der Arbeitsemigration zu erhalten und daraufhin einen Fragebogen ausarbeiten zu können, wurde von mir zunächst in jedem der 63 Dörfer des mittleren syrischen Euphrattals sowie in weiteren 27 Siedlungen des unteren syrischen Euphrattals der jeweilige Muḫtār – der Bürgermeister – zu der vorgestellten Thematik befragt. Nachdem sich zeigte, daß die Zahl der Emigranten bereits auf mehrere tausend angewachsen und eine methodisch abgesicherte Stichprobenerhebung kaum durchführbar war, wurde erwogen, zumindest in den Dörfern des Mittleren Euphrattals eine Totalbefragung aller Personen durchzuführen, die im Ausland gearbeitet hatten. Dabei bot sich für mich die Möglichkeit, die Leitung eines einmonatigen sogenannten „Sozial-Praktikums" zu übernehmen, welches angehende landwirtschaftliche Ingenieure am Schluß ihrer Ausbildung in einem Agrarinstitut in Raqqa ableisten mußten.

Für die im Rahmen dieses Praktikums geplanten Untersuchungen zur Arbeitsemigration wurden die 15 besten Absolventen des Instituts ausgewählt, die sich zunächst einem umfangreichen Interviewertraining an Hand des von mir entwickelten und getesteten semi-standardisierten Fragebogens zu unterziehen hatten (deutsche Übersetzung des Fragebogens am Schluß der Arbeit). Dabei mußte abwechselnd ein Student, der zuvor unter meiner Anleitung bereits zahlreiche Interviews durchgeführt hatte, sowie ich selbst als fiktiver Arbeitsemigrant befragt werden. Wir bemühten uns hier, die Interviewer mit anfänglich mißtrauischem Verhalten, ausweichenden Antworten usw. auf alle eventuell auftretenden Schwierigkeiten vorzubereiten. Als die Studenten nach zahlreichen simulierten Interviews mit der Durchführung der Befragung voll vertraut waren – wobei besonders darauf geachtet wurde, daß die mündliche Ausformulierung der in hocharabischer Kurzform abgedruckten Fragen dem lokalen Dialekt entsprach –, begleitete ich jeden von ihnen bei seinen ersten echten Befragungen, um sicherzugehen, daß das zuvor Gelernte auch in der Praxis beachtet wurde.

Die Interviewer wurden dann täglich von Raqqa aus zu den wechselnden Einsatzorten gefahren. Nachdem aufgrund der Vorerhebungen ungefähr bekannt war, wieviele Arbeitsemigranten in den einzelnen Dörfern des Euphrattals etwa zu erwarten waren, bekam jeder Interviewer einen bestimmten Siedlungsteil zugewiesen, in welchem er alle Arbeitsemigranten zu befragen hatte. Bei der abendlichen Rückfahrt wurden die ausgefüllten Fragebogen eingesammelt und anschließend von mir daraufhin überprüft, ob sie vollständig und richtig ausgefüllt waren.

Als Zeitpunkt für die Hauptuntersuchung wurde der 1979 im August liegende Fastenmonat Ramadan ausgewählt, weil dann viele Migranten in ihr Heimatdorf zurückkehrten, um die Festlichkeiten am Ende der Fastenperiode zusammen mit ihren Familien zu verbringen. Außerdem konnte damit gerechnet werden, daß während der heißesten Jahreszeit der größte Teil der ländlichen Bevölkerung spätestens ab 11 Uhr vormittags, wenn sich das Thermometer allmählich auf 40° zubewegte, in ihren Häusern anzutreffen war. Als beschleunigender Faktor wirkte sich bei der Durchführung der Befragung das Fastengebot aus, ließ sich doch dadurch die sonst übliche zeitraubende Teezeremonie vermeiden, und man konnte gleich mit dem Interview beginnen. Andererseits wurden so die rein physischen Anstrengungen, die den Interviewern abverlangt wurden, noch beträchtlich erhöht, zumal sich immerhin ein Drittel der Studenten bis zum Schluß der Untersuchung an die Fastenvorschriften hielt und von Sonnenaufgang bis -untergang keinen Tropfen Flüssigkeit zu sich nahm.

Trotzdem waren die Interviewer außerordentlich motiviert und zeigten einen solchen Einsatz, daß es gelang, in allen Dörfern des Mittleren Euphrattals – in einem Gebietsstreifen von etwa 90 km Länge und bis zu 10 km Breite mit einer ländlichen Bevölkerung von rund 75000 Menschen – eine Totalbefragung der Arbeitsemigranten bzw. von deren Familienmitgliedern durchzuführen, sofern der Auslandsaufenthalt noch andauerte. Darüber hinaus konnten zum Vergleich noch weitere willkürlich ausgewählte Siedlungen des Unteren Euphrattals in die Erhebungen einbezogen werden. Insgesamt wurden 3079 Interviews durchgeführt.

Auf eine nähere Charakterisierung des Untersuchungsgebietes kann hier verzichtet werden, da die Verhältnisse in den beiden Abschnitten des Euphrattals weitgehend jenen im Überflutungsbereich des Assad-Sees vor der Schließung des Dammes entsprechen (vgl. Erster Teil, Kap. II). Sofern regionale Besonderheiten bestehen, die zum Verständnis der Arbeitsemigration und ihrer Hintergründe von Bedeutung sind, wird darauf bei der Interpretation der im folgenden vorzustellenden Ergebnisse hingewiesen.

## III. Die Entwicklung der Arbeitsemigration im Euphrattal

Als Ausgangspunkt für eine Analyse der Daten zur Entwicklung der Arbeitsemigration wird das Jahr 1975 gewählt. Dadurch bietet sich die Möglichkeit, an den bisherigen Kenntnisstand zur syrischen Arbeitsemigration anzuknüpfen, der weitgehend auf dem von J.S. BIRKS und C.A. SINCLAIR (1980) zusammengestellten Datenmaterial basiert. Wie aus der Tabelle 7 hervorgeht, ist *1975 die Abwanderung aus dem Mittleren Euphrattal noch sehr gering* und spielt, verglichen mit der Dimension der gesamtsyrischen Emigrantenzahlen, fast keine Rolle. Auch entspricht im Untersuchungsgebiet die Verteilung der Arbeitskräfte auf die verschiedenen Beschäftigungsländer nicht annähernd den Verhältnissen, wie sie in der ILO-Studie dargestellt werden. Allerdings ist dabei zu berücksichtigen, daß die beiden Autoren keinerlei Angaben über das Ausmaß der Arbeitsemigration nach Libanon machen können und die Zahl der in Jordanien beschäftigten Syrer auf einer Schätzung des dortigen Arbeitsministeriums beruht, von der es bereits in der Studie heißt, sie sei vermutlich zu niedrig (a.a.O., S. 55). Um ein zuverlässiges Bild von der tatsächlichen Verteilung aller syrischen Arbeitskräfte auf die verschiedenen arabischen Beschäftigungsländer zu bekommen, müßten also noch beträchtliche Korrekturen an den ILO-Angaben vorgenommen werden. Doch selbst dann wären die Unterschiede zu den Zielländern der Migranten aus den beiden Abschnitten des Euphrattals immer noch erheblich.

Tabelle 7: Arabische Beschäftigungsländer der Arbeitsemigranten aus Syrien insgesamt sowie aus dem Mittleren und Unteren Euphrattal im Jahre 1975

| Arabische Beschäftigungsländer | Arbeitsemigranten aus Syrien insgesamt * | | Arbeitsemigranten aus allen Dörfern des Mittleren Euphrattals ** | | Arbeitsemigranten aus ausgewählten Dörfern des Unteren Euphrattals | |
|---|---|---|---|---|---|---|
| | n | % | n | % | n | % |
| Jordanien | 20 000 | 28,4 | 67 | 42 | 1 | 1 |
| Kuwait | 16 547 | 23,4 | 7 | 4 | 76 | 60 |
| Saudi-Arabien | 15 000 | 21,3 | 7 | 4 | 23 | 18 |
| Libyen | 13 000 | 18,5 | – | – | – | – |
| Vereinigte Arabische Emirate | 4 500 | 6,4 | – | – | 1 | 1 |
| Katar | 750 | 1,1 | – | – | – | – |
| Oman | 400 | 0,6 | – | – | – | – |
| Nord-Jemen | 150 | 0,2 | – | – | – | – |
| Bahrain | 68 | 0,1 | – | – | 3 | 2 |
| Libanon | (?) | (?) | 80 | 50 | 23 | 18 |
| Insgesamt | 70 415 | 100,0 | 161 | 100 | 127 | 100 |

*) Nach J. S. Birks und C. A. Sinclair 1980, S. 134.
**) Nach eigenen Erhebungen.

Bei einer Einordnung des Jahres 1975 in die Gesamtentwicklung der Arbeitsemigration im Mittleren Euphrattal (vgl. Abb. 14) zeichnet sich zu jenem Zeitpunkt der gleiche Umschwung in der Wahl der Beschäftigungsländer ab, der schon bei den Migranten aus dem Überflutungsbereich des Assad-Sees festgestellt wurde: Nachdem bis 1974 der damals noch relativ schwache Strom der Arbeitssuchenden aus dem Mittleren Euphrattal fast ausschließlich auf den *Libanon* ausgerichtet war, geht dort im folgenden Jahr aufgrund der ausbrechenden Unruhen die Zahl der syrischen Arbeitskräfte deutlich zurück. Statt dessen erfolgt eine *Neuorientierung nach Jordanien*, wo angesichts einer starken Abwanderung in die Golfregion, an der sich bereits 28 % aller einheimischen Arbeitskräfte beteiligten (J.S. Birks und C.A. Sinclair 1980, S. 48), sowie aufgrund eines durch den libanesischen Bürgerkrieg ausgelösten Baubooms in ʿAmmān und zahlreicher aufwendiger Entwicklungsprojekte eine große Nachfrage nach Arbeitskräften bestand.

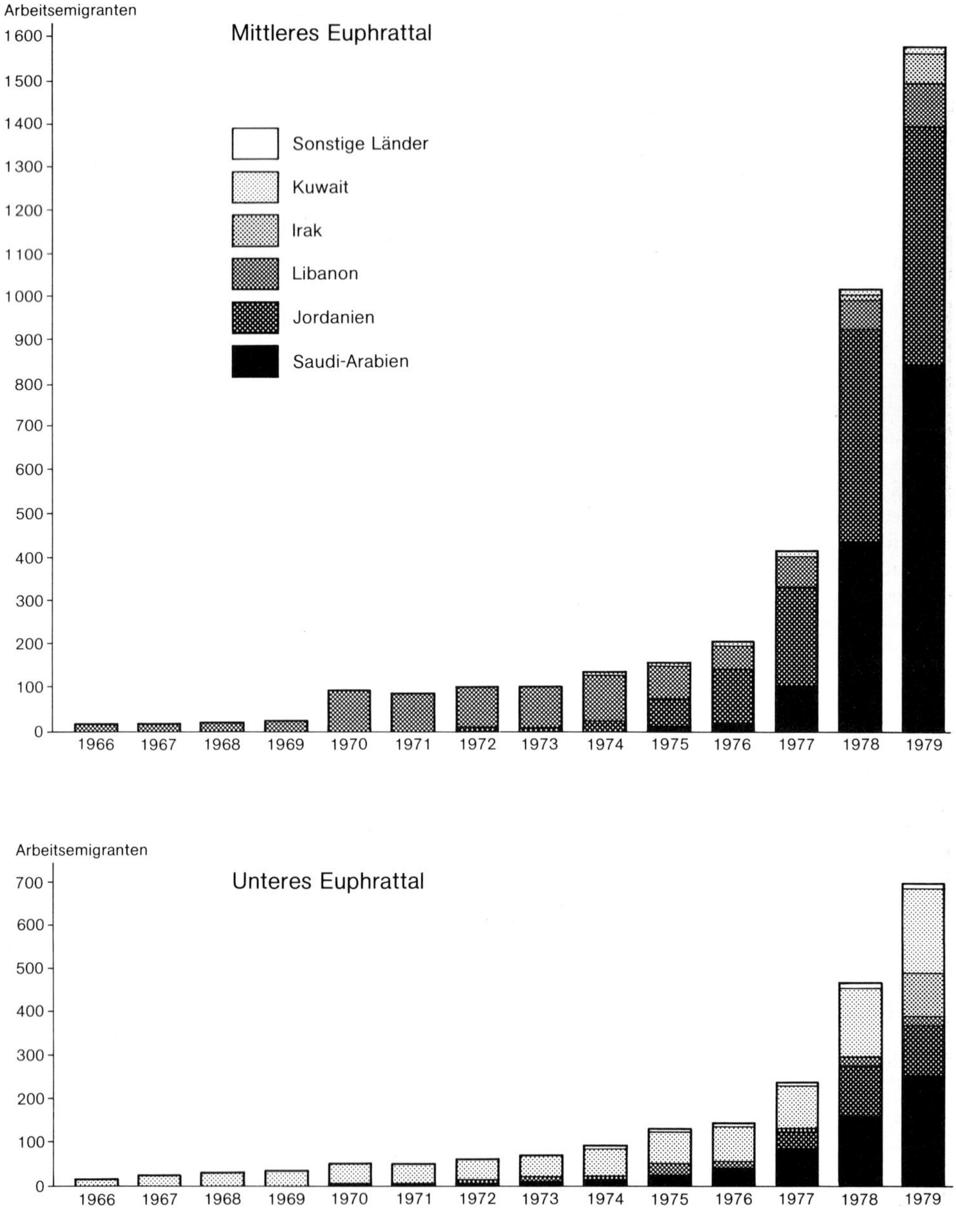


*Abb. 14. Die Entwicklung der Arbeitsemigration im Mittleren und Unteren Euphrattal zwischen 1966 und 1979*

Faltkarte 1

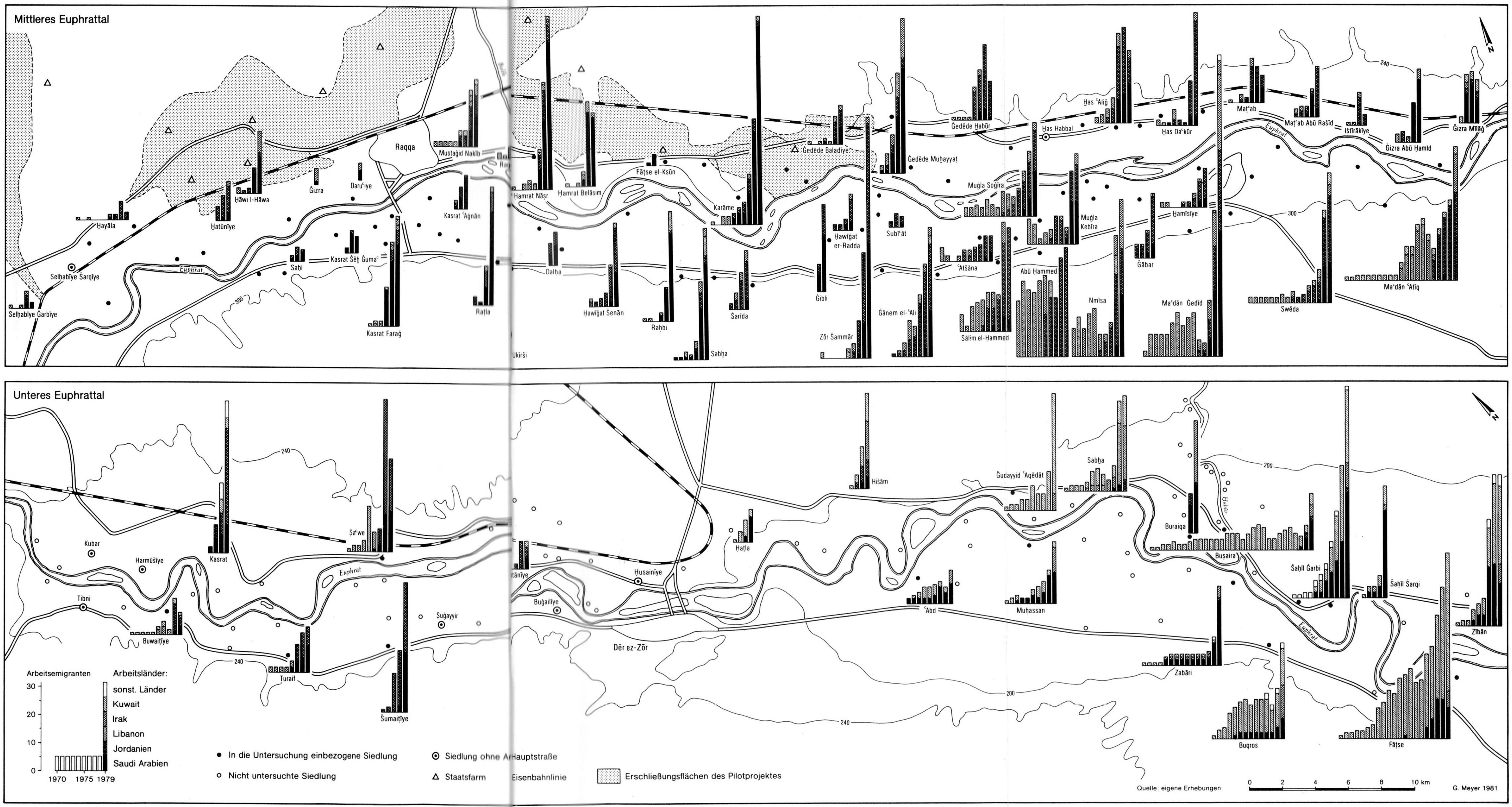


der Arbeitsemigration in den Dörfern des Mittleren und Unteren Euphrattals

*Ab 1977 setzte dann im Untersuchungsgebiet ein kräftiger Anstieg der Arbeitsemigration ein,* der bis zum Zeitpunkt der Befragung unvermindert anhielt und vor allem durch die wachsende Abwanderung nach *Saudi-Arabien* gekennzeichnet ist. Von den 1 580 Personen aus den Dörfern des Mittleren Euphrattals, die in den ersten acht Monaten des Jahres 1979 bereits im Ausland tätig waren, arbeiteten 53 % in Saudi-Arabien, 35 % in Jordanien und 6 % in Libanon. Weitere 5 % waren in Irak beschäftigt – eine Folge der Verbesserung in den politischen Beziehungen zwischen den Regierungen in Damaskus und Bagdad, wodurch Syrer seit 1978 die Möglichkeit zur Arbeitsaufnahme im Nachbarland bekamen.

Ähnlich wie eine Reihe nur vereinzelt genannter Staaten[30] spielt auch *Kuwait* als Arbeitsland im Mittleren Euphrattal kaum eine Rolle; um so größer ist hingegen seine Bedeutung als Zielland für die Emigranten aus dem *Unteren Euphrattal.* Dabei muß berücksichtigt werden, daß dort, bedingt durch das nichtrepräsentative Auswahlverfahren, der tatsächliche Anteil der in Kuwait Arbeitenden noch wesentlich höher ist, als aus den Säulendiagrammen der Abb. 14 hervorgeht.

Dies wird deutlich bei einem Blick auf die Karte zur Entwicklung der Arbeitsemigration in den untersuchten Dörfern des Unteren Euphrattals (Faltkarte 1). Dort zeigt sich, daß die Abwanderung insbesondere nach Kuwait in den Dörfern unterhalb von Dēr ez-Zōr außerordentlich stark ausgeprägt ist. Nach Angaben des jeweiligen Muḫtārs sind in einigen der Orte mehr als ein Drittel aller erwerbstätigen Manner in Kuwait tätig. Im Rahmen der Untersuchung konnten hier meist nur die Arbeitsemigranten aus einem Teil des betreffenden Dorfes erfaßt werden. Im Euphrattal oberhalb von Dēr ez-Zōr hingegen ist die Abwanderung ins Ausland wesentlich schwächer ausgebildet und fehlt in manchen Dörfern sogar vollkommen. Dort konnten in den untersuchten Siedlungen alle Arbeitsemigranten befragt werden, die meist in Jordanien oder Saudi-Arabien gearbeitet hatten, so daß die Abwanderung in diese beiden Länder bei den aggregierten Angaben für das Untere Euphrattal im Vergleich zu der weit stärkeren Abwanderung nach Kuwait überrepäsentiert ist.

Aus der Faltkarte 1 geht weiter hervor, daß die Arbeitsemigration am Unterlauf des Euphrat wesentlich älter ist als im übrigen Untersuchungsgebiet. In Buṣaira beispielsweise setzte die *Abwanderung nach Kuwait bereits 1949* ein, während die frühesten Fälle von Arbeitsemigration im Mittleren Euphrattal erst zehn Jahre später registriert wurden.

Hinzuweisen ist ferner auf die unterschiedliche Wahl der Beschäftigungsländer in den einzelnen Orten. Eigentlich wäre zu erwarten, daß zumindest die innerhalb eines Dorfes ansässigen Migranten, die in der Regel alle demselben sozialen Verband, d.h. derselbe Stammesfraktion, angehören, sich auch im selben Arbeitsland eine Beschäfti-

30) Es handelt sich dabei um Libyen, Nordjemen, die V.A.E., Katar, Bahrain sowie im außerarabischen Bereich die Bundesrepublik Deutschland und die USA. In jedem dieser Staaten hatten höchstens vier Migranten aus dem gesamten Untersuchungsgebiet gearbeitet.

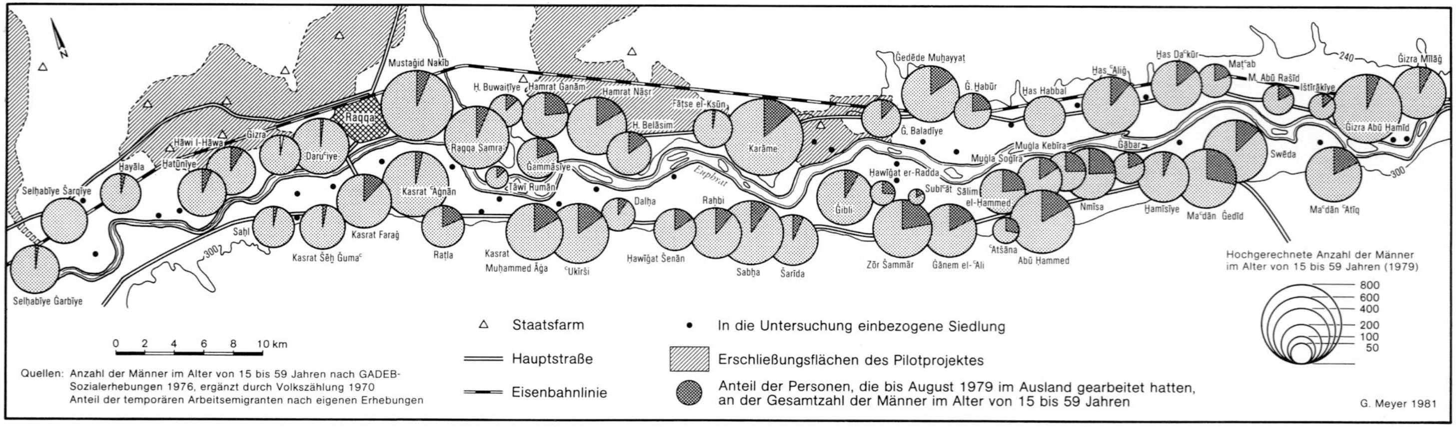


*Abb. 15. Beteiligungsquoten an der Arbeitsemigration in den Dörfern des Mittleren Euphrattals*

gung suchen würden. Doch diese Annahme erweist sich im allgemeinen als falsch. Es gibt sogar Orte, deren Einwohner in sechs verschiedenen arabischen Ländern arbeiten.

Um eine Vorstellung davon zu bekommen, welches Ausmaß die Arbeitsemigration nicht nur in absoluten Zahlen, sondern auch im Verhältnis zur Gesamtzahl der Erwerbstätigen in den einzelnen Dörfern erreicht hat, wurde in der Abb. 15 für die untersuchten Orte im Mittleren Euphrattal der Anteil der Personen, die bis zum Zeitpunkt der Erhebung bereits im Ausland gearbeitet hatten, an der Gesamtzahl der Männer im Alter von 15 bis 59 Jahren eingetragen. Für die meisten Orte konnte dabei auf detaillierte Angaben zum Altersaufbau der Einwohnerschaft aus einer 1976 von der GADEB durchgeführten Sozialerhebung zurückgegriffen werden. Nur für die Dörfer östlich von Ḥamrat Belāsim am Nordufer des Euphrat mußten die Daten der Volkszählung aus dem Jahr 1970 herangezogen werden. Aus der Karte geht hervor, daß bei einer *durchschnittlichen Beteiligungsquote von 12%* in den Dörfern des Mittleren Euphrattals nur zwei Siedlungen keine Arbeitsemigranten aufweisen, während das Maximum mit einem Anteil von 29% in Maᶜdān Ǧedīd erreicht wird.

Worauf sind solche erheblichen Unterschiede im Ausmaß wie auch bei der Entwicklung der Arbeitsemigration in den einzelnen Dörfern zurückzuführen? Eine Reihe von Ansatzpunkten zur Beantwortung dieser Frage lassen sich aus den Auskünften ableiten, mit denen die Interviewten die Abwanderung ins Ausland begründeten.

## IV. Gründe für die Arbeitsaufnahme im Ausland

Fast alle Befragten gaben als Grund für die Abwanderung die *höheren Löhne* in den jeweiligen Arbeitsländern an. Welches Einkommensgefälle dabei zu verzeichnen ist, zeigt ein Vergleich der Tagelöhne, die Migranten aus dem Euphrattal als Gelegenheitsarbeiter in den jeweiligen Hauptbeschäftigungsregionen erhielten (Abb. 16). Während zwischen August 1978 und Juli 1979 der durchschnittliche Tagelohn im Euphrattal 15 S.L. betrug – das sind etwa 7,20 DM –, lag der entsprechende Wert mit 35 bis 39 S.L. in Irak, Libanon und Jordanien mehr als doppelt so hoch, in Kuwait belief er sich mit durchschnittlich 65 S.L. auf mehr als das Vierfache und erreichte in Saudi-Arabien mit 115 S.L. sogar fast das Achtfache des syrischen Vergleichswertes.

Neben diesem dominierenden Pull-Faktor des höheren Einkommens im Ausland gaben mehr als 90% der Befragten als Grund für die Abwanderung den *Arbeitsmangel im Herkunftsgebiet* an, häufig aufgrund bestimmter landwirtschaftlicher Probleme. Im Mittleren Euphrattal handelt es sich vor allem um die im Rahmen des Euphratprojektes vollzogene *Umstellung des Bewässerungssystems* von der bisherigen individuellen Pump- auf eine zentralgesteuerte Kanalbewässerung (vgl. Abb. 17 und Foto 9). Dazu müssen neue Bewässerungs- und Drainagekanäle installiert und umfangreiche Nivellierungsarbeiten durchgeführt werden, die sich über zwei bis drei Jahre hinziehen und

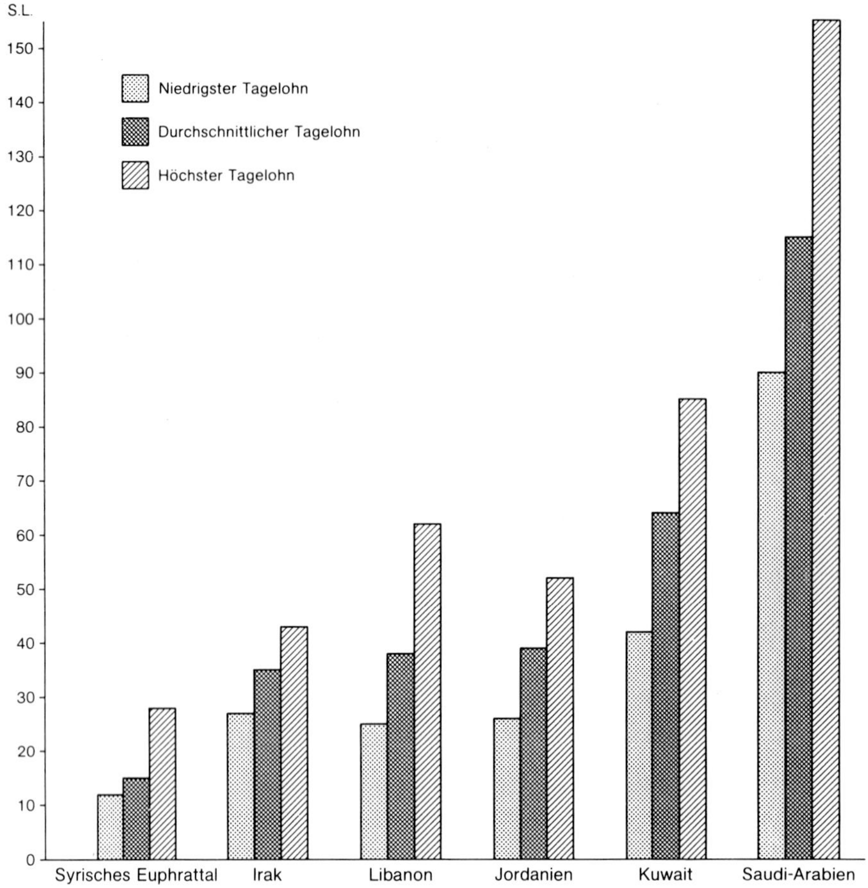


*Abb. 16. Tagelöhne für Gelegenheitsarbeiter in den Hauptbeschäftigungsregionen der Arbeitsemigranten aus dem syrischen Euphrattal 1978/79*

während dieser Zeit die Einstellung der Bewässerungslandwirtschaft erforderlich machen. Begonnen wurde mit solchen Maßnahmen 1976 auf der Nordseite des Euphrattals zwischen Selhabīye Ġarbīye und Ḥāwī l-Hāwa. Im folgenden Jahr setzten dann die Arbeiten auf dem Südufer gegenüber von Raqqa ein und waren im Herbst 1978 bis Zōr Šammār vorgedrungen. Der massive Anstieg der Arbeitsemigration, der sich in diesem Gebiet seit 1977 vollzogen hat, ist somit weitestgehend eine unmittelbare Folge der Projektmaßnahme, durch welche der in der Landwirtschaft tätigen Bevölkerung vorübergehend ihre bisherige ökonomische Existenzbasis entzogen wurde. Die Euphratbehörde hatte als einmalige Überbrückungshilfe zwar 600 S.L. pro ha an die Landeigentümer gezahlt und erwartet, daß die Bauern während der Übergangszeit eine Beschäftigung bei den Erschließungsorganisationen finden würden. Doch reichen die

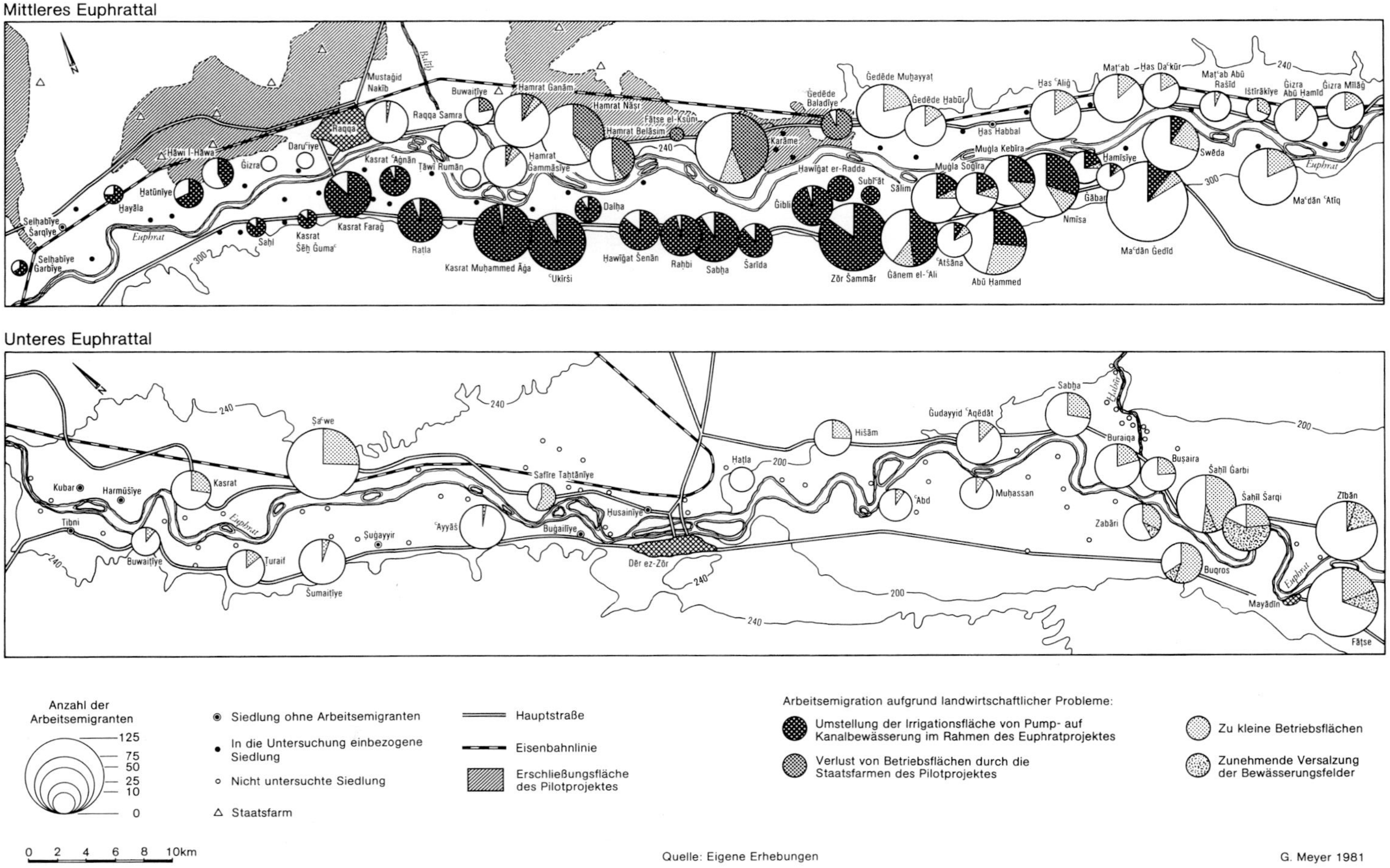


*Abb. 17. Landwirtschaftliche Probleme als Grund für die Arbeitsemigration aus den Dörfern des Euphrattals*

dortigen Arbeitsplätze nur für einen kleinen Teil der Arbeitssuchenden, und die aufgrund meist sehr kleiner Besitzflächen relativ niedrig ausfallende finanzielle Entschädigung ist rasch ausgegeben.

Östlich von Zōr Šammār sollte ab Sommer 1979 die Bewässerung ebenfalls eingestellt sein; doch richteten sich viele Bauern nicht danach, sondern bebauten ihre Felder weiter in der Hoffnung, die Ernte noch rechtzeitig einbringen zu können, ehe größere Schäden durch die Nivellierungsarbeiten entstanden. Entsprechend kleiner ist hier auch der Anteil der Personen, die bereits aufgrund der Bewässerungsumstellung im Ausland arbeiteten.

Staatliche Maßnahmen, die im Rahmen des Euphratprojektes ergriffen wurden, veranlaßten noch eine weitere Gruppe von Bauern zur Abwanderung ins Ausland. So wurden Anfang der siebziger Jahre bei der *Erschließung des Pilotprojektes* östlich von Raqqa größere Flächen Staatslandes, die zuvor von der in benachbarten Dörfern lebenden Bevölkerung gepachtet und mit Hilfe von Motorpumpen bewässert worden waren, in die neuen Staatsfarmen einbezogen. Zahlreiche Bauern verloren dadurch ihre wirtschaftliche Existenzgrundlage, so daß sie sich – meist nach einer vorübergehenden Tätigkeit als Arbeiter auf den Staatsfarmen – ebenfalls zur Arbeitsemigration entschlossen.

Eine *zu kleine landwirtschaftliche Betriebsfläche* ist ein weiterer häufig genannter Grund für die Arbeitsaufnahme im Ausland, während insbesondere im südöstlichen Teil des Unteren Euphrattals die *zunehmende Versalzung* der Bewässerungsfelder (vgl. Foto 10) viele Bauern dazu zwingt, einer anderen beruflichen Tätigkeit nachzugehen. Aufgrund unzureichender Drainage bei stark salzhaltigem Grundwasser (vgl. E. WIRTH 1971, S. 436) traten um 1960 die ersten Versalzungsprobleme in diesem Gebiet auf. Nach einer Untersuchung von A. ARAR (1974) war bereits 1973 die Hälfte der 78000 ha großen Bewässerungsfläche beiderseits des Euphrat zwischen Dēr ez-Zōr und der irakischen Grenze von der Versalzung betroffen. Auf 12000 ha mußte der Ackerbau schon damals eingestellt werden, und Schätzungen des Euphratministeriums zufolge schrumpft die Anbaufläche alljährlich um weitere 4000 ha.

Die von den Befragten angeführten Begründungen für die Arbeitsaufnahme liefern wichtige Hinweise auf die regional unterschiedlichen Hintergründe der Arbeitsemigration, ohne jedoch bereits zur Erklärung der Abwanderung auszureichen. So gravierend gerade die landwirtschaftlichen Probleme von den Interviewten auch empfunden werden, stellen sie für die Wanderungsentscheidung doch nur eine unter zahlreichen anderen Rahmenbedingungen dar, die sich aus der sozio-ökonomischen Gesamtsituation der Migranten ergeben.

*Foto 9. Am Südrand des Mittleren Euphrattals gelegenes Dorf, dessen Bewässerungsfläche wegen der Umstellung auf Kanalbewässerung nicht bebaut werden kann (August 1979)*

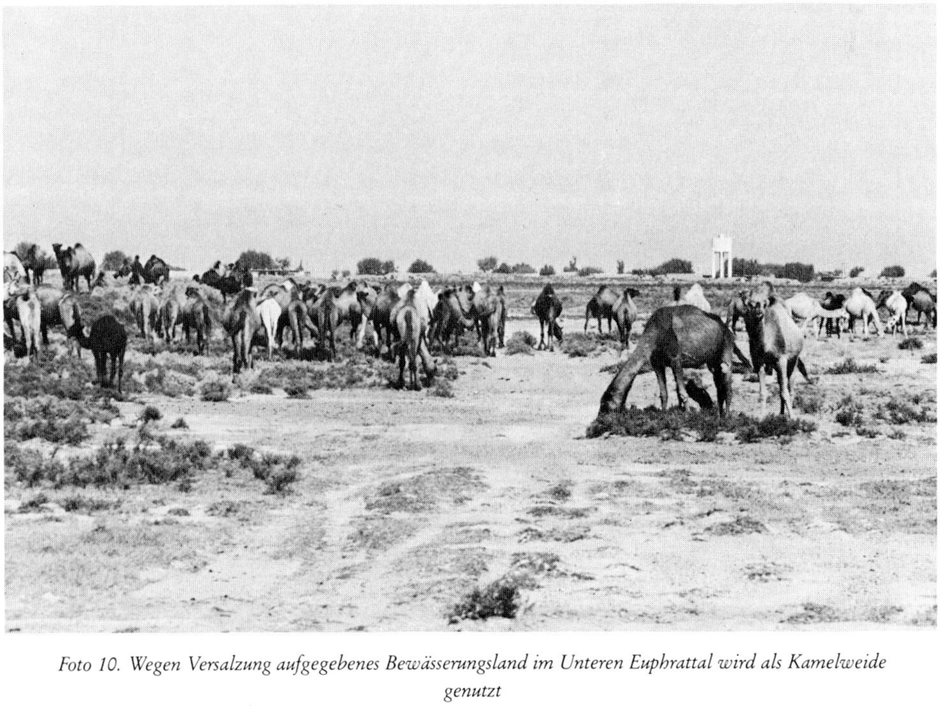

*Foto 10. Wegen Versalzung aufgegebenes Bewässerungsland im Unteren Euphrattal wird als Kamelweide genutzt*

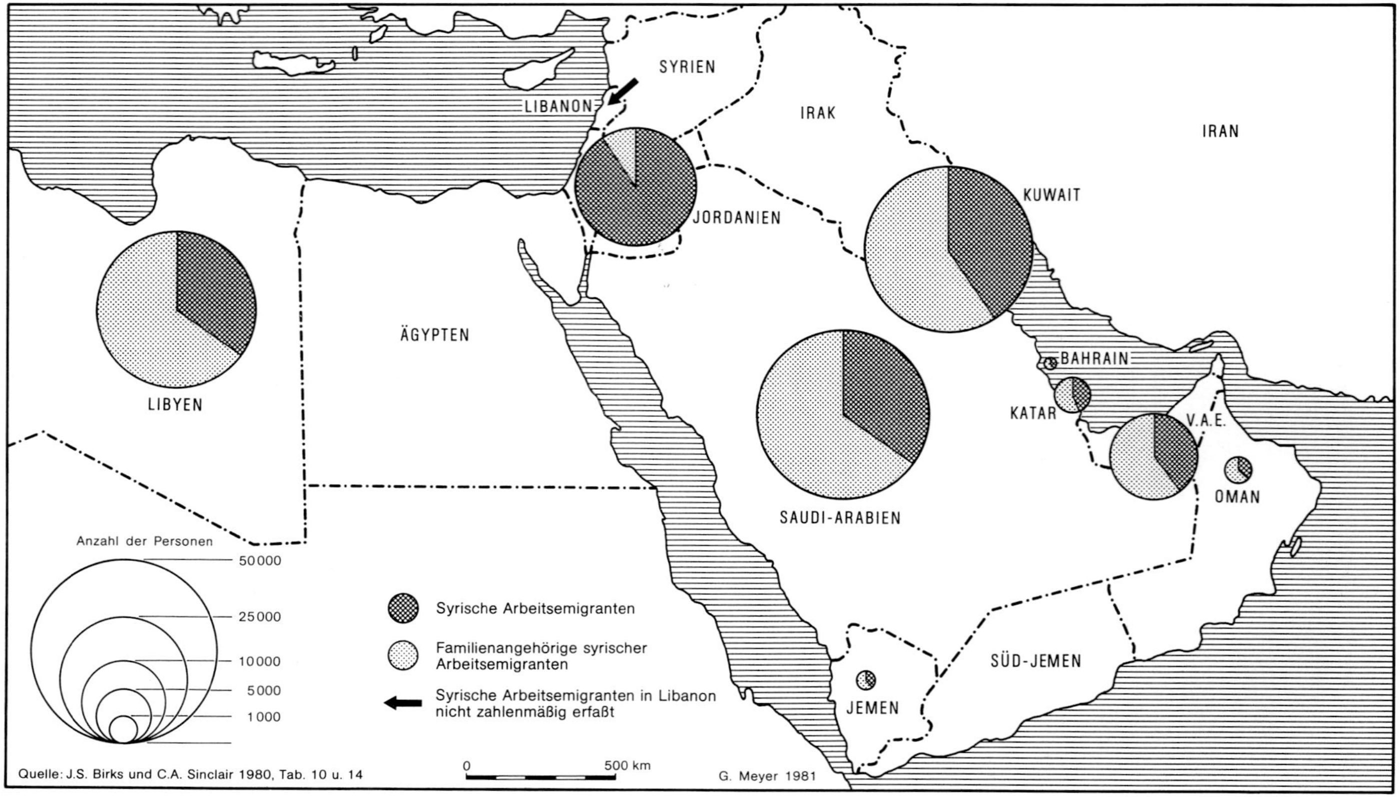


*Abb. 18. Die arabischen Beschäftigungsländer der syrischen Arbeitsemigranten im Jahre 1974*

# V. Die sozio-ökonomische Ausgangssituation der Arbeitsemigranten

Es ist anzunehmen, daß die sozialen und wirtschaftlichen Ausgangsbedingungen der Bevölkerung in den Dörfern des Euphrattals nicht nur von größter Bedeutung sind, wenn es um die Entscheidung geht, ob überhaupt eine berufliche Tätigkeit im Ausland aufgenommen werden soll, sondern daß diese Faktoren auch eine ausschlaggebende Rolle bei der Wahl des Arbeitslandes spielen. Während nämlich die Nachbarstaaten Libanon, Jordanien und Irak mit relativ geringem zeitlichem, finanziellem und administrativem Aufwand zu erreichen sind, erfordert die Arbeitsaufnahme in den übrigen arabischen Staaten für die Ausstellung eines extra zu beantragenden Reisepasses und eines Arbeitsvisums sowie für die Fahrt erhebliche finanzielle Mittel, welche beispielsweise ärmere Bevölkerungsgruppen oder Jugendliche nur sehr schwer aufbringen können. In den folgenden Abschnitten soll deshalb die Zusammensetzung der Emigrantenpopulation insgesamt wie auch differenziert nach den unterschiedlichen Arbeitsländern untersucht werden hinsichtlich Geschlecht, Alter und Schulbildung sowie beruflicher und ökonomischer Ausgangssituation vor der Arbeitsaufnahme im Ausland. Weiterhin ist der Frage nachzugehen, durch welche sozio-ökonomischen Merkmale diejenigen gekennzeichnet sind, die als erste aus den jeweiligen Dörfern abwandern.

## A. Geschlecht und Alter der Migranten

Aufgrund der von J.S. BIRKS und C.A. SINCLAIR zusammengestellten Daten war um 1975 die syrische Arbeitsemigration noch dadurch gekennzeichnet, daß sehr viele Arbeitskräfte zusammen mit ihren Familienangehörigen in den jeweiligen Beschäftigungsländern lebten (vgl. Abb. 18). Mit Ausnahme von Jordanien, wo die Einzelwanderer dominieren, bilden die eigentlichen Arbeitsemigranten in den einzelnen Staaten meist nur gut ein Drittel der eingewanderten syrischen Bevölkerung, während die übrigen Migranten abhängige Familienangehörige sind. Der Altersaufbau dieser Bevölkerung, der aufgrund von Volkszählungsergebnissen aus den Jahren 1974 und 1975 für die saudi-arabische Provinz Mekka[31] sowie für Kuwait vorliegt (vgl. Abb. 19), läßt erkennen, daß es sich hier zu einem großen Teil offenbar um vollständige Familien mit kleinen Kindern handelt.

Im Gegensatz dazu wird der Personenkreis, der aus den Dörfern des Mittleren Euphrattals stammt und in anderen arabischen Staaten lebt, ausnahmslos von *männlichen Einzelwanderern* gebildet. Das gleiche gilt auch weitestgehend für das Untere

31) Eine Kopie des betreffenden Volkszählungsbandes wurde dankenswerterweise von Herrn Prof. Dr. Günther Schweizer, Geographisches Institut der Universität Köln, zur Verfügung gestellt. Zur Gesamtauswertung dieser Daten siehe G. SCHWEIZER 1980.

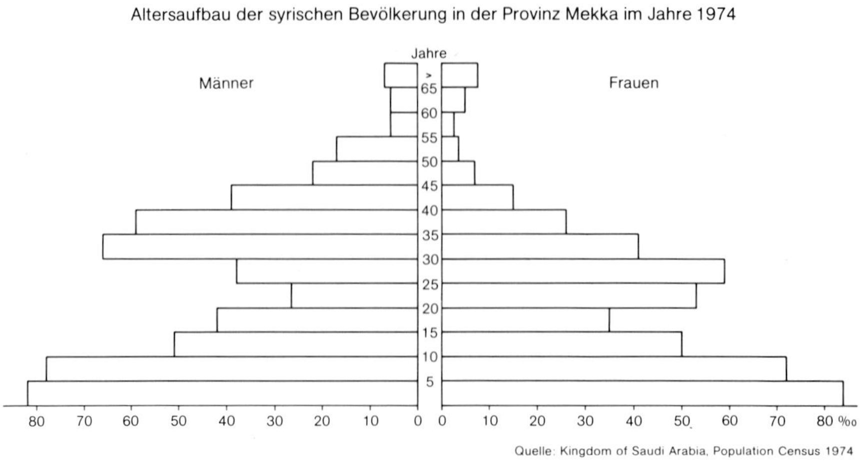


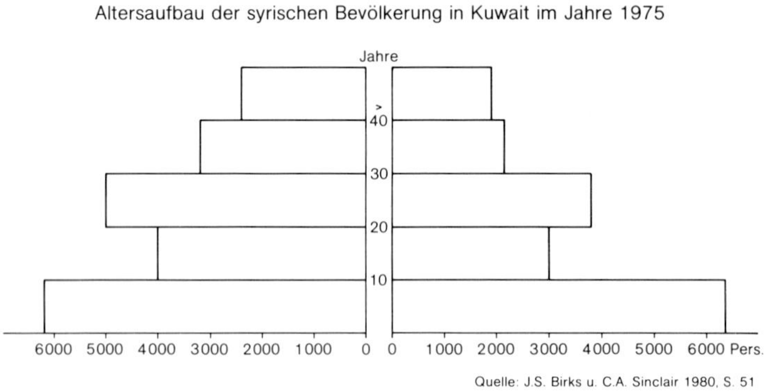


*Abb. 19. Altersaufbau der syrischen Bevölkerung in der saudi-arabischen Provinz Mekka 1974 und in Kuwait 1975*

Euphrattal, wo im Rahmen der Erhebung nur drei Fälle erfaßt wurden, in denen Personen, die bereits seit mehr als einem Jahrzehnt in Kuwait beschäftigt waren, auch ihre Familienangehörigen dorthin nachgeholt hatten. Diese Diskrepanz zu den Volkszählungsergebnissen aus Saudi-Arabien und Kuwait erklärt sich dadurch, daß die Abwanderung aus dem Untersuchungsgebiet, wie noch zu zeigen sein wird, im allgemeinen nur von kurzer Dauer ist; die Mitnahme von Familienangehörigen – 70 % der Migranten sind verheiratet – würde dabei nicht nur unverhältnismäßig hohe Kosten, sondern auch erhebliche Probleme bei der Beschaffung der Einreisevisa und Wohnungen aufwerfen, die in der Regel nur hochbezahlte Fachkräfte oder solche Personen auf sich nehmen, die einen längeren Aufenthalt im Ausland beabsichtigen.

Gerade die letztere Bevölkerungsgruppe bildet einen sehr großen Teil der 1974 in der Provinz Mekka erfaßten 2807 Syrer: Rund 44 % lebten damals bereits länger als 5 Jahre in Saudi-Arabien (Kingdom of Saudi Arabia 1977, S. 59). Dort dominierte somit ein ganz anderer Typ von syrischen Einwanderern, bei denen es zumindest zweifelhaft ist, ob eine Zuordnung in die Kategorie der Arbeitsemigration überhaupt gerechtfertigt ist. Vielmehr ist anzunehmen, daß sich unter der in anderen arabischen Staaten lebenden syrischen Bevölkerung auch eine ganz erhebliche Zahl von Familien befindet, die vor allem in den sechziger Jahren aus politischen Gründen zu Tausenden ihre Heimat verließen, um sich permanent im Ausland anzusiedeln.

Bei einer Vergleichsbetrachtung des Altersaufbaus von syrischen Immigranten in der Provinz Mekka und in Kuwait tritt eine Diskrepanz sehr deutlich hervor: So ist unter der erwerbstätigen männlichen Bevölkerung in Saudi-Arabien die Altersgruppe zwischen 30 und 39 Jahren mit Abstand am stärksten vertreten, während in Kuwait die 20- bis 29-jährigen das größte Kontingent der Syrer im erwerbstätigen Alter stellen.

Ein ähnlicher Unterschied zeigt sich auch bei den Arbeitsemigranten aus dem Euphrattal (vgl. Abb. 20). Während die Männer, die nach *Saudi-Arabien* abwanderten, zu Beginn ihres ersten Arbeitsaufenthaltes in der Regel *älter als 25 Jahre* sind, bilden unter den in *Kuwait* beschäftigten Männern die *15- bis 19-jährigen* die zahlenmäßig stärkste Altersgruppe. Diese Diskrepanz dürfte auf administrative Ursachen und den unterschiedlichen Beginn der Arbeiterwanderung in die beiden Länder zurückzuführen sein: Zur Arbeitsaufnahme in Saudi-Arabien ist seit Mitte der siebziger Jahre ein Reisepaß und die Ausstellung eines Arbeitsvisums vorgeschrieben, das bis zu 6000 S.L. kosten kann. Gerade für junge Männer ist es aber im allgemeinen äußerst schwierig oder mit zusätzlichen Kosten verbunden, von den syrischen Behörden einen Paß zu bekommen, so lange sie ihre zweieinhalbjährige Wehrpflicht noch nicht abgeleistet haben; außerdem haben Jugendliche oft größere Schwierigkeiten, das nötige Startkapital aufzubringen, als dies bei Älteren der Fall ist. Für Kuwait bestehen zwar offiziell ähnliche Vorschriften wie für Saudi-Arabien, doch wurden sie dort in der Praxis weit weniger strikt gehandhabt.

Noch 1978 hatten die meisten Migranten insbesondere aus dem Unteren Euphrattal kaum Schwierigkeiten, auch ohne kostspieliges Arbeitsvisum in Kuwait eine Beschäftigung zu finden. Angesichts der bis in die vierziger Jahre zurückreichenden Tradition der Arbeiterwanderung aus dem Unteren Euphrattal nach Kuwait waren außerdem viele der in der Untersuchung erfaßten Personen bereits vor Inkrafttreten der verschärften Einreisebeschränkungen in den Golfstaaten gewesen, während andere Jugendliche dank der Hilfe von bereits dort lebenden Verwandten leicht das erforderliche Startkapital aufbringen konnten. In den syrischen Nachbarstaaten Jordanien, Libanon und Irak, für die keine Einreisebeschränkungen bestehen, sind die Jugendlichen und jungen Männer im Alter zwischen 15 und 24 Jahren unter den Arbeitsemigranten ebenfalls besonders stark vertreten.

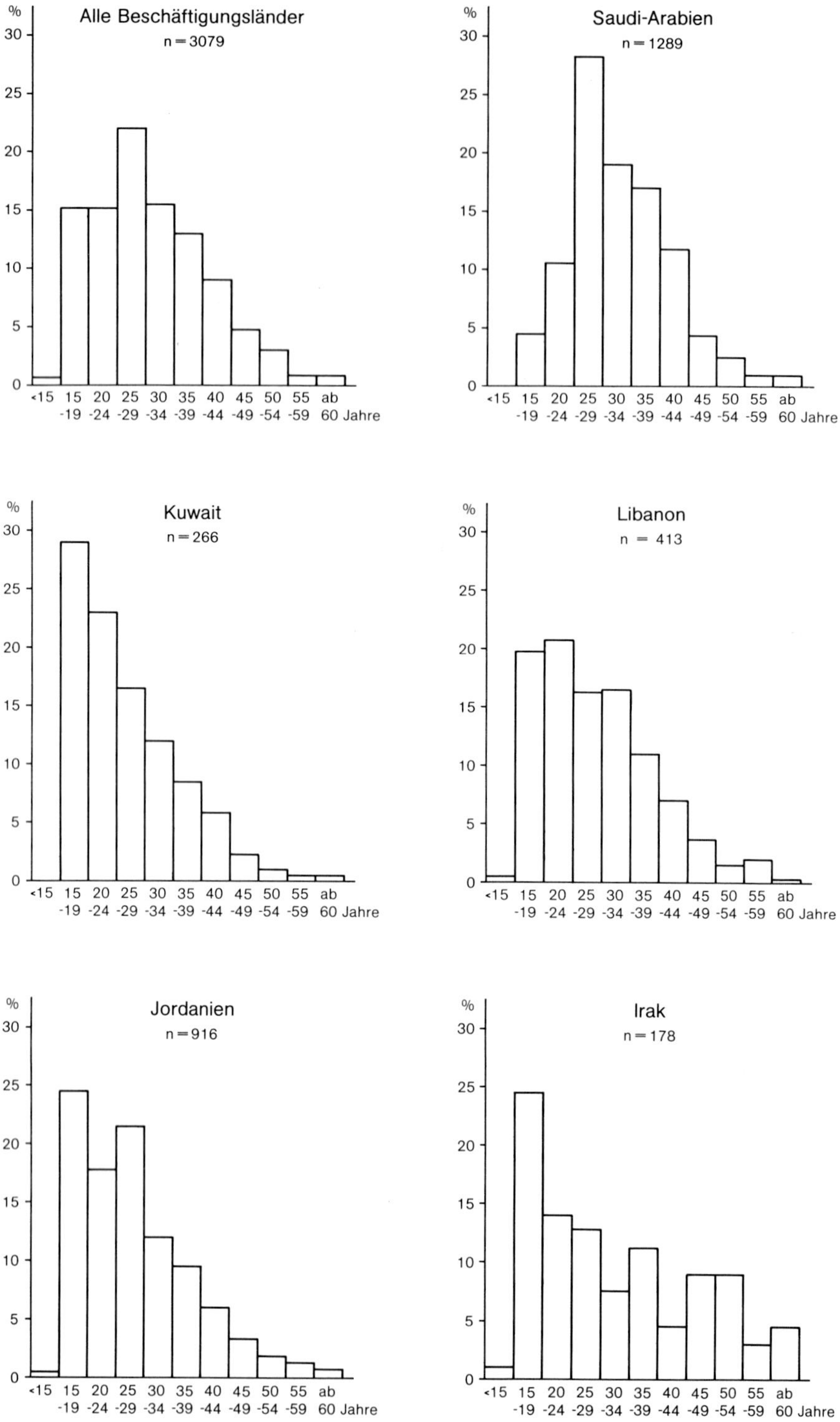


*Abb. 20. Alter der Arbeitsemigranten aus dem syrischen Euphrattal zu Beginn ihres ersten Arbeitsaufenthaltes in den jeweiligen Beschäftigungsländern*

## B. Berufliche Tätigkeit der Migranten vor der Arbeitsaufnahme im Ausland

Aus den vorherigen Ausführungen zur Abwanderung aufgrund von Agrarproblemen ist bereits deutlich geworden, daß der überwiegende Teil der Migranten vor dem ersten Arbeitsaufenthalt im Ausland eine landwirtschaftliche Tätigkeit im Euphrattal ausübte. Dies bestätigt sich auch bei einer detaillierten Aufschlüsselung der früheren beruflichen Verhältnisse[32] (vgl. Abb. 21 und Tab. 8).

Im Mittleren Euphrattal waren mehr als zwei Drittel der Arbeitsemigranten vor ihrer Abwanderung als *Bauern oder Landarbeiter* tätig gewesen. Dabei ist es durchaus einleuchtend, daß der Anteil der Bauern insgesamt und besonders von solchen, die relativ große Betriebsflächen bewirtschafteten, in den von Projektmaßnahmen betroffenen Dörfern am größten ist. Unter den übrigen Personen, deren Entschluß zur Arbeitsaufnahme im Ausland nicht aufgrund von Projektmaßnahmen erfolgte, ist der Anteil der früher im Agrarsektor tätigen Personen weit geringer. Soweit es sich hier um Bauern handelt, bewirtschafteten sie meist nur kleine Flächen. Auffällig stark sind außerdem ehemalige *Gelegenheitsarbeiter* unter jenen Arbeitsemigranten vertreten, deren Abwanderung nicht im Zusammenhang mit dem Euphratprojekt steht. Angehörige weiterer Berufsgruppen, wie Kraftfahrer, Schafhirten und Soldaten sowie Personen mit Tätigkeiten, deren Ausübung meist eine höhere berufliche Qualifikation erfordert, stellen jeweils nur einen sehr geringen Anteil der aus den Dörfern des Euphrattals abgewanderten Arbeitskräfte.

Besonders hinzuweisen ist auf den relativ großen Sektor der Gelegenheitsarbeiter in Maᶜdān Ǧedīd, jenem Dorf, welches die höchste Beteiligungsquote an der Arbeitsemigration im Mittleren Euphrattal aufweist. Dieser Zusammenhang erklärt sich dadurch, daß der Ort nur über eine im Verhältnis zu seiner Einwohnerzahl kleine Bewässerungsfläche verfügt, so daß hier die wachsende Bevölkerung schon zu einem sehr frühen Zeitpunkt gezwungen war, außerlandwirtschaftliche Tätigkeiten auch in anderen Teilen des Landes aufzunehmen. Gerade die an eine auswärtige Tätigkeit gewohnten Gelegenheitsarbeiter schlossen sich besonders bereitwillig dem wachsenden Strom der Arbeitsemigranten an.

In Maᶜdān Ǧedīd und ebenso in vielen Dörfern gerade des Unteren Euphrattals ist außerdem der verhältnismäßig große Anteil von *Schülern* bemerkenswert. Der Eintritt ins Erwerbsleben ist hier gekoppelt mit der Abwanderung ins Ausland. Darunter befinden sich allerdings eine ganze Reihe von Jugendlichen, die noch weiterführende Schulen besuchen und sich vorläufig nur während ihrer Sommerferien in den arabischen Nachbarstaaten Geld verdienen.

---

32) Migranten, die als Landbesitzer oder Pächter einen Agrarbetrieb bewirtschafteten und außerdem zeitweilig eine Beschäftigung als Land- oder Gelegenheitsarbeiter ausübten, wurden nur als Bauern geführt.

Tabelle 8: Berufliche Tätigkeit vor dem ersten Arbeitsaufenthalt im Ausland

| Berufliche Tätigkeit vor dem ersten Arbeitsaufenthalt im Ausland | Prozentualer Anteil der Arbeitsemigranten aus | | | |
|---|---|---|---|---|
| | dem Mittl. Euphrattal | | | dem Unteren Euphrattal |
| | insgesamt (n = 2183) | Pers., die aufgrund von Projektmaßnahmen im Ausland arbeiteten (n = 864) | Pers., die nicht aufgrund von Projektmaßn. im Ausland arbeiteten (n = 1319) | (n = 896) |
| Bauer, der Bewässerungsland bewirtschaftete | 61,0 | 86,1 | 44,7 | 40,8 |
| davon: unter 2 ha | (27) | (10) | (49) | (62) |
| 2–3,9 ha | (48) | (50) | (44) | (29) |
| ab 4 ha | (25) | (40) | ( 7) | ( 9) |
| Landarbeiter | 6,8 | 7,7 | 6,2 | 8,9 |
| Gelegenheitsarb. | 17,5 | 3,6 | 26,5 | 23,8 |
| Schafhirt | 1,7 | 0,2 | 2,7 | 4,4 |
| Fahrer | 3,6 | 0,7 | 5,5 | 3,6 |
| Soldat | 0,6 | 0,5 | 0,8 | 1,6 |
| Sonst. berufl. Tätigkeit | 4,3 | 1,0 | 6,6 | 4,1 |
| Schüler | 4,4 | 0,2 | 7,0 | 12,8 |

## C. Schulische Qualifikation der Migranten

Von den Männern, die aus dem Untersuchungsgebiet ins Ausland abwanderten, kann knapp jeder zweite weder lesen noch schreiben (vgl. Abb. 22 und Tab. 9). Verglichen mit einer Analphabetenquote unter der männlichen Bevölkerung, die 1976 in der Provinz Raqqa bei 57,4 % lag (Central Bureau of Statistics 1978, S. 147), schneiden die Arbeitsemigranten dabei sogar noch relativ gut ab. Auf der Ebene der einzelnen Dörfer erreichen die Analphabetenraten allerdings z.T. noch wesentlich höhere Werte. Auffällig ist dabei vor allem, daß auf der Nordseite des Mittleren Euphrattals in den meisten Orten der Anteil der Migranten, die weder lesen noch schreiben können, mit durchschnittlich 65 % deutlich größer ist als auf dem gegenüberliegenden Flußufer, wo die Analphabetenquote nur 45 % beträgt. Zu erklären ist der Unterschied dadurch, daß die permanente Ansiedlung der Nomaden und Halbnomaden auf der durch die Hauptstraße Ḥaleb – Raqqa – Dēr ez-Zōr verkehrsmäßig sehr gut erschlossenen Südseite im wesentlichen schon vor zwei Jahrzehnten beendet war. Auf der peripheren nördlichen Seite – insbesondere in dem Gebiet östlich von Karāme – sind die Dörfer dagegen meist jüngeren Datums. Der Ansiedlungsprozeß der nomadischen Bevölkerung dauerte teil-

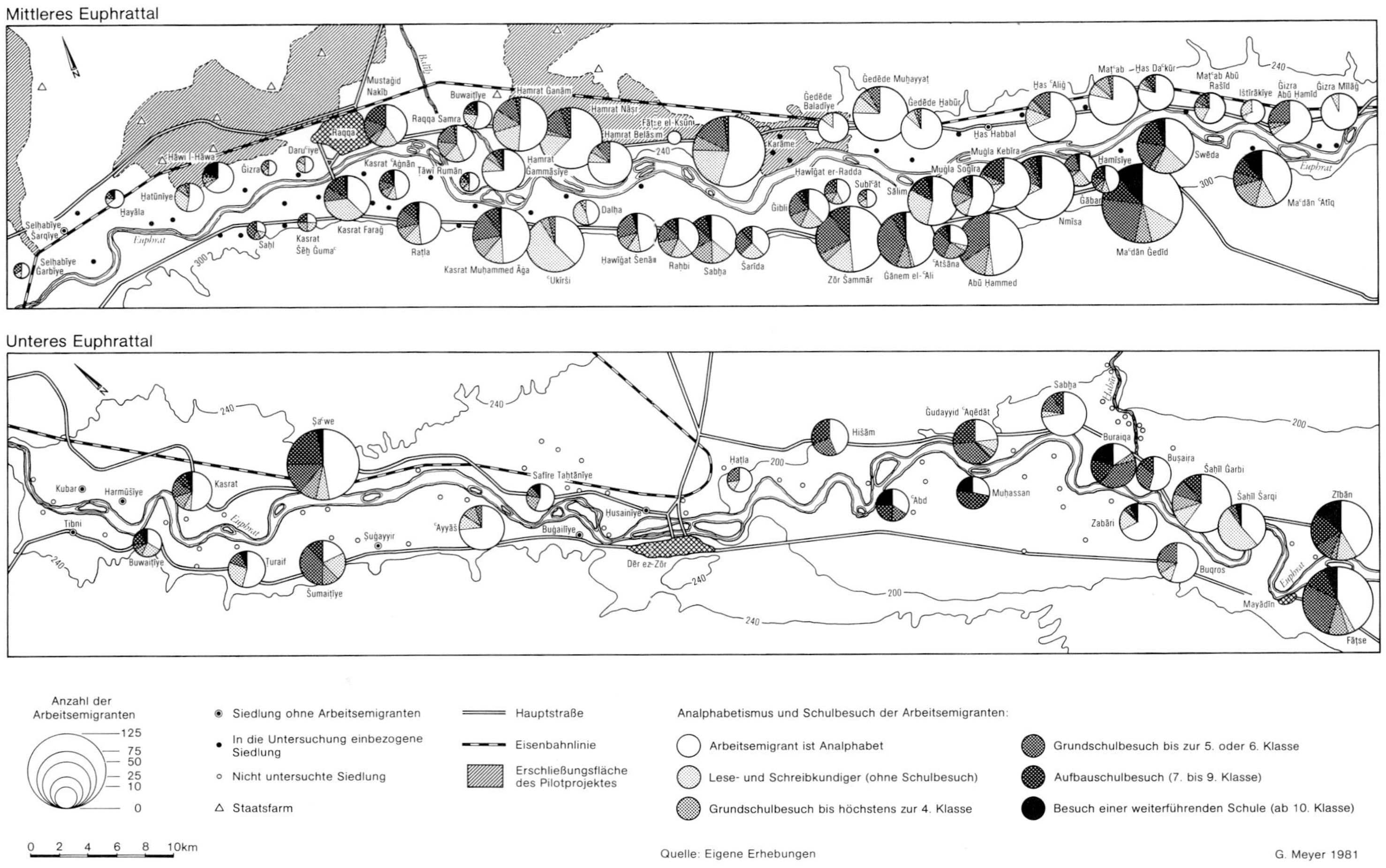


*Abb. 22. Analphabetismus und Schulbesuch der Arbeitsemigranten aus den Dörfern des Untersuchungsgebietes*

Tabelle 9: Analphabetismus und Schulbesuch der Arbeitsemigranten, unterschieden nach Arbeitsländern

| Arbeitsland | n | Prozentualer Anteil der Arbeitsemigranten, die | | | | | |
|---|---|---|---|---|---|---|---|
| | | Analphabeten sind | lesen und schreiben können* | eine Schule besuchten bis Klasse | | | |
| | | | | 1–4 | 5–6 | 7–9 | ab 10 |
| Saudi-Arabien | 1309 | 43 | 18 | 6 | 18 | 14 | 1 |
| Kuwait | 269 | 40 | 10 | 6 | 22 | 19 | 3 |
| Libanon | 423 | 58 | 15 | 8 | 11 | 4 | 4 |
| Jordanien | 1035 | 54 | 11 | 8 | 15 | 8 | 4 |
| Irak | 192 | 54 | 9 | 8 | 16 | 7 | 6 |
| Insgesamt** | 3079 | 49 | 14 | 7 | 16 | 11 | 3 |

*) ohne Schulbesuch
**) ohne Mehrfachregistrierung von Personen, die in verschiedenen Ländern arbeiteten.

weise noch 1979 an, so daß dort die Ausstattung mit Schulen im allgemeinen erst später erfolgte als in den älteren Siedlungen auf der Südseite des Mittleren Euphrattals.

Vergleicht man den Bildungsstand der Migranten in den einzelnen Arbeitsländern, so wird erkennbar, daß sich die Abwanderung nach *Kuwait* und *Saudi-Arabien* durch eine *positive Selektion* auszeichnet (Tab. 9). Dort ist der Anteil der Analphabeten mit 40 % bzw. 43 % deutlich niedriger als in den übrigen Beschäftigungsländern, wo die entsprechenden Prozentsätze etwa so hoch sind wie die Durchschnittswerte der Provinz Raqqa oder knapp darunter liegen.

Insgesamt gaben 14 % der Migranten an, lesen und schreiben zu können, ohne allerdings eine Schule besucht zu haben, während andere die bis zur sechsten Klasse reichende Grundschule schon nach wenigen Jahren noch vor Erreichen eines Abschlusses wieder verließen. Auf weiterführende Schulen gingen immerhin 14 % der Arbeitsemigranten. Dieser Wert ist mehr als doppelt so hoch wie die Vergleichsrate von 5,8 % für die gesamte Provinz Raqqa. Damit bestätigt sich auch hier die aus der Migrationsforschung allgemein bekannte Erscheinung, daß die *besser Qualifizierten in der Regel mobiler sind und eine höhere Abwanderungsquote aus dem ländlichen Raum aufweisen als schlechter ausgebildete Personen.*

Vergleicht man allerdings die schulische Qualifikation der Arbeitskräfte, die aus dem Euphrattal nach Saudi-Arabien gingen, mit dem Bildungsstand jener Syrer, die zum Zeitpunkt der Volkszählung im Jahre 1974 in der Provinz Mekka lebten, so schneiden die im Rahmen unserer Untersuchung erfaßten Migranten wesentlich schlechter ab. In der saudi-arabischen Provinz Mekka lag damals bei den 1060 männlichen syrischen Immigranten im Alter ab 10 Jahren die Analphabetenquote nur bei 3 %, während 77 % eine Schule besucht hatten (Kingdom of Saudi Arabia 1977, S. 21). Hier

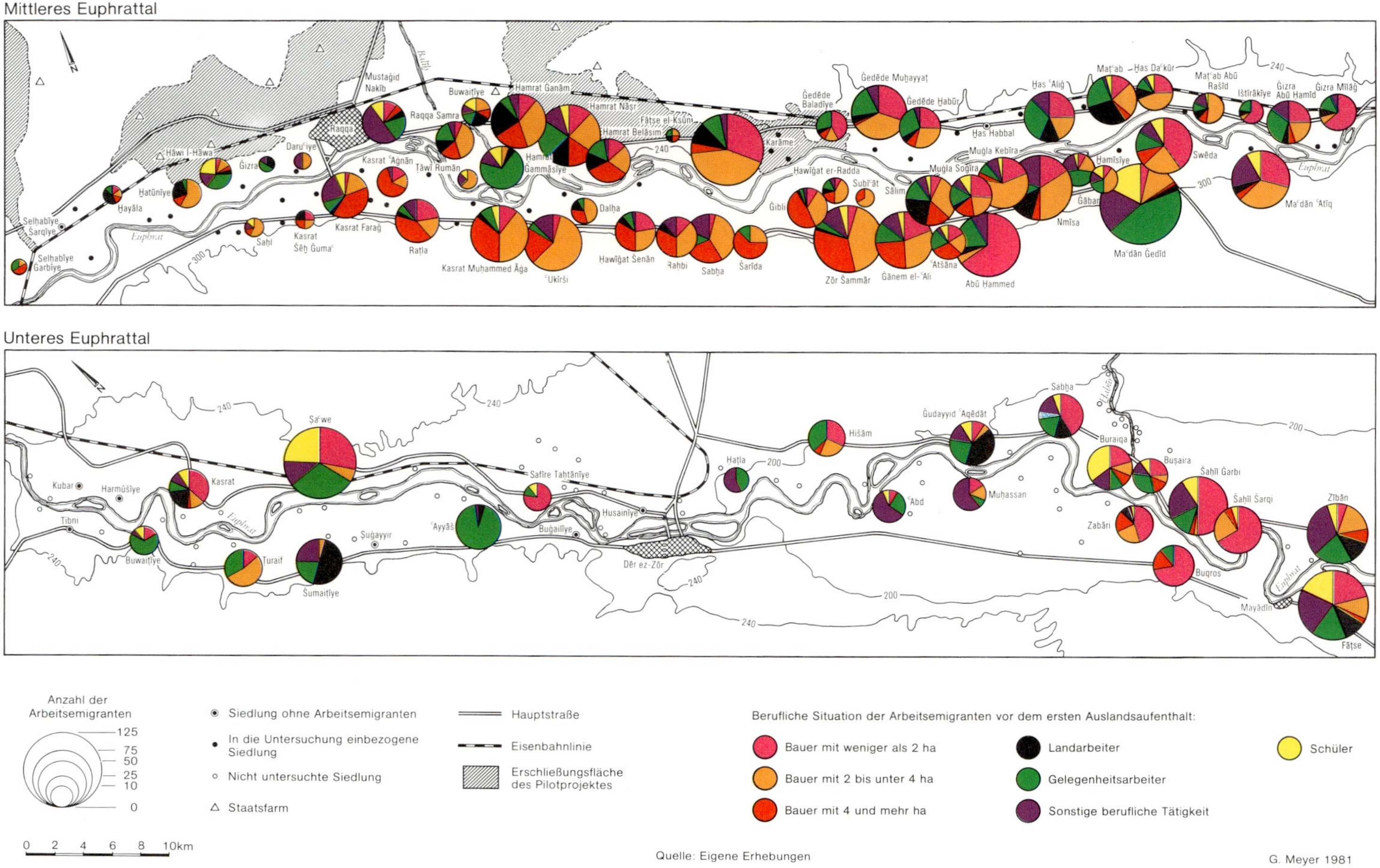


*Abb. 21. Berufliche Situation der Arbeitsemigranten aus den Dörfern des Untersuchungsgebietes vor dem ersten Auslandsaufenthalt*

bestätigt sich nochmals, daß es sich bei jenen Mekka-Einwanderern um eine völlig andere Bevölkerungsschicht handelt als bei den noch weitgehend im Agrarsektor verwurzelten Arbeitsemigranten aus dem Euphrattal.

## D. Die Landbesitzverhältnisse der Bauern als Steuerungsfaktor bei der Entscheidung zur Arbeitsaufnahme im Ausland

Als wichtige Indikatoren für die wirtschaftliche Lage, in der sich die Migranten vor ihrer ersten Abwanderung ins Ausland befanden, sind die Landbesitzverhältnisse bei denjenigen anzusehen, die früher als Bauern tätig waren. Aufgrund einer Erhebung der Euphratbehörde aus dem Jahre 1976 liegen genaue Angaben über die Struktur der Agrarbetriebe in den einzelnen Projektdörfern[33] vor. Damit bietet sich die Möglichkeit, der Frage nachzugehen, welche Bedeutung bei den Bauern, die zum Zeitpunkt der Befragung wegen der Bewässerungsumstellung bereits seit mindestens einem dreiviertel Jahr ihre Felder nicht mehr bebauen konnten, die ökonomische Ausgangssituation hat, wenn es um die Entscheidung für oder gegen eine Arbeitsaufnahme im Ausland geht. Wo ist die Gastarbeiterrate höher, unter den ehemaligen Kleinbauern oder unter den früheren Besitzern der größeren Agrarbetriebe?

Zur Beantwortung dieser Frage wurde für jede Betriebsgrößenklasse der prozentuale Anteil der im Ausland arbeitenden Bauern an der Gesamtzahl der von den Projektmaßnahmen betroffenen Betriebe ermittelt (Abb.23). Hier zeigt sich ein klarer korrelativer Zusammenhang zwischen der Beteiligung an der Arbeitsemigration und der Betriebsgröße: *Die Bereitschaft, sich im Ausland eine Arbeit zu suchen, ist um so höher, je größer die früher bewirtschaftete Fläche und je besser damit die ökonomische Ausgangssituation der Bauern war.*

Allerdings ist dabei zu berücksichtigen, daß die Größe der Bewässerungsfläche, die jemand bewirtschaftet, nur bedingt etwas über seine tatsächlichen ökonomischen Verhältnisse aussagt, wenn er nämlich als Teilpächter für seine Arbeit nur einen Anspruch auf 40 % der Ernte hat. In der Tabelle 10 wurde deshalb zunächst die Landbesitzstruktur differenziert nach Betriebsgrößen[34] für alle Bauern aus dem Untersuchungsgebiet

---

33) Unter die hier und in den folgenden Ausführungen als „Projektdörfer" bezeichneten Orte fallen alle diejenigen Dörfer im Mittleren Euphrattal, auf deren gesamter Flur spätestens seit Herbst 1978 im Zuge der Umstellung auf die neue Kanalbewässerung die bisherige Pumpbewässerung nicht mehr durchgeführt werden konnte. Dazu gehören auf der Nordseite des Euphrats die Siedlungen von Selhabīye Ġarbīye bis Ḫatūnīye und auf dem gegenüberliegenden Ufer alle Dörfer von Sahl bis einschließlich Zōr Šammār.

34) In einer kleinen Zahl von Fällen, in denen ein Betrieb Ländereien mit unterschiedlichen Besitztiteln bewirtschaftete, z.B. 2 ha Privatland und 0,5 ha Pachtland, wurde die gesamte Betriebsfläche unter der Besitzkategorie geführt, auf welche der größte Teil des bewirtschafteten Bodens entfiel. Bei den Pächtern handelte es sich zu 87 % um Teilpächter mit Anspruch auf 40 % der Ernte. In den übrigen Fällen wurden fest vereinbarte Geldbeträge an den privaten Grundbesitzer bzw. bei Staatsland an die Provinzverwaltung abgeführt.

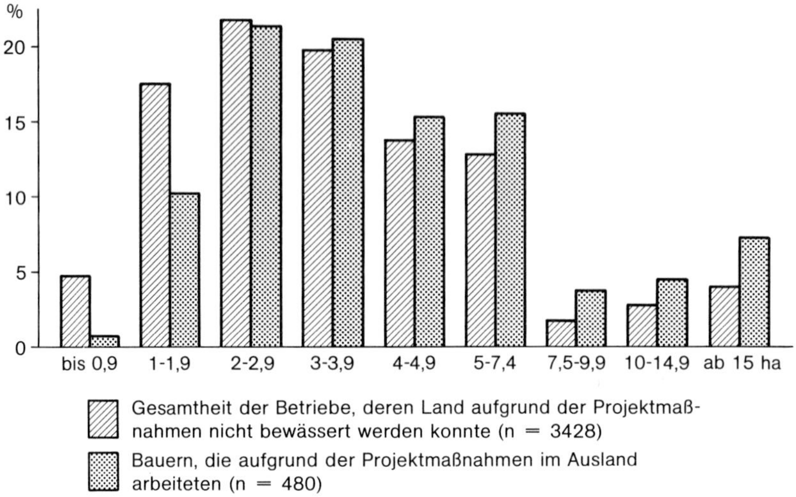


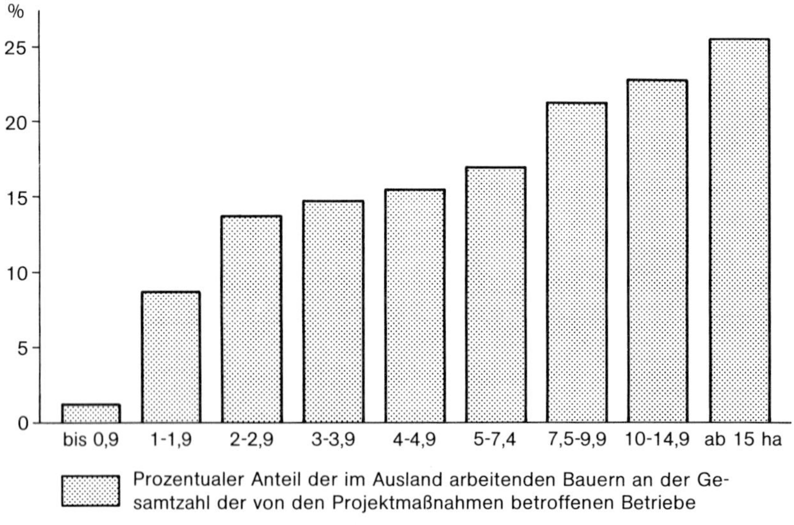


*Abb. 23. Beteiligungsquoten an der Arbeitsemigration von Bauern unterschiedlicher Betriebsgrößenklassen (nur Projektdörfer)*

zusammengestellt, die im Ausland arbeiteten. Hier fällt vor allem der krasse Unterschied zwischen den Bauern aus den Dörfern des Projektgebietes und des Unteren Euphrattals auf: Während bei der letztgenannten Gruppe die Besitzer (Eigentümer) kleiner Betriebsflächen von weniger als 2 ha vorherrschen, ist unter den Bauern, die aus den Projektdörfern abwanderten, der Gesamtanteil der Landbesitzer wesentlich geringer und wird überwiegend von den Eigentümern der größeren Betriebe gestellt. Dafür ist dort andererseits der Prozentsatz der Bodenreformbauern dreimal so hoch wie im Unteren Euphrattal. Die Unterschiede dürften unter anderem auch auf die voneinander abweichenden Landbesitzverhältnisse in den beiden Bereichen des Untersuchungsgebietes zurückzuführen sein; denn nach Angaben der GADEB war *im Unteren Euphrattal die kleinbetriebliche Struktur schon immer stärker ausgeprägt*, so daß dort im Zuge der Bodenreform nur 9 %, im Mittleren Euphrattal dagegen 21 % des Bewässerungslandes enteignet und neu verteilt wurden.

Tabelle 10: Landbesitzstruktur in den Projektdörfern, differenziert nach der Gesamtheit aller Betriebe und den im Ausland arbeitenden Bauern

| | n | Prozentualer Anteil der | | |
|---|---|---|---|---|
| | | Landbesitzer | Bodenreformbauern | Pächter |
| Gesamtheit der landwirtschaftl. Betriebe* | 3428 | 32,4 | 29,4 | 38,2 |
| Im Ausland arbeitende Bauern | 480 | 46,5 | 38,5 | 15,0 |

*) Eigene Berechnungen nach Auswertungslisten der GADEB-Sozialerhebung 1976.

Vergleicht man in den Projektdörfern die Landbesitzstruktur der im Ausland arbeitenden Bauern mit den Eigentumsverhältnissen aller landwirtschaftlichen Betriebe, dann zeigt sich (Tab. 11), daß unter den Arbeitsemigranten vor allem die Landbesitzer und in etwas geringerem Umfang die Bodenreformbauern deutlich überrepräsentiert sind; dagegen entschließen sich Pächter nur relativ selten zur Abwanderung. Eine weitere Differenzierung nach der Betriebsgröße unterstreicht noch einmal die Bedeutung der ökonomischen Ausgangssituation für die Entscheidung, sich im Ausland eine Beschäftigung zu suchen (Abb. 24): Bei allen Betriebsgrößenklassen weisen die *Pächter weit unterdurchschnittliche Beteiligungsquoten* an der Arbeitsemigration auf, während die *Landbesitzer mit mehr als 4 ha Bewässerungsland* den mit Abstand *höchsten Anteil* von Arbeitsemigranten zu verzeichnen haben.

Dieser Zusammenhang dürfte – neben einem möglicherweise höheren Anspruchsniveau – zu einem wesentlichen Teil dadurch zu erklären sein, daß die Bauernfamilien, die eine bessere wirtschaftliche Ausgangsposition haben, eher in der Lage sind,

Tabelle 11: Landbesitzstruktur und Betriebsgrößen der Bauern, die im Ausland arbeiteten

| Landbesitzstruktur und Betriebsgrößenklasse | Prozentualer Anteil der Bauern, die im Ausland arbeiteten, aus | | |
|---|---|---|---|
| | dem Mittl. Euphrattal insgesamt (n = 1332) | den Projektdörfern, in denen die Bewässerungsumstellung vor Herbst 1978 begann (n = 480) | dem Unteren Euphrattal (n = 366) |
| *Landbesitzer* | *47,3* | *46,5* | *71,6* |
| davon: unter 2 ha | 34 | 10 | 66 |
| – 2–3,9 ha | 38 | 24 | 27 |
| – ab 4 ha | 28 | 66 | 7 |
| *Bodenreformbauern* | *33,0* | *38,5* | *13,1* |
| davon: unter 2 ha | 22 | 16 | 71 |
| – 2–3,9 ha | 59 | 62 | 27 |
| – ab 4 ha | 19 | 22 | 2 |
| *Pächter* | *19,7* | *15,0* | *15,3* |
| davon: unter 2 ha | 20 | 4 | 34 |
| – 2–3,9 ha | 52 | 47 | 43 |
| – ab 4 ha | 28 | 49 | 23 |

die Kosten für die Fahrt ins Ausland aufzubringen und die Zeit bis zur Rückkehr des Arbeitsemigranten zu überbrücken, als das bei Kleinbauern- oder Pächterfamilien der Fall ist, die kaum über finanzielle Reserven verfügen und deren Kreditwürdigkeit geringer ist. Die Ernährer solcher Familien sind aufgrund finanzieller Restriktionen weit eher bereit, sich mit den niedrigen Tagelöhnen abzufinden, die sie bei den Erschließungsmaßnahmen im Rahmen des Euphratprojektes oder bei anderen Gelegenheitsarbeiten innerhalb ihrer Herkunftsregion verdienen können.

Hinzu kommt, daß die Besitzer von größeren Agrarflächen bei der Einstellung der Bewässerungslandwirtschaft in den Projektdörfern ihre finanzielle Ausgangsposition noch zusätzlich durch die Entschädigung der Euphratbehörde verbessern, auf welche die Pächter keinen Anspruch haben. Bei einem Besitz von 5 ha Bewässerungsland bedeutet das immerhin die Auszahlung von 3000 S.L., womit ein großer Teil des Startkapitals selbst für die kostenaufwendige Arbeitsaufnahme in Saudi-Arabien bereits abgedeckt wäre.

Ein Problem ergibt sich bei der Dateninterpretation durch jene Arbeitsemigranten, die vor ihrer ersten Arbeitsaufnahme im Ausland im väterlichen Betrieb tätig waren. Bei den Interviews wurde nicht ausdrücklich danach gefragt, ob Bauern, die beispielsweise angaben, sie hätten vor der Abwanderung Privat- oder Bodenreformland bewirtschaftet, ihre Tätigkeit in der Funktion eines Betriebsleiters oder als Mitarbeiter im Betrieb des Vaters ausübten. Aus dem Umstand, daß von den ins Ausland abgewanderten ehe-

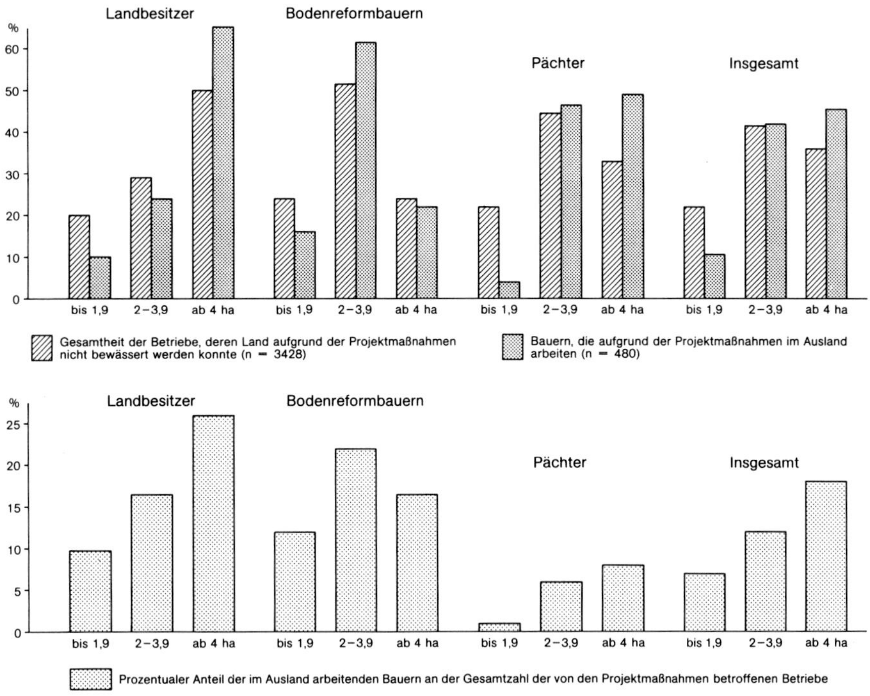


*Abb. 24. Beteiligungsquoten an der Arbeitsemigration von Bauern unterschiedlicher Landbesitzstruktur und Betriebsgrößenklassen (nur Projektdörfer)*

maligen Bauern fast jeder vierte für sich und seinen Vater die gleichen Landbesitzverhältnisse aufgeführt hatte, ist zu schließen, daß sich unter ihnen eine beträchtliche Zahl von Bauernsöhnen befindet, deren frühere berufliche Stellung etwa als „mithelfender Familienangehöriger" zu klassifizieren wäre.

Auch bei den Angehörigen dieser Gruppe besteht ein eindeutiger korrelativer Zusammenhang zwischen der Beteiligung an der Arbeitsemigration und der Fläche des Bewässerungslandes. So zeigt sich in der Tab. 12 sowohl für das Mittlere wie auch für das Untere Euphrattal mit *wachsender Betriebsgröße ein steigender Anteil von Bauernsöhnen, die ins Ausland gehen.* Verständlich wird die Zunahme dadurch, daß mit wachsenden Einkünften aus der Bewirtschaftung größerer Agrarflächen die Zahl der Betriebsleiter sinkt, die selber darauf angewiesen sind, ihren Lebensunterhalt durch eine Arbeitsaufnahme im Ausland abzusichern, während sie gleichzeitig die Möglichkeit haben, ihren Söhnen, die zuvor durch die Mitarbeit in den großen Betrieben ihr wirtschaftliches Auskommen fanden, das nötige Startkapital zur Erlangung eines hochbezahlten Arbeitsplatzes in den Golfstaaten zu geben.

Tabelle 12: Anteil der im Ausland arbeitenden Bauern mit gleicher Landbesitzstruktur wie ihre Väter an der Gesamtzahl der Arbeitsemigranten in der jeweiligen Betriebsgrößenklasse

| Betriebsgrößenklasse | Mittleres Euphrattal | | Unteres Euphrattal | |
|---|---|---|---|---|
| | im Ausland arbeitende Bauern | Bauern mit gleichem Landbesitz wie ihre Väter | im Ausland arbeitende Bauern | Bauern mit gleichem Landbesitz wie ihre Väter |
| unter 2 ha | 360 | 16,1 % | 227 | 17,6 % |
| 2 bis 3,9 ha | 639 | 23,5 % | 106 | 26,4 % |
| ab 4 ha | 333 | 36,3 % | 33 | 42,4 % |
| Insgesamt | 1332 | 24,7 % | 366 | 22,4 % |

Aus dem letzten Hinweis ist bereits abzulesen, daß die ökonomische Ausgangssituation nicht nur eine wesentliche Rolle spielt bei der Entscheidung, ob überhaupt eine Beschäftigung im Ausland aufgenommen werden soll, sondern auch die Wahl des Arbeitslandes beeinflussen dürfte.

## E. Die Bedeutung der früheren beruflichen Verhältnisse bei der Wahl des Arbeitslandes

Besonders klar wird der Zusammenhang zwischen der ökonomischen Ausgangssituation und der Entscheidung für ein bestimmtes Beschäftigungsland bei jenen Bauern in den Projektdörfern sichtbar, die bereits ihre Wahl zwischen den beiden Hauptarbeitsländern Jordanien und Saudi-Arabien getroffen haben (vgl. Abb. 25). Hier *steigt mit wachsender Größe des früher bewirtschafteten Betriebes der Anteil der in Saudi-Arabien Arbeitenden, während gleichzeitig der Prozentsatz der in Jordanien Beschäftigten zurückgeht.* In den Genuß der besten Verdienstmöglichkeiten in Saudi-Arabien kommen somit diejenigen am ehesten, die bereits am Herkunftsort finanziell relativ gut gestellt waren, während sich die übrigen mit den schlechter bezahlten, jedoch mit geringerem Kostenaufwand erreichbaren Arbeitsplätzen im Nachbarland begnügen müssen.

Dieser grundlegende Zusammenhang gilt nicht nur für die Projektdörfer, sondern läßt sich mit einigen Modifikationen auch auf die übrigen im Rahmen der Untersuchung erfaßten Migranten und die anderen Arbeitsländer übertragen. Wie aus der Tabelle 13 hervorgeht, entscheiden sich die Bauern mit den größten Betriebsflächen bevorzugt für eine Arbeitsaufnahme in *Saudi-Arabien,* während in den sonstigen Beschäftigungsländern kaum Bauern anzutreffen sind, die mehr als 4 ha bewirtschafteten. Auch Kraftfahrer und Personen, die früher „sonstige berufliche Tätigkeiten" ausübten, d.h. in der Regel einen festen außerlandwirtschaftlichen Arbeitsplatz mit regelmäßigem

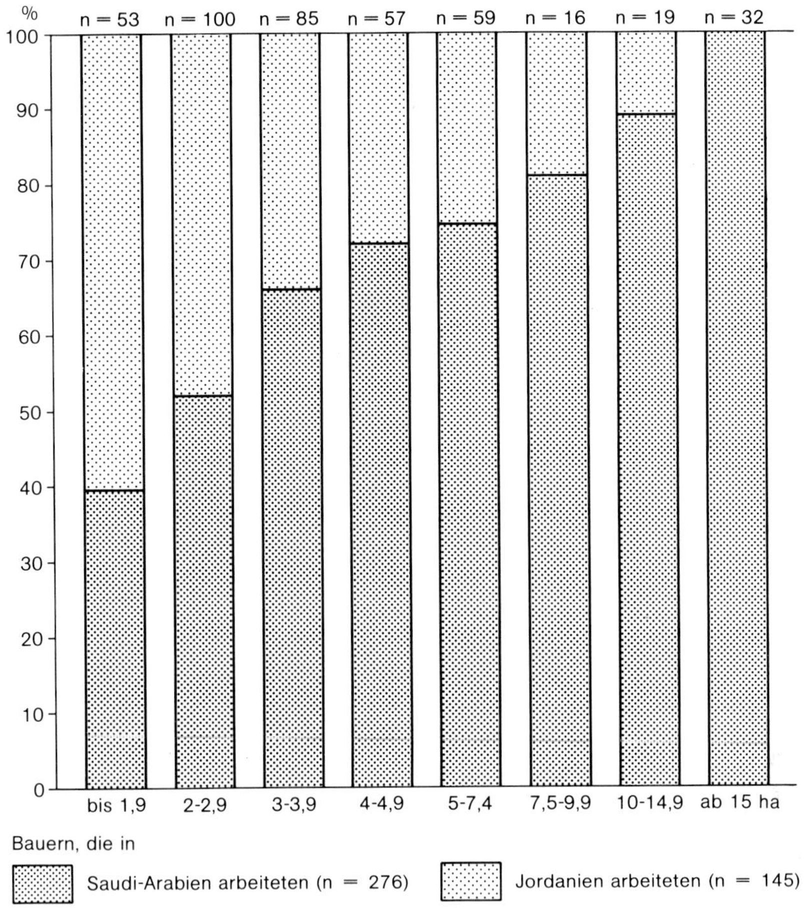


*Abb. 25. Arbeitsemigration nach Saudi-Arabien oder Jordanien von Bauern unterschiedlicher Betriebsgrößenklassen (nur Projektdörfer)*

Einkommen hatten, sind unter den nach Saudi-Arabien Abgewanderten deutlich überrepräsentiert. Andererseits können gerade von den Land- und Gelegenheitsarbeitern, deren ökonomische Ausgangsbasis im allgemeinen nicht gerade rosig ist, nur relativ wenige die hohen Kosten für die Abwanderung in jenen Golfstaat aufbringen, so daß dort der Prozentanteil für die Angehörigen dieser beiden Berufsgruppen insgesamt wesentlich geringer ausfällt als die entsprechenden Werte in den übrigen Arbeitsländern.

Unter den Männern, die sich für eine Abwanderung nach *Kuwait* entschieden, fällt neben dem hohen Prozentsatz von Schülern auch der relativ große Anteil der Landarbeiter und Schafhirten auf, während Gelegenheitsarbeiter nur unterdurchschnittlich vertreten sind. Erklären läßt sich diese Kombination möglicherweise durch die relativ alte Tradition der Arbeiterwanderung aus den Dörfern des Unteren Euphrattals nach Kuwait. Während sonst Landarbeiter und Lohnhirten, die ihre ärmliche wirtschaftliche Situation verbessern wollen, üblicherweise zunächst zu Gelegenheitsarbeitern werden und vorwiegend die Verdienstmöglichkeiten in syrischen Städten ausnutzen, übernehmen sie hier direkt – ebenso wie die Schüler – das eingespielte und ihnen aus zahllosen Berichten von Rückkehrern vertraute Mobilitätsmuster der Abwanderung nach Kuwait.

Tabelle 13: Zusammenhang zwischen der früheren beruflichen Tätigkeit der Migranten aus dem Euphrattal und der Wahl des Arbeitslandes

| Berufliche Tätigkeit vor dem ersten Arbeitsaufenthalt im Ausland | Prozentualer Anteil der Migranten aus den Dörfern des Euphrattals in dem jeweiligen Arbeitsland | | | | | |
|---|---|---|---|---|---|---|
| | Saudi-Arabien (n = 1289) | Kuwait (n = 266) | Libanon (n = 413) | Jordanien (n = 916) | Irak (n = 178) | Insgesamt (n = 3079) |
| Bauern insgesamt | 62,6 | 36,5 | 47,9 | 55,4 | 46,1 | 55,2 |
| davon: unter 2 ha | (24) | (59) | (50) | (37) | (55) | (35) |
| – 2–3,9 ha | (38) | (36) | (47) | (53) | (43) | (44) |
| – ab 4 ha | (38) | ( 5) | ( 3) | (10) | ( 2) | (21) |
| Landarbeiter | 4,7 | 15,0 | 5,6 | 9,5 | 10,1 | 7,4 |
| Gelegenheitsarbeiter | 14,4 | 16,6 | 35,1 | 19,1 | 23,6 | 19,3 |
| Schafhirt | 2,3 | 6,8 | 1,7 | 1,9 | 2,3 | 2,5 |
| Fahrer | 6,8 | 4,5 | 1,0 | 0,3 | 1,1 | 3,6 |
| Sonst. berufliche Tätigkeit | 7,8 | 4,1 | 4,1 | 3,0 | 2,2 | 5,2 |
| Schüler | 1,4 | 16,5 | 4,6 | 10,8 | 14,6 | 6,8 |

In *Libanon*, dem bis 1975 dominierenden Arbeitgeberland für die Migranten aus dem Mittleren Euphrattal, sind die Gelegenheitsarbeiter besonders stark vertreten. Dies entspricht genau dem zuvor beschriebenen typischen Muster des Übergangs vom schlecht bezahlten Lohnempfänger in der Agrarwirtschaft oder in der Schafzucht des ländlichen Herkunftsgebietes zum mobilen Gelegenheitsarbeiter, der zeitweise in syrischen Städten tätig ist und schließlich auch die besser bezahlten Verdienstmöglichkeiten der Nachbarländer mit in seinen Beschäftigungsbereich einbezieht.

Die Zusammensetzung der nach *Jordanien* abgewanderten Arbeitskräfte ist geprägt durch wirtschaftlich relativ schwache Berufsgruppen mit einer projektbedingt starken bäuerlichen Komponente, während sich der verhältnismäßig hohe Anteil von Schülern innerhalb des jüngsten Migrantenstroms nach *Irak* durch die bereits erwähnte Ferientätigkeit von Jugendlichen aus dem Unteren Euphrattal in dem nur wenige Fahrstunden entfernten Nachbarland interpretieren läßt.

## F. Charakteristika der Personen, die als erste im Ausland arbeiteten

Zu fragen ist weiter nach den Personen, die sich als erste aus jedem Dorf zur Arbeitsemigration entschlossen. Aufgrund der zuvor dargelegten großen Bedeutung der wirtschaftlichen Ausgangsposition für die Beteiligung an der Arbeitsemigration und für die Wahl des Beschäftigungslandes wäre eigentlich zu erwarten, daß es wiederum die Bauern mit größeren Betrieben bzw. deren Söhne sind, die als erste die Möglichkeit des höheren Verdienstes im Ausland nutzen. Ebenso könnte man die in der Migrationsforschung in ländlichen Gebieten gewonnenen Erkenntnisse heranziehen und davon die These ableiten, daß unter den als besonders mobil geltenden ledigen 18- bis 25-jährigen mit höherer schulischer Bildung die Vorreiter bei der Arbeitsemigration zu suchen sind.

Keine der genannten Hypothesen trifft jedoch zu. Hinsichtlich Alter und Familienstand – insgesamt 30 % der Migranten sind ledig – unterscheiden sich die Männer, die aus den untersuchten Dörfern im Mittleren Euphrattal jeweils als erste ins Ausland gingen, nicht vom Durchschnitt aller Arbeitsemigranten. Ihre Analphabetenquote liegt sogar überdurchschnittlich hoch, was dadurch bedingt ist, daß bei den früheren Fällen in den sechziger Jahren das Bildungsniveau insgesamt noch viel niedriger war. Auch sind die Bauern deutlich unterrepräsentiert (Tab. 14), insbesondere wenn man die Landwirte nicht berücksichtigt, die wegen der Projektmaßnahmen ihre bisherige Tätigkeit vorübergehend nicht mehr ausüben können.

Tabelle 14: Frühere berufliche Tätigkeit der Personen aus dem Mittleren Euphrattal, die jeweils als erste aus ihrem Dorf im Ausland arbeiteten.

| Berufliche Tätigkeit vor dem ersten Arbeitsaufenthalt im Ausland | Prozentualer Anteil der Personen, die als erste im Ausland arbeiteten | | Prozentualer Anteil aller Arbeitsemigranten aus dem Mittleren Euphrattal |
|---|---|---|---|
| | insgesamt (n = 68) | Personen, die nicht aufgrund von Projektmaßnahmen im Ausland arbeiteten (n = 52) | (n = 2183) |
| Bauern insgesamt | 45,6 | 30,7 | 61,0 |
| davon: unter 2 ha | (23) | (13) | (27) |
| - 2–3,9 ha | (51) | (56) | (48) |
| - ab 4 ha | (26) | (31) | (25) |
| Landarbeiter | 7,4 | 7,7 | 6,8 |
| Gelegenheitsarbeiter | 35,2 | 46,1 | 17,5 |
| Schafhirt | 2,8 | 3,9 | 1,7 |
| Fahrer | 2,9 | 3,8 | 3,6 |
| Sonst. berufl. Tätigkeit | 4,4 | 5,8 | 4,9 |
| Schüler | 1,5 | 1,9 | 4,4 |

Statt dessen zeigt sich, daß allen voran mit einem Anteil von 46 % *Gelegenheitsarbeiter als erste den Weg in die Arbeitsemigration antraten*. Die Angehörigen dieser Berufsgruppe waren an eine hohe Mobilität und ständigen Wechsel des Beschäftigungsortes gewöhnt. Die meisten von ihnen hatten bereits in verschiedenen Regionen und Städten Syriens gearbeitet, so daß jemandem, der früher bei seiner Arbeitssuche beispielsweise bis nach Damaskus gefahren war, der Entschluß relativ leicht fiel, nach einem vergleichsweise geringen zusätzlichen Aufwand an Zeit und Kosten in Libanon oder Jordanien eine wesentlich besser bezahlte Tätigkeit aufzunehmen.

Berücksichtigt werden muß bei der Interpretation dieser Daten für die Dörfer des Mittleren Euphrattals allerdings, daß hier natürlich die frühere Migration nach Libanon mit ihrem ohnehin schon sehr hohen Anteil von Gelegenheitsarbeitern deutlich überrepräsentiert ist. Doch auch wenn für jedes einzelne Arbeitsland die Migranten herangezogen werden, die dorthin als erste aus jedem der Dörfer im Mittleren Euphrattal aufbrachen, sind die Gelegenheitsarbeiter in allen Beschäftigungsländern weit überdurchschnittlich vertreten. Damit bestätigt sich die These, daß die Angehörigen jener sehr mobilen Berufsgruppe eine führende Position unter den Wegbereitern der Arbeitsemigration einnehmen.

# VI. Ablauf der Arbeitsaufenthalte im Ausland

Nach der Vorstellung der Gründe für die Abwanderung aus dem Euphrattal und der Charakterisierung der sozio-ökonomischen Ausgangssituation, in der sich die Migranten vor ihrer Aufbruchsentscheidung befanden, sollen nun die wichtigsten Elemente des eigentlichen Migrationsvorganges dargelegt werden. Hierzu gehören ebenso Angaben darüber, in welchem Umfang der Aufbruch zur Arbeitsaufnahme im Ausland von Einzelpersonen bzw. im Gruppenverband vollzogen wird, welche Schwierigkeiten bei der Einreise in die jeweiligen Beschäftigungsländer zu überwinden sind und in welchen Orten sich die Migranten eine Beschäftigung suchen, wie auch Informationen zur Art der Stellenvermittlung, ausgeübten Tätigkeit sowie Unterkunft und Dauer der Arbeitsaufenthalte in den einzelnen arabischen Staaten.

## A. Aufbruch und Einreisehemmnisse in den Beschäftigungsländern

Typisch für die Fahrt zur ersten Arbeitsaufnahme im Ausland ist, daß die Reise relativ selten allein, sondern meistens in *Begleitung von Verwandten, Freunden oder Bekannten* angetreten wird (vgl. Tab. 15), denen die Verhältnisse in dem betreffenden Arbeitsland bereits aus früheren Aufenthalten vertraut sind. Meist sind es zwei oder drei, manchmal aber auch ein Dutzend und mehr Männer aus einem Dorf, die gemeinsam ins Ausland aufbrechen. Hier handelt es sich um eine Erscheinung, die als *Kettenwanderung* (chain migration) auch aus Untersuchungen zur Arbeitsemigration in anderen Ländern bekannt ist (vgl. u.a. J.C. SWANSON 1979b, S. 12 und G. GMELCH 1980, S. 153).

Tabelle 15: Begleitung durch weitere Personen bei der ersten Fahrt zur Arbeitsaufnahme im Ausland

| Arbeitsland | n | Prozentualer Anteil* der Personen, die ihre erste Reise zur Arbeitsaufnahme im Ausland antraten | | |
|---|---|---|---|---|
| | | zusammen mit Verwandten | zusammen mit Freunden | allein |
| Saudi-Arabien | 1032 | 33 | 48 | 24 |
| Kuwait | 209 | 45 | 27 | 31 |
| Libanon | 364 | 27 | 48 | 30 |
| Jordanien | 772 | 36 | 42 | 30 |
| Irak | 135 | 17 | 56 | 33 |
| Insgesamt | 2512 | 33 | 45 | 28 |

*) Mehrfachnennungen

Der sehr hohe Prozentsatz von Personen, die ihre erste Arbeitsreise nach Kuwait im Familienverband antraten – d.h. im allgemeinen mit einem Onkel oder Vetter, der schon früher in dem Golfstaat gewesen war –, erklärt sich aus der langen Tradition und der sehr hohen Beteiligungsquote an dieser Wanderung im Euphrattal unterhalb von Dēr ez-Zōr, wo sich in der Regel in jeder Großfamilie mehrere Männer finden, die schon einmal in Kuwait gearbeitet haben. Bei der für das Mittlere Euphrattal charakteristischen Abwanderung nach Jordanien und Saudi-Arabien ist der ebenfalls nicht gerade niedrige Anteil von Personen, die im Familienverband die erste Fahrt ins Ausland antraten, weniger darauf zurückzuführen, daß man sich an Verwandte anschließt, die schon in den jeweiligen Arbeitsländern waren, sondern dadurch bedingt, daß infolge der Projektmaßnahmen Hunderte von Menschen gleichzeitig ihre bisherige Tätigkeit einstellen mußten und sich nach neuen Verdienstmöglichkeiten umsahen. Bei der jüngsten, im wesentlichen erst seit Anfang 1979 einsetzenden Wanderung in den Irak ist die Begleitung von Verwandten noch sehr selten. Aus den Großfamilien wird meist zunächst nur ein Angehöriger vorgeschickt, der allein bzw. zusammen mit Freunden oder Bekannten aus anderen Familienverbänden die Arbeitsbedingungen im Nachbarland erkunden soll.

Für den *Grenzübertritt* nach Libanon, Jordanien und Irak reicht ein Personalausweis, den ohnehin jeder Erwachsene besitzt. Wie bereits erwähnt, wird für die Einreise nach Kuwait und die dortige Arbeitsaufnahme ein gesondert zu beantragender Paß sowie – zumindest offiziell – ein Arbeitsvisum benötigt, das bis zu 3000 S.L. kostet. Die im Rahmen der Untersuchung erfaßten Migranten umgingen diese Bestimmung allerdings meistens und reisten mit einem Besuchervisum ein.

Dagegen wird in Saudi-Arabien relativ strikt darüber gewacht, daß bei der Einreise das *Arbeitsvisum* bereits vorliegt. Es muß von der saudi-arabischen Botschaft in Damaskus ausgestellt sein und bereits den Namen des Arbeitgebers enthalten, der während des gesamten Aufenthaltes in dem arabischen Königreich für den betreffenden Gastarbeiter verantwortlich ist. Die Schwierigkeit für denjenigen, der in Saudi-Arabien arbeiten möchte, besteht nun darin, schon in Syrien den zukünftigen Arbeitgeber ausfindig zu machen und sich von ihm anfordern zu lassen. Sofern keine Beziehungen zu jemandem bestehen, der bereits in dem Golfstaat beschäftigt ist und dadurch einen Arbeitgeber vermitteln kann, bemühen sich die Arbeitssuchenden darum, von saudi-arabischen Unternehmern, die sich in Syrien aufhalten, oder deren Agenten angeworben zu werden. Dafür müssen sie sich allerdings nicht selten verpflichten, 20 bis 25 % ihres zukünftigen Einkommens an diese Person abzuliefern. Knapp jeder zweite der Arbeitswilligen hatte meist über ein Vermittlungsbüro in Damaskus ein sogenanntes *freies Visum* zum Preis von 5000 oder 6000 S.L. erworben, welches die beliebige Wahl eines Arbeitsplatzes in Saudi-Arabien erlaubt (vgl. Tab. 16). Häufig braucht nur die Hälfte oder zwei Drittel dieses Betrages in Syrien angezahlt werden, während der Rest später in Saudi-Arabien fällig wird.

Tabelle 16: Einreisearten beim ersten Arbeitsaufenthalt in Saudi-Arabien

| Einreisearten | Prozentualer Anteil der Arbeitsemigranten ( n = 1225) |
|---|---|
| Einreise mit Arbeitsvisum | 35 |
| Einreise mit freiem Visum | 46 |
| Einreise mit Visum für Pilgerfahrt nach Mekka | 4 |
| Illegale Einreise ohne Visum | 15 |

Ein kleiner Teil der Migranten nutzte die *Pilgerfahrt nach Mekka* zu einem Arbeitsaufenthalt, während immerhin 15 % *illegal* einreisten. Es gibt eine Reihe von Taxifahrern aus dem Euphrattal, die sich darauf spezialisiert haben, Arbeitswillige über die lange, schwer kontrollierbare Grenze nach Saudi-Arabien hineinzubringen oder sie zumindest an einem schlecht bewachten Grenzabschnitt abzusetzen, von wo es dann zu Fuß weitergeht. Den Personen, die ohne offizielle Arbeitserlaubnis von der Polizei aufgegriffen werden, droht neben einer mehrtägigen Haft und der Abschiebung eine Geldstrafe in Höhe von umgerechnet etwa 150 DM, was etwa zwei bis drei Tagelöhnen entspricht. Das Risiko ist damit für den illegalen Arbeitsimmigranten relativ gering. Seit

1978 wird die illegale Arbeitsaufnahme allerdings erheblich dadurch erschwert, daß die saudi-arabischen Behörden die Einhaltung der Arbeitsgesetze (vgl. G. WIEDENSOHLER 1982) wesentlich strikter kontrollieren und jene Arbeitgeber ebenfalls mit einer Geldbuße belegt werden, die Ausländer beschäftigen, welche nicht legal eingereist sind und damit auch keine offizielle Arbeitserlaubnis besitzen.

## B. Die Wahl der Arbeitsorte im zeitlichen Vergleich

Zielorte der Arbeitssuchenden sind vor allem die größeren Städte, insbesondere die *Metropole in dem jeweiligen Beschäftigungsland.* Welche Änderungen sich dabei ergeben haben, wird durch vier zeitliche Schnitte verdeutlicht (vgl. Abb. 26 bis Abb. 29). 1974 besteht noch eine klare Polarität zwischen den beiden Teilen des Untersuchungsgebietes: Die Arbeitsemigration aus dem Unteren Euphrattal ist vorwiegend auf Kuwait ausgerichtet, während für die Arbeitskräfte aus dem Mittleren Euphrattal Beirut das Hauptziel bildet. Aufgrund der 1975 in Libanon ausgebrochenen Unruhen verlagert sich im darauffolgenden Jahr der Migrantenstrom nach ᶜAmmān und ᶜAqaba. Außerdem kommt eine ganze Reihe neuer Beschäftigungsorte im nördlichen Saudi-Arabien hinzu, insbesondere entlang der Hauptverbindungsstraße von Jordanien zum Arabischen Golf.

Das Jahr 1978 bedeutet einen weiteren starken Anstieg der Zuwanderung für ᶜAmmān und ᶜAqaba, aber auch für die saudi-arabische Hauptstadt Riyāḍ, die jetzt alle anderen Beschäftigungsorte übertrifft. Als weitere Ziele erscheinen erstmals einige Städte in der Provinz Mekka, Ẓahrān und Baḥrain sowie drei irakische Orte. Der letzte Stand für die ersten sieben Monate des Jahres 1979 verdeutlicht, daß *Riyāḍ* seine *führende Position als Arbeitsort* für die Migranten aus dem syrischen Euphrattal noch weiter ausbauen konnte. Auch die irakischen Beschäftigungsorte haben kräftig aufgeholt; dies gilt ganz besonders für die Hauptstadt Baġdād.

## C. Arbeitsvermittlung, berufliche Tätigkeit und Unterkunft am Beschäftigungsort

In ähnlicher Weise, wie die erste Auslandsreise von den Migranten meist im Gruppenverband angetreten wird, spielen auch bei der *Arbeitsplatzsuche* persönliche Beziehungen zu dort bereits früher beschäftigten Verwandten, Freunden oder Bekannten eine große Rolle (vgl. Tab. 17). Dies gilt ganz besonders für Saudi-Arabien und Kuwait, wo sich nur sehr wenige Migranten selbständig um eine Arbeitsstelle bemühten. In den übrigen Beschäftigungsländern, in denen die Arbeitsplatzsuche nicht durch behördliche Formalitäten und Visumzwang erschwert wird, ist dagegen die Vermittlung einer Beschäftigung durch Verwandte oder Bekannte deutlich schwächer ausgeprägt. Vor allem in Irak, dem jüngsten Zielland des Migrantenstroms, ist die selbständige Arbeitssuche noch vorherrschend.

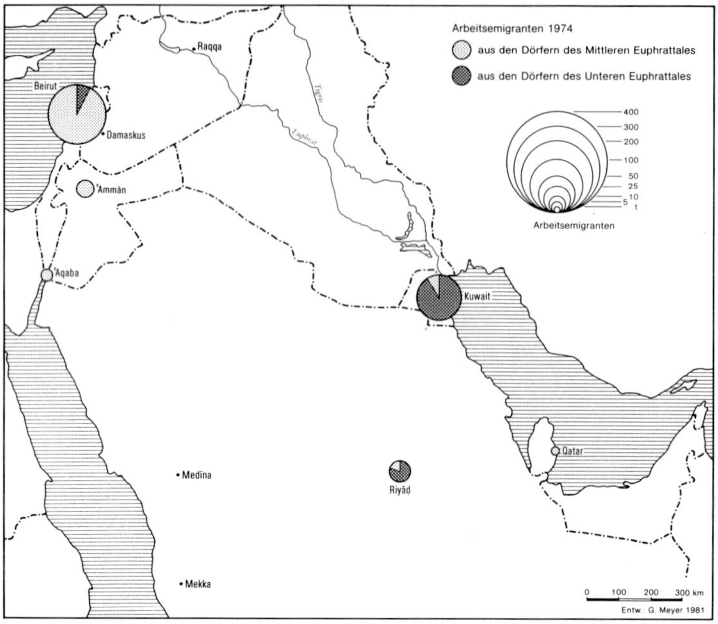


*Abb. 26. Beschäftigungsorte der Arbeitsemigranten aus den Dörfern des syrischen Euphrattals im Jahre 1974*

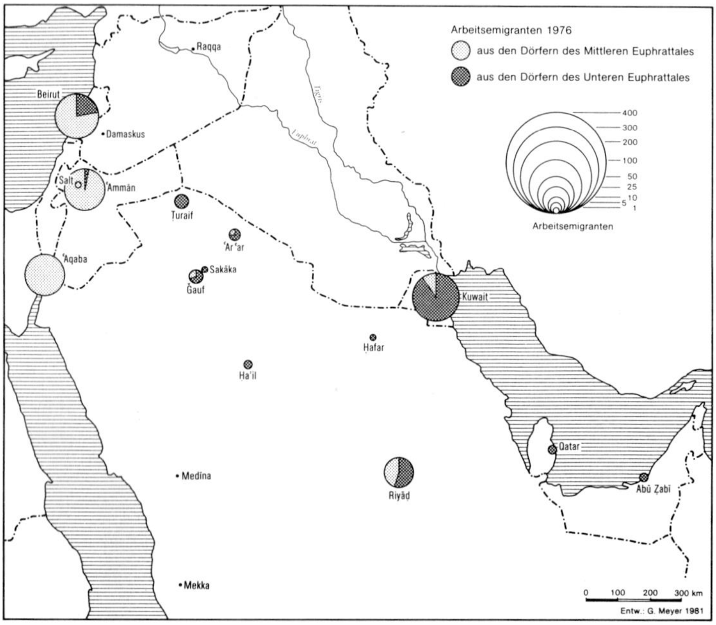


*Abb. 27. Beschäftigungsorte der Arbeitsemigranten aus den Dörfern des syrischen Euphrattals im Jahre 1976*

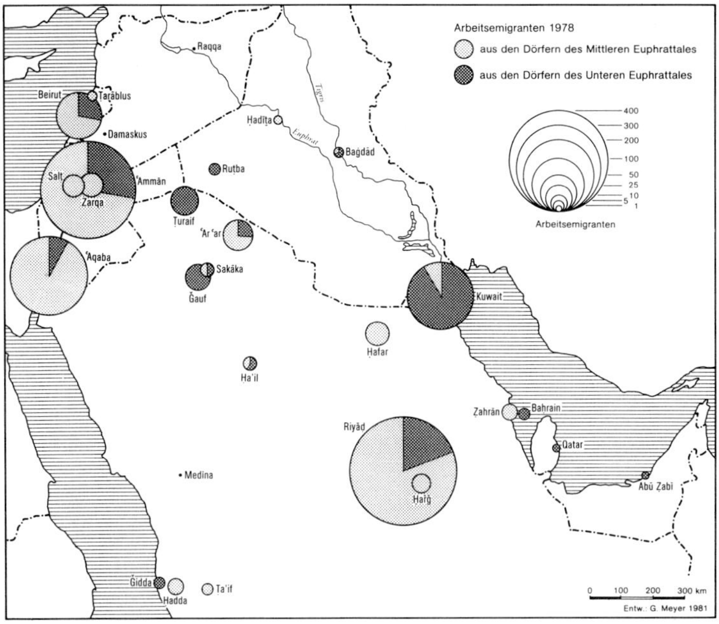


*Abb. 28. Beschäftigungsorte der Arbeitsemigranten aus den Dörfern des syrischen Euphrattals im Jahre 1978*

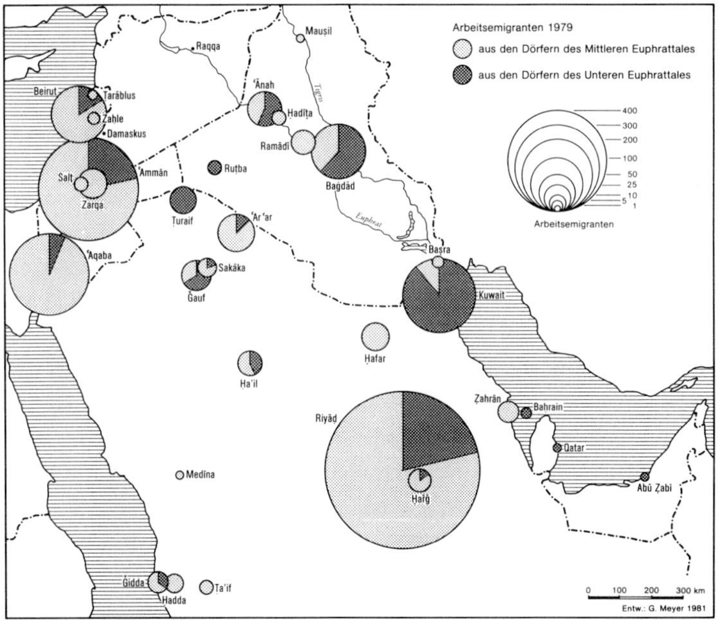


*Abb. 29. Beschäftigungsorte der Arbeitsemigranten aus den Dörfern des syrischen Euphrattals im Jahre 1979*

Tabelle 17: Art der Arbeitsvermittlung beim ersten Aufenthalt in den einzelnen Arbeitsländern

| Arbeitsland | n | Prozentualer Anteil* der Personen, die ihre Arbeit bekamen durch | | | |
|---|---|---|---|---|---|
| | | Vermittlung von Verwandten | Vermittlung von Freunden/ Bekannten | eine Zeitungsanzeige | selbständige Arbeitssuche |
| Saudi-Arabien | 1036 | 27 | 59 | 1 | 16 |
| Kuwait | 205 | 32 | 58 | – | 14 |
| Libanon | 360 | 15 | 50 | – | 41 |
| Jordanien | 764 | 26 | 42 | 2 | 36 |
| Irak | 131 | 12 | 28 | 4 | 60 |
| Insgesamt | 2491 | 25 | 51 | 1 | 28 |

*) Mehrfachnennungen

Welche Tätigkeiten werden nun im einzelnen von den Arbeitsemigranten ausgeübt? Hier kann zunächst wieder auf einige Zensusdaten zur Beschäftigungssituation der Syrer in Kuwait und in der Provinz Mekka zurückgegriffen werden. So wurden 1975 die 16519 syrischen Arbeitskräfte in Kuwait folgenden Berufskategorien zugeordnet:

- 27 % ungelernte Arbeiter,
- 40 % Angelernte und Facharbeiter,
- 21 % einfache und mittlere Angestellte sowie
- 12 % Berufe, für die eine Fach- oder Hochschulausbildung erforderlich ist (M.E. SALES 1978, S. 61).

Die 771 syrischen Arbeitnehmer, die 1974 in der Provinz Mekka registriert wurden, verteilen sich auf die Berufsgruppen:

- 34 % ungelernte Arbeiter und Handwerker,
- 45 % Facharbeiter,
- 14 % Angestellte in staatlichen und religiösen Institutionen sowie im Handel,
- 7 % leitende Angestellte bei Behörden und Privatfirmen (Kingdom of Saudi Arabia 1977, S. 75).

Trotz des unterschiedlichen Klassifikationssystems ist klar erkennbar, daß es sich hier überwiegend um Angehörige von *Berufsgruppen* handelt, die eine *qualifizierte Ausbildung* erfordern. Damit wird auch verständlich, daß in der Mitte der siebziger Jahre in einzelnen Sektoren der syrischen Wirtschaft ein Mangel an Fachkräften auftrat und sich die Regierung darum bemühte, durch die restriktive Ausgabe von Pässen Techniker und andere Personen mit qualifizierter Berufsausbildung aus dem industriellen und tertiären Bereich im Lande zurückzuhalten. In jene Kategorie fällt jedoch ohnehin nur ein sehr kleiner Teil der im Untersuchungsgebiet lebenden Bevölkerung.

Entsprechend der geringen beruflichen Qualifikation, über welche die Migranten aus dem Euphrattal verfügen, beschränken sich im Ausland ihre Arbeitsmöglichkeiten fast ausschließlich auf *ungelernte Tätigkeiten*, insbesondere im Bausektor (vgl. Tab. 18). Als *Hafenarbeiter* haben zahlreiche Migranten in Beirut und ʿAqaba eine Beschäftigung gefunden, während einige andere als *Landarbeiter* vor allem im Irak tätig waren. In den übrigen Berufen, die über das Niveau des ungelernten Arbeiters hinausgehen, erhielten weniger als 8% aller Migranten eine Anstellung. Darunter befinden sich jeweils eine überdurchschnittlich große Gruppe von Kraftfahrern in den beiden Golfstaaten sowie einige Männer aus dem Unteren Euphrattal, die als Berufssoldaten in die kuwaitische Armee eingetreten sind[35]. Es gibt allerdings auch einzelne Fälle, bei denen Migranten unverrichteter Dinge von ihrer Arbeitssuche in Jordanien zurückkehrten, nachdem sie sich tagelang in ʿAmmān oder ʿAqaba vergeblich um eine Verdienstmöglichkeit bemüht hatten.

Tabelle 18: Berufliche Tätigkeit während des ersten Aufenthaltes in den einzelnen Arbeitsländern

| Berufliche Tätigkeit | Prozentualer Anteil der Arbeitsemigranten in | | | | | |
|---|---|---|---|---|---|---|
| | Saudi-Arabien (n = 996) | Kuwait (n = 221) | Libanon (n = 366) | Jordanien (n = 764) | Irak (n = 131) | Insgesamt (n = 2495) |
| Ungelernter Arbeiter | 88,5 | 88,3 | 99,4 | 95,5 | 88,6 | 92,1 |
| davon: | | | | | | |
| – überwiegend im Bausektor tätig | (87,8) | (85,6) | (74,3) | (83,9) | (69,5) | (83,4) |
| – Hafenarbeiter | – | ( 0,9) | (25,1) | (11,3) | – | ( 7,2) |
| – Landarbeiter | ( 0,7) | ( 1,8) | – | ( 0,3) | (19,1) | ( 1,5) |
| Angelernter/ Facharbeiter | 2,7 | – | – | 1,8 | 5,3 | 1,9 |
| Fahrer | 7,8 | 6,3 | 0,3 | 1,1 | 3,8 | 4,3 |
| Händler | 0,4 | 0,9 | – | 0,3 | – | 0,4 |
| Soldat | – | 4,5 | – | – | – | 0,4 |
| Angestellter | 0,6 | – | 0,3 | 0,1 | 2,3 | 0,5 |
| Ohne Beschäftigung | – | – | – | 1,2 | – | 0,4 |

Während ihres Arbeitsaufenthaltes im Ausland werden die Männer im allgemeinen entweder in eine vom Arbeitgeber zur Verfügung gestellte Gemeinschaftsunterkunft einquartiert – das kann auch ein Zelt auf einer Baustelle sein –, oder mehrere

35) T. FARAH et al. (1980, S. 13) berichten, daß die Tischler in Kuwait meist Syrer seien. Eine derartige berufliche Spezialisierung konnte bei den im Rahmen der Untersuchung erfaßten Migranten nicht festgestellt werden.

Arbeitsemigranten mieten sich gemeinsam ein Zimmer bzw. einen Schlafplatz in einem Wohnheim (Tab. 19). Letzteres gilt besonders für Gelegenheitsarbeiter, die keinen festen Arbeitsplatz haben, sondern laufend ihre Beschäftigungsverhältnisse wechseln und regelmäßig frühmorgens an bestimmten Plätzen – den für viele orientalische Städte typischen „Arbeitsmärkten" – darauf warten, von jemandem für einen Tag oder vielleicht auch länger eingestellt zu werden. Die gemeinsame Anmietung einer Wohnung ist in Beirut überdurchschnittlich stark verbreitet, während eine ganze Reihe der nach Kuwait Abgewanderten bei bereits länger dort lebenden Verwandten Unterkunft gefunden haben. Daß Migranten kein festes Quartier besitzen, sondern unter freiem Himmel oder in Moscheen übernachten, ist in Jordanien relativ häufig. Hier handelt es sich meist um Fälle, bei denen nur ein kurzer Arbeitsaufenthalt geplant ist.

Tabelle 19: Art der Unterkunft während des ersten Aufenthaltes in den einzelnen Arbeitsländern

| Arbeitsland | n | Prozentualer Anteil der Arbeitsemigranten | | | | |
|---|---|---|---|---|---|---|
| | | in einer vom Arbeitgeber gestellten Gemeinsch.-Unterkunft | in einem gemieteten Zimmer (Wohnheim) | in einer Mietwohnung | bei Verwandten | ohne feste Unterkunft |
| Saudi-Arabien | 989 | 48 | 45 | 4 | 2 | 1 |
| Kuwait | 205 | 41 | 44 | 2 | 12 | 1 |
| Libanon | 360 | 31 | 59 | 10 | – | – |
| Jordanien | 763 | 48 | 42 | 1 | 1 | 8 |
| Irak | 128 | 67 | 29 | 1 | 3 | – |
| Insgesamt | 2445 | 46 | 45 | 4 | 2 | 3 |

## D. Dauer der Arbeitsaufenthalte in den einzelnen Beschäftigungsländern

Die durchschnittliche Dauer aller abgeschlossenen Arbeitsaufenthalte im Ausland liegt bei 4,5 Monaten, wobei allerdings erhebliche Abweichungen von diesem Wert in den einzelnen Arbeitsländern auftreten (vgl. Tab. 20 und Abb. 30). So ist die mittlere Aufenthaltsdauer in Kuwait mit knapp zwei Jahren am größten; danach folgt Saudi-Arabien mit durchschnittlich etwa 6 Monaten. Aufgrund des hohen Kostenaufwandes für die Anfahrt und gegebenenfalls ein teures Arbeitsvisum läßt sich eine solche im Verhältnis zu den übrigen Beschäftigungsländern relativ lange Zeitspanne der Arbeitsaufenthalte kaum vermeiden. Andererseits muß es überraschen, daß nur die wenigsten der nach Saudi-Arabien Abgewanderten die volle Gültigkeitsdauer ihres „freien" Visums von zwei Jahren in Anspruch nehmen, um so lange wie möglich die im Vergleich zu ihrer Heimat extrem hohen Verdienstmöglichkeiten auszunutzen. Statt dessen kehren die meisten bereits nach Hause zurück, sobald sie ihre Unkosten abgedeckt und darüber hinaus einen ihnen als ausreichend erscheinenden Betrag gespart haben. Aus rein ökonomischen Überlegungen ist ein solches Verhalten völlig unverständlich.

Tabelle 20: Mittlere Dauer der abgeschlossenen Aufenthalte in den einzelnen Arbeitsländern

| Arbeitsland | Zahl der Arbeitsaufenthalte | Mittl. Aufenthaltsdauer in Monaten | |
|---|---|---|---|
| | | arithmetisches Mittel | Median |
| Saudi-Arabien | 1120 | 5,8 | 5,5 |
| Kuwait | 274 | 21,8 | 12,5 |
| Libanon | 1033 | 2,7 | 2,5 |
| Jordanien | 1692 | 2,5 | 2,5 |
| Irak | 125 | 2,1 | 1,5 |

Nun könnte man die Kürze des Aufenthaltes in Saudi-Arabien damit zu begründen versuchen, daß hier nur die abgeschlossenen Reisen, nicht jedoch jene Migranten berücksichtigt wurden, die zum Zeitpunkt der Erhebung von besonders langen Arbeitsaufenthalten in dem Golfstaat noch nicht zurückgekommen waren. Eine nähere Überprüfung zeigt aber, daß sich nur 63 Personen im August 1979 bereits länger als ein Jahr in Saudi-Arabien aufhielten – eine sehr niedrige Zahl verglichen mit den 1120 abgeschlossenen Reisen, auf welchen die Bestimmung der durchschnittlichen Aufenthaltsdauer basiert. Es besteht deshalb kein Grund zur Annahme, das Ergebnis sei wegen auswertungstechnischer Ursachen verzerrt. Auch läßt sich die Kürze der Arbeitsperioden nur zu einem kleinen Teil mit urlaubsbedingten Unterbrechungen erklären, denn nach ihrer Rückkehr ins Heimatdorf treten rund drei Viertel der Migranten frühestens nach drei Monaten, oft erst nach mehr als einem Jahr eine weitere Reise nach Saudi-Arabien an, oder sie haben bisher überhaupt auf eine zweite Fahrt verzichtet.

Auf das ökonomisch scheinbar wenig sinnvolle Verhalten angesprochen, erklärten die Migranten meistens, sie hätten genug verdient, die Arbeit sei zu hart, oder sie müßten sich zu Hause um Familienangelegenheiten kümmern und vor allem ihre Angehörigen mit dem ersparten Geld unterstützen. Von der Möglichkeit einer Banküberweisung hatten nur die wenigsten Gebrauch gemacht. Besonders Bauern aus den Projektdörfern betrachten die Abwanderung nach Saudi-Arabien weniger unter dem Gesichtspunkt einer Maximierung ihrer Einkünfte. Viele von ihnen empfinden die Zeitspanne in Saudi-Arabien als einen zwar wirtschaftlich notwendigen, ansonsten aber höchst ungeliebten und beschwerlichen Zwangsaufenthalt, den sie so früh wie möglich zu beenden versuchen.

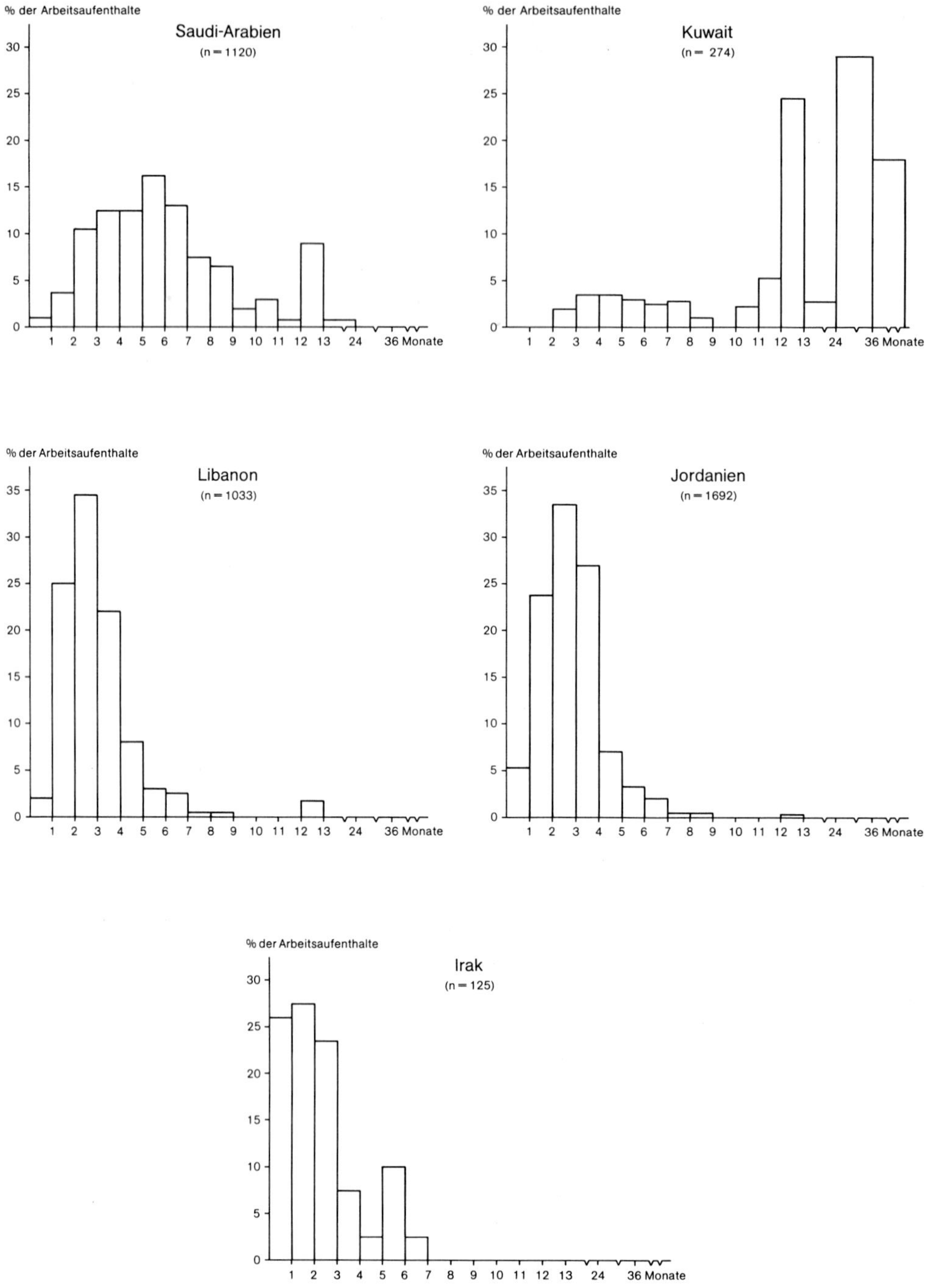


*Abb. 30. Dauer der Arbeitsaufenthalte in den jeweiligen Beschäftigungsländern*

Eine kürzerfristige Beschäftigungsperiode von meist nur zwei bis vier Monaten ist für die Arbeitsemigranten nach Libanon und Jordanien charakteristisch, während in Irak mehr als die Hälfte aller Aufenthalte sogar nicht einmal zwei Monate dauern. Diese besonders kurzen Arbeitsaufenthalte sind weniger durch die während ihrer Sommerferien in Irak beschäftigten Schüler bedingt, die hier mit einem Anteil von etwa 10% kaum ins Gewicht fallen. Vielmehr dürften die Gründe für die geringe Dauer der Beschäftigungsperioden darauf zurückzuführen sein, daß die irakischen Beschäftigungsorte besonders aus dem Unteren Euphrattal mit einem weitaus geringeren Aufwand an Zeit und Geld erreichbar sind als die übrigen Arbeitsländer. Ähnlich, wie beispielsweise den Fernpendlern in der Bundesrepublik Deutschland, fällt deshalb auch den syrischen Arbeitsemigranten die Entscheidung relativ leicht, nach einem zwei- bis dreiwöchigen Aufenthalt am Arbeitsort wieder nach Hause zur Familie zurückzukehren. Trotz erheblicher Modifikationen in der Praxis läßt sich daraus *für die temporäre Arbeitsemigration die Grundregel ableiten, daß die Aufenthaltsdauer im Ausland kürzer wird mit abnehmender Entfernung des Zielgebietes und mit sinkendem Aufwand an Zeit und Geld zum Erreichen des jeweiligen Beschäftigungsortes*[36].

Insgesamt ist festzustellen, daß die Arbeitsemigration aus den Dörfern des Euphrattals durch einen *im allgemeinen sehr kurzfristigen, meist weniger als vier Monate dauernden Auslandsaufenthalt gekennzeichnet ist, der in Saudi-Arabien angesichts der hohen Kosten für die Fahrt und insbesondere das Arbeitsvisum um einige Monate ausgedehnt wird.* Diesem als „Normalfall" zu bezeichnenden Typ steht die *längerfristige Arbeitsemigration speziell nach Kuwait gegenüber, deren Dauer über zwei Jahre hinaus geht* und deren Verbreitung innerhalb des Untersuchungsgebietes auf die Siedlungen mit langer Tradition der Arbeitsemigration und hohen Abwanderungsquoten im Euphrattal unterhalb von Dēr ez-Zōr beschränkt ist.

Durch die meist sehr kurzen Auslandsaufenthalte bekommt die Arbeitsemigration in ihrem Jahresgang einen ausgeprägten *saisonalen Charakter*, wie aus dem Kurvenverlauf der Abb. 31 abzulesen ist, die für den Zeitraum von Anfang 1976 bis August 1979 angibt, wie viele Personen aus dem Mittleren und Unteren Euphrattal in jedem Monat im Ausland arbeiteten. Der niedrigste Stand liegt jeweils im Dezember und Januar. Der Februar ist dann der Monat des großen Aufbruchs ins Ausland, was sich in einem steilen Anstieg der Emigrantenzahlen dokumentiert. Offen bleibt die Frage, weshalb das Jahresmaximum, das 1976 noch im März lag, sich in den folgenden Jahren auf den Juni verlagerte.

Wenig einsichtig erscheint außerdem, daß die Abwanderung jeweils im Sommer ihren Höhepunkt erreicht, wenn der Bedarf an landwirtschaftlichen Arbeitskräften im Euphrattal besonders groß ist, und daß andererseits zwischen November und Februar,

36) Ähnliche Beobachtungen machte H. KOPP für die temporäre Arbeitsemigration aus Nordjemen: „Die Dauer der Abwesenheit richtet sich naturgemäß nach der Entfernung des Zielgebietes. In Amerika bleibt man mindestens einige Jahre, in Saudi-Arabien meist nicht länger als ein Jahr" (1977a, S. 227).

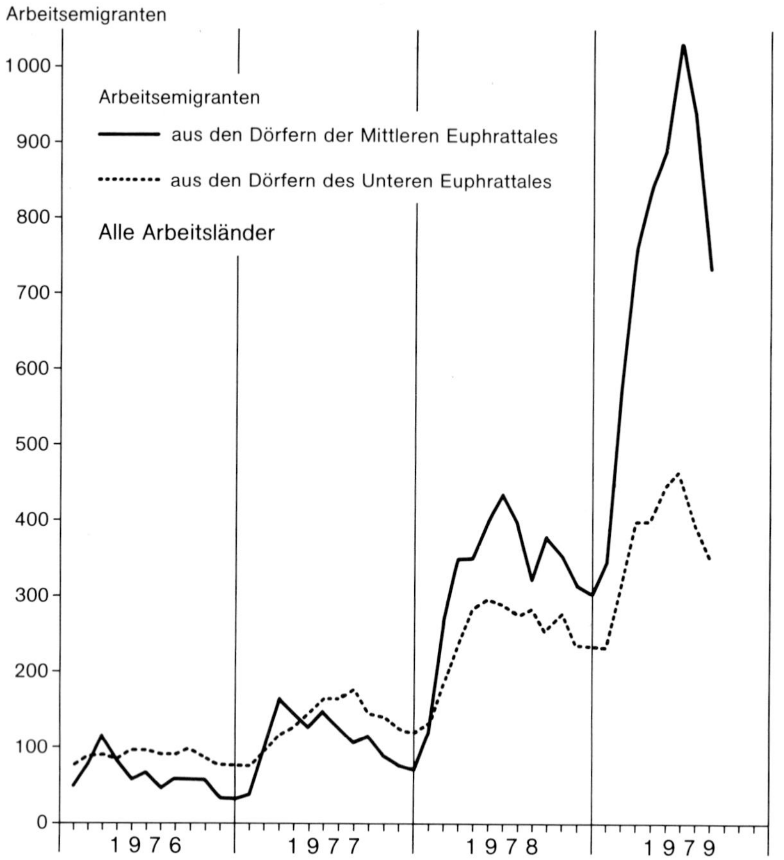


*Abb. 31. Saisonale Schwankungen der Arbeitsemigration in den Dörfern des Mittleren und Unteren Euphrattals*

wenn in der heimischen Landwirtschaft nur wenig Arbeit anfällt, auch die Emigrationsraten sehr niedrig sind. Man könnte dies darauf zurückführen, daß infolge der Einstellung der Bewässerungslandwirtschaft gerade im Sommer viele Arbeitskräfte freigesetzt werden. Das trifft sicherlich 1978 und 1979 für das Mittlere Euphrattal zu; nachdem der in seinen Grundzügen im wesentlichen gleiche Kurvenverlauf jedoch auch in dem nicht von Projektmaßnahmen beeinflußten Unteren Euphrattal zu beobachten ist, reicht die angebotene Begründung zur Erklärung der saisonalen Schwankungen nicht aus. Einige der Migranten, die zu diesem Sachverhalt befragt wurden, gaben ungünstige Witterungsverhältnisse als Grund für den winterlichen Tiefstand der Arbeitsemigration an. Wenn Klimafaktoren dabei eine Rolle spielen, könnte man andererseits auch erwarten, daß Saudi-Arabien besonders im Sommer wegen der großen Hitze gemieden wird.

Doch wie die Abb. 32 zeigt, sind dort die saisonalen Schwankungen im Jahresgang der Arbeitsemigration ähnlich wie in den übrigen Beschäftigungsländern ausgeprägt. Eine Ausnahme bildet nur Kuwait, wo der längerfristige Aufenthalt vorherrschend ist, so daß jahreszeitliche Schwankungen kaum sichtbar werden.

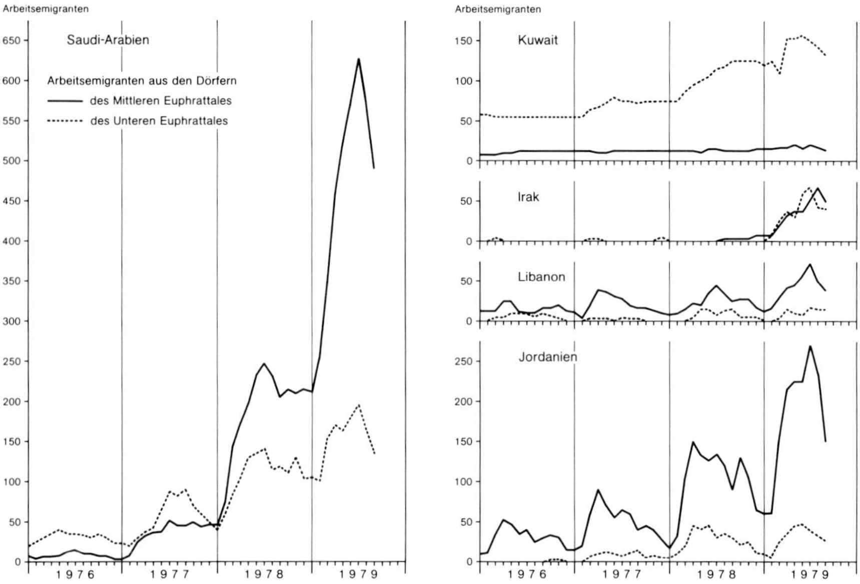


*Abb. 32. Saisonale Schwankungen der Arbeitsemigration unterschieden nach Beschäftigungsländern*

# VII. Die wirtschaftlichen Verhältnisse der Rückkehrer

Nach Abschluß des Auslandsaufenthaltes und der Rückkehr des Migranten in sein Heimatdorf stellt sich die Frage, wie hoch die mitgebrachten Ersparnisse sind und wofür sie ausgegeben werden. In der theoretischen Diskussion über Nutzen und Schaden der internationalen Arbeiterwanderung nimmt gerade diese Frage eine zentrale Position ein. So heben die Befürworter der Arbeitsemigration die positiven Auswirkungen der Remissen hervor, wodurch sich das für *Investitionen im ländlichen Raum* verfügbare Kapital vermehrt und zur stärkeren Mechanisierung sowie zu einer Steigerung der Erträge und Produktivität in der Agrarwirtschaft führt (K. GRIFFIN 1976, S. 356; M.E. MIRACLE und S.S. BERRY 1970, S. 96; ähnl. S.L. FRIEDLANDER 1965, S. 165). Dem wird entgegengehalten, daß die Ersparnisse nicht für Investitionen in der Landwirtschaft, sondern vorwiegend zur Deckung der im Ausland geweckten Konsumbedürfnisse eingesetzt werden und damit steigende Importe von Konsumgütern, eine Verschlechterung der Handelsbilanz, wachsende Inflationsraten und eine zunehmende Abhängigkeit von den Arbeitgeberländern nach sich ziehen (W.R. BÖHNING 1975, S. 263 und 1976, S. 44).

Empirische Untersuchungen aus Ländern mit einer starken Arbeitsemigration liefern zwar einige Belege für die erste These – beispielsweise benutzten zurückgekehrte jugoslawische Gastarbeiter ihre Ersparnisse zum Kauf von Traktoren, zur Anlage von Fruchtbaumpflanzungen und zur Anschaffung von Motorpumpen zu Bewässerungszwecken (I. BAUČIC 1972, S. 32-33). Ähnliche Fälle sind vereinzelt auch aus Nordjemen (J.C. SWANSON 1979a, S. 41) und der Türkei (F.J.A. WAGENHÄUSER 1981, S. 240) bekannt. E. WIRTH berichtet davon, daß in Syrien orthodoxe Christen, die aus dem Gebiet um Nebek (Qalamūn) nach Südamerika ausgewandert waren, von dort zwischen den beiden Weltkriegen den Windmotor zur Grundwasserförderung als Innovation in ihre Heimat mit zurückbrachten und daß libanesische Remigranten in die Anlage moderner Apfelplantagen investierten (1965b, S. 276 – 277). Die meisten Erhebungen zeigen jedoch, daß die Anschaffung von landwirtschaftlichen Geräten und Maschinen sowie die erhofften Entwicklungsimpulse für die Landwirtschaft die Ausnahme bilden[37]. Sofern zurückgekehrte Gastarbeiter überhaupt im Agrarsektor investieren, geschieht dies oft nur zum Erwerb von landwirtschaftlichen Nutzflächen (z.B. H. TOEPFER 1981, S. 195). Ungleich höher sind dagegen die Kapitalmengen, die für Konsumartikel, zum Kauf von PKWs und zum Hausbau ausgegeben werden[38].

Entspricht das Verhalten der zurückgekehrten syrischen Arbeitsemigranten jenem weitverbreiteten Muster, oder kommt es hier zu produktiven Investitionen, wodurch sich die Verdienstmöglichkeiten der Migranten am Herkunftsort verbessern? Zu untersuchen ist auch, welche berufliche Tätigkeit die Rückkehrer ausüben. Nehmen sie ihre frühere Arbeit wieder auf, oder verhilft ihnen möglicherweise die Arbeitsemigration durch das ersparte Geld und die im Ausland erworbenen Kenntnisse zu einer neuen beruflichen Existenzbasis im Herkunftsgebiet?

---

37) Vgl. z.B. für die Türkei S. PAINE (1974, S. 134) und H. TOEPFER (1980, S. 211).

38) Siehe dazu z.B. E. WIRTH (1965b, S. 270), H. KOPP (1977a, S. 228), P. HÜMMER (1981, S. 72) und B. DAHYA (1973, S. 257); zusammenfassend S. CASTLES und G. KOSACK (1973, S. 418–419), J.C. SWANSON (1979c, S. 47–51), R.E. WIEST (1979, S. 172–175) und G. GMELCH (1980, S. 148–150).

## A. Die Höhe der mitgebrachten Ersparnisse

Im Unterschied beispielsweise zu türkischen Gastarbeitern, die im beträchtlichen Umfang dauerhafte Konsumgüter verschiedenster Art in ihr Heimatland mitnehmen, verzichten die syrischen Remigranten im allgemeinen auf derartige Einkäufe im Ausland und bringen nur ihre Ersparnisse zurück. Nachdem sich bereits in der Voruntersuchung ergeben hatte, daß der Anteil des Nettoeinkommens, den die Arbeitsemigranten bei ihrer Rückkehr mit sich führen, weitgehend konstant ist, wurde darauf verzichtet, die genaue Höhe der Remissen zu erfragen. Erforderlich wurde dieser Verzicht auch, weil bei noch im Ausland arbeitenden Personen die Familienangehörigen befragt wurden, die zwar oft nicht die genaue Höhe des früher mitgebrachten Geldbetrages, aber sehr wohl das häufig diskutierte Lohnniveau während der vorherigen Auslandsaufenthalte kannten. Die Ersparnisse wurden jeweils errechnet aus dem im Ausland verdienten Nettoeinkommen[39], abzüglich Fahrtkosten, gegebenenfalls Gebühren für ein Arbeitsvisum und 35 % Lebenshaltungskosten[40].

Die Berechnungen ergaben, daß die 1819 Arbeitsemigranten, die innerhalb eines Jahres zwischen Anfang August 1978 und Ende Juli 1979 in ihre Heimatdörfer im Mittleren Euphrattal zurückkehrten, über Ersparnisse von insgesamt 10,2 Millionen S.L. (ca. 4,9 Mio. DM) verfügten. Das entspricht einem mittleren Betrag von rund 5600 S.L. pro Migrant. Der Durchschnittswert vermittelt allerdings nur eine sehr grobe Vorstellung von den tatsächlichen Ersparnissen der Gastarbeiter, da hier eine äußerst große Variationsbreite in Abhängigkeit von den Unterschieden im Lohnniveau und bei der Aufenthaltsdauer in den einzelnen Arbeitsländern besteht (vgl. Abb. 33). Während die mittlere Höhe der Ersparnisse – ausgedrückt durch den Median – bei den Rückkehrern aus Kuwait und Saudi-Arabien 9100 bzw. 8300 S.L. erreicht, wobei ein kleiner Teil der Migranten sogar über mehr als 20000 S.L. verfügt, liegen die entsprechenden Beträge der in Libanon und Jordanien beschäftigten Migranten mit 1700 und 1600 S.L. wesentlich niedriger. Auf nicht mehr als 900 S.L. beläuft sich der Median bei den Rückkehrern aus Irak. Es gibt sogar einige Migranten, die in Saudi-Arabien nur eine sehr kurze Zeit arbeiteten oder sich in Jordanien vergeblich um eine Anstellung bemühten, so daß sie nicht einmal ihre Reisekosten abdecken konnten.

---

39) Bei der Umrechnung der verschiedenen arabischen Währungen in S.L. wurde der offizielle Umtauschkurs syrischer Banken vom März 1979 zugrundegelegt.

40) Entsprechende Vergleichswerte etwa aus Untersuchungen mit türkischen Gastarbeitern in Westeuropa, die 54 % (S. PAINE 1974, S. 103) bzw. 47 % (H. TOEPFER und V. SUIÇMEZ 1979, S. 78) ihres Nettoeinkommens sparten, liegen etwas niedriger, da viele ihre Familien ins Ausland mitgenommen hatten.

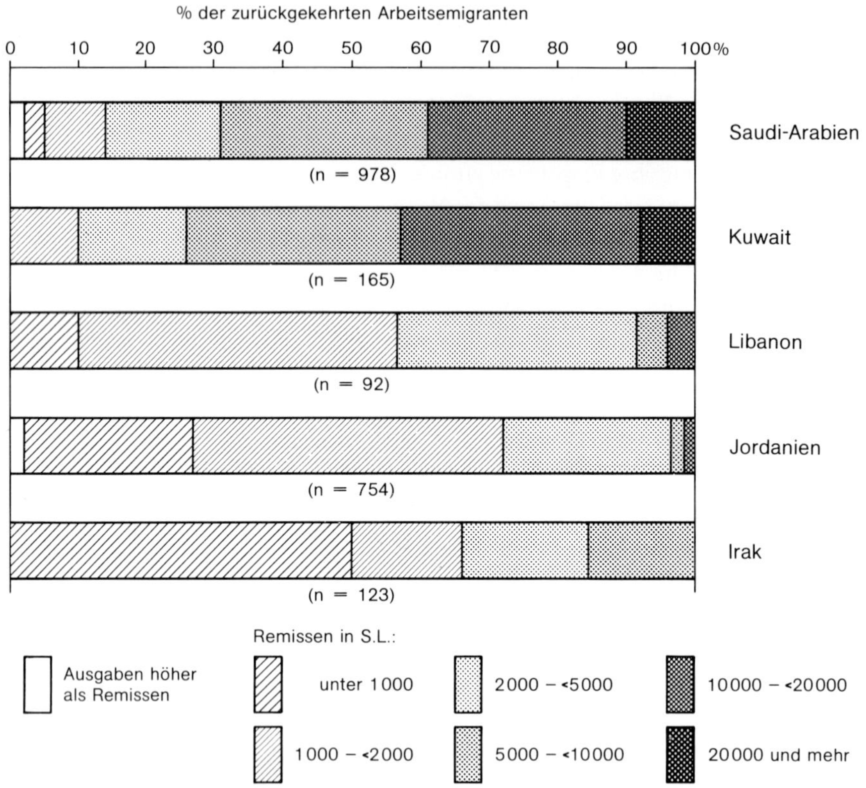


*Abb. 33. Höhe der Ersparnisse von Arbeitsemigranten, die zwischen August 1978 und Juli 1979 aus den einzelnen Beschäftigungsländern ins Euphrattal zurückkehrten*

## B. Investitionsverhalten der Rückkehrer

Angesichts der relativ niedrigen jährlichen Nettoeinkünfte aus der Arbeitsemigration, deren Höhe in der Mehrzahl der Fälle weit hinter dem Jahreslohn eines einfachen syrischen Industriearbeiters zurückbleibt, wird es verständlich, daß die meisten Rückkehrer mit ihren Ersparnissen weder die Anschaffung teurer Konsumgüter noch größere produktive Investitionen finanzieren. Ausgegeben wurde das mitgebrachte Geld vorwiegend zur Deckung des allgemeinen *Lebensunterhalts* der eigenen Familie sowie zur *Schuldentilgung* (vgl. Tab. 21). Für den *Hausbau* haben rund 18 % und für ihre *Heirat*, d.h. zur Bezahlung des Brautpreises, rund 11 % der Arbeitsemigranten ihre Ersparnisse ausgegeben. Aufwendigere Investitionen, wie etwa der Kauf eines Autos, das als Taxi eingesetzt werden kann, der Erwerb von Vieh, landwirtschaftlichen Geräten

Tabelle 21: Investitionsverhalten der Arbeitsemigranten, unterschieden nach Beschäftigungsländern

| Die Ersparnisse der Arbeitsemigranten wurden ausgegeben für: | Prozentualer Anteil der Arbeitsemigranten, die beschäftigt waren in | | | | | |
|---|---|---|---|---|---|---|
| | Alle Arbeitsländer (n = 2390)* | Saudi-Arabien (n = 1042) | Kuwait (n = 234) | Jordanien (n = 798) | Libanon (n = 358) | Irak (n = 123) |
| Lebensunterhalt von Frau und Kindern | 63,5 | 72,7 | 52,6 | 55,0 | 67,0 | 54,5 |
| Eigener Lebensunterhalt | 50,2 | 47,2 | 66,2 | 48,9 | 48,3 | 59,3 |
| Tilgung von Schulden | 49,0 | 51,7 | 53,4 | 42,9 | 53,4 | 48,8 |
| Lebensunterhalt der Eltern | 40,7 | 34,9 | 39,7 | 47,5 | 42,2 | 36,6 |
| Hausbau | 18,2 | 24,1 | 31,2 | 11,3 | 10,6 | 8,9 |
| Heirat | 10,7 | 9,4 | 17,5 | 10,8 | 9,5 | 9,8 |
| Autokauf | 1,5 | 2,6 | 4,7 | 0,3 | – | – |
| Viehkauf | 1,3 | 1,2 | 1,3 | 2,3 | 0,6 | 0,8 |
| Unterstützung entfernter Verwandter | 1,3 | 1,1 | 2,1 | 1,5 | 1,7 | – |
| Ladeneröffnung | 0,6 | 1,0 | 1,7 | – | – | – |
| Kauf landwirtschaftlicher Geräte und Maschinen | 0,2 | 0,2 | 1,2 | – | – | – |
| Kauf von Bewässerungsland | 0,04 | 0,1 | – | – | – | – |
| Keine Ersparnisse aus dem Ausland mitgebracht | 0,3 | 0,3 | – | 0,5 | 0,6 | – |

*) Einfachregistrierung bei mehreren Arbeitsländern.

und Bewässerungsland oder die Eröffnung eines Einzelhandelsgeschäftes, bilden die Ausnahme. Solche Ausgaben, die zur Verbesserung der Verdienstmöglichkeiten am Herkunftsort beitragen können, haben insgesamt weniger als 4 % der Migranten vorgenommen.

Überdurchschnittlich groß ist dieser Anteil bei den Rückkehrern aus den Golfstaaten, da die von dort mitgebrachten Ersparnisse am höchsten sind und somit nach Deckung der Grundbedürfnisse noch genügend Kapital für weitere Ausgaben verfügbar ist. Vorrang vor produktiven Investitionen hat aber auch bei den Mitgliedern dieser Gruppe der Hausbau am Herkunftsort. Dabei unterscheiden sich die neuen Wohngebäude der Rückkehrer äußerlich im allgemeinen kaum von den Häusern der übrigen Dorfbevölkerung. Demonstratives Zurschaustellen des neuen Wohlstandes durch eine besonders aufwendige Bauweise, wie dies von Remigranten in manchen südeuropäischen Ländern, aber auch von zurückgekehrten christlichen Arbeitsemigranten in Libanon (E. WIRTH 1965b, S. 270) bekannt ist, wurde im Untersuchungsgebiet nicht beobachtet. Allerdings ist bei Familien, von denen ein Angehöriger bereits längere Zeit in den Golfstaaten gearbeitet hat, der Raum, in dem Gäste empfangen werden, in der Regel besser ausgestattet mit bezogenen Schaumstoffmatten und Sitzkissen als das entsprechende Zimmer in der Wohnung von Nichtemigranten. Es kann auch vorkommen, daß jemand, der in Saudi-Arabien oder Kuwait viel Geld verdient hat, stolz einen teueren Kassettenrekorder oder gar ein batteriebetriebenes Fernsehgerät präsentiert. Der Kauf solcher Luxusartikel stellt noch die Ausnahme dar, was sich jedoch sicherlich sehr bald ändern dürfte bei einem längeren Fortbestehen der Arbeitsemigration in die Golfstaaten.

Der beispielsweise in der Türkei recht häufige Erwerb von Bauland in den Städten und die dortige Errichtung einer Wohnung oder die Eröffnung eines Geschäftes durch zurückgekehrte Gastarbeiter dörflicher Herkunft scheint im syrischen Euphrattal die Ausnahme zu sein. Auf entsprechende Fragen in den Voruntersuchungen hatten die interviewten Muḫtarīn in allen Dörfern erklärt, daß ihnen keine derartigen Fälle von Arbeitsemigranten bekannt seien, die nach ihrer Rückkehr die mitgebrachten Ersparnisse als Startkapital für eine Abwanderung in die Stadt und zur dortigen wirtschaftlichen Etablierung genutzt hätten. In der Hauptuntersuchung wurde dieser Aspekt deshalb nicht weiter berücksichtigt.

## C. Berufliche Tätigkeit der zurückgekehrten Arbeitsemigranten

Nach ihrer Rückkehr aus dem Ausland nehmen die meisten der in der Untersuchung erfaßten Personen die *gleiche Tätigkeit* wieder auf, die sie bereits vor der Arbeitsemigration ausübten, oder sie sind *arbeitslos* (vgl. Tab. 22). Letzteres gilt vor allem für die Männer aus den Projektdörfern, in denen die Bewässerung eingestellt ist. Dabei besteht natürlich eine enge *Korrelation zwischen Arbeitslosigkeit und der Aufenthaltsdauer am Herkunftsort.* So handelt es sich in den rund 60 % aller Fälle, in denen die Migranten länger als ein halbes Jahr im Heimatdorf verbrachten, ehe sie zu ihrer nächsten Auslandsreise aufbrachen, meist um Männer, die ihre frühere Tätigkeit wieder aufgenommen hatten. Dagegen war in den knapp 30 % aller Fälle, in denen die Verweildauer am Herkunftsort zwischen zwei Auslandsaufenthalten unter drei Monaten lag, die Mehrzahl der Migranten beschäftigungslos.

Tabelle 22: Berufliche Tätigkeit nach Rückkehr aus dem Ausland

| Berufliche Tätigkeit | Prozentualer Anteil der Arbeitsemigranten aus | | | |
|---|---|---|---|---|
| | dem Mittleren Euphrattal | | | dem Unteren Euphrattal |
| | Insgesamt (n = 1354) | Projektdörfer (n = 343) | Nicht Projektdörfer (n = 1011) | (n = 556) |
| Gleiche Tätigkeit wie vor der Arbeitsemig. | 47,4 | 15,4 | 58,2 | 69,2 |
| Arbeitslos | 41,2 | 70,6 | 31,3 | 14,2 |
| Andere Tätigkeit als vor der Arbeitsemigration | 11,4 | 14,0 | 10,5 | 16,6 |

Neben den beiden Kategorien der Arbeitslosen und derer, die nach der Rückkehr aus dem Ausland wieder ihre frühere Beschäftigung ausüben, gibt es eine relativ kleine Gruppe von Rückkehrern, die einer *anderen beruflichen Tätigkeit* als vor dem ersten Auslandsaufenthalt nachgeht. Bei ihnen könnte man vermuten, daß die mitgebrachten Ersparnisse oder während der Arbeitsemigration gelernte Fertigkeiten und gesammelte Erfahrungen ihnen zu dem Berufswechsel und zum Aufbau einer neuen wirtschaftlichen Existenzbasis verholfen haben. Diese Annahme wäre durchaus wahrscheinlich, weil die meisten während ihres Auslandsaufenthalts im Bausektor gearbeitet haben, dem eine Schlüsselrolle für die Integration arabischer Remigranten in die Wirtschaft der Arbeiterentsendeländer eingeräumt wird. So stellte z.B. R.P. SHAW die These auf, daß die zuvor im Agrarbereich tätigen Arbeitskräfte durch ihre Beschäftigung als Bauarbeiter in den reichen Ölstaaten mit modernen industriellen Produktionstechniken vertraut gemacht wurden und an ihrem Arbeitsplatz berufliche Kenntnisse erworben haben, die nach ihrer Rückkehr der stark expandierenden einheimischen Bauwirtschaft zugute kommen (1979, S. 590).

Eine nähere Aufschlüsselung der Fälle, in denen eine andere Tätigkeit als vor der Arbeitsemigration ausgeübt wurde (Tab. 23), macht jedoch deutlich, daß es sich hier

Tabelle 23: Änderung der beruflichen Tätigkeit nach der Rückkehr aus dem Ausland

| Berufliche Tätigkeit vor Arbeits-emigration | Personen mit einer geänderten beruflichen Tätigkeit nach Rückkehr aus dem Ausland als | | | | | | | | | | |
|---|---|---|---|---|---|---|---|---|---|---|---|
| | Bauer | Land-arbeiter | Gelegen-heits-arbeiter | Ungelern. Arbeiter b. staatl. Institut. | Ange-lernter/ Fach-arbeiter | Hirte | Fahrer Trans-port-untern. | Soldat | Händler | Angest. im Staats-dienst | insgesamt |
| Bauer mit Bewirt-schaftung von we-niger als 2 ha | – | 13 | 55 | 16 | 4 | 3 | 10 | 9 | – | – | 110 |
| 2–3,9 ha | – | – | 4 | 5 | – | – | 4 | 4 | 1 | – | 18 |
| ab 4 ha | – | – | – | 3 | – | – | 5 | – | 6 | 1 | 15 |
| Landarbeiter | – | – | 3 | – | 2 | – | 2 | 1 | – | – | 8 |
| Gelegenheitsarbeiter | 4 | – | – | 3 | 3 | 8 | 9 | 2 | 3 | – | 32 |
| Sonst. spez. Arbeiter | – | – | – | 2 | – | – | – | – | – | – | 2 |
| Hirte | 1 | – | 3 | – | – | – | 3 | 3 | – | – | 10 |
| Fahrer | – | – | 1 | – | 3 | – | – | 1 | 1 | – | 6 |
| Soldat | – | – | 2 | 1 | 2 | – | 4 | – | 1 | – | 10 |
| Schüler | 8 | 3 | 8 | 2 | 4 | – | – | 4 | 2 | 4 | 35 |
| Insgesamt | 13 | 16 | 76 | 32 | 18 | 11 | 37 | 24 | 14 | 5 | 246 |

insbesondere um ehemalige Kleinbauern handelt, die jetzt als Gelegenheitsarbeiter tätig sind oder eine Beschäftigung als ungelernte Arbeiter bei staatlichen Institutionen, d.h. meist bei der Neulanderschließung, gefunden haben. Der Anteil der Personen, welche die im Ausland erworbenen Kenntnisse als Facharbeiter im Inland einsetzten oder das im Ausland verdiente Geld zur Schaffung einer neuen beruflichen Existenz etwa als Händler oder Transportunternehmer nutzten, reduziert sich damit auf weniger als 2 % der Rückkehrer.

Aus dem Berufswechsel so vieler Kleinbauern könnte der Schluß gezogen werden, daß als Folge der Arbeitsemigration eine Verbesserung der Agrarstruktur durch die Aufgabe von Subsistenzbetrieben zugunsten größerer und leistungsfähigerer Betriebe eingetreten ist, wie das beispielsweise bei Untersuchungen in türkischen Dörfern festgestellt werden konnte (vgl. F.J.A. WAGENHÄUSER 1981, S. 254). Eine solche Entwicklung ist hier allerdings nicht zu beobachten, denn in der Regel bleiben die kleinen Betriebe bestehen. Sofern der Berufswechsel der Bauern nicht ohnehin nur eine vorübergehende Aufgabe der landwirtschaftlichen Tätigkeit für den Zeitraum der Bewässerungsumstellung beinhaltet, handelt es sich dabei meist um jüngere Männer, die früher zusammen mit Vätern und Brüdern eine Bewässerungsfläche bewirtschafteten, die keine ausreichende Existenzgrundlage für mehrere Arbeitskräfte bot, oder die Betriebsfläche war so klein, daß sie auch im Nebenerwerb bzw. von Frauen und Kindern weiter bewirtschaftet werden konnte.

Insgesamt zeigt sich, daß die temporäre Arbeitsemigration vorwiegend zur *Verbesserung der Einkommensverhältnisse* für die Familien der Arbeitsemigranten und zur *Stärkung ihrer Konsumkraft* beiträgt, wovon vor allem der lokale und regionale *Einzelhandel* sowie das einheimische *Baugewerbe* profitiert. Darüber hinausgehende *Impulse zur Förderung der gesamtwirtschaftlichen Entwicklung in der Euphratregion durch produktive Investitionen oder im Ausland erworbenes Know-how* der Rückkehrer sind – wohl auch wegen des insgesamt noch sehr geringen Alters der Arbeitsemigration im Mittleren Euphrattal – bisher *kaum festzustellen.*

## VIII. Die weitere Entwicklung der Arbeitsemigration

Bei dem abschließenden Versuch, eine vorsichtige Prognose für die zukünftige Entwicklung der Arbeitsemigration im Untersuchungsgebiet aufzustellen, müssen sowohl das Interesse der in den Dörfern des Euphrattals lebenden Bevölkerung an einer Fortsetzung oder Ausweitung der Arbeiterwanderung als auch die Realisierungschancen derartiger Bestrebungen angesichts übergeordneter wirtschaftlicher und politischer Entwicklungen in Syrien wie in den Beschäftigungsländern der Migranten berücksichtigt werden.

Grundsätzlich ist zunächst festzustellen, daß unter der männlichen Bevölkerung in den Dörfern des Untersuchungsgebietes generell der ausgeprägte *Wunsch zur Beibehaltung der Arbeitsemigration* besteht. Immerhin hatten acht von zehn befragten Rückkehrern die Absicht, auch in Zukunft wieder im Ausland eine Beschäftigung aufzunehmen. Diejenigen, die keinen weiteren Arbeitsaufenthalt im Ausland planten, taten dies meistens, weil sie inzwischen eine Arbeitsmöglichkeit im Herkunftsgebiet gefunden hatten (vgl. Tab. 24) oder weil ihnen die bei einem früheren Aufenthalt im Ausland angetroffenen Arbeitsbedingungen nicht zusagten.

Tabelle 24: Gründe für den Verzicht auf weitere Arbeitsaufenthalte im Ausland

| | Prozentualer Anteil der Personen, die nicht mehr im Ausland arbeiten wollten (n = 221) |
|---|---|
| *Arbeits- und Ausbildungsgründe im Herkunftsgebiet* | *42,1* |
| davon: – Arbeitsmöglichkeiten bei den Erschließungsmaßnahmen und auf den Staatsfarmen | 10,4 |
| – Sonstige Arbeitsmöglichkeiten im Herkunftsgebiet | 25,8 |
| – Weiterer Schulbesuch | 5,9 |
| *Arbeitsbedingungen im Ausland* | *40,7* |
| davon: – Nicht genug Arbeitsmöglichkeiten | 18,6 |
| – Zu schwere Arbeit | 11,7 |
| – Zu gefährlich (Krieg im Libanon) | 5,8 |
| – Zu heiß | 3,2 |
| – Zu niedriger Lohn | 1,4 |
| *Behördliche Auflagen* | *5,9* |
| davon: – Keine Ausreiseerlaubnis | 3,2 |
| – Wehrdienst | 2,7 |
| *Gesundheitliche Gründe* (zu alt) | *11,3* |

Andererseits erklärten fast alle befragten Bauern aus den Projektdörfern, daß sie *auf eine Fortsetzung der Arbeitsemigration verzichten würden, sobald sie nach Abschluß der Bewässerungsumstellung ihre Felder wieder bebauen könnten.* Die Befürchtungen, denen zufolge die hohen Investitionen zur Verbesserung des Irrigationssystems sich als ein Fehlschlag herausstellen könnten, weil die früheren Bewirtschafter des Bewässerungslandes lieber im Ausland arbeiten würden, scheinen sich nach diesen meist mit großer Bestimmtheit vorgetragenen Absichten der Migranten nicht zu bestätigen.

Während somit in den Projektdörfern ein Rückgang der temporären Arbeitsemigration zu erwarten ist, dürfte in den übrigen Siedlungen die Zahl derer weiter kräftig anwachsen, die sich darum bemühen, die höheren Verdienstmöglichkeiten im Ausland zu nutzen. Die beträchtliche Konsumkraft insbesondere der Rückkehrer aus Saudi-Arabien und Kuwait läßt das allgemeine Anspruchsniveau in den Dörfern steigen und weckt auch bei der bisher noch nicht von der Arbeitsemigration erfaßten Bevölkerung *neue Konsumbedürfnisse*, die angesichts des niedrigen Einkommensniveaus in der Herkunftsregion nur durch eine Arbeitsaufnahme im Ausland abzudecken sind.

Verstärkt wird dieser Trend noch durch den Umstand, daß nicht zuletzt als Folge gesteigerten Geldumlaufs durch die Gastarbeitersparnisse die *Baupreise* so stark gestiegen sind – es wurde von Spitzenpreisen bis zu 50000 S.L. berichtet –, daß immer mehr junge Männer nur durch den Schritt in die temporäre Arbeitsemigration darauf hoffen können, in absehbarer Zeit über genügend Geld zur Gründung einer eigenen Familie zu verfügen.

Einer Realisierung des Emigrationswunsches stehen jedoch *wachsende Schwierigkeiten* entgegen. Eine Ausuferung der Arbeitsemigration mit gravierenden negativen Folgeerscheinungen für die volkswirtschaftliche Entwicklung, wie das etwa im Nordjemen der Fall ist, wo sich 1975 bereits 18 % aller Arbeitskräfte im Ausland aufhielten (J.S. BIRKS, C.A. SINCLAIR und J. SOCKNAT 1981, S. 54), braucht in Syrien aufgrund nationaler Gesetzgebungen und der in jüngster Zeit eingetretenen politischen und wirtschaftlichen Entwicklung im Vorderen Orient nicht befürchtet zu werden. So hat sich bisher die *restriktive Ausstellung von Reisepässen an Angehörige qualifizierter Berufsgruppen* als relativ erfolgreich erwiesen, um den „brain-drain" in die Golfstaaten einzudämmen. Zwar gibt es durchaus Möglichkeiten, dieses Hindernis zu umgehen, etwa durch die Angabe einer geringeren beruflichen Qualifikation; insbesondere für die im öffentlichen Dienst beschäftigten Fachkräfte ist es jedoch kaum möglich, ohne die von den syrischen Behörden nur in Ausnahmefällen gewährte offizielle Genehmigung einen der begehrten hochbezahlten Arbeitsplätze in Saudi-Arabien zu bekommen.

Aber auch die unkontrollierte Arbeitsemigration in die arabischen Nachbarstaaten, in denen der Personalausweis zum Grenzübertritt genügte, hat seit 1980 erhebliche Einschränkungen erfahren. So ist der Irak aufgrund eines erneuten Aufbrechens der *politischen Spannungen* zwischen den Regierungen in Baġdād und Damaskus als Zielland syrischer Gastarbeiter völlig ausgefallen. Die erst 1978 geöffnete Grenze zwischen den beiden Ländern wurde wieder geschlossen. Auch in Jordanien, das den Irak unterstützt und zeitweilig in einen Krieg mit Syrien verwickelt zu werden drohte, sind syrische Arbeitskräfte nicht gerade gern gesehen und erheblichen Repressalien ausgesetzt. Der immer wieder von neuen Unruhen erschütterte Libanon ist als Beschäftigungsland für arbeitssuchende Syrer ebenfalls ungeeignet, so daß die Nachfrage nach Arbeitsmöglichkeiten in den reichen Ölstaaten nur noch größer wird.

Doch dort sind inzwischen Entwicklungen auf dem Arbeitsmarkt eingetreten, die eine zunehmend geringer werdende Aufnahmekapazität für die wachsende Zahl der meist unqualifizierten syrischen Arbeitskräfte erwarten lassen. Während bis Mitte der siebziger Jahre in Saudi-Arabien, dem mit Abstand wichtigsten Anwerbeland unter den Golfstaaten, noch bevorzugt arabische Emigranten eingestellt wurden – von den dortigen rund 770000 ausländischen Arbeitnehmern im Jahre 1975 waren 90,5% Araber (J.S. BIRKS und C.A. SINCLAIR 1980, S. 137) –, hat sich seither die Anwerbepolitik in steigendem Maße dem nahezu unerschöpflichen *Arbeitskräftereservoir der südostasiatischen Länder* zugewandt. Dafür gibt es mehrere Gründe. Die 1973 eingetretene Ölpreisexplosion hatte ein geradezu atemberaubendes Wirtschaftswachstum mit einem immensen Bedarf an Arbeitskräften induziert, der in der zweiten Hälfte der siebziger Jahre durch den Migrantenstrom aus den übrigen arabischen Staaten auch nicht annähernd zu decken war. In dieser Situation boten sich private Agenturen an, binnen kürzester Zeit jede beliebige Menge billiger Arbeitskräfte mit der jeweils gewünschten beruflichen Qualifikation aus Indien und Pakistan heranzuschaffen. Nachdem sich vorwiegend durch die Vermittlung solcher Agenturen schon zwischen 1970 und 1975 die Zahl der südasiatischen Arbeitnehmer in den Scheichtümern am Arabischen Golf von rund 84000 auf 248000 erhöht hatte (J.S. BIRKS und C.A. SINCLAIR 1979b, S. 74), war auch Saudi-Arabien gern bereit, ein rasch wachsendes Kontingent jener Nationalitäten aufzunehmen, um die Verwirklichung seiner ehrgeizigen Entwicklungspläne sicherzustellen.

Hinzu kam bald eine steigende Zahl von Arbeitskräften aus ostasiatischen Ländern, wie Thailand, den Philippinen, Malaysia, Taiwan und neuerdings offenbar auch aus China[41]. Phantastische Zuwachsraten weisen vor allem die Südkoreaner auf. So erhöhte sich deren Zahl auf der Arabischen Halbinsel innerhalb eines Jahres von 52000 auf rund 133000 im September 1979 (R. BREEZE 1980, S. 7). Die südkoreanischen Arbeitskräfte gelten als äußerst diszipliniert, leben – ohne ihre Familien mitzubringen – in isoliert gelegenen Arbeitscamps, arbeiten in drei Schichten rund um die Uhr und sind meist in der Lage, ihre Projekte schon vorzeitig fertigzustellen. Das Geheimnis ihres Erfolges liegt nicht zuletzt darin begründet, daß es sich hier um Männer handelt, die ihren Wehrdienst abgeschlossen haben und sich danach – statt als Reservisten in den folgenden sechs Jahren laufend zu Wehrübungen eingezogen zu werden – für zwei Jahre zur Arbeit im Ausland verpflichten (J. CAROLL 1980, S. 41).

Aus der Sicht der Golfstaaten bieten die südostasiatischen Arbeiter neben zuverlässiger und preisgünstiger Vertragserfüllung den großen Vorteil, daß sie durch die An-

41) Dagegen sind die von D. WIEBE zitierten Schätzungen völlig aus der Luft gegriffen, wonach allein 300000 Afghanen in den Erdölförderstaaten der Arabischen Halbinsel arbeiten sollen (1979, S. 98). Abgesehen von den Volkszählungsdaten aus der Provinz Mekka, wo 198 Afghanen aufgeführt sind, werden in keiner anderen der vorliegenden Untersuchungen über ausländische Arbeitskräfte in den Golfstaaten Afghanen auch nur erwähnt.

siedlung *in Arbeitscamps leicht kontrollierbar* sind und nach Fertigstellung des Auftrags wieder geschlossen das Land verlassen. Die meist auf individueller Basis angeworbenen arabischen Gastarbeiter quartieren sich dagegen auch in Wohngebieten der einheimischen Bevölkerung ein und streben zu einem beträchtlichen Teil danach, längere Zeit in den Ölstaaten zu bleiben und ihre Familien nachzuholen. Sie bilden damit einen schwer zu überwachenden, *potentiellen Unruheherd*, dem die Regierenden mit wachsendem Mißtrauen und nicht unbegründeten sicherheitspolitischen Befürchtungen begegnen. So waren z.B. an dem Überfall auf die Große Moschee in Mekka im November 1979 auch nicht-saudische Araber beteiligt (vgl. J. REISSNER 1980, S. 198). Außerdem verhallen die Aufrufe Khomeinis zu einer islamischen Revolution unter den schiitischen Arbeitsemigranten auf der Arabischen Halbinsel sicherlich nicht ungehört. Es deutet deshalb alles daraufhin, daß man in Saudi-Arabien und den benachbarten Scheichtümern die Rekrutierung südostasiatischer Arbeitskräfte noch stärker vorantreiben wird, als das ohnehin schon der Fall ist.

Aus diesen Gründen, aber auch, weil durch die rückläufigen Erdöleinnahmen die wirtschaftliche Expansion gebremst wird und außerdem der Höhepunkt in der Phase der großen Bauprojekte im infrastrukturellen Bereich überschritten ist[42], muß in den Anwerbeländern auf der Arabischen Halbinsel mit einer *sinkenden Nachfrage nach Arbeitsemigranten aus den Dörfern des Euphrattals gerechnet werden. In Zukunft werden in der Golfregion nicht mehr im gleichen Maße wie bisher ungelernte Bauarbeiter, sondern statt dessen hochqualifizierte Fachkräfte* benötigt werden, welche die neu entstandenen kapitalintensiven Industriekomplexe bedienen können. Derartige Anforderungen erfüllt jedoch bisher kaum einer der Migranten aus dem Untersuchungsgebiet.

Als Anwerbeland kommt schließlich auch Libyen in Frage. 1978 arbeiteten dort mehr als 10000 Syrer (J.S. BIRKS und C.A. SINCLAIR 1980, S. 85), von denen die meisten aufgrund einer bilateralen Vereinbarung zwischen den beiden betroffenen Staaten angeworben wurden. Wie gezeigt werden konnte, war Libyen jedoch für die Arbeitsemigration aus dem syrischen Euphrattal bisher völlig unbedeutend. Nachdem aus den Angaben der ILO-Studie zu entnehmen ist, daß die Zahl der syrischen Beschäftigten in Libyen sich zwischen 1975 und 1978 offenbar wenig verändert hat, ist auch wohl kaum zu erwarten, daß dort in Zukunft eine große Zahl zusätzlicher syrischer Arbeitskräfte eine Beschäftigung finden wird.

Insgesamt ist daraus der Schluß zu ziehen, daß *für die weitere Entwicklung der syrischen Landwirtschaft in absehbarer Zeit kaum eine Beeinträchtigung durch die Arbeitsemigration zu erwarten ist.* Dies gilt vor allem, solange keine entscheidende Verbesse-

---

42) Während in Saudi-Arabien für den Planungszeitraum von 1975 bis 1980 die mit Abstand höchste Zuwachsrate der Beschäftigten im Baugewerbe vorgesehen war (E. EHLERS 1978, S. 466), wird in der anschließenden Planungsperiode bis 1985 der stärkste Zuwachs an Arbeitskräften in der industriellen Verarbeitung erwartet. Gleichzeitig soll die Zahl der ausländischen Arbeitnehmer nur noch geringfügig steigen (Anonym 1981b, S. 40).

rung in den gespannten politischen Beziehungen zwischen Syrien und seinen arabischen Nachbarn eintritt und die unterbrochene Arbeiterwanderung zu diesen Zielländern einen erneuten kräftigen Aufschwung erhält. Damit ist auch anzunehmen, daß der Verwirklichung des Euphratprojektes durch die temporäre Arbeitsemigration keine Gefahr droht. Infolge der seit 1980 drastisch reduzierten Arbeitsmöglichkeiten im Ausland dürfte die Arbeitslosigkeit und Unterbeschäftigung in den Dörfern des Euphrattals stark angestiegen und damit auch die Bereitschaft gewachsen sein, selbst eine relativ schlecht bezahlte Tätigkeit bei der Bewirtschaftung der neu erschlossenen oder auf ein anderes Bewässerungssystem umgestellten Agrarflächen aufzunehmen.

## IX. Zusammenfassung

Die internationale Arbeiterwanderung stellt heute einen der wichtigsten Faktoren für die sozio-ökonomische Entwicklung in vielen Ländern des Vorderen Orients dar. Um so gravierender muß deshalb der Mangel empfunden werden, daß es bisher keine empirischen Untersuchungen gibt, die nähere Aufschlüsse liefern über die Ausprägung der Arbeitsemigration in Syrien. Die Vernachlässigung dieses Faktors in der Entwicklungsplanung könnte zu schwerwiegenden negativen Konsequenzen für die gesamte syrische Landwirtschaft führen und besonders bei der Realisierung eines so aufwendigen Vorhabens, wie es das Euphratprojekt repräsentiert, erhebliche Arbeitskräfteprobleme bei der Bewirtschaftung der neu erschlossenen Bewässerungsflächen zur Folge haben. Es wurde deshalb im August 1979 in den Dörfern des Mittleren und Unteren Euphrattals eine Befragungsaktion durchgeführt, mit welcher Daten über Entwicklung, Ursachen und Ablauf der Arbeiterwanderung sowie die sozio-ökonomischen Verhältnisse der Migranten erhoben werden sollten. Basierend auf der Auswertung von 3079 Interviews mit Migranten bzw. deren Familienangehörigen, sofern die Betreffenden noch im Ausland waren, wurden folgende Ergebnisse erzielt:

### *1. Entwicklung der Arbeitsemigration*

Im Unteren Euphrattal reicht die nach Kuwait orientierte Arbeitsemigration bis zum Ende der vierziger Jahre zurück, während im Mittleren Euphrattal die zunächst nur auf wenige Dörfer beschränkte Abwanderung nach Libanon erst ein Jahrzehnt später einsetzte. Der Ausbruch des libanesischen Bürgerkrieges 1975 führte zu einer Verlagerung des damals noch relativ schwachen Wanderungsstroms nach Jordanien. Ab 1977 stieg die Arbeitsemigration kräftig an, wobei vor allem die Abwanderung nach Saudi-Arabien sehr stark zunahm. 1978 fügte sich auch der Irak in die Reihe der Anwerbeländer syrischer Arbeitskräfte ein. Bis 1979 hatten sich in den Dörfern des Mittleren Euphrattals insgesamt 12 % der männlichen Erwerbstätigen an der Arbeitsemigration beteiligt.

## 2. *Gründe für die Arbeitsaufnahme im Ausland*

Der dominante Grund für die Abwanderung ist das Lohnniveau im Ausland, das in den Nachbarstaaten Syriens mehr als die doppelte Höhe und in Saudi-Arabien sogar fast das Achtfache des im Euphrattal erzielbaren Vergleichslohnes erreicht. Im Mittleren Euphrattal veranlaßte die im Rahmen von Projektmaßnahmen durchgeführte Umstrukturierung des Bewässerungssystems, die eine mehrjährige Einstellung der Bewässerungslandwirtschaft erforderlich macht, zahlreiche Personen zur Abwanderung, während andere sich dazu entschlossen, nachdem sie durch die Anlage der Staatsfarmen im Pilotprojekt ihr früher bewirtschaftetes Land verloren hatten. Zu kleine Betriebsflächen und starke Versalzung vor allem im Unteren Euphrattal sind weitere Gründe für die Aufnahme der Arbeitsemigration.

## 3. *Sozio-ökonomische Ausgangssituation der Migranten*

Bei den Migranten aus dem Untersuchungsgebiet handelt es sich nahezu ausnahmslos um männliche Einzelwanderer. Während die in Saudi-Arabien Beschäftigten vor allem wegen der Schwierigkeit, den erforderlichen Reisepaß vor Ableistung des Wehrdienstes zu bekommen, in der Regel älter als 25 Jahre waren, als sie zu ihrem ersten Arbeitsaufenthalt im Ausland aufbrachen, ist in den anderen Zielländern die Altersgruppe zwischen 15 und 24 Jahren deutlich überrepräsentiert.

Vor ihrer ersten Abwanderung ins Ausland waren die meisten Migranten – insbesondere jene aus den von Projektmaßnahmen betroffenen Dörfern – als Bauer oder Landarbeiter im Agrarsektor tätig, während sich etwa jeder vierte als Gelegenheitsarbeiter seinen Lebensunterhalt verdiente. Analphabeten bilden die Hälfte aller Arbeitsemigranten, wobei unter den nach Kuwait und Saudi-Arabien Abgewanderten der Anteil der Lese- und Schreibkundigen höher ist als bei denjenigen, die in den syrischen Nachbarstaaten arbeiteten. Migranten, die nach sechs Grundschuljahren noch weiterführende Schulen besuchten, sind deutlich überrepräsentiert im Vergleich zu dem Prozentsatz der gesamten männlichen Bevölkerung mit entsprechender schulischer Ausbildung in der Herkunftsprovinz.

Unter den Bauern, die wegen Bewässerungsumstellung ihre bisherige landwirtschaftliche Tätigkeit aufgeben mußten, ist die Beteiligungsquote an der Arbeitsemigration um so höher, je größer die früher bewirtschaftete Betriebsfläche war. Dabei sind vor allem Landbesitzer, in etwas geringerem Maße auch Bodenreformbauern unter den Arbeitsemigranten überdurchschnittlich stark vertreten, während sich ehemalige Pächter nur relativ selten zur Abwanderung entschließen. Die unterschiedlichen Verhaltensweisen dürften sich weitgehend dadurch erklären, daß die Bauern, die sich in der besseren wirtschaftlichen Ausgangsposition befinden, am ehesten in der Lage sind, die Kosten für die Fahrt ins Ausland aufzubringen. Dies bestätigt sich auch bei der Wahl des Arbeitslandes; denn mit steigender Betriebsgröße wächst der Anteil der Bauern in den Projektdörfern, die sich für eine mit hohen finanziellen Belastungen verbundene Arbeitsaufnahme in Saudi-Arabien entscheiden, während gleichzeitig der Prozentsatz derer sinkt, die sich mit den schlechter bezahlten, jedoch mit einem geringeren Kostenaufwand erreichbaren Arbeitsplätzen in Jordanien begnügen. Ebenso läßt es sich erklären, daß ehemalige Land- und Gelegenheitsarbeiter aus dem Euphrattal, deren ökonomische Ausgangssituation meist noch schlechter als jene der Bauern ist, in der Gruppe der nach Saudi-Arabien Abgewanderten deutlich unterrepräsentiert, in den anderen Beschäftigungsländern dagegen überdurchschnittlich stark vertreten sind.

Als Wegbereiter der Arbeitsemigration nehmen die Gelegenheitsarbeiter eine führende Position ein. Die Angehörigen dieser Berufsgruppe, die sich durch eine hohe Arbeitsplatzmobilität auszeichnen und zuvor meist schon in anderen syrischen Städten tätig waren, sind sehr häufig die ersten, die sich aus den untersuchten Dörfern des Mittleren Euphrattals zur Abwanderung in die unterschiedlichen Beschäftigungsländer entschlossen hatten.

### *4. Ablauf der Arbeitsaufenthalte im Ausland*

Der weitaus überwiegende Teil der Migranten trat die erste Fahrt zur Arbeitsaufnahme im Ausland in Begleitung von Verwandten, Freunden oder Bekannten an, die im allgemeinen bereits früher in dem jeweiligen Land gearbeitet hatten, mit den dortigen Verhältnissen vertraut waren und den Neuling meist auch bei der Vermittlung einer Arbeitsstätte unterstützten. Es handelt sich hier um eine typische „Kettenwanderung", wie sie auch in anderen Untersuchungen zur internationalen Arbeiterwanderung beobachtet wurde.

Während für die Einreise in die Nachbarländer und die dortige Arbeitsaufnahme ein Personalausweis genügt, ist für Saudi-Arabien ein gesondert zu beantragender Paß und ein Arbeitsvisum erforderlich, das bereits in Syrien ausgestellt sein muß und umgerechnet bis zu 3000 DM kosten kann. Ähnliche Bestimmungen gelten auch für Kuwait, doch ließen sie sich dort meist umgehen. Dagegen reiste in Saudi-Arabien nur jeder fünfte Migrant illegal ein oder nutzte eine Pilgerfahrt nach Mekka zur Arbeitsaufnahme.

Die am häufigsten aufgesuchten Beschäftigungsorte der Migranten aus dem Euphrattal sind die Hauptstädte der jeweiligen Arbeitsländer – allen voran Riyāḍ – sowie die expandierende jordanische Hafenstadt ʿAqaba. Entsprechend der geringen beruflichen Qualifikation, über welche die Migranten aus dem Untersuchungsgebiet verfügen, beschränken sich im Ausland ihre Arbeitsmöglichkeiten fast ausschließlich auf ungelernte Tätigkeiten vorwiegend im Bausektor. In allen übrigen Berufen, die über das Niveau eines ungelernten Arbeiters hinausgehen, erhielten weniger als 8 % der Migranten eine Anstellung.

Die Arbeitsaufenthalte in den syrischen Nachbarstaaten sind in der Regel von kurzer Dauer und erreichen nur selten eine Zeitspanne von mehr als vier Monaten; in Saudi-Arabien wird die Beschäftigungsperiode angesichts der hohen Kosten für die Anreise und das Arbeitsvisum meist noch um einige Monate verlängert. Daneben gibt es einen längerfristigen Typ der Arbeitsemigration speziell nach Kuwait, der sich durch eine Aufenthaltsdauer von mehr als zwei Jahren auszeichnet und weitgehend auf die Migranten aus dem Euphrattal unterhalb von Dēr ez-Zōr beschränkt bleibt. Durch die in der Mehrzahl der Fälle nur relativ kurzen Aufenthalte im Ausland bekommt die Arbeitsemigration in ihrem Jahresgang einen ausgeprägten saisonalen Charakter mit einem winterlichen Tiefstand der Migrantenzahlen im Dezember und Januar und einem sommerlichen Maximum im Juni.

## 5. *Die wirtschaftlichen Verhältnisse der Rückkehrer*

In Abhängigkeit von den Unterschieden im Lohnniveau und bei der Aufenthaltsdauer in den einzelnen Arbeitsländern weisen die Ersparnisse, welche die Migranten in ihr Heimatdorf zurückbringen, eine beträchtliche Variationsbreite auf. Während sich die mittlere Höhe der Ersparnisse (Median) von Rückkehrern aus Kuwait und Saudi-Arabien in einem Bereich von umgerechnet 4000 bis 4300 DM bewegt, liegen die entsprechenden Beträge der Migranten, die in den Nachbarstaaten Syriens beschäftigt waren, nur zwischen 400 und 800 DM. Angesichts der in den meisten Fällen relativ geringen jährlichen Nettoeinkünfte aus der Arbeitsemigration wird das mitgebrachte Geld vorwiegend zur Deckung des allgemeinen Lebensunterhalts der Familienmitglieder und zur Schuldentilgung, in geringerem Maße auch für den Hausbau oder zur Bezahlung des Brautpreises bei einer Heirat ausgegeben. Investitionen, durch welche sich die Verdienstmöglichkeiten des Migranten am Herkunftsort verbessern können – wie etwa der Kauf eines als Taxi zu nutzenden Autos, der Erwerb von Vieh, landwirtschaftlichen Geräten oder die Eröffnung eines Ladens –, haben weniger als 4 % der Migranten vorgenommen.

Nach der Rückkehr wird meistens die gleiche Tätigkeit ausgeübt wie vor dem ersten Aufenthalt im Ausland, oder man bleibt ohne Beschäftigung bis zur Fortsetzung der temporären Arbeitsemigration. Bei dem relativ kleinen Teil der Rückkehrer, die eine andere Tätigkeit als früher aufgenommen haben, handelt es sich insbesondere um ehemalige Kleinbauern, die als Gelegenheitsarbeiter tätig sind oder als ungelernte Arbeiter bei der Neulanderschließung beschäftigt werden. Der Anteil der Personen, welche die im Ausland erworbenen Kenntnisse als Facharbeiter im Inland einsetzen, ist verschwindend gering.

### *6. Die weitere Entwicklung der Arbeitsemigration*

Während fast alle befragten Bauern aus den Projektdörfern erklärten, daß sie nicht mehr ins Ausland gehen würden, sobald sie nach Abschluß der Bewässerungsumstellung ihre Felder wieder bebauen könnten, besteht bei den übrigen aus dem Ausland zurückgekehrten Migranten im allgemeinen der Wunsch zur Fortsetzung der temporären Arbeitsemigration. Der Realisierung dieses Wunsches stehen allerdings wachsende Schwierigkeiten entgegen, da durch die Verschlechterung der politischen Beziehungen mit Irak und Jordanien und die kriegerischen Auseinandersetzungen in Libanon die Arbeiterwanderung in die Nachbarstaaten unterbrochen ist. Angesichts der restriktiven Ausgabe von Reisepässen an qualifizierte syrische Arbeitskräfte sowie wegen der aus sicherheitspolitischen und wirtschaftlichen Gründen geänderten Anwerbepolitik in den reichen Ölförderländern der Arabischen Halbinsel ist auch dort mit einer rückläufigen Zahl der aus dem Euphrattal stammenden Migranten zu rechnen. Solange die Arbeiterwanderung durch eine Verbesserung der Beziehungen zwischen Syrien und seinen arabischen Nachbarn keinen neuen Aufschwung erhält, ist deshalb davon auszugehen, daß die Entwicklung der gesamten syrischen Landwirtschaft und damit auch die Verwirklichung des Euphratprojektes nicht durch eine starke Arbeitsemigration beeinträchtigt wird.

# Dritter Teil

# Wirtschafts-, sozial- und bevölkerungsgeographische Entwicklungen im Bewässerungsprojekt des Ġāb

# I. Problemstellung und Zielsetzung der Untersuchung

„Die Zukunftsreserven Syriens liegen heute in den großen, vom Staat durchgeführten Staudammprojekten" schrieb E. WIRTH 1971 (S. 204) und verwies auf Schätzungen, denen zufolge die Bewässerungsfläche von 14% bis auf etwa ein Drittel der jährlich bebauten Fläche ausgedehnt werden und damit mehr als die Hälfte der gesamten Agrarproduktion des Staates auf Bewässerungsland entfallen könnte. Einer solchen Entwicklungsperspektive kommt eine besonders große Bedeutung in einem Lande zu, dessen Klima sich durch eine starke Unsicherheit der Niederschläge auszeichnet, so daß der Regenfeldbau ständig von Ernteausfällen bedroht ist. Die *Ausweitung der Bewässerungsfläche* beinhaltet damit nicht nur eine wesentliche Steigerung der landwirtschaftlichen Erzeugung im Vergleich zu den im Regenfeldbau erzielbaren Erträgen, sondern generell eine *Stabilisierung der Agrarproduktion auf höherem Niveau.*

In der Praxis zeigt sich allerdings immer wieder, daß die in vielen Ländern der Dritten Welt mit großem Aufwand realisierten Bewässerungsprojekte nicht die in sie gesetzten Erwartungen erfüllen oder sich gar als völliger Fehlschlag herausstellen. Die Ursachen dafür können sowohl im bewässerungstechnischen als auch im agrarwirtschaftlichen oder im sozialen Bereich liegen und treten oft erst in Erscheinung, nachdem die neu erschlossenen Flächen bereits etliche Jahre bewirtschaftet wurden.

Vor diesem Hintergrund stellt sich die Frage nach dem Erfolg oder Mißerfolg der in Syrien bisher verwirklichten staatlichen Bewässerungsprojekte und deren Auswirkungen auf die Entwicklung im ländlichen Raum. *Welche konkreten Erfahrungen konnten bisher bei der Erschließung und Bewirtschaftung neuer Bewässerungsgebiete gesammelt werden, und wie haben sich insbesondere die wirtschaftlichen und sozialen Verhältnisse der dort tätigen Bevölkerung entwickelt?*

Diese Leitfragestellung soll am Beispiel des westsyrischen *Ġāb-Projektes* untersucht werden. Jenes rund 40000 ha umfassende Gebiet, das zwischen 1954 und 1967 erschlossen wurde, nimmt unter den staatlichen Bewässerungsprojekten sowohl in zeitlicher Hinsicht als auch von der Größenordnung her eine mittlere Position ein. Auf der einen Seite steht dabei das rund 22000 ha große Bewässerungsgebiet am Oberlauf des Orontes in der Region zwischen Ḥomṣ und Ḥamāh, mit dessen Erschließung bereits zur französischen Mandatszeit im Jahr 1939 begonnen wurde (vgl. A. GIBERT 1949, S. 60). Die entgegengesetzte Position wird vom Euphratprojekt eingenommen, dem jüngsten, noch im Anfangsstadium befindlichen Vorhaben, dessen Dimension mit 640000 ha das Ausmaß aller bisher verwirklichten Bewässerungsprojekte des Landes um ein Vielfaches übersteigt.

Zwischen diesen beiden Projekten, die den Anfang und den bisherigen Endpunkt der vom syrischen Staat durchgeführten Maßnahmen zur Ausweitung der Bewässerungsfläche markieren, liegen noch eine ganze Reihe kleinerer Projekte, wie die Bewässerung von rund 8500 ha bei Tell Maġas am Oberlauf des Ḫabūr, die Trockenlegung und Erschließung des Qwēq-Endsumpfes südlich von Ḥaleb (15000 ha) und der Ruğ-Senke (4000 ha), die Erschließung der Ebene von ʿAšārne nordwestlich von Ḥamāh (20000 ha) sowie die Projekte am Yarmūk (2500 ha), am Sinn (5000 ha) und am Nahr el-Kebīr (4000 ha). Weitere vier Vorhaben von jeweils weniger als 5000 ha sollten im Rahmen des bis 1980 laufenden Fünf-Jahres-Planes verwirklicht werden (vgl. F. METRAL 1980, S. 308).

Für die Untersuchung ausgewählt wurde das Ġāb-Projekt deshalb, weil es einerseits das größte bisher in Funktion befindliche Bewässerungsprojekt Syriens ist und weil andererseits die Aufnahme der Bewirtschaftung dieses Gebietes weder so weit zurückliegt, daß ein großer Teil der ersten Bauerngeneration bereits verstorben ist, noch sich über einen zu kurzen Zeitraum erstreckt, in welchem die Anfangsschwierigkeiten noch nicht überwunden sind.

Im Ġāb erhielten mehr als 11 000 Familien, die unterschiedlichen ethnisch-religiösen Bevölkerungsgruppen angehören und aus unterschiedlichen Regionen stammen, Agrarflächen zur Bewirtschaftung. Um dabei zunächst einen *Überblick über die Entwicklung des gesamten Projektgebietes* zu bekommen, werden im einzelnen folgende Fragenkomplexe behandelt:

1. Welche Ausgangsbedingungen herrschten im Ġāb vor Projektbeginn?
2. Wie erfolgte die Realisierung des Erschließungsvorhabens?
3. Nach welchen Kriterien wurde die Landverteilung vorgenommen, und woher kamen die Landempfänger?
4. Wodurch sind die gegenwärtigen Produktionsbedingungen im Ġāb gekennzeichnet?

Auf der Mikroebene soll dann dargestellt werden, wie sich die *wirtschaftlichen und sozialen Verhältnisse der im Projektgebiet lebenden Bevölkerung* bisher entwickelt haben. Zu berücksichtigen ist dabei die sehr heterogene Zusammensetzung der Landempfänger hinsichtlich Herkunft und Zugehörigkeit zu bestimmten ethnischen und religiösen Gemeinschaften, die traditionellerweise sehr charakeristische Positionen in der syrischen Gesellschaft einnehmen. Die Untersuchung umfaßt deshalb *neun ethnisch-religiös und herkunftsmäßig unterschiedliche Gruppen von Landempfängern*, für die Antworten auf folgende Fragen gegeben werden sollen:

1. Wodurch waren die wirtschaftlichen Verhältnisse der Landempfänger vor Beginn der Bewirtschaftung von Agrarland im Projektgebiet charakterisiert?
2. In welchem Umfang führte die Landzuteilung zu permanenten oder temporären Wohnsitzverlegungen der Landempfänger?

3. Wie haben sich die wirtschaftlichen Verhältnisse der kleinbäuerlichen Betriebe bis 1979 entwickelt?
4. Wie haben sich die Haushaltsstrukturen der Landempfänger und die Erwerbstätigkeit der Haushaltsmiglieder seit Projektbeginn verändert?

Abschließend soll versucht werden, aus den Untersuchungsergebnissen einige allgemeine Schlußfolgerungen über den sozialen und wirtschaftlichen Wandel abzuleiten, der sich in den letzten Jahrzehnten im bäuerlichen Lebensraum Syriens vollzogen hat.

Bei der Bearbeitung des ersten Themenkomplexes konnte neben eigenen Beobachtungen und einer Befragung von Angehörigen der dörflichen Führungsschicht im Projekt auf schriftliche Quellen aus der französischen Mandatszeit, auf FAO-Studien aus der Anfangsphase des Projekts sowie auf das Landempfänger-Register und statistische Unterlagen bei der Ġāb-Administration zurückgegriffen werden. Zur Beantwortung des zweiten Fragenkreises waren mündliche Interviews mit den im Rahmen einer Stichprobe ausgewählten Landempfängern erforderlich.

## II. Überblick über die Entwicklung des Ġāb-Projekts

### A. Die Verhältnisse im Ġāb vor Beginn der Erschließungsmaßnahmen

Der tektonische Graben des Ġāb umfaßt ein Gebiet, das sich über eine Länge von rund 52 km erstreckt und eine Breite von maximal 13 km erreicht (vgl. Abb. 34). Die in etwa 170 m Höhe gelegene und vom Orontes (Nahr el-ʿAṣī) durchflossene Senke wird im Westen von den bis zu 1572 m aufragenden Ǧibāl el-ʿAlawīyīn und im Osten vom Ǧebel ez-Zāwīye begrenzt. Das Ġāb gehört zum trocken-mediterranen Klimabereich (vgl. E. WIRTH 1971, S. 100) mit Jahresniederschlägen von mehr als 400 mm[43]. Während der winterlichen Niederschlagsperiode reichte früher der durch eine Basaltschwelle bei Qarqūr gebremste Abfluß des Orontes nicht aus zur Bewältigung der heranströmenden Wassermassen, so daß alljährlich zwischen November und März große Teile der Niederung überflutet waren. Während der sommerlichen Trockenzeit sank der Wasserstand zwar ab, doch war die Drainage so schlecht, daß die tiefer liegenden Bereiche von einem rund 26000 ha großen, mit hohem Schilf (= arab. „ġāb") bewachsenen Sumpfgebiet eingenommen wurden. Die im Winter nicht überfluteten Teile der Niederung sowie jene Areale, von denen sich das Wasser im Frühjahr rasch zurückzog, dienten zum Anbau von Getreide, während die etwas länger überfluteten, jedoch nicht versumpften Bereiche des Ġāb auch in der sommerlichen Trockenzeit noch gute Schaf-

43) Im Südteil des Ġāb bei Ḥaurāt wurde ein Jahresmittel von 413 mm (1956–1965) gemessen. Nach Norden zu steigen die Niederschläge an und erreichen bei Ǧisr eš-Šuġūr einen Wert von 667 mm (1958–1965, nach UNDP/FAO 1969, S. 33).

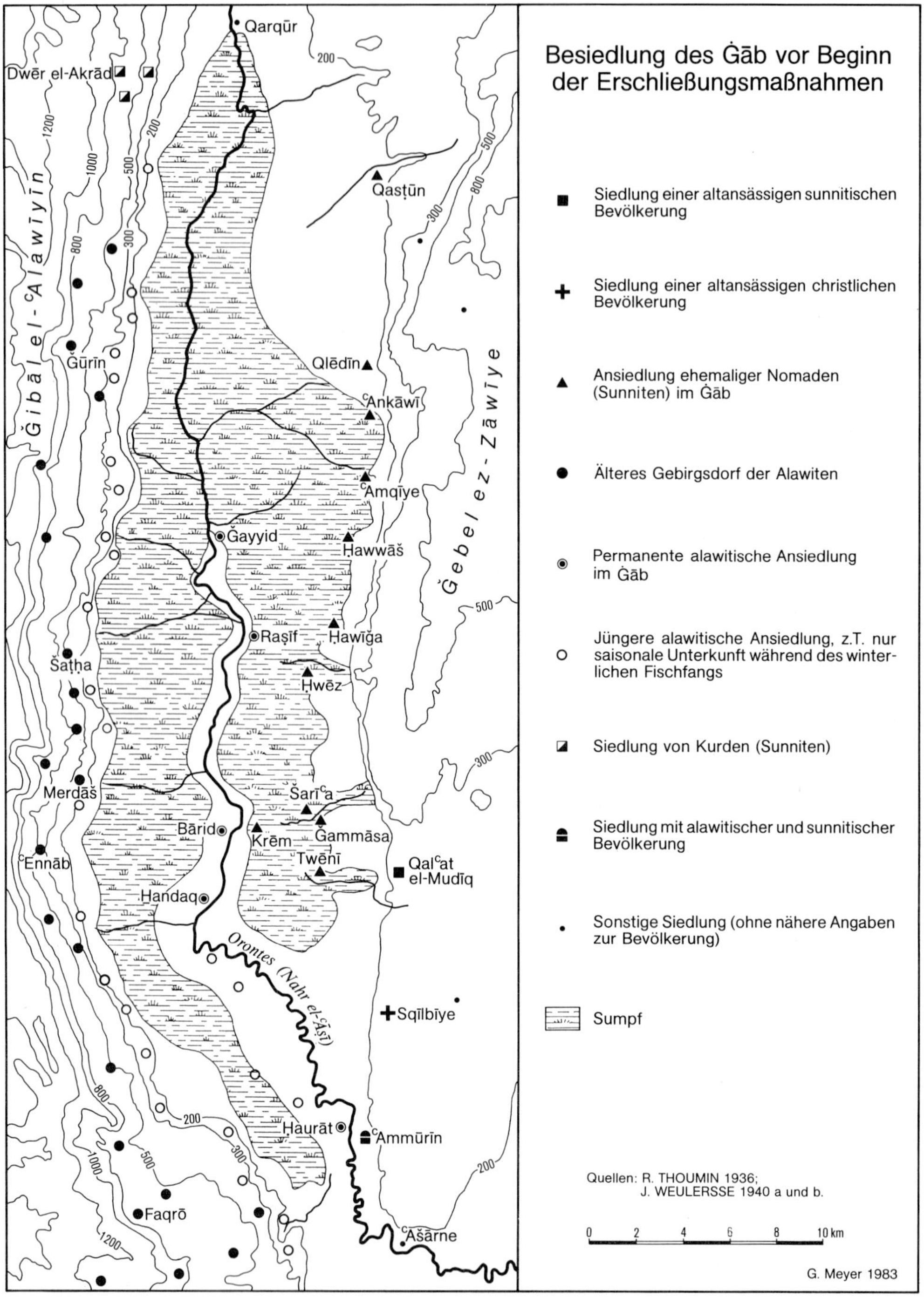


*Abb. 34. Besiedlung des Ġāb vor Beginn der Erschließungsmaßnahmen*

weiden boten. Die wirtschaftliche Nutzung der eigentlichen Sümpfe beschränkte sich im wesentlichen auf die Zucht von Wasserbüffeln und den Fischfang.

Ein Überblick über die frühere Besiedlung dieses Raumes und die Wirtschaftsweise der sehr heterogenen Bevölkerung geben die Arbeiten von R. THOUMIN (1936) und J. WEULERSSE (1940a). Danach waren die günstigsten Siedlungslagen am hohen *südöstlichen Rand* des Ġāb oberhalb der ungesunden, malariaverseuchten Sümpfe von *alteingesessenen Bevölkerungsgruppen* besetzt (vgl. Abb. 34). Es handelt sich hier um Sunniten türkischen Ursprungs innerhalb der Ummauerung des ehemaligen Kastells Qalᶜat el-Mudīq[44], welches den Akropolisbereich der in griechisch-römischer Zeit bedeutenden Stadt Apamea einnimmt, sowie um das auf einem antiken Zitadellenhügel errichtete und von griechisch-orthodoxen Christen bewohnte Sqīlbīye[45]. Für beide Siedlungen war die günstige Verteidigungsposition von größter Bedeutung, bot sie doch eine wichtige Voraussetzung zur Abwehr der vor allem in osmanischer Zeit häufigen Überfälle durch die auf der gegenüberliegenden Seite des Ġāb lebenden Alawiten.

Auf kleinen Erdhügeln *innerhalb* oder *am Rande der Sümpfe* hatten sich östlich des Orontes seit dem Ende des 18. Jahrhunderts verschiedene *Nomadengruppen* niedergelassen. Dies geschah z.T. aufgrund zwangsweiser Deportation durch die osmanische Staatsmacht, wie bei den aus dem Euphrat-Gebiet stammenden und in Šariᶜa angesiedelten ᶜAqēdāt und Welde. Letztere verließen 1915 den zunächst gemeinsam bewohnten Ort, nachdem es zu Spannungen mit den Angehörigen des anderen Stammes gekommen war, und errichteten ihre ärmlichen schilfgedeckten Hütten in dem neu gegründeten Ǧammāsa. Die übrigen Nomadensiedlungen sind meist das Ergebnis stammesinterner Auseinandersetzungen, nach denen sich die Unterlegenen in dieses für eine nomadische Bevölkerung alles andere als attraktive Sumpfgebiet zurückzogen, um hier als Fischer und Züchter von Wasserbüffeln sowie mit dem Anbau von Getreide eine kärgliche wirtschaftliche Existenz zu fristen. So hat sich in Twēnī und Ḥwēz eine Splittergruppe des Mawālī-Verbandes niedergelassen, während Ḥawīǧa, Ḥawwāš[46] und ᶜAmkīye von Angehörigen der Benī Ḫāled bewohnt werden.

---

44) Bei einem Besuch im Jahre 1812 zählte BURCKHARDT hier „dreyßig bis vierzig Türken und von griechischen Christen bewohnte Häuser" (1823, S. 239).

45) Die Christen sollen am Ende des 18. Jahrhunderts aus dem Hauran hierher gezogen sein (Anonym 1933, S. 132).

46) J.L. BURCKHARDT, der am 21.2.1812 in Ḥawwāš übernachtete, schrieb über diesen Ort: „In Howasch sind ungefähr einhundert und vierzig Hütten, deren Wände von Lehm, die Dächer aber von dem Rohre gebauet sind, daß an den Ufern des Orontes wächst ... Die Araber von Howasch bauen Dhurra und Weizen, und halten, wie alle Araber im Ghab, große Heerden Büffel." (1823, S. 233). Bis zu den dreißiger Jahren des 20. Jahrhunderts scheint sich daran wenig geändert zu haben, wie die Beschreibungen von Weulersse und Thoumin zeigen.

Eine weitere für die Besiedlung des Ġāb wichtige Bevölkerungsgruppe bilden die *Alawiten.* Die Mitglieder dieser im 10. Jahrhundert vom schiitischen Islam abgespaltenen Glaubensgemeinschaft haben in den Ǧibāl el- ʿAlawīyīn (auch als Ǧebel Anṣārīye bezeichnet) ihr wichtigstes Verbreitungsgebiet, das nur schwer zugänglich ist und dadurch einen Schutz vor religiöser Verfolgung bot. In der Nähe ihrer alten, hoch über dem Ġāb gelegenen Bergdörfer bauten sie auf steinigen Terrassen Weizen, Gerste, Tabak und etwas Gemüse an und verfügten oft auch noch über kleine Fruchtbaumgärten. Bis zum Beginn der französischen Mandatszeit war es bei ihnen durchaus üblich, ihre mageren wirtschaftlichen Ressourcen durch Raubzüge in sunnitischen oder christlichen Gebieten aufzubessern.

Die ersten permanenten alawitischen Siedlungen in der Ġāb-Niederung wurden im Laufe des 19. Jahrhunderts meist von besonders armen Familien angelegt, die im Bergland kein Auskommen gefunden hatten und deshalb in den Sümpfen die gleiche Wirtschaftsweise aufnahmen wie die dort angesiedelten Nomaden. Ebenfalls seit dem 19. Jahrhundert ging eine wachsende Zahl aus den Bergdörfern stammender Alawiten dazu über, sich am Gebirgsfuß, oberhalb des winterlichen Überflutungsniveaus sowie auf einigen Tells im Südteil des Ġāb Häuser zu errichten. Zum Teil waren dies feste Siedlungen von Familien, die auf den unteren Hangpartien sowie im nicht versumpften Uferbereich des Orontes Getreide anbauten und etwas Viehhaltung betrieben; viele dieser Familien zogen es allerdings vor, während der Zeit der größten sommerlichen Mückenplage wieder in ihre alten Höhenorte zurückzukehren. Zum Teil handelte es sich bei den Ansiedlungen auch nur um provisorische saisonale Unterkünfte, die alljährlich in der Zeit von November bis März zum Fang der in den syrischen Städten als Speisefische sehr begehrten Welse aufgesucht wurden. Die *Fischer*, deren Gesamtzahl im Ġāb von J. GAULMIER mit etwa 700 angegeben wurde (1929, S. 22), lieferten ihre Fänge gegen eine äußerst geringe Entlohnung bei einem Vertreter jenes Hauptkonzessionärs ab, der die Fischereirechte für die Staatsdomäne des Ġāb jeweils für die Dauer von drei Jahren gepachtet hatte und den Fang der Welse sowie ihren Transport und Absatz organisierte[47].

Schließlich ist noch auf eine kleine *kurdische* Bevölkerungsgruppe sunnitischen Glaubens hinzuweisen, die in drei Dörfern im nordwestlichen Randgebiet des Ġāb lebt. Es handelt sich hier um inzwischen weitgehend arabisierte Kurden, die offenbar zu den bereits im 16. Jahrhundert nach Syrien eingewanderten kurdischen Bevölkerungsteilen gehören, deren Hauptverbreitungsgebiet weiter nördlich liegt. Ihre Wirtschaftsweise entspricht jener der alawitischen Majorität in den Ǧibāl el- ʿAlawīyīn.

Eine zusammenfassende Charakterisierung der in dieser Region gegen Ende der dreißiger Jahre herrschenden überaus ärmlichen Verhältnisse findet sich bei J. WEULERSSE (1940b, S. 72), der das Ġāb bezeichnet als „une fosse à paludisme quasi-déserte,

47) BURCKHARDT berichtete bereits davon (1823, S. 237), daß die eingesalzten Fische „in ganz Syrien und bis nach Zypern hin zur Fastenspeise für die Christen verkauft" werden.

comptant seulement quelques villages habités par l'une des populations les plus misérables de la Syrie."

## B. Erschließung und anfängliche Bewirtschaftung des Projektgebietes

Eine erste Verbesserung der wirtschaftlichen Verhältnisse im Ġāb brachte um 1950 die Einführung des pumpbewässerten Baumwollanbaus in den trockenen Bereichen im Süden der Niederung[48]. Etwa zur gleichen Zeit griff die syrische Regierung bereits in der französischen Mandatszeit erstellte Pläne zur Erschließung des Ġāb wieder auf[49]. Die holländische Consulting-Firma NEDECO erhielt im April 1952 den Auftrag für eine Gesamtstudie des vorgesehenen Projektes, welches die Trockenlegung der Sümpfe, die bewässerungsmäßige Erschließung einer Fläche von rund 43000 ha und deren landwirtschaftliche Kultivierung sowie den Bau von Straßen und Neusiedlungen beinhalten sollte[50].

Die Realisierung der Pläne begann mit der Sprengung der Basaltschwelle bei Qarqūr und der dortigen Tieferlegung und Verbreiterung des Orontes, um so eine wichtige Voraussetzung zur *Entwässerung der Sümpfe* zu schaffen. Mit der Aushebung des neuen Hauptdrainagekanals A, der den bisherigen Flußlauf des Orontes ersetzen sollte, wurde 1955 angefangen. Vier Jahre später fand diese Etappe des Erschließungsvorhabens mit der Fertigstellung des gesamten Hauptdrainagenetzes ihren Abschluß. Das neue Bewässerungssystem konnte erst 1968 in Betrieb genommen werden, nachdem zuvor nicht nur die hierfür erforderlichen Bewässerungskanäle unter Einbeziehung der an den Rändern des Ġāb austretenden Quellen anzulegen waren, sondern auch noch drei *Staudämme* errichtet werden mußten, um die Wasserführung des Orontes zu regulieren (vgl. A.M. GOICHON 1966, S. 161–167). Dabei soll der Damm von Rastāne die winterlichen Niederschläge für die Bewässerungsperiode im Sommer speichern, während der Damm von Muḥarde dazu dient, Hochwasserwellen zurückzuhalten, wie sie etwa im Frühjahr nach Füllung des Reservoirs von Rastāne auftreten können. Das Stauwehr bei ʿAšārne hat schließlich die Aufgabe, den Wasserspiegel auf das Niveau der beiden Hauptbewässerungskanäle anzuheben.

Unabhängig von den zügig fortschreitenden Arbeiten zur Fertigstellung des auf Gravitation beruhenden Bewässerungsnetzes wurde die *landwirtschaftliche Nutzung* des ehemaligen Sumpfgebietes bereits in den Bereichen aufgenommen, in denen eine

---

48) Zu der von der christlichen Siedlung Muḥarde ausgehenden Entwicklung des bewässerten Baumwollanbaus in der südlich angrenzenden Ebene von ʿAšārne vgl. E. WIRTH 1965b, S. 278–279.

49) Vgl. J. WEULERSSE 1940a, S. 71–72 und Abb. 34.

50) Vgl. Anonym 1955, S. 14. In das Projekt einbezogen war auch die südlich angrenzende Ebene von ʿAšārne, auf die in dieser Untersuchung wegen der z.T. wesentlich anders gelagerten Verhältnisse jedoch nicht näher eingegangen werden kann.

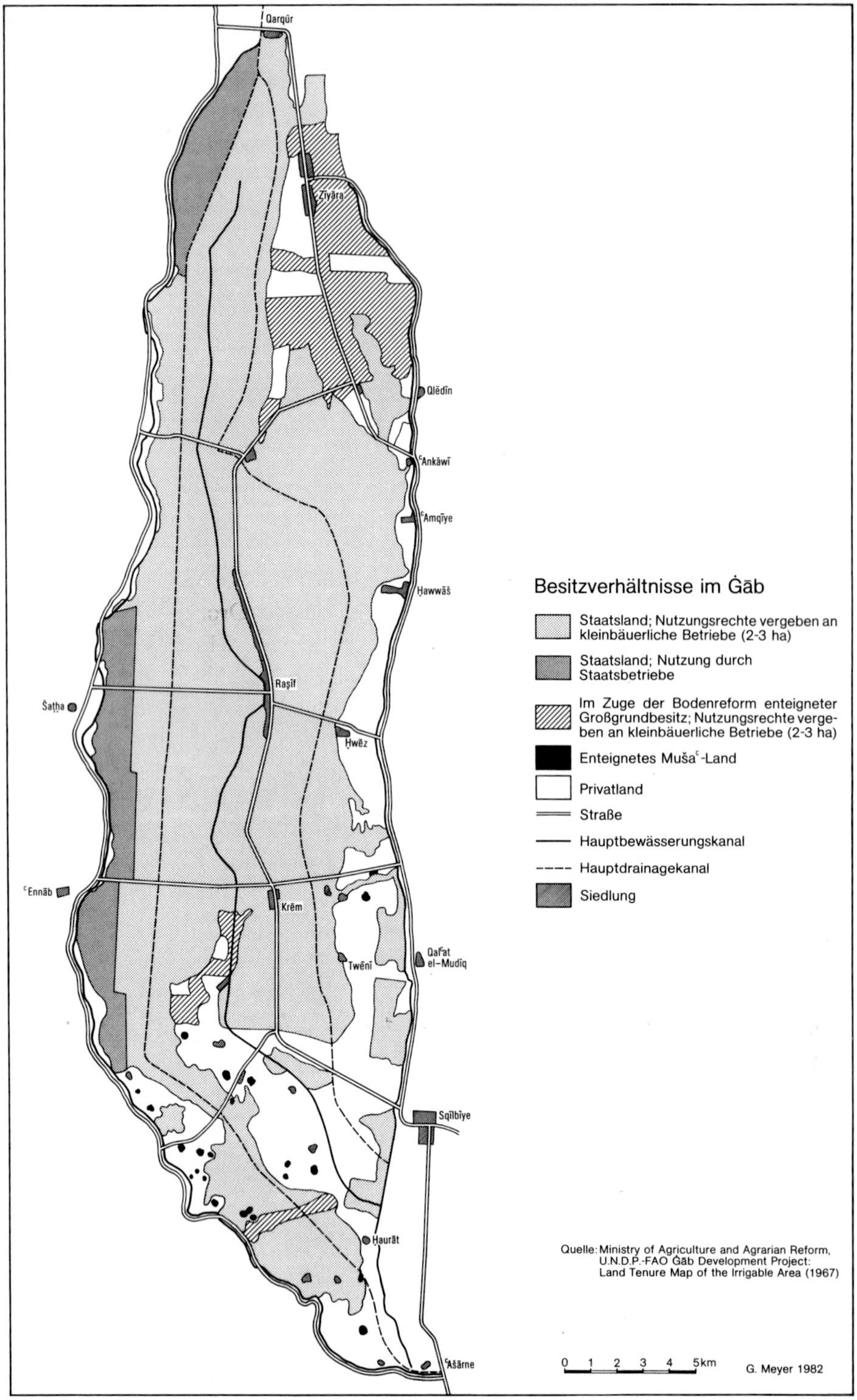


*Abb. 35. Besitzverhältnisse im Ġāb*

ausreichende Drainage gewährleistet war. Zunächst baute man nur Wintergetreide an. Nach Fertigstellung der Hauptentwässerungskanäle wurden dann Pumpen installiert und der bewässerte Baumwollanbau durch Nutzung des in den Drainagekanälen gesammelten Wassers aufgenommen. Anfangs verpachtete die zuständige Agrarbehörde die neu erschlossenen Staatsländereien (vgl. Abb. 35) jeweils für ein Jahr vorwiegend an *Kontraktoren*, die Maschinen, Saatgut und Bewässerungswasser bereitstellten und für die Vermarktung der Ernte sorgten, während Teilpächter die übrige Feldarbeit ausführten. Ab 1959 wurden in wachsendem Umfang jeweils bis zu 3 ha große Agrarflächen direkt an Kleinbauernfamilien verpachtet, die ihrerseits jedoch weiter auf die Zusammenarbeit mit den Kontraktoren angewiesen waren.

Seit 1964 bemühte sich die Agrarbehörde darum, die bisherige Funktion der Kontraktoren zu übernehmen, die für ihre Dienste beispielsweise beim Baumwollanbau einen Anteil von 65 % der Ernte erhielten. Ganz konnte man jedoch vorerst noch nicht auf die Kontraktoren verzichten, denn für einen beträchtlichen Teil der Staatsländereien, die stark verunkrautet oder aus anderen Gründen schwer zu kultivieren waren, fanden sich keine Kleinbauern als Pächter. Erst mit der allmählichen Verbesserung des Landes durch die Bewirtschaftung der Kontraktoren konnten die an Agrarunternehmer verpachteten Flächen von 5000 ha im Jahre 1964 auf etwa 2000 ha im Jahre 1968 reduziert werden. In demselben Jahr hatten 8825 Kleinbauernfamilien bei einer durchschnittlichen Betriebsfläche von 2,7 ha insgesamt 23700 ha Staatsland gepachtet (R.T. RATNATUNGA 1968, S. 9). Weitere rund 3500 ha, die meist lokalen Großgrundbesitzern gehört hatten oder sich – allerdings nur zu einem sehr geringen Teil – in Gemeinschaftsbesitz (Mušaᶜ)[51] befanden, wurden im Zuge der Bodenreform bis 1964 enteignet und zunächst jeweils für ein Jahr gegen einen relativ niedrigen Geldbetrag an jene Personen verpachtet, die das Land meist schon früher als Teilpächter bewirtschaftet hatten.

## C. Die Landverteilung im Jahre 1969

Die bisherige Praxis der Landvergabe durch Verpachtung endete im Jahre 1969 mit einer definitiven Landzuteilung nach den Regeln der Agrarreformgesetzgebung. Dazu wurde zunächst in allen Dörfern des Ġāb und der angrenzenden Gebiete eine *Sozialerhebung* durchgeführt, in welche neben den dort ansässigen Interessenten auch solche Personen einbezogen wurden, die im Ġāb als Landarbeiter oder Pächter tätig waren, jedoch in weiter entfernten Orten wohnten. Eine Kommission, bestehend aus Angehörigen der regionalen Agrarbehörde, der Baᶜṯ-Partei sowie Vertretern der lokalen Bevölkerung, erhob von allen Bewerbern folgende Daten:

51) Das Mušaᶜ-System beinhaltet, daß sich die gesamte Flur oder ein Teil davon im Kollektivbesitz der Dorfgemeinschaft befindet, regelmäßig neu verteilt und individuell bewirtschaftet wird. Zum Mušaᶜ-System in Syrien siehe J. WEULERSSE 1946, S. 99–109, P.J. KLAT 1957 und E. WIRTH 1971, S. 227–231.

- Name und Alter aller Haushaltsmitglieder,
- Geburtsort und Aufenthaltsdauer am gegenwärtigen Wohnort,
- Art und Dauer der landwirtschaftlichen Tätigkeit sowie Lage des bisher bewirtschafteten Landes im Ġāb,
- Besitz von Land, Vieh, Maschinen und dadurch sowie aus nichtlandwirtschaftlicher Tätigkeit erzieltes Jahreseinkommen,
- Besitz- und Einkommensverhältnisse des Vaters.

Wurde durch diese Erhebung die Bedürftigkeit des Interessenten nachgewiesen, so erhielt er eine im allgemeinen 2 bis 3 ha große Bewässerungsfläche zugewiesen[52]. Zwar hatten Experten der UNDP/FAO, die seit 1963 das Ġāb-Projekt betreuten, eine Betriebsfläche von 4 ha zur Gewährleistung eines angemessenen Familieneinkommens empfohlen (1969, S. 12); um jedoch eine möglichst große Zahl von Bewerbern berücksichtigen zu können, wurde dieser Richtwert erheblich unterschritten. Nach den Bestimmungen der Agrarreform sollte sich die Größe der zugeteilten Flächen eigentlich nach den jeweils zu versorgenden Haushaltsmitgliedern richten[53]. Bei der Landverteilung im Ġāb wurde darauf jedoch keine Rücksicht genommen, so daß beispielsweise die einem ledigen Landarbeiter zugeteilte Fläche ebenso groß sein konnte wie jene einer zwölfköpfigen Familie.

Bei einer Netto-Bewässerungsfläche im Ġāb von rund 40000 ha, wovon sich etwa 8200 ha in Privatbesitz befanden, wurden insgesamt 29100 ha Staatsland und enteigneter Großgrundbesitz an 11034 Landempfänger verteilt, so daß sich eine *mittlere Betriebsfläche von 2,6 ha* ergab. 2700 ha Staatsland am Westrand des Ġāb, wo besonders große Anbauprobleme wegen schlechter Drainage und starker sommerlicher Fallwinde bestanden, wurden zur Bewirtschaftung durch staatliche Viehzuchtbetriebe vorgesehen (vgl. Abb. 35).

Im Unterschied zu der sonst im Rahmen der Bodenreform praktizierten Landverteilung, bei der die „Reformbegünstigten" (Muntafiᶜīn) Besitztitel für die zugewiesenen Flächen erhalten und darüber – allerdings erst nach Abzahlung des Kaufpreises – auch die uneingeschränkte Verfügungsgewalt bekommen, wurde im Ġāb bei der Vergabe des Staatslandes und des enteigneten Großgrundbesitzes jeweils nur die *Genehmigung* (ruḫsa) *zur Nutzung der zugewiesenen Bewässerungsfläche* erteilt. Aus juristischer Sicht bedeutet dies für die Muraḫasīn, die „Empfänger der Nutzungsgenehmigung", daß ihnen der Staat das zugeteilte Land wieder entziehen kann – etwa im Zusammenhang

52) Laut Gesetzesdekret Nr. 66 aus dem Jahre 1969, welches die Grundlage für die Verteilung des Staatslandes im Ġāb bildet, sollten die Betriebsflächen 2,5 bis 4 ha umfassen (Y. BAKOUR 1978, S. 7). In der Praxis wurde die Mindestgröße jedoch nicht selten unterschritten.

53) Wie M. HOSRY ausführt (1981, S. 48) war üblicherweise die Summe der „Sozialeinheiten" (SE) einer Familie ausschlaggebend für die Größe der zuzuteilenden Fläche. Dabei zählte das Familienoberhaupt = 1,25 SE, Familienmitglieder über 18 Jahre = 1,00 SE, ab 12 bis unter 18 Jahre = 0,75 SE, ab 6 bis unter 12 Jahre = 0,50 SE und bis 6 Jahre = 0,25 SE.

mit der seit langem überfälligen Ausweisung von Siedlungsflächen – oder daß man ihnen aus irgendwelchen organisatorischen Gründen eine Bewässerungsfläche in einem anderen Teil des Ġāb zuweisen kann. Derartige Erfahrungen mußten bereits viele der Landempfänger machen, die bei der Landverteilung 1969 anstelle ihrer früher bewirtschafteten Pachtfläche weit davon entfernt liegende Parzellen erhielten. Auch wenn es seither kaum zu Umverteilungen der Betriebsflächen gekommen ist – außer mit dem Einverständnis aller Betroffenen bei Tauschaktionen zur Reduzierung der Entfernung zwischen Wohnung und Feldern der Landempfänger –, wirkt sich diese bodenrechtliche Unsicherheit doch keineswegs förderlich aus, wenn es darum geht, permanente Installationen, Anpflanzungen und Bodenverbesserungen auf dem zugewiesenen Land vorzunehmen oder sich dort anzusiedeln.

## D. Herkunft und Wanderungsverhalten der Landempfänger

Mit dem Beginn der Erschließungsmaßnahmen im Ġāb setzte ein starker Zustrom von Menschen ein, die auf die Zuteilung von Land in dem Bewässerungsprojekt hofften[54]. Um zu untersuchen, woher die Landempfänger kamen, wurde das Landverteilungsregister bei der Ġāb-Administration in Sqīlbīye ausgewertet. In diesem nach Bewässerungskomplexen geordneten Verzeichnis ist jeder der 10261 Landempfänger, der zum Zeitpunkt der Sozialerhebung im Jahr 1969 bereits Land im Ġāb bewirtschaftet hatte, mit seinem damaligen Wohn- und Registrationsort aufgeführt. Bei letzterem handelt es sich um jenen Ort, in welchem sich der Landempfänger erstmals als Einwohner registrieren ließ. Weichen beide Angaben voneinander ab, so ist der Betreffende vor 1969 aus dem Registrationsort an den aufgeführten Wohnort gezogen. Die Gleichheit beider Angaben bedeutet dagegen im allgemeinen, daß keine solche Wohnsitzverlegung stattgefunden hat. Allerdings hatten sich einige insbesondere jener Landempfänger, die sich gleich zu Beginn der Erschließungsmaßnahmen im mittleren Bereich der Niederung niederließen, zuvor noch nicht registrieren lassen, so daß sie erstmals an ihrem Zuzugsort im Ġāb erfaßt wurden. Von dieser relativ kleinen Zahl von Fällen abgesehen, liefert die Auswertung der Registrations- und Wohnorte einen zuverlässigen Überblick über die Herkunft der Landempfänger und das Ausmaß der bis 1969 vorgenommenen Wohnsitzverlegungen, wie dies für die einzelnen Herkunftsorte in der Abb. 36 dargestellt wird. Hier zeigt sich, daß gut zwei Drittel der Landempfänger aus den Siedlungen innerhalb oder am Rande des Ġāb stammen, während rund 30 %

54) F. METRAL (1980, S. 311) nennt ohne Quellenangabe als Bevölkerungszahlen der Region: 1952 = 30000 Ew., 1960 = 60000 Ew., 1970 = 100000 Ew. und 1975 = 150000 Ew. Unklar ist hier, was „Region" bedeutet, denn für die administrative Region des Ġāb (Manṭiqat el-Ġāb) einschließlich Tell Selḥab, ergab die Bevölkerungszählung des Jahres 1970 insgesamt 92225 Einwohner (Population Census 1970, Hama Governorate, Bd. 4, S. 228). Berücksichtigt man nur die Gemeinden, die innerhalb des Bewässerungsgebietes liegen bzw. daran angrenzen, so reduziert sich die Einwohnerzahl für das Jahr 1970 auf 76405.

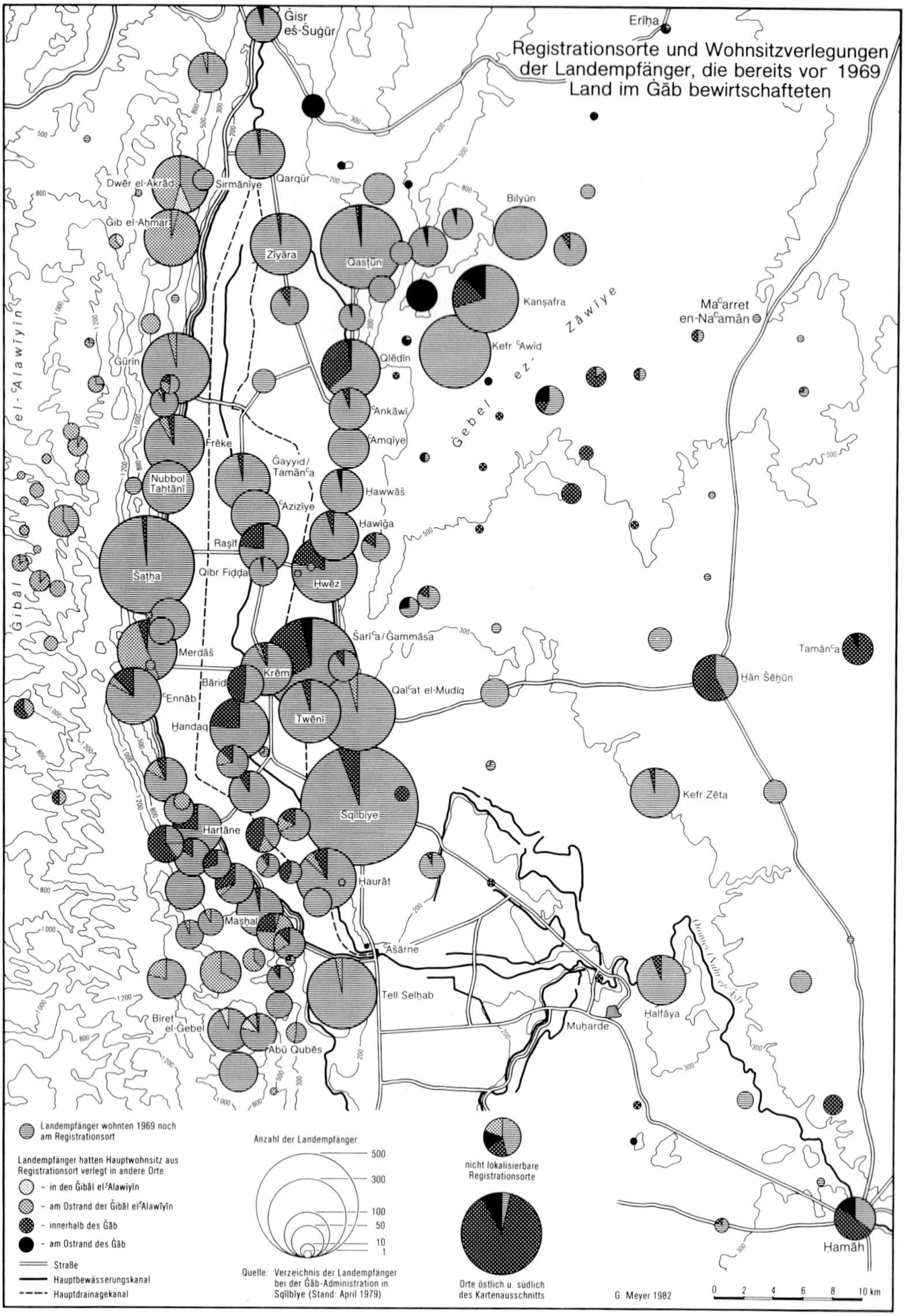


*Abb. 36. Registrationsorte und Wohnsitzverlegungen der Landempfänger, die bereits vor 1969 Land im Ġāb bewirtschafteten*

aus Orten kommen, die weniger als 40 km von dem Bewässerungsgebiet entfernt sind. Nur in 2 % aller Fälle lag der Registrationsort der Landempfänger in anderen, weiter entfernten Teilen Syriens. Generell läßt sich also feststellen, daß *vorwiegend die innerhalb des Ġāb sowie in den unmittelbar angrenzenden Regionen lebende Bevölkerung in den Genuß der Landverteilung gekommen ist.*

Insgesamt 23 % aller Landempfänger hatten ihren Wohnsitz an einen Ort verlegt, von dem aus sie ihre Felder leichter erreichen können. Die relativ stärkste Abwanderungsquote verzeichnen dabei verständlicherweile die Landempfänger aus Registrationsorten in weiter entfernten Gebieten Syriens. Bei einer Distanz von mehr als 40 km zwischen Wohnort und Feldern ist kaum noch eine effektive Bewirtschaftung der Bewässerungsflächen durchführbar. Fast alle jene Landempfänger haben sich deshalb innerhalb oder am Rande des Ġāb angesiedelt.

In hohem Maße von der Abwanderung betroffen sind auch die Bergdörfer in den Ğibāl el-ᶜAlawīyīn. Zwar ist von dort aus die Luftliniendistanz zum Erschließungsgebiet des Ġāb meist sogar relativ gering, doch kann diese Entfernung wegen des beträchtlichen Höhenunterschieds und der fehlenden verkehrsmäßigen Erschließung nur unter großen Schwierigkeiten überwunden werden. So verlegte mehr als die Hälfte aller Landempfänger ihren Wohnsitz aus den höher gelegenen Orten vorwiegend an den Westrand der Niederung (vgl. Abb. 37) und folgt damit dem bereits seit dem 19. Jahrhundert zu beobachtenden Trend zur *Bergflucht.* Die mittlere Abwanderungsquote aus dem Gebiet östlich des Projektes entspricht etwa dem Gesamtdurchschnitt, während in den Siedlungen innerhalb und an den Rändern des Ġāb relativ wenige Wohnsitzverlegungen stattfanden.

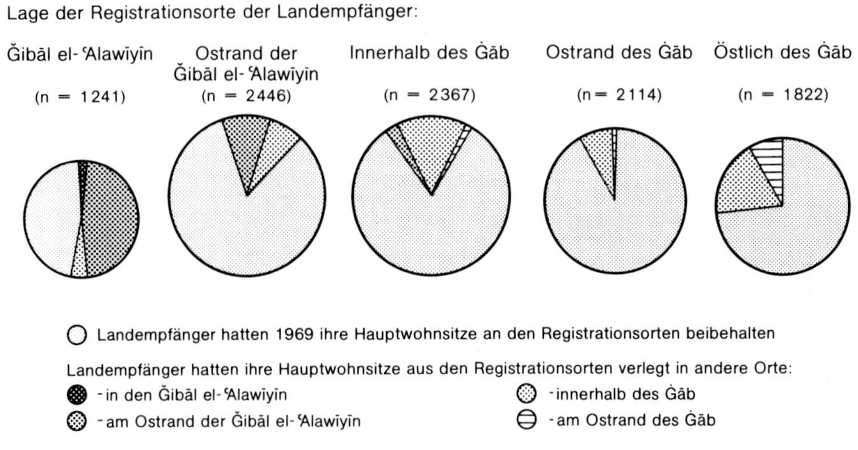


*Abb. 37. Die Abwanderung der Landempfänger aus ihren Herkunftsregionen*

Um die räumliche Verteilung der Landempfänger zum Zeitpunkt der definitiven Landvergabe im Jahre 1969 näher zu analysieren, müssen außer denjenigen, die bereits früher bei der Vergabe von Pachtflächen im Ġāb berücksichtigt worden waren, noch weitere 773 Personen in die Betrachtung einbezogen werden, die aufgrund der Sozialerhebung von 1969 erstmals Bewässerungsland zugewiesen bekamen. Im allgemeinen handelt es sich hier um die herangewachsenen Söhne von Landempfängern. Bei ihnen ist im Landverteilungsregister jeweils nur der damalige Wohnort eingetragen, so daß über eine eventuelle frühere Zuwanderung aus einem anderen Registrationsort keine Angaben gemacht werden können.

Wie aus den Abbildungen 38 und 39 hervorgeht, weisen die Siedlungen innerhalb des Ġāb, gefolgt von den Dörfern am Ostrand der Ǧibāl el-ʿAlawīyīn – trotz erheblicher Unterschiede von einem Ort zum nächsten –, insgesamt die höchsten Wanderungsgewinne auf. Wichtig zum Verständnis der Migrationsströme ist dabei, daß hier *von staatlicher Seite keinerlei Steuerung* vorgenommen wurde, wie dies sonst im allgemeinen bei Erschließungsprojekten durch die Ausweisung von Siedlungsflächen und die planmäßige Errichtung neuer Dörfer üblich ist. Wo sich die Landempfänger ansiedelten, das blieb jedem einzelnen überlassen. So entstanden die neuen Siedlungen meist im Anschluß an schon bestehende ältere Dörfer, häufig aber auch als Neuanlage entlang von Straßen oder am Rande von Kanälen direkt auf dem Bewässerungsland (vgl. Foto 11). Um solche Fälle handelt es sich bei jenen Kreisen in der Abb. 38, deren Signatur nur Zuwanderer aus anderen Registrationsorten aufweist.

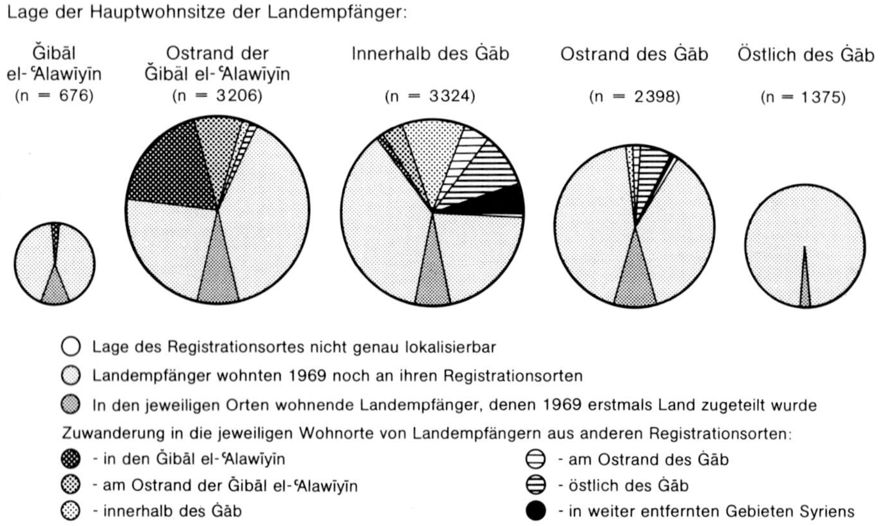


*Abb. 39. Wohnregionen und herkunftsmäßige Differenzierung der Landempfänger im Jahre 1969*

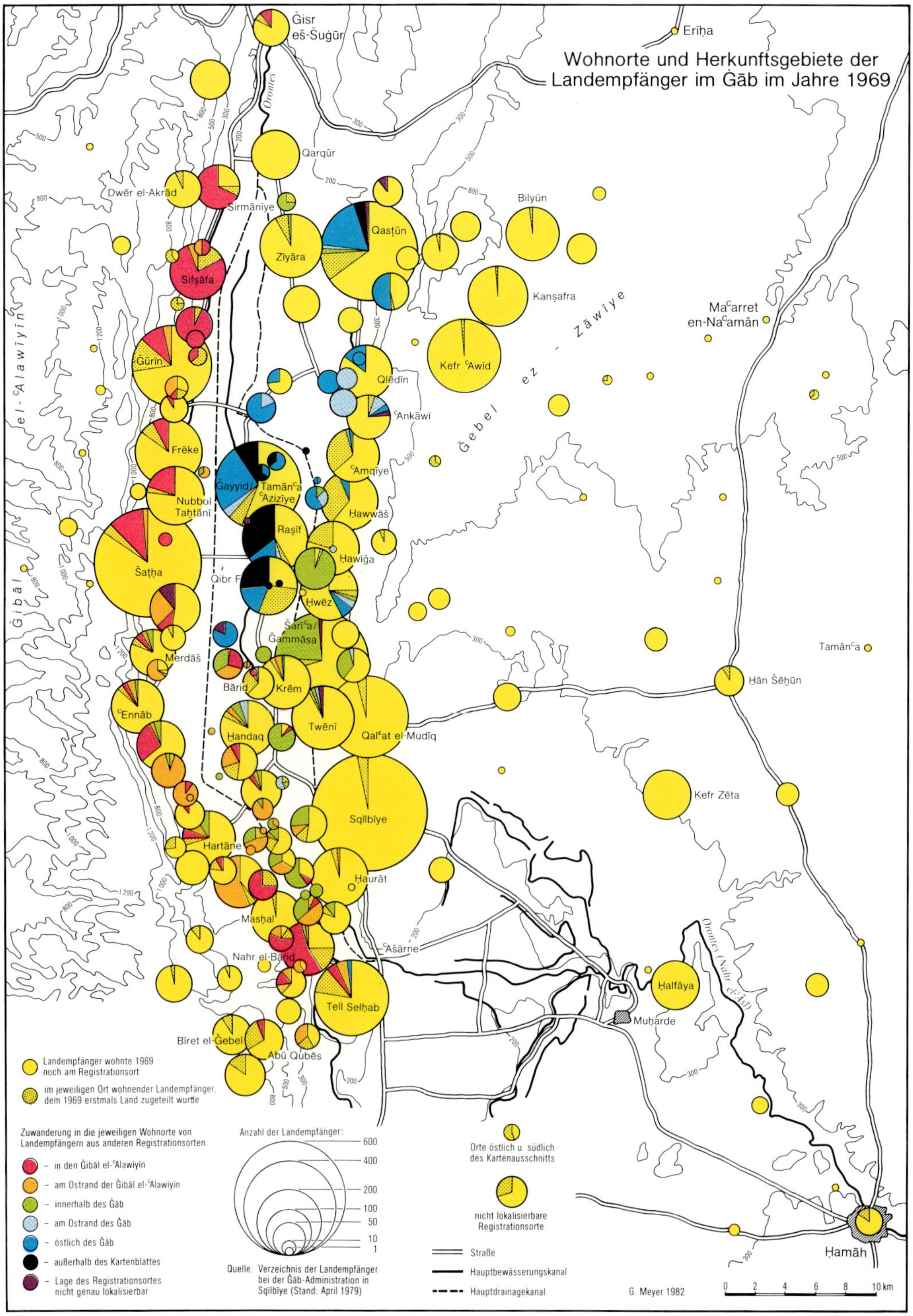


*Abb. 38. Wohnorte und Herkunftsgebiete der Landempfänger im Ġāb im Jahre 1969*

*Foto 11. Blick vom Ostrand der Ǧibāl el-ʿAlawīyīn über den Nordteil der Ġāb-Senke*

Bei der Verteilung der Zuwanderer im Ġāb ist es natürlich kein Zufall, daß sich von den Landempfängern, die früher innerhalb oder am Rande der Ǧibāl el-ʿAlawīyīn wohnten, niemand in den Orten am Ostrand des Bewässerungsgebietes angesiedelt hat, während umgekehrt aus den östlich an das Ġāb angrenzenden Regionen sich niemand am Westrand des Erschließungsgebietes niederließ. Der Grund für diese klare Differenzierung ist in der räumlichen Nähe zum Herkunftsgebiet zu sehen, die auch schon bei der Verteilung der Agrarflächen weitgehend berücksichtigt wurde. Wie die Abb. 40 zeigt, sind die in der Westhälfte des Ġāb liegenden Felder vorwiegend an Landempfänger aus den Ǧibāl el-ʿAlawīyīn vergeben worden, während auf der Osthälfte die Bauern aus dem Osten dominieren. Es gibt hier jedoch auch eine ganze Reihe von Fällen, wie etwa östlich von Tell Tūtī, wo für die aus dem Westen stammenden Landempfänger allein aus Distanzüberlegungen eine Ansiedlung in den älteren Dörfern am Ostrand des Ġāb durchaus sinnvoll erscheinen würde. Daß es dazu jedoch nicht kommt, dafür dürften weitgehend die altüberlieferten Rivalitäten zwischen den traditionellerweise westlich des Ġāb ansässigen Alawiten und den östlich der Niederung lebenden Sunniten verantwortlich sein. So ist es durchaus erklärlich, daß bei den innerhalb des Ġāb gelegenen Orten in der Regel nur eine Zuwanderung entweder aus dem Osten oder aus dem Westen erfolgt. In den wenigen Orten, in denen permanente Ansiedlungen sowohl von alawitischen als auch von sunnitischen Landempfängern zu finden sind, wie etwa ent-

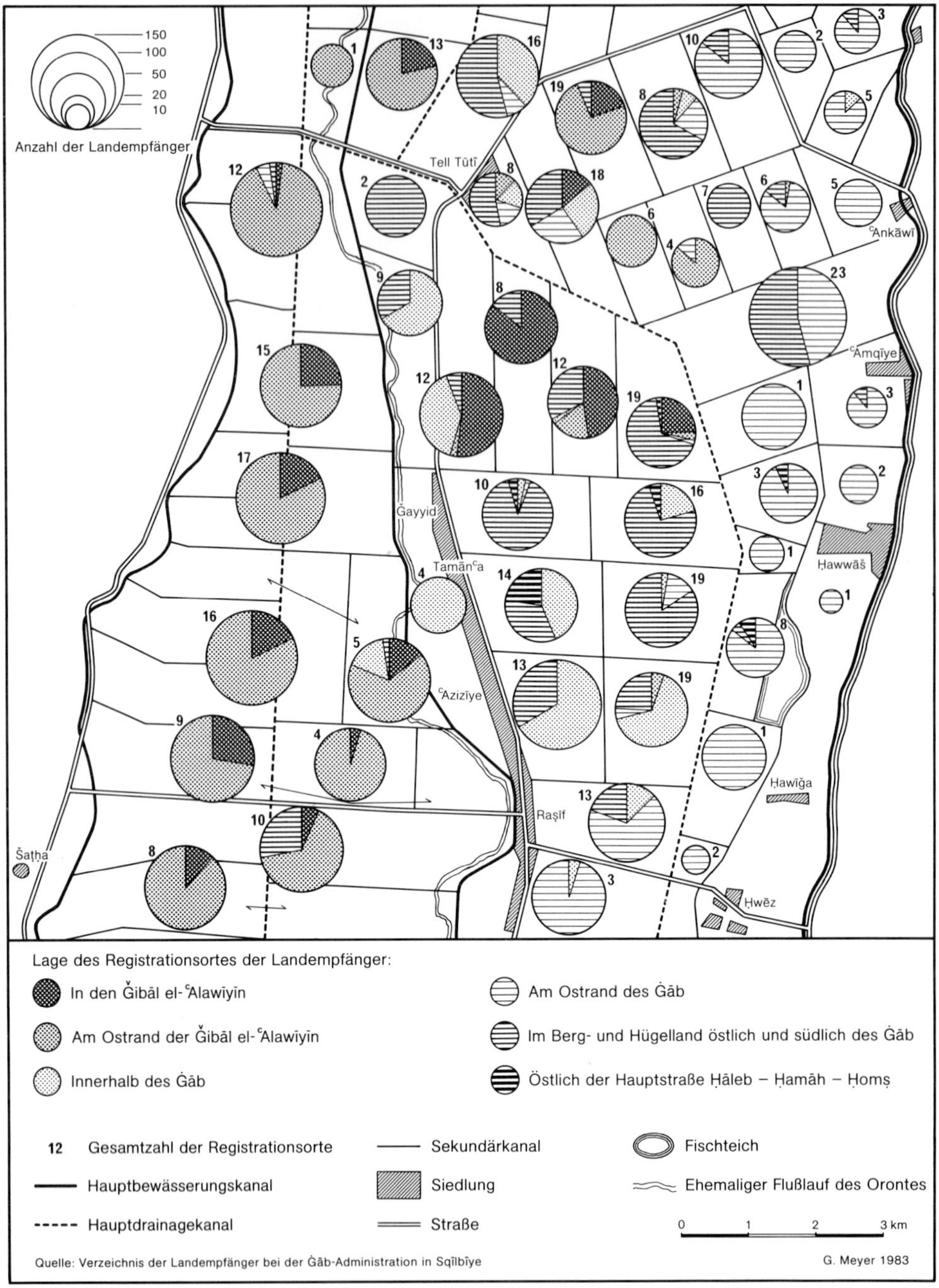


*Abb. 40. Herkunft der Landempfänger im mittleren Ġāb*

lang der Straße zwischen Raṣīf und Ǧayyid, herrscht die räumliche Konzentration der Angehörigen beider Religionsgemeinschaften in jeweils getrennten Vierteln der Siedlungen vor.

Weit weniger strikt ist dagegen die räumliche Trennung bei der Verteilung von saisonalen Unterkünften, die im allgemeinen direkt auf den zugeteilten Parzellen errichtet und nur während der erforderlichen Feldarbeiten bewohnt werden. Angesichts der hier von staatlicher Seite innerhalb eines Bewässerungskomplexes vorgegebenen Mischung der Landempfänger, die aus westlichen und östlichen Regionen sowie aus bis zu 23 verschiedenen Registrationsorten stammen können (vgl. Abb. 40), kommt es durchaus vor, daß sich alawitische Familien provisorische Unterkünfte in der Nachbarschaft von Sunniten errichtet haben.

## E. Die landwirtschaftlichen Produktionsbedingungen im Ġāb

Im Herbst 1968 wurde im Ġāb mit der Gründung von *landwirtschaftlichen Genossenschaften* begonnen, in denen inzwischen der größte Teil der Landempfänger organisiert ist. Die Aufgaben der Kooperativen bestehen in der Vorgabe von Anbauplänen, der Bereitstellung von Produktionsmitteln sowie in der Vermarktung von Getreide, Zuckerrüben und einigen anderen Anbauprodukten. Die maschinelle Ausstattung der Genossenschaften war 1979 noch unzureichend, so daß die Mehrzahl der Kleinbauern auf die Anmietung von privaten Traktoren oder Mähdreschern angewiesen war. In einigen Teilen des Projektgebietes war es vor allem wegen mangelhafter Bereitschaft zur Zusammenarbeit zwischen herkunftsmäßig sehr heterogenen Landempfängern bisher nicht möglich, die Kleinbauern in Genossenschaften zusammenzuschließen. In diesen Fällen werden die Funktionen der Kooperative von den Agrarabteilungen in den sieben Bezirksverwaltungen der Region übernommen. Alle Genossenschaften unterstehen der Ġāb-Administration in Sqīlbīye und werden von Agraringenieuren beaufsichtigt. Diese sollen neben der Beratung der Landempfänger in allen Bereichen der landwirtschaftlichen Erzeugung vor allem darüber wachen, daß die staatlichen Produktionspläne eingehalten werden.

Hauptanbaufrucht im *Winterhalbjahr* (šitwī) ist Getreide, und zwar vorwiegend ertragreicher mexikanischer *Weizen*. Davon wurden 1978/79 47% der Anbaufläche eingenommen, wie eine Auswertung der Meldelisten über die Agrarproduktion bei der Ġāb-Administration in Sqīlbīye ergab (Tab. 25). *Zuckerrüben* und verschiedene Gemüsearten – vor allem Kartoffeln, außerdem Linsen, Bohnen, Kichererbsen und Zwiebeln – bedecken insgesamt nur einen relativ kleinen Sektor des im Winterhalbjahr genutzten Areals. Ein Blick auf die Abb. 41 zeigt, daß besonders die Verteilung der Anbauflächen von Zuckerrüben sehr unregelmäßig ist. Während in zahlreichen Teilgebieten des Ġāb, die jeweils von den Mitgliedern einer Kooperative bewirtschaftet werden oder als Privatland zu einem bestimmten Dorf gehören, kein Anbau von Zuckerrüben betrieben

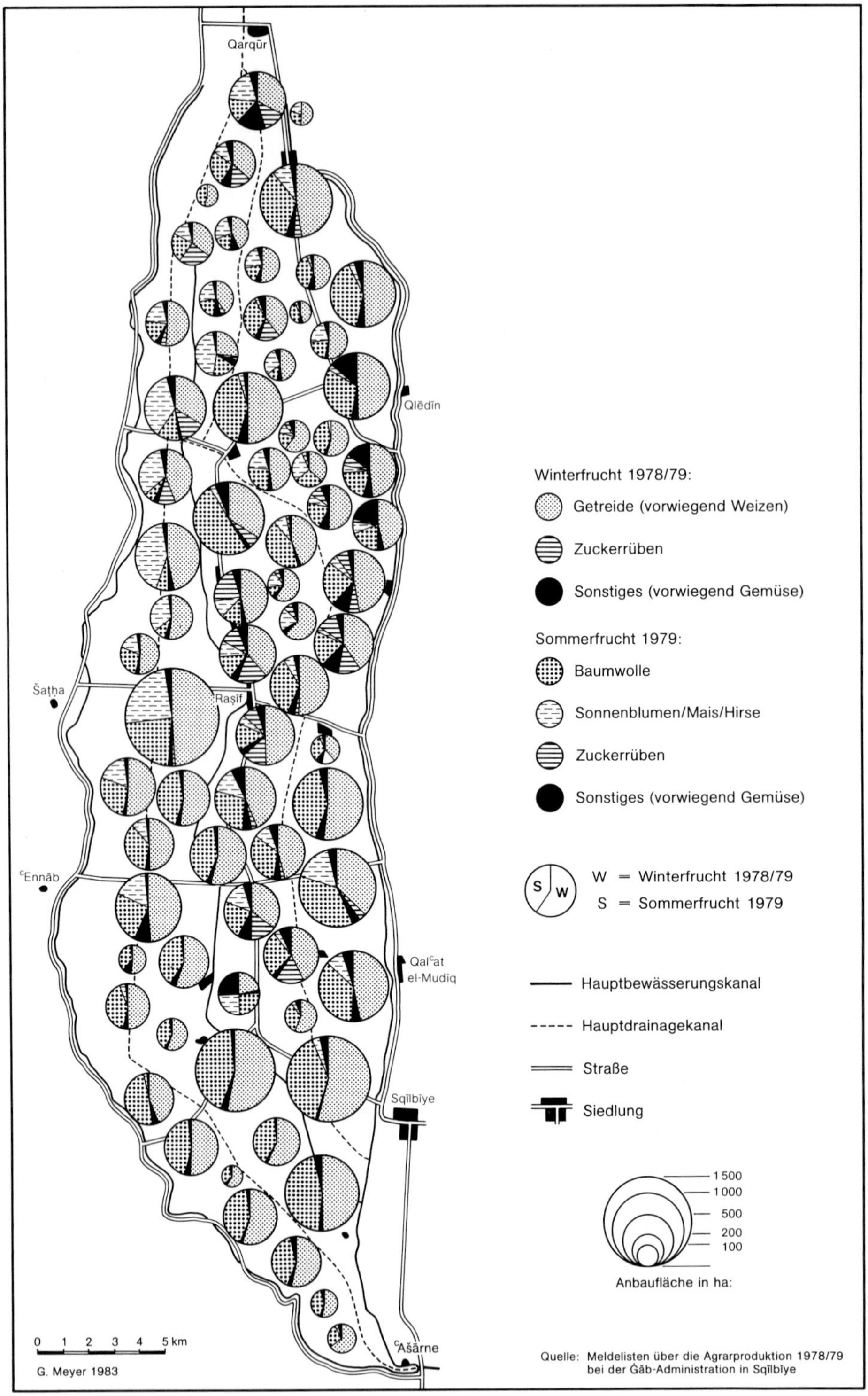


*Abb. 41. Die Anbauflächen im Bewässerungsgebiet des Ġāb 1978/79*

Tabelle 25: Die Anbauflächen im Ġāb im Jahre 1978/79

| | Fläche (ha) | % |
|---|---|---|
| *Winterfrucht 1978/79* | | |
| Getreide (vorwiegend mexikanischer Weizen, 5 % Gerste) | 18 106,2 | 47,0 |
| Zuckerrüben | 1 148,0 | 3,0 |
| Sonstiges (vorwiegend Gemüse, 30 % Kartoffeln) | 1 222,9 | 3,2 |
| *Sommerfrucht 1979* | | |
| Baumwolle | 11 930,1 | 31,0 |
| Sonnenblumen | 3 549,8 | 9,2 |
| Mais/Hirṣe | 512,0 | 1,3 |
| Zuckerrüben | 526,5 | 1,4 |
| Sonstiges (vorwiegend Gemüse) | 1 504,5 | 3,9 |
| Insgesamt | 38 500,0 | 100,0 |

Quelle: Meldelisten über die Agrarproduktion 1978/79 bei der Ġāb-Administration in Sqīlbīye.

wird, ist diese Kultur in anderen Teilgebieten mit einem relativ großen Sektor vertreten. Die Verarbeitung der Ernte erfolgt in der Zuckerfabrik von Ğisr eš-Šuġūr. Um dort eine bessere Arbeitsauslastung zu erreichen, werden die Zuckerrüben nicht nur als Winterfrucht mit Aussaat im Herbst (šawandar ḫarīfī), sondern auch als Sommerfrucht mit Aussaat im Frühjahr (šawandar ṣēfī) angebaut. In Zukunft ist die Ausweisung größerer Zuckerrübenflächen in den staatlichen Anbauplänen und damit eine kräftige Ausweitung des vorerst noch kleinen Anbauareals zu erwarten, sobald die neue Zuckerfabrik in Tell Selhab, deren Fertigstellung für 1980 vorgesehen war, ihren Betrieb aufnimmt.

Wichtigste *Sommerfrucht* ist die *Baumwolle* mit knapp einem Drittel der Anbaufläche. *Sonnenblumen*, die im gesamten Bewässerungsgebiet einen Anteil von gut 9 % erreichen, sind besonders am Westrand der Niederung in Gebieten mit schlechter Drainage und Versalzungsproblemen stark verbreitet. Die restlichen im Sommerhalbjahr kultivierten Flächen werden von Mais, Hirse sowie Gemüse – vor allem Wassermelonen und Gurken – eingenommen. Dadurch, daß außer Baumwolle und Zuckerrüben alle übrigen Sommerfrüchte bei ausreichender Bewässerung auch noch nach der Ernte des Wintergetreides auf den freigewordenen Feldern angebaut werden können, übertrifft insgesamt die Erntefläche die landwirtschaftliche Nutzfläche geringfügig.

Die *Erträge* der verschiedenen Kulturen im Ġāb weisen eine sehr große Spannweite auf. Erntemengen von 40 dz Weizen pro ha in einigen Gebieten stehen 6 dz/ha in anderen Teilen der Bewässerungsregion gegenüber (vgl. Abb. 42). Bei der Baumwolle als zweitwichtigster Anbaufrucht schwankten 1979 die Erträge in den einzelnen Teilge-

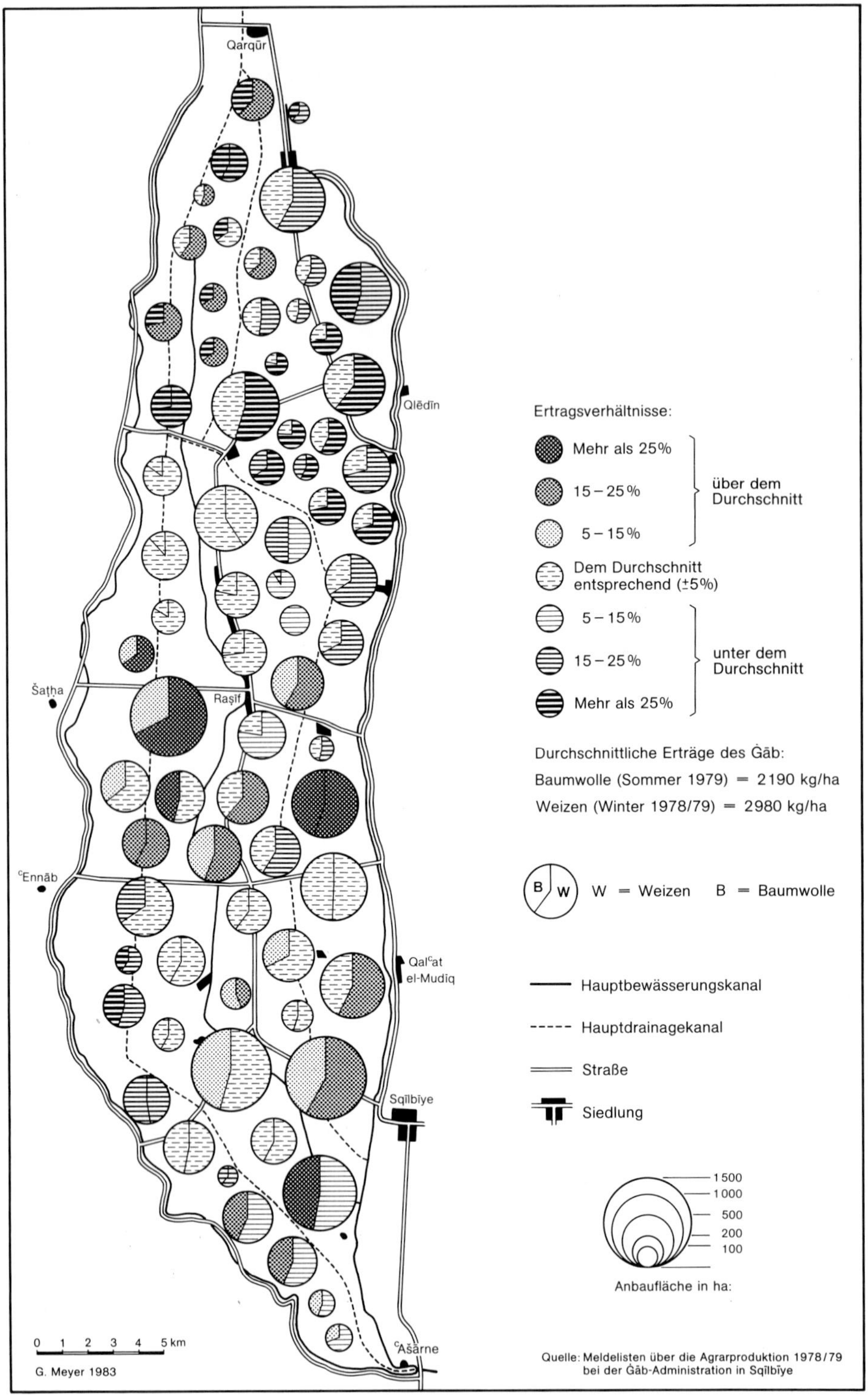


*Abb. 42. Die Ertragsverhältnisse im Bewässerungsgebiet des Ġāb beim Anbau von Weizen und Baumwolle 1978/79*

bieten des Ġāb zwischen 10 und 30 dz/ha. Die Areale mit besonders schlechten Ernten finden sich vor allem im nördlichen Bereich.

Die wichtigsten limitierenden Faktoren der Agrarerzeugung und damit die Hauptursachen der beträchtlichen Ertragsunterschiede sind neben einer *großen Variabilität der Bodengüte* und starken sommerlichen *Fallwinden*, insbesondere am Westrand der Niederung, vor allem in den *unzureichenden Be- und Entwässerungsverhältnissen* zu sehen. Das aus den Stauseen am Oberlauf des Orontes sowie aus Quellen an den Rändern des Ġāb gespeiste Bewässerungssystem sollte zwar nach der ursprünglichen Planung ausreichen, um während der sommerlichen Anbauperiode 50% der Erschließungsfläche im Ġāb zu bewässern. Tatsächlich kann jedoch im allgemeinen nur etwa ein Drittel der Bewässerungsfläche mit ausreichenden Wassergaben versorgt werden, und selbst das ist nur möglich durch den Einsatz von Pumpen.

Die *geringe Effizienz des Bewässerungssystems* hat mehrere Ursachen. Entgegen dem ursprünglichen Planungskonzept bewässern die Bauern ihre Felder nur tagsüber und nicht auch in der Nacht, so daß dann ein großer Teil des Wassers ungenutzt in die Drainagekanäle fließt. Außerdem sind die Sickerverluste in den unbefestigten, bis zu 1500 m langen Feldkanälen sehr hoch; die Bauern können deshalb in der Regel nur die Felder bewässern, die weniger als 400 m vom nächsten befestigten Tertiärkanal entfernt sind. Die unzureichende Nivellierung im Projektgebiet bereitet zusätzliche Schwierigkeiten bei der Bewässerung, während das Fehlen jeglicher Kontrolle über die entnommene Wassermenge dazu führt, daß die Bauern am Oberlauf der Kanäle meist mehr Wasser als erforderlich auf ihre Felder leiten und für die Unterlieger nichts mehr übrig bleibt. Daraus resultieren beispielsweise die äußerst geringen Baumwollerträge im Nordwesten des Ġāb (Abb. 42).

So wie die unzureichende Bewässerung das Hauptproblem für den Anbau der Sommerfrucht darstellt, so beeinträchtigt die *mangelhafte Drainage* vor allem *im Winterhalbjahr* die landwirtschaftliche Produktion. Die Kapazität des von ʿAšārne nach Qarqūr verlaufenden Hauptdrainagekanals A ist zu gering zum Abtransport der im Winterhalbjahr anfallenden Wassermengen, so daß es beispielsweise in sechs der acht Jahre zwischen 1964 und 1972 zu gravierenden Überschwemmungen kam, die jeweils ein Gebiet von 2000 bis 17000 ha betrafen und 50 bis 100 Tage dauerten (FAO 1974, S. 13). Doch auch ohne solche Überflutungen bricht in jedem Winter bereits bei durchschnittlichen Niederschlagsmengen das Drainagesystem zusammen, da infolge des hohen Wasserstandes im Hauptdrainagekanal A das Wasser durch die angeschlossenen Drainagekanäle auf die Felder zurückläuft.

Das Resultat derartiger Entwässerungsmängel sind schwere Verluste bei der Winterfrucht, Verzögerungen bei der Bestellung der Felder und Versalzungsprobleme. Wie stark die dadurch bedingten Schwankungen in der landwirtschaftlichen Erzeugung sein können, zeigt ein Vergleich der Jahre 1970/71 und 1971/72. In der erstgenannten Anbauperiode waren noch im April 14500 ha im Ġāb überflutet, während im folgenden

Jahr die Niederschläge relativ gering waren und sich sehr günstig über das Winterhalbjahr verteilten, so daß kaum Drainageprobleme auftraten. Der Wert der Netto-Agrarproduktion im Ġāb differierte in diesen beiden Jahren um rund 85 % und belief sich auf Beträge von 16,9 bzw. 31,3 Millionen S.L. (FAO 1974, S. 15). Nachdem inzwischen an mehreren Stellen im Ġāb der Ausbau des Drainagenetzes in Angriff genommen wurde, ist für die Zukunft eine deutliche Verbesserung der Anbauverhältnisse zu erwarten.

## III. Die Entwicklung der sozio-ökonomischen Verhältnisse im Projektgebiet, dargestellt an neun unterschiedlichen Gruppen von Landempfängern

Nachdem in den bisherigen Ausführungen auf der Makroebene ein Überblick über die Erschließung und Bewirtschaftung des gesamten Ġāb vermittelt wurde, soll jetzt versucht werden, auf der Mikroebene die Auswirkungen zu analysieren, die sich für die Kleinbauernfamilien aus ihrer Mitarbeit in dem Bewässerungsprojekt ergeben haben. Den Ansatzpunkt der Untersuchung bilden dabei ausgewählte Gruppen von Landempfängern, für die aufgezeigt wird, wie sich ihre sozio-ökonomischen Verhältnisse seit der Zeit, als sie die Bewirtschaftung von Agrarland im Ġāb aufnahmen, bis zum Jahre 1979 entwickelten.

### A. Auswahl der in die Untersuchung einbezogenen Landempfänger und Datenerhebung

Um ein möglichst breites Spektrum charakteristischer Gruppen von Landempfängern zu erfassen, bei denen aufgrund ihrer verschiedenartigen sozio-ökonomischen Ausgangssituation auch nach der Landverteilung unterschiedliche Verhaltensweisen vermutet werden konnten, wurden Kleinbauern aus acht über den gesamten Einzugsbereich des Ġāb-Projektes verstreuten Herkunftsorten ausgewählt (vgl. Abb. 43). Hinzu kam eine weitere Gruppe nomadischen bzw. halbnomadischen Ursprungs, bei deren Mitgliedern als Geburtsort im Register der Sozialerhebung aus dem Jahre 1969 „Bādiye", also die östliche Wüstensteppe, eingetragen war.

In dieser Auswahl sind Landempfänger aus verschiedenen naturräumlichen Großeinheiten mit ihren jeweils typischen agrarischen Wirtschaftsformen vertreten, und es sind ebenso die für das Einzugsgebiet des Ġāb-Projektes charakteristischen ethnisch-religiösen Gruppierungen berücksichtigt worden. Dazu gehören *Sunniten*, welche in ganz Syrien mit einem Anteil von 70 % die größte Religionsgemeinschaft bilden,

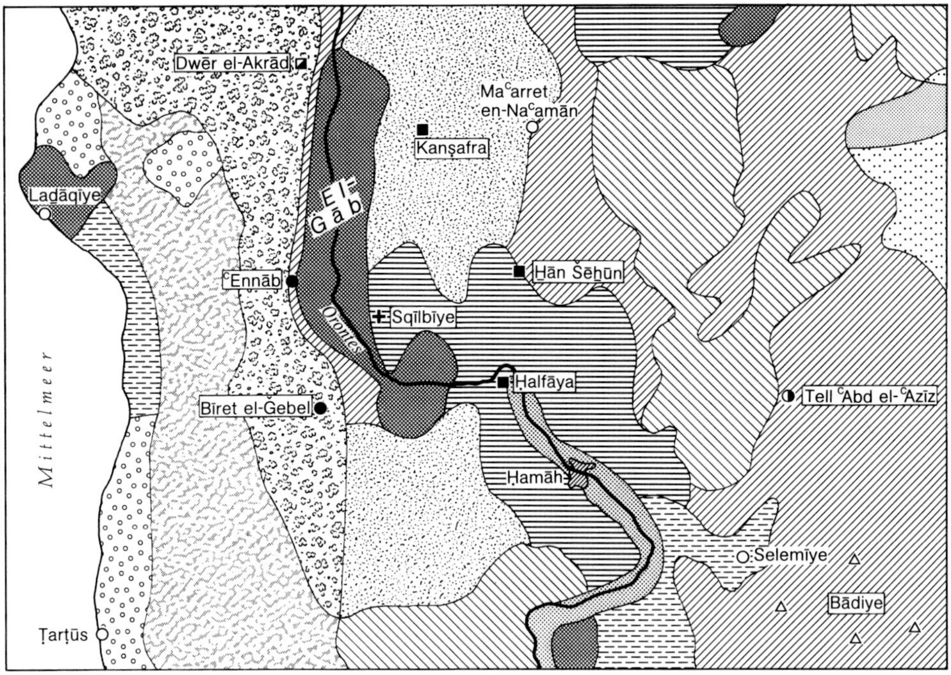


Ethnisch-religiöse Charakterisierung der Bevölkerung:

- ■ Sunniten
- ◑ Ismailiten
- + Griechisch-orthodoxe Christen
- ● Alawiten
- ◪ Arabisierte Kurden sunnitischen Glaubens
- △ Nomaden/Halbnomaden sunnitischen Glaubens

Grundzüge der Landnutzung (nach E. Wirth 1971, Karte 10):

- Wald, Gehölzfluren (in tieferen Lagen mit Rodungsinseln)
- Landnutzungsgefüge der mittleren Gebirgslagen: Zwischen Ödland und Weidetrift inselhaft Wintergetreide, Dauerkulturen oder Bewässerungsfluren
- Traditionelle Bewässerungsgebiete des Altsiedellandes mit vielfältigem Anbau
- Jung erschlossene Bewässerungsgebiete mit Überwiegen von Baumwolle und Weizen
- Überwiegen von unbewässerten Dauerkulturen (Ölbäume, Wein, sonstige Baumkulturen)
- Stärker von jung erschlossenem Bewässerungsland durchsetzte Regenfeldfluren
- Regenfeldfluren mit Rotation Wintergetreide - Sommerfrucht, inselhaft auch mit Dauerkulturen
- Regenfeldfluren mit Rotation Wintergetreide - Brache und meist geringen Erträgen. Inselhaft Dauerkulturen oder Bewässerungsfelder
- Karge Regenfeldfluren mit Rotation Wintergetreide - Brache und meist geringen Erträgen. Auch in Siedlungsnähe kaum Bewässerungsfelder
- Ödland und Weidetrift mit inselhaftem Anbau und Siedlungen an naturbegünstigten Stellen
- Weidegründe
- Salztonflächen, periodisch überflutet

0 10 20 30 km

G. Meyer 1982

*Abb. 43. Lage, ethnisch-religiöse Charakterisierung der Bevölkerung und Grundzüge der Bodennutzung in den Herkunftsorten der im Rahmen der Untersuchung erfaßten Landempfänger*

*Alawiten* und *Ismailiten*, zu denen etwa 12 % bzw. 1 % der Gesamtbevölkerung gerechnet werden, sowie *griechisch-orthodoxe Christen*, die rund 5 % der Bevölkerung ausmachen. *Nomadischer Herkunft* sind etwa 5 % der syrischen Bevölkerung, während die ethnische Minorität der *Kurden* einen Anteil von 7 % erreicht[55].

Die ausgewählten Herkunftsorte sind von unterschiedlicher Größe und umfassen neben den beiden Kleinstädten Ḫān Šēḫūn (9095 Einwohner bei der Volkszählung 1970) und Sqīlbīye (6952 Ew.) Dörfer, von denen Kanṣafra über die zahlenmäßig stärkste Bevölkerung (1056 Ew.) verfügt. Daraus ergab sich für die Festlegung der tatsächlich zu interviewenden Personen das Problem, daß die Zahl der Landempfänger pro Herkunftsort zwischen mehr als 600 bei Sqīlbīye und nur 24 bei Tell ᶜAbd el- ᶜAzīz schwankt. Da für den beabsichtigten Vergleich der aus unterschiedlichen Gebieten stammenden Kleinbauern jeweils eine möglichst gleich große Zahl zu untersuchender Fälle angestrebt wurde und keine statistisch repräsentativen Aussagen für das gesamte Projekt beabsichtigt waren, wurden aus dem Verzeichnis der Landempfänger im Rahmen einer systematischen Stichprobe 30 Namen pro Herkunftsort ausgewählt. Berücksichtigung fanden hier nur solche Personen, die bereits vor der offiziellen Landzuteilung im Jahre 1969 Agrarflächen im Ġāb bewirtschaftet hatten. Die 24 ismailitischen Landempfänger aus Tell ᶜAbd el- ᶜAzīz wurden alle in die Untersuchung einbezogen, so daß sich die Zahl der durchzuführenden Interviews auf insgesamt 264 belief.

Die Befragungen erfolgten Ende September und Anfang Oktober 1979, also kurz vor Ende des landwirtschaftlichen Jahres. Die Baumwollernte stand vor ihrem Abschluß, so daß die Bauern bereits einen guten Überblick über die Ertragsverhältnisse der abgelaufenen Agrarsaison hatten. Außerdem hielten sich zu dieser Zeit die sonst außerhalb des Ġāb lebenden Landempfänger meist noch in den auf ihren Feldern errichteten provisorischen Unterkünften auf, um den Abtransport der zuletzt gepflückten Baumwolle abzuwarten. Dadurch waren die zu interviewenden Personen im allgemeinen relativ leicht erreichbar, und die Befragungsaktion konnte zügig abgewickelt werden.

Zu Beginn der Interviews wurde als Begründung und Legitimation für die ohne behördliche Genehmigung durchgeführte Untersuchung zunächst auf die Sozialerhebung des Jahres 1969 verwiesen, deren Daten über die zu Befragenden aus den bei der Ġāb-Administration aufbewahrten Urkunden abgeschrieben worden waren. Anknüpfend an die damalige Erhebung sollte durch die neuerliche Untersuchung festgestellt werden, wie sich die wirtschaftlichen und sozialen Verhältnisse der Landempfänger inzwischen entwickelt hätten. Außerdem solle herausgefunden werden, welche Maßnahmen insbesondere von staatlicher Seite ergriffen werden müßten, um die Situation der Landempfänger zu verbessern. Daran schloß sich als motivierender Einstieg in das Interview die Frage an, was nach Meinung des Befragten das Wichtigste sei, das zur Verbesserung der wirtschaftlichen und sozialen Verhältnisse der Landempfänger getan

55) Vgl. E. WIRTH 1971, S. 173–176 und M. SEURAT 1980, S. 97 u. 103.

werden müsse. Über den Wichtigkeitsgrad der verschiedenen vorgeschlagenen Maßnahmen entzündete sich häufig mit den übrigen anwesenden Nachbarn oder Verwandten eine Diskussion, in deren Verlauf eventuell noch verbliebenes Mißtrauen gegenüber dem Interviewer weitestgehend abgebaut wurde, so daß die anschließenden Fragen im allgemeinen mit großer Bereitwilligkeit beantwortet wurden. Im einzelnen wurden folgende Sachverhalte erfragt:

- frühere Erwerbstätigkeit des Interviewten vor Beginn der Bewirtschaftung von Agrarland im Projektgebiet,
- Größe der zugeteilten Agrarfläche,
- Anbauflächen, verwendete Düngemittel und Agrarerträge im landwirtschaftlichen Jahr 1978/79,
- Versorgung mit Bewässerungswasser (Kanal- oder Pumpbewässerung; Besitz-, Miet- oder Teilpachtverhältnisse bei der Pumpbewässerung),
- Drainageverhältnisse und Größe der von Versalzung betroffenen Agrarfläche,
- Viehhaltung,
- Besitz von landwirtschaftlichen Maschinen und Transportfahrzeugen,
- Erwerbstätigkeit außerhalb des eigenen Agrarbetriebes im Ġāb,
- Wohnverhältnisse (Unterkünfte am Herkunfts- bzw. Zuzugsort oder auf den zugeteilten Feldern und jeweilige Dauer der dortigen saisonalen Aufenthalte),
- Alter, bisherige berufliche Tätigkeiten und Wohnorte der Familienangehörigen seit Projektbeginn.

Die vorgesehenen 264 Interviews konnten alle durchgeführt werden. Anfängliche Befürchtungen, daß die Landempfänger möglicherweise die Agrarerträge oder die Viehzahlen absichtlich zu gering angeben und außerlandwirtschaftliche Tätigkeiten ganz verschweigen würden, erwiesen sich als unbegründet, wie stichprobenartiges Nachfragen bei Bekannten der Interviewten und Ertragsvergleiche zwischen benachbarten Flurteilen ergaben.

## B. Die wirtschaftlichen Verhältnisse der Landempfänger vor Projektbeginn

Der Anfang der permanenten Bewirtschaftung von Agrarland im Projektgebiet durch die befragten Landempfänger erstreckt sich über den Zeitraum von 1955 bis 1964 (vgl. Tab. 26). Das Schwergewicht liegt dabei auf dem Jahr 1958, in welchem mehr als die Hälfte der untersuchten Betriebe ihre Arbeit aufnahm. Analysiert man im einzelnen, auf welche Weise die Landempfänger zuvor ihren Lebensunterhalt verdient hatten, so zeigen sich je nach Herkunftsort recht charakteristische Unterschiede und Besonderheiten (vgl. Tab. 27 und Abb. 43), die hier kurz vorgestellt werden sollen:

Tabelle 26: Beginn der permanenten Bewirtschaftung von Agrarland im Projektgebiet des Ġāb durch die befragten Landempfänger

| Herkunftsort der Landempfänger | Anzahl der Landempfänger, die in dem jeweiligen Jahr mit der Bewirtschaftung von Agrarland im Projektgebiet begannen | | | | | | | | | |
|---|---|---|---|---|---|---|---|---|---|---|
| | 1955 | 1956 | 1957 | 1958 | 1959 | 1960 | 1961 | 1962 | 1963 | 1964 |
| Dwēr el-Akrād | – | – | – | 25 | – | – | – | – | 5 | – |
| ᶜEnnāb | – | – | 25 | 3 | – | – | 1 | – | 1 | – |
| Bīret el-Ǧebel | – | – | – | 5 | – | – | – | 1 | – | 24 |
| Kanṣafra | – | – | – | 29 | – | – | – | – | – | 1 |
| Ḫān Šēḫūn | – | 2 | 3 | 20 | 1 | 1 | – | – | – | 3 |
| Sqīlbīye | – | – | – | 19 | – | – | – | 1 | – | 10 |
| Ḥalfāya | 11 | – | – | 19 | – | – | – | – | – | – |
| Tell ᶜAbd el-ᶜAzīz | – | – | 1 | 10 | 2 | 1 | 1 | – | – | 9 |
| Bādiye | – | – | 24 | 6 | – | – | – | – | – | – |
| Insgesamt | 11 | 2 | 53 | 136 | 3 | 2 | 2 | 2 | 6 | 47 |

– *Dwēr el-Akrād* (Ǧibāl el-ᶜAlawīyīn, Sunniten kurdischer Abstammung; Foto 12) Fast alle Befragten waren früher vorwiegend als Landarbeiter, manche auch als Teilpächter für jeweils eine Saison im unbewässerten Getreidebau entweder am Ostrand der Ǧibāl el-ᶜAlawīyīn oder auf der gegenüberliegenden Seite des Orontes im nordöstlichen nicht versumpften Gebiet des Ġāb tätig. Darüber hinaus bewirtschafteten einige von ihnen kleine, steinige Felder in Dorfnähe, die ihnen selbst oder ihren Vätern gehörten und nur einen sehr geringen Ertrag abwarfen. Eine weitere Beschäftigungsmöglichkeit bot der Fischfang im Ġāb, während zwei der Landempfänger jeweils für die Dauer von zwei bis drei Monaten im Jahr im Hafen von Beirut gearbeitet hatten.

– *ᶜEnnāb* (Ǧibāl el-ᶜAlawīyīn, Alawiten; Foto 13)
Die meisten hatten als Teilpächter mit Anspruch auf 15 bis 25 % der Ernte im Bergfußbereich der Ǧibāl el-ᶜAlawīyīn Weizen und Gerste oder mitten im Ġāb, am nicht versumpften Westufer des Orontes, auch Hirse angebaut. Die Haltung von meist nur einem Wasserbüffel oder einer Kuh diente vorwiegend zur Selbstversorgung der Familien mit Milch. Aufgrund der völlig unzureichenden Beschäftigungsmöglichkeiten im Ġāb waren einige der Landempfänger früher als Gelegenheitsarbeiter in Laḏāqīye und in Libanon gewesen.

– *Bīret el-Ǧebel* (Ǧibāl el-ᶜAlawīyīn, Alawiten; Foto 14)
Vorherrschend war die Tätigkeit als Landarbeiter für getreideanbauende Großgrundbesitzer in Tell Selḥab und der angrenzenden Ebene von ᶜAšārne. Dort hatten einige auch schon als Teilpächter seit Anfang der fünfziger Jahre den rasch expandierenden Anbau von Baumwolle mit Pumpbewässerung kennengelernt. Andere ver-

Tabelle 27: Berufliche Tätigkeit der Landempfänger vor Aufnahme einer permanenten Bewirtschaftung von Agrarland im Projektgebiet

| Berufliche Tätigkeit | Prozentualer Anteil der gefragten Landempfänger aus dem betreffenden Herkunftsort (Mehrfachnenn.) | | | | | | | | |
|---|---|---|---|---|---|---|---|---|---|
| | Dwēr el-Akrād | ᶜEnnāb | Bīret el-Ǧebel | Kanṣafra | H̱ān Šēẖūn | Sqīlbīye | Ḥalfāya | Tell ᶜAbd el-ᶜAzīz | Bādiye | Insgesamt |
| Landbesitzer mit Bewirtschaftung von Regenfeldern | 10 | 7 | 7 | 30 | – | – | 3 | 13 | 3 | 8 |
| Landbesitzer mit Reb- od. Fruchtbaumflächen | – | – | 13 | 33 | – | – | – | – | – | 5 |
| Teilpächter mit Regenfeldern | 20 | 73 | – | 17 | 37 | 20 | 13 | 8 | 10 | 22 |
| Teilpächter mit pumpbewässerten Feldern | – | – | 10 | – | – | 23 | 50 | 4 | 3 | 11 |
| Pächter auf Staatsland mit Regenfeldern | – | – | 13 | 3 | – | – | – | – | 30 | 5 |
| Landarbeiter | 80 | 10 | 73 | 43 | 60 | 23 | 17 | 83 | 13 | 44 |
| Traktorfahrer | – | – | – | – | 3 | 7 | 3 | – | – | 2 |
| Schafhalter/Lohnhirten | – | – | – | 3 | – | – | – | – | 73 | 9 |
| Fischer | 10 | – | – | – | – | – | – | – | – | 1 |
| Gelegenheitsarbeiter | 7 | 13 | – | 13 | 7 | 30 | 37 | 3 | 3 | 13 |
| Händler | – | 3 | – | – | – | 17 | – | – | 3 | 3 |
| Handwerker | – | – | – | – | 7 | 3 | – | – | – | 1 |

*Foto 12. Dwēr el-Akrād, ein altes Kurdendorf in den Ǧibāl el-ʿAlawīyīn*

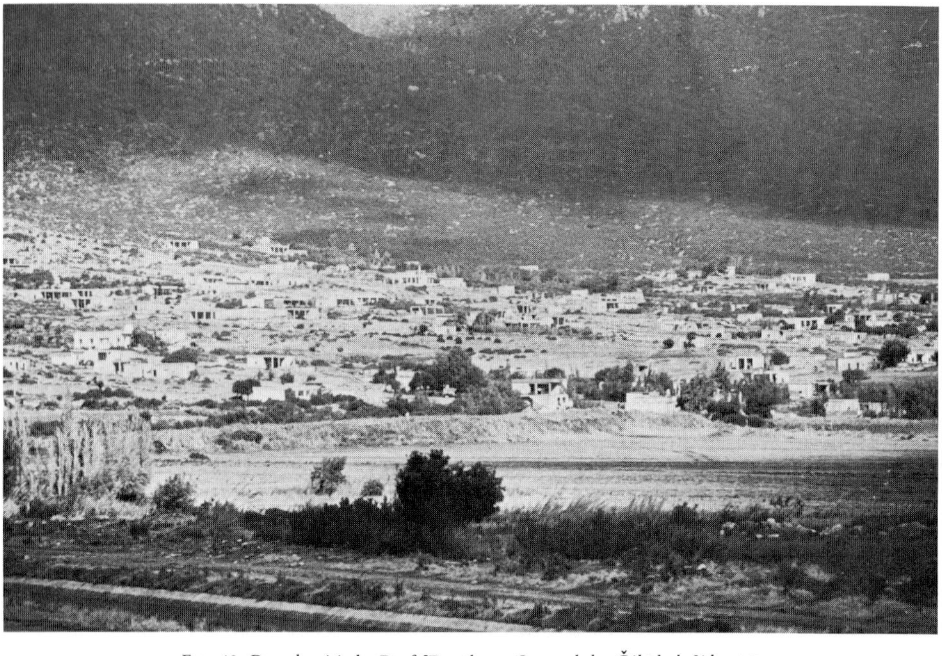

*Foto 13. Das alawitische Dorf ʿEnnāb am Ostrand der Ǧibāl el-ʿAlawīyīn*

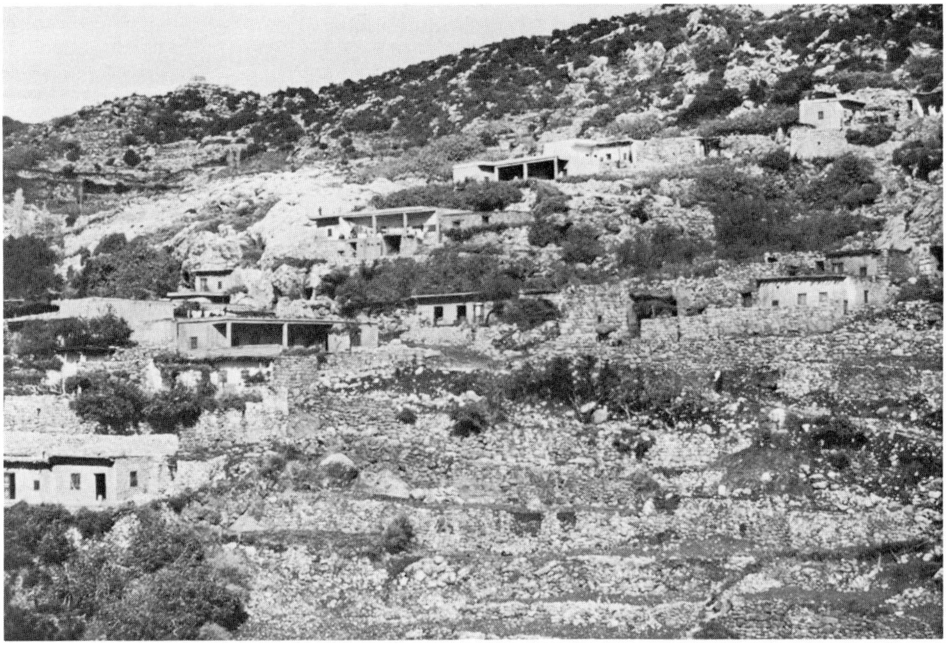

*Foto 14. Das alawitische Dorf Bīret el-Ǧebel in den Ǧibāl el- ʿAlawīyīn*

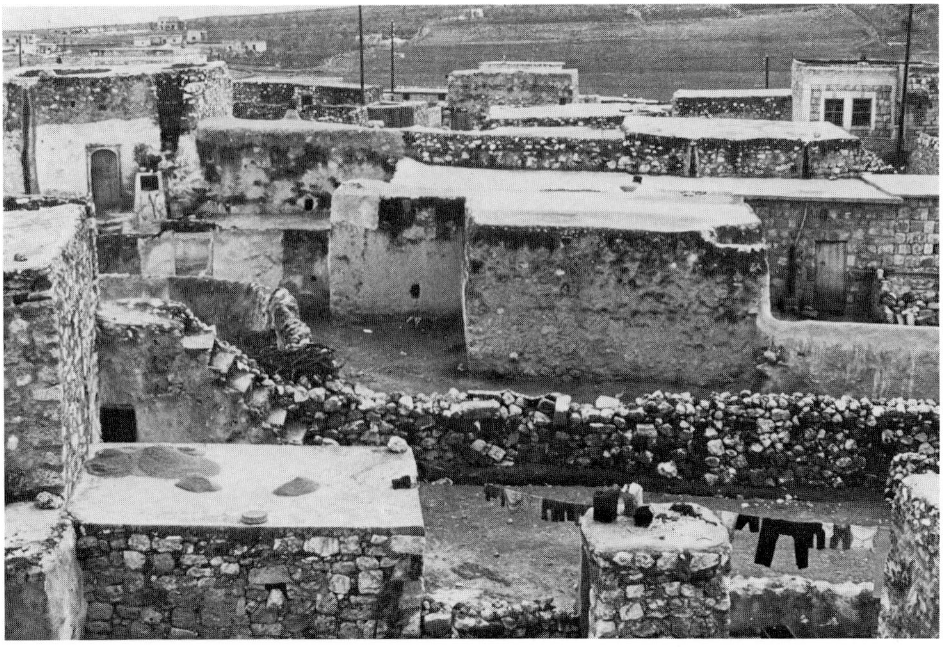

*Foto 15. Alte Gehöfte in dem sunnitischen Dorf Kanṣafra im Ǧebel ez-Zāwīye*

fügten in der Nähe ihres Dorfes als Eigentümer oder Pächter von Staatsland über winzige Parzellen mit Fruchtbäumen oder Reben sowie über steinige Felder von weniger als 1 ha Größe, auf denen sie Weizen und Gerste anbauten. Daneben hatte die Ziegenhaltung in den Ǧibāl el-ʿAlawīyīn eine gewisse wirtschaftliche Bedeutung.

- *Kanṣafra* (Ǧebel ez-Zāwīye, Sunniten; Foto 15)
  Ein Drittel der Befragten besaß auf den verkarsteten und meist nur mit einer dünnen Bodenschicht bedeckten Kalktafeln des Ǧebel ez-Zāwīye jeweils zwischen 0,5 und 4 ha Land, auf dem der Anbau von Wintergetreide in Rotation mit Brache betrieben wurde. Dazu kamen in unmittelbarer Dorfnähe oft auch noch zwischen 0,1 und 0,3 ha Rebland. Wer keinen solchen Besitz hatte, versuchte als Landarbeiter oder Teilpächter in Kanṣafra selbst, im nordöstlichen Randbereich des Ġāb zwischen Qasṭūn und Qlēdīn oder im Umland von Ḥamāh, ja sogar im Euphrattal, eine saisonale Beschäftigung zu finden. Einige waren auch zeitweise als Gelegenheitsarbeiter in verschiedenen syrischen Städten, insbesondere in Ḥamāh tätig gewesen. Zur Dekkung des Eigenbedarfs an tierischen Produkten wurden meist ein oder zwei Ziegen oder Schafe gehalten, als deren Weidegründe die Felstriften des Ǧebel ez-Zāwīye dienten.
- *Ḫān Šēḫūn* (östlich des Ǧebel ez-Zāwīye, Sunniten; Foto 16)
  Als Landarbeiter oder als Teilpächter, die auf Regenfeldflächen von 10 bis 40 ha Wintergetreide anbauten, waren früher die meisten der Befragten tätig gewesen. Jeweils einer der Landempfänger hatte als Traktorfahrer, Kfz-Mechaniker, Bauarbeiter und Tischler seinen Lebensunterhalt am Wohnort verdient, während zwei Männer zeitweilig als Gelegenheitsarbeiter in Libanon waren.
- *Sqīlbīye* (Ostrand des Ġāb, Christen; Foto 17)
  Knapp die Hälfte der Befragten hatte als Teilpächter entweder auf den hochgelegenen Orontes-Terrassen östlich der Ġāb-Senke Wintergetreide auf 5 bis 20 ha großen Betriebsflächen angebaut oder im nicht versumpften Bereich der Niederung Anbau von Weizen und Baumwolle auf 2 bis 4 ha großen Flächen mit Pumpbewässerung betrieben. Die übrigen waren als Land- oder Gelegenheitsarbeiter, Traktorfahrer, Händler und Handwerker in Sqīlbīye und Umgebung beschäftigt gewesen.
- *Ḥalfāya* (östlich der Ebene von ʿAšārne, Sunniten; Foto 18)
  Die frühere Beschäftigungsstruktur ist durch eine relativ große Zahl von Teilpächtern gekennzeichnet, die bereits über eigene Erfahrungen mit pumpbewässertem Baumwollanbau verfügten. Die von ihnen oft nur für die Dauer einer Saison bewirtschafteten Flächen lagen vorwiegend in der Ebene von ʿAšārne und gehörten im allgemeinen Großgrundbesitzern aus Ḥamāh. Einige von ihnen hatten auch Land im südlichen Ġāb oder nahe Ḥamāh gepachtet, während andere sich als Land- und Gelegenheitsarbeiter insbesondere von den Christen in Muḥarde anwerben ließen oder zeitweise in Ḥamāh, Damaskus und Libanon arbeiteten.

*Foto 16. Überblick über die vorwiegend von Sunniten bewohnte Kleinstadt Ḫān Šēḫūn*

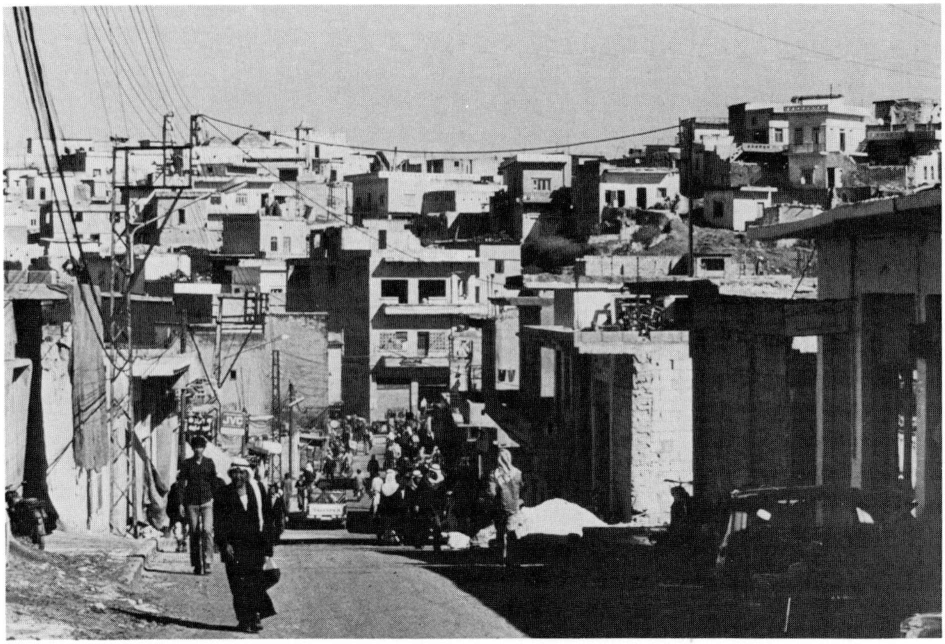

*Foto 17. Geschäftsstraße in der vorwiegend von Christen bewohnten Kleinstadt Sqīlbīye am Ostrand des Ġāb*

*Foto 18. Neubauten am Rand des sunnitischen Dorfes Ḥalfāya südöstlich des Ġāb*

- *Tell ʿAbd el-ʿAzīz* (östlich Ḥamāh, Ismailiten)
  Die meisten Landempfänger stammten aus Familien, die im Jungsiedelland nordöstlich von Selemīye 3 bis 15 ha große Regenfeldflächen besaßen, wovon jeweils eine Hälfte mit Wintergetreide bestellt wurde, während die andere Hälfte brach lag. Die kleinen Betriebsflächen reichten nicht aus, um auch noch die Familien der Söhne zu ernähren, so daß diese sich meistens bemüht hatten, neben der Hilfe auf dem väterlichen Hof als Landarbeiter im Raum Ḥamāh-Selemīye eine saisonale Beschäftigung zu finden.
- *Bādiye* (südöstlich Selemīye, Sunniten)
  Wie bei der nomadischen Herkunft dieser Gruppe kaum anders zu erwarten, dominierte die mobile Schafhaltung, wobei die Befragten weniger eigene als vielmehr solche Tiere betreuten, die sich im Besitz von Städtern insbesondere aus Ḥamāh und Selemīye befanden. Daneben wurde meist auch noch etwas Getreideanbau in Teilpacht auf Privatland oder gegen Geldpacht auf Staatsland östlich bzw. südöstlich von Selemīye betrieben. Einer der Befragten hatte mit Schafen gehandelt, während andere als Gelegenheitsarbeiter im Gebiet von Selemīye tätig waren.

Insgesamt wird deutlich, daß die interviewten Betriebsleiter vor der Aufnahme einer permanenten Bewirtschaftung von Agrarland im Projektgebiet sich vorwiegend *als Landarbeiter mit einem Beschäftigungszeitraum von selten mehr als 4 Monaten im Jahr sowie als Teilpächter einen äußerst bescheidenen Lebensunterhalt verdienten. Soweit sie über eigenen Grundbesitz verfügten, waren die Flächen so klein oder ertragsarm, daß sie als wirtschaftliche Existenz nicht ausreichten.* Über eigene Erfahrungen mit der im Ġāb zu praktizierenden Bewässerungslandwirtschaft verfügten nur sehr wenige.

Es zeigt sich also, daß neben der Grundvoraussetzung einer früheren Tätigkeit im Agrarbereich *ausschließlich nach sozialen Gesichtspunkten ausgewählt wurde und nur die wirklich Bedürftigen in den Genuß der Zuteilung von Bewässerungsflächen gekommen sind.* Damit hebt sich die hier geübte Praxis deutlich von Landverteilungsaktionen im Rahmen von Agrarreformen oder Bewässerungsprojekten in manchen anderen Staaten ab, wo die Landvergabe von der Zugehörigkeit zur herrschenden Partei oder Bevölkerungsgruppe abhängig gemacht wird oder wo – wie beispielsweise in Ägypten – unter anderem verdiente Kriegsveteranen, landwirtschaftliche Ingenieure und kapitalkräftige Unternehmer bei der Vergabe von neuerschlossenen Bewässerungsflächen bevorzugt werden (vgl. G. MEYER 1978, S. 221 und 225).

## C. Durch die Landzuteilung bedingte räumliche Mobilität der Kleinbauern

Nach einer Übergangsperiode, in welcher die späteren Muraḥasīn dort den landwirtschaftlichen Anbau aufnahmen, wo sie die Möglichkeit hatten, von Kontraktoren oder direkt von der staatlichen Agrarbehörde Land zu pachten, erfolgte 1969 die definitive Landzuteilung in der bereits dargelegten Vorgehensweise. Für einen großen Teil der Kleinbauern war damit eine Verlegung der bisher von ihnen bewirtschafteten Flächen verbunden. Bei der Umverteilung berücksichtigte die Agarbehörde soweit wie möglich bereits vollzogene Wohnsitzverlegungen und bemühte sich sowohl um eine Minimierung der Distanz zwischen Wohnsitz und Feld als auch um eine Zusammenlegung der Parzellen von Bewohnern des gleichen Herkunftsdorfes. In zahlreichen Fällen ist dies relativ gut gelungen, wie aus den großen Symbolen in der Abb. 44 hervorgeht, die anzeigen, daß in dem jeweiligen Bewässerungskomplex mindestens 20 Personen aus dem gleichen Ort Land zugeteilt bekamen. Bei den verstreut liegenden kleinen Symbolen handelt es sich dagegen oft um Muraḥasīn, die vor 1969 noch kein Land im Ġāb bewirtschaftet hatten und mit denen man nachträglich noch nicht voll besetzte Bewässerungskomplexe auffüllte.

Trotz aller Bemühungen der Agrarbehörde war es jedoch bei dem weiten Einzugsbereich der Landempfänger unvermeidbar, daß in den meisten Fällen erhebliche Entfernungen zwischen den Herkunftsorten der Kleinbauern und ihren Parzellen lagen. Auf welche Weise diese *Distanzprobleme* bei der Bewirtschaftung der Felder von den Landempfängern aus den neun untersuchten Orten gelöst wurden, geht aus der Tab. 28 hervor. Bei relativ leicht erreichbaren Feldern, die wie im Fall von ᶜEnnāb und Sqīlbīye im Durchschnitt weniger als 10 km vom Herkunftsort entfernt liegen, wird im allgemeinen

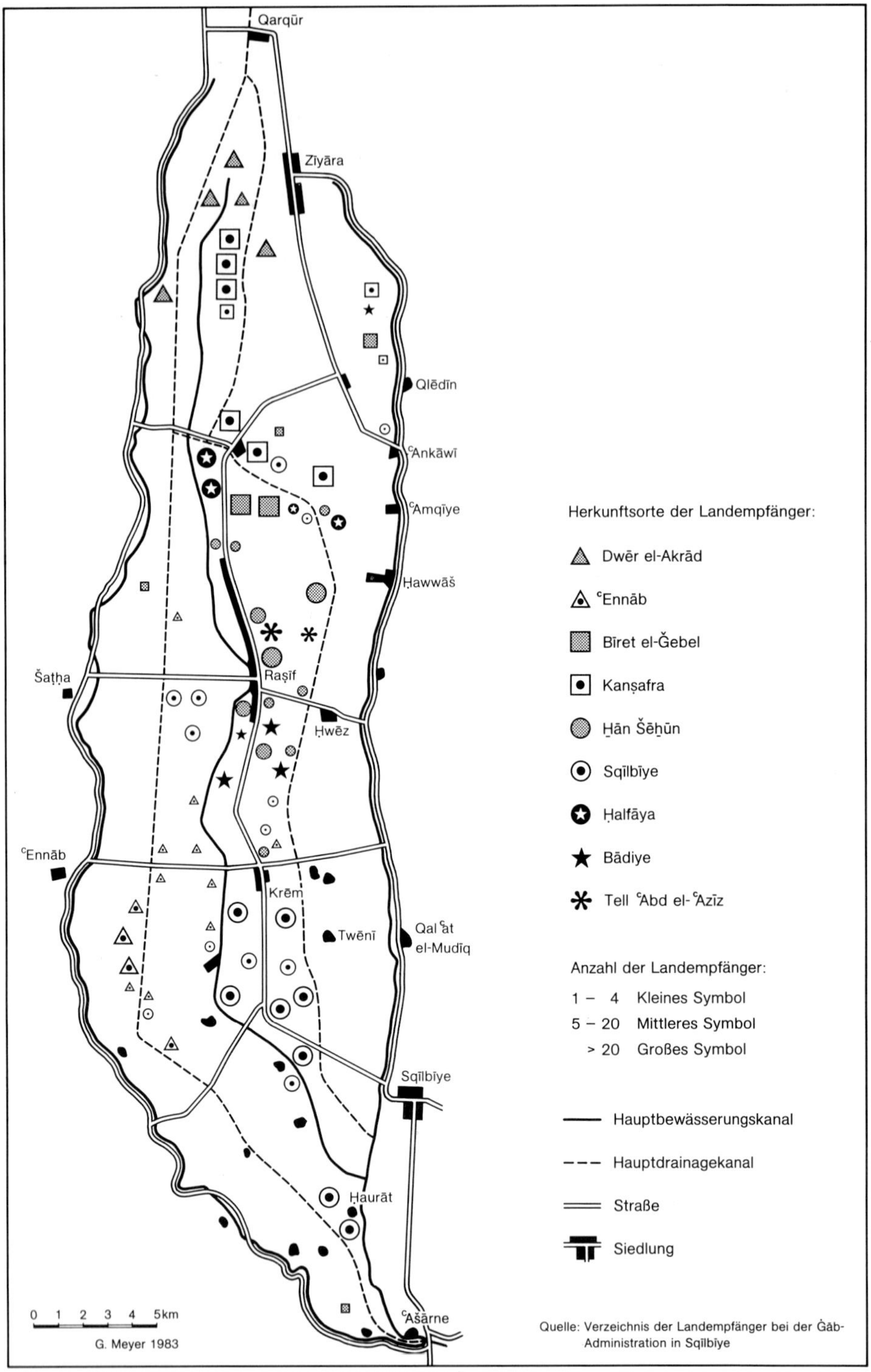


*Abb. 44. Verteilung der Agrarflächen im Ġāb von Landempfängern aus den untersuchten Herkunftsorten*

Tabelle 28: Erreichbarkeit der im Ġāb zugeteilten Agrarflächen und dadurch bedingte Migrationsvorgänge aller Landempfänger aus den untersuchten Herkunftsorten

| Herkunftsort | Mittl. Entfernung zw. Herkunftsort u. Feldern im Ġāb | Aufwand zum Erreichen d. Felder v. Herkunftsort aus | Durch die Bewirtschaftung des Bewässerungslandes verursachte Migrationsvorgänge |
|---|---|---|---|
| Dwēr el-Akrād | 12 km | Steiler Fußweg oder unbefestigter, nur mit Traktor befahrbarer Weg zw. Dwēr el-Akrād u. Sirmānīye, von dort mit lokal verfügbaren Mietfahrzeugen ins Ġāb; Dauer ca. 2 Std. | Mehr als die Hälfte der Landempfänger siedelte sich im tiefer gelegenen Sirmānīye an und pendelt von dort aus täglich zu den Feldern oder lebt in saisonalen Unterkünften auf dem Agrarland. Etwa 10 Familien wohnen dauernd in Häusern, die sie auf ihren Feldern im Ġāb errichteten; in einigen Fällen kehrt ein Teil der Haushaltsmitglieder, insbesondere Frauen und schulpflichtige Kinder, im Winter an den Herkunftsort zurück. Die übrigen haben ihren Hauptwohnsitz in Dwēr el-Akrād beibehalten und sich einfache, nur saisonal bewohnte Unterkünfte im Ġāb errichtet, oder sie übernachten während der Hauptarbeitsperiode auf ihren Feldern im Zelt bzw. unter freiem Himmel. |
| ᶜEnnāb | 3,5 km | Einstündiger Fußmarsch auf unbefestigten Feldwegen oder 20 Min. Fahrzeit mit wenigen lokal verfügbaren Mietfahrzeugen | Im allgemeinen wird der Hauptwohnsitz in ᶜEnnāb beibehalten und, soweit zur Bewirtschaftung erforderlich, täglich zu den Feldern gependelt. In wenigen Fällen permanente Niederlassung in älteren alawitischen Siedlungen innerhalb des Ġāb. |
| Bīret el-Ǧebel | 40 km | Steiler Fußpfad zw. Bīret el-Ǧebel u. Abū Qubēs, von dort auf Asphaltstraße mit selten verkehrenden Miet-Kfz. ins Ġāb; Dauer ca. 4 Std. | Außer einigen Landempfängern, welche in die verkehrsgünstiger gelegenen Orte Abū Qubēs und Tell Selḥab zogen, wird der Hauptwohnsitz in Bīret el-Ǧebel beibehalten; saisonaler Aufenthalt mit meist nur einem Teil der Familie in kleinen Ein-Raum-Häusern oder provisorischen Unterkünften auf den zugeteilten Parzellen im Ġāb. |

Tabelle 28 (Fortsetzung): Erreichbarkeit der im Ġāb zugeteilten Agrarflächen und dadurch bedingte Migrationsvorgänge aller Landempfänger aus den untersuchten Herkunftsorten

| Herkunftsort | Mittl. Entfernung zw. Herkunftsort u. Feldern im Ġāb | Aufwand zum Erreichen d. Felder v. Herkunftsort aus | Durch die Bewirtschaftung des Bewässerungslandes verursachte Migrationsvorgänge |
|---|---|---|---|
| Kanṣafra | 23 km | Auf neuer, z. T. im Rohbau befindlicher Asphaltstraße mit selten verkehrenden Miet-Kfz. in ca. 2 Std. ins Ġāb. | Meist wird der Hauptwohnsitz in Kanṣafra beibehalten; nur saisonaler Aufenthalt mit meist nur einem Teil der Familie in kleinen Ein-Raum-Häusern auf den zugeteilten Parzellen im Ġāb. Ein kleiner Teil der Landempfänger hat sich dauernd auf dem zugeteilten Land oder in älteren Dörfern am Ostrand des Ġāb angesiedelt. |
| Ḫān Šēḫūn | 38 km | Auf Asphaltstraße mit selten verkehrenden Miet-Kfz. in ca. 2 Std. ins Ġāb. | Überwiegend dauerhafte Ansiedlung im mittleren Ġāb in den Dörfern Raṣīf, Tamān$^{c}$a, $^{c}$Azizīye und Qibr Fiḍḍa. Zu einem geringen Teil Beibehaltung des Hauptwohnsitzes in Ḫān Šēḫūn mit saisonalem Aufenthalt in kleinen Ein-Raum-Häusern auf den zugeteilten Parzellen im Ġāb oder bei dort lebenden Verwandten. |
| Sqīlbīye | 7 km | Relativ leichte Erreichbarkeit d. Felder mit zahlreichen lokal verfügbaren Miet-Kfz. in ca. 20 Min. | Im allgemeinen wird der Hauptwohnsitz in Sqīlbīye beibehalten und, soweit zur Bewirtschaftung erforderlich, täglich zu den Feldern gependelt. |
| Ḥalfāya | 53 km | Gute Verkehrsverbindungen ab Muḥarde durch Hauptstraße von Ḥamāh nach Čisr eš-Šuġūr mit hoher Frequenz von Miet-Kfz.; Dauer ca. 3 Std. | Etwa jede dritte Familie hat sich permanent auf ihrem Land im Ġāb angesiedelt. Die anderen Landempfänger halten sich im Winter drei bis vier Monate in Ḥalfāya auf und leben die übrige Zeit des Jahres in kleinen Häusern mit ein bis drei Zimmern, die sie auf ihrem Land im Ġāb errichteten. |
| Tell $^{c}$Abd el-$^{c}$Azīz | 105 km | Mit Miet-Kfz. in etwa 6 Std. ins Ġāb. | Alle Landempfänger haben sich permanent in $^{c}$Azizīye angesiedelt. |
| Bādiye | mehr als 110 km | Mit Miet-Kfz. aus dem Raum südöstlich von Selemīye in ca. 6 Std. ins Ġāb. | Alle Landempfänger haben sich permanent im Ġāb, vorwiegend in Qibr Fiḍḍa und Raṣīf, angesiedelt. |

die bisherige Wohnung beibehalten und, soweit es für die Durchführung der landwirtschaftlichen Arbeiten erforderlich ist, *täglich zu den Feldern gependelt.* Dabei ist es ein großer Vorteil, wenn Wohnort und Felder in der Nähe einer der stark befahrenen Asphaltstraßen liegen, wo man meist schon nach kurzem Warten gegen eine geringe Gebühr von einem Mietfahrzeug in die gewünschte Richtung mitgenommen wird. Sind die zu bewirtschaftenden Parzellen dagegen weit von der nächsten Hauptstraße entfernt und nur über Feldwege zu erreichen, erhöhen sich die Fahrtkosten beträchtlich. Außerdem genügt meist schon ein kräftiger Regenschauer, um die unbefestigten Wege in einen Morast zu verwandeln und auf Tage hinaus für Fahrzeuge unpassierbar zu machen. Speziell in Sqīlbīye hat der erhebliche Bedarf an Beförderungsmitteln allein schon für die mehr als 600 ansässigen Landempfänger zur Ausbildung eines umfangreichen privaten Transportsystems geführt. Eine hohe Zahl von Mietfahrzeugen – angefangen von Motorrädern mit großen Packtaschen über Traktoren mit Anhängern und Kleintransporter mit offener Ladefläche bis hin zu Lastkraftwagen – ist in den Hauptarbeitsperioden im Einsatz, um Menschen und Produktionsmittel zu den Feldern und zurück zu bringen.

Liegen die Felder 10 und mehr km von den Herkunftsorten der Landempfänger entfernt, so übernachten einige während der saisonalen Arbeitsspitzen unter freiem Himmel, in Zelten oder in anderen provisorischen Unterkünften auf ihren Feldern; die meisten jener Kleinbauern haben sich jedoch auf ihren Parzellen ein kleines *Ein-Raum-Haus* errichtet, in dem sie je nach Arbeitsanfall allein bzw. in Begleitung einiger oder aller Familienmitglieder zwischen März und Oktober leben (vgl. Foto 19). Ob es dann in einem weiteren Schritt zu einer Aufgabe des Hauptwohnsitzes und einer *permanenten Ansiedlung* im Ġāb kommt (vgl. Foto 20), das hängt von einer ganzen Reihe von Faktoren ab, die den Handlungsrahmen der Landempfänger bestimmen. Eine sehr große Rolle spielt bei einer solchen Entscheidung die jeweilige Lage des zugeteilten Bewässerungslandes. Befindet sich dieses an einer Hauptstraße oder in der Nähe eines Dorfes, das über wichtige Infrastruktureinrichtungen, wie Schule und Trinkwasserversorgung, verfügt und dessen Bevölkerung der gleichen Religionsgemeinschaft wie der betreffende Landempfänger angehört oder zum Teil sogar aus dem gleichen Herkunftsort stammt, dann ist die Wahrscheinlichkeit einer permanenten Niederlassung im Ġāb sehr groß. Liegt die zugewiesene Parzelle dagegen weit von der nächsten Asphaltstraße entfernt und ist während der winterlichen Regenzeit oft monatelang mit keinem Fahrzeug erreichbar, so wird dort kaum jemand seinen Hauptwohnsitz errichten.

Der Handlungsrahmen bei der Entscheidung einer Wohnsitzverlegung wird schließlich auch durch Bodengüte, Bewässerungsmöglichkeiten und Drainage des zugeteilten Agrarlandes bestimmt: Bestehen hier günstige Voraussetzungen zur Erzielung eines hohen Betriebseinkommens, so sind die Landempfänger weit eher geneigt, ihren bisherigen Wohnsitz am Herkunftsort aufzugeben, als das der Fall bei ertragsarmen Feldern ist. Ebensowenig sind die meisten jener Kleinbauern an einer Aufgabe ihrer

*Foto 19. Provisorische Unterkünfte und saisonal bewohnte Ein-Raum-Häuser im Ġāb von Landempfängern aus Bīret el-Ǧebel*

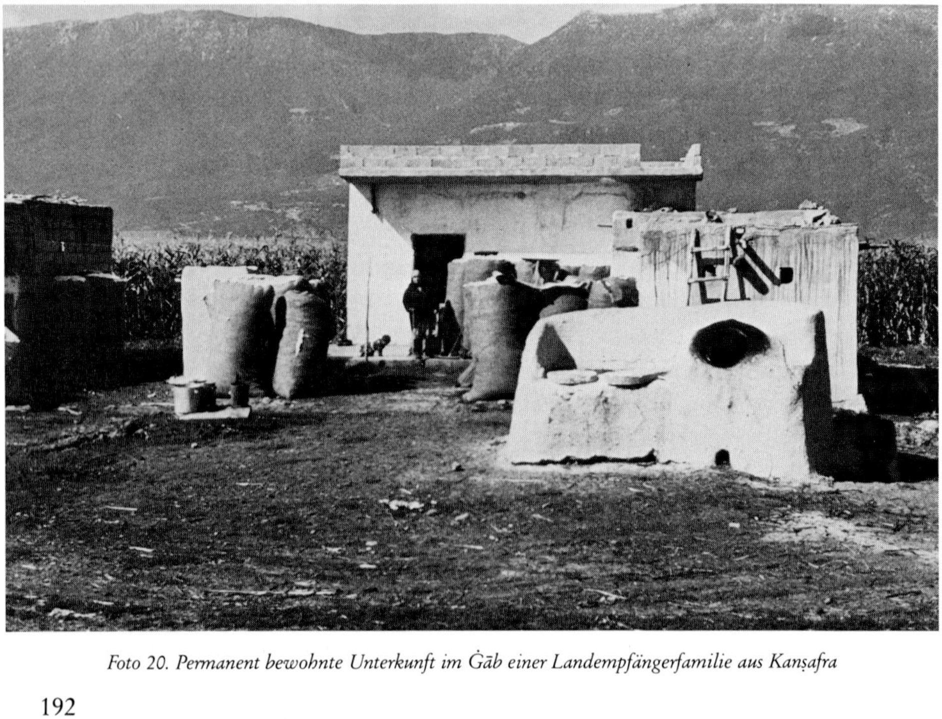

*Foto 20. Permanent bewohnte Unterkunft im Ġāb einer Landempfängerfamilie aus Kanṣafra*

Wohnung am Herkunftsort interessiert, die dort eigenes Land besitzen, insbesondere wenn es sich um Rebflächen – wie bei Kanṣafra – handelt.

Die bereits bei der Auswertung des Landverteilungsregisters für den Zeitpunkt der Sozialerhebung im Jahre 1969 festgestellte *Höhenflucht* aus den Ǧibāl el-ʿAlawīyīn in tiefer gelegene, verkehrsgünstigere Orte hält auch seither noch unvermindert an. Sie ist unter den sunnitischen Landempfängern aus Dwēr el-Akrād schon wesentlich weiter fortgeschritten als unter den alawitischen Kleinbauern aus Bīret el-Ǧebel. Dieser Unterschied dürfte zu einem großen Teil dadurch bedingt sein, daß man aus dem unterhalb von Dwēr el-Akrād gelegenen Dorf Sirmānīye täglich bei einem einigermaßen vertretbaren Zeit- und Kostenaufwand zu den zu bewirtschaftenden Feldern pendeln kann. Einen solchen zusätzlichen Vorteil – neben der größeren Verkehrsgunst – hat ein Umzug aus Bīret el-Ǧebel in das tiefer gelegene Abū Qubēs nicht zu bieten, da auch von dort die Erreichbarkeit der Felder noch sehr schlecht ist.

## D. Die wirtschaftlichen Verhältnisse der Kleinbauern im Jahre 1979

Aufgrund der Ausführungen über die allgemeinen Produktionsbedingungen im Projektgebiet (Kap. II, E.) konnte der Eindruck erweckt werden, als ob die wirtschaftlichen Verhältnisse der kleinbäuerlichen Betriebe ausschließlich durch die zufällige Lage der zugeteilten Felder in bestimmten Gebieten des Ġāb bedingt seien, die jeweils über ein sehr unterschiedliches Nutzungspotential verfügen und für die voneinander abweichende staatliche Anbaupläne bestehen.

Führen wir uns diese Restriktionen, die für selbständige Produktionsentscheidungen und Einflußnahme auf das Betriebseinkommen durch den Landempfänger anscheinend kaum einen Spielraum bieten, noch einmal vor Augen: Durch die Lage des zugeteilten Feldes innerhalb eines bestimmten Bewässerungskomplexes ist die Größe der Betriebsfläche unveränderbar festgelegt; Verpachtungen bzw. Betriebsvergrößerungen durch Zupacht von anderen Muraḥasīn sind verboten. Gleichzeitig sind damit auch entscheidende Bestimmungsfaktoren des Nutzungspotentials vorgegeben, wie Bodengüte und Grad der Versalzung, Beeinträchtigung durch Fallwinde, Qualität der Drainage und Bewässerungsmöglichkeiten. Durch Agrarbehörde und Genossenschaften ist im einzelnen vorgeschrieben, was angebaut werden soll, und auf wieviel Saatgut, Dünger oder Insektenbekämpfungsmittel jeder Betrieb Anspruch hat. Ebenso werden Absatz und Vermarktung der Ernte weitgehend von staatlichen Institutionen geregelt. In welchem Ausmaß trotz solcher Einengungen des Handlungsspielraums die Kleinbauern die Agrarproduktion ihrer Betriebe und damit ihre Einkommensverhältnisse beeinflussen können, wird in den folgenden Abschnitten aufzuzeigen sein.

### *1. Einflußnahme der Landempfänger auf Produktionsfaktoren, die durch die Lage des zugeteilten Bewässerungslandes vorgegeben sind*

Zumindest zwei der in der Abb. 45 aufgeführten Produktionsfaktoren scheinen sich der Einflußnahme durch die Kleinbauern gänzlich zu entziehen: Dies gilt einerseits für den zwischen durchschnittlich 6 % und 47 % schwankenden, in Einzelfällen sogar 100 % erreichenden Anteil der von Versalzung betroffenen landwirtschaftlichen Nutzfläche (LN), welcher nur nachhaltig reduziert werden kann durch eine Verbesserung des gesamten Drainagesystems im Ġāb, und andererseits für die Größe der zugeteilten Betriebsfläche. Doch bereits hier sind gewisse Einschränkungen angebracht, wie sich am Beispiel der aus der Bādiye stammenden Landempfänger zeigt. Sie verfügen nicht nur deshalb über die kleinste durchschnittliche LN, weil einige ihrer Felder von einem Weg gequert werden, sondern auch weil sie sich auf ihrem Bewässerungsland in Qibr Fiḍḍa ansiedelten und meist – anknüpfend an ihre traditionelle nomadische Lebensweise – neben ihrem Haus im Sommer auch noch ein großes Zelt aufstellen (vgl. Foto 21).

*Foto 21. Ansiedlung einer Landempfängerfamilie aus der Bādiye im Ġāb*

Obwohl offiziell verboten, bietet die *Zu- oder Verpachtung* eine weitere Möglichkeit zur Veränderung der Betriebsfläche, von der allerdings nur selten Gebrauch gemacht wird. So hatten 9 Männer aus Kanṣafra, von denen zwei im Rahmen der Untersuchung erfaßt wurden, schlecht drainierte und hochgradig versalzene Felder zugeteilt bekommen. Außer dem dortigen arbeitsextensiven Anbau von unbewässerten Sonnenblumen, deren Ertrag kein ausreichendes Familieneinkommen sicherstellte, be-

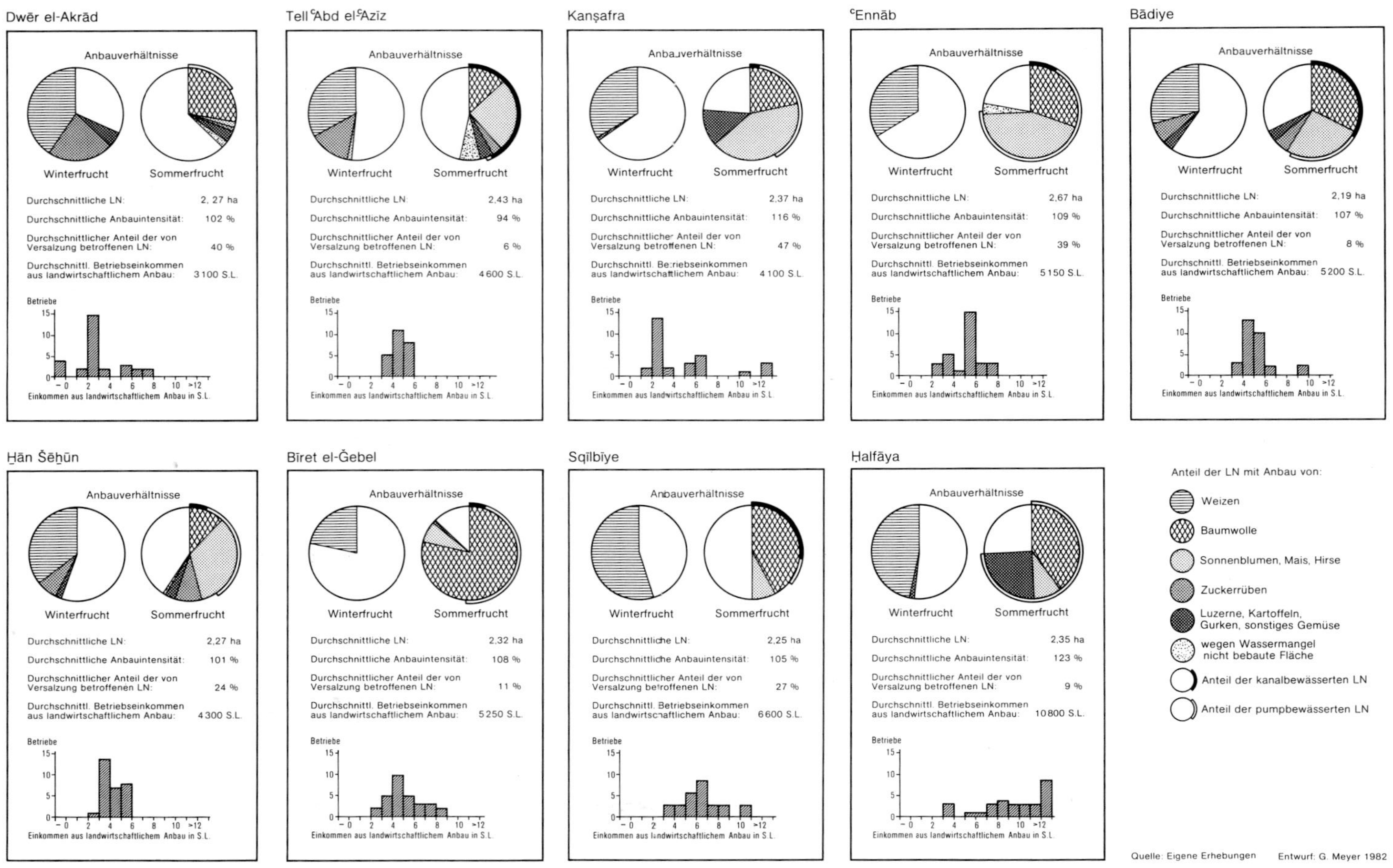


*Abb. 45. Anbau- und Einkommensverhältnisse der untersuchten Betriebe im Ġāb 1978/79*

wirtschafteten sie in einem anderen Bewässerungskomplex als Teilpächter mit einem Ernteanteil von 50 % jeweils 0,5 ha große Gurkenfelder, die Muraḥasīn aus zwei schwer erreichbaren Dörfern in den Ǧibāl el-ᶜAlawīyīn gehörten. In einem anderen Fall wurde nach dem Tod eines Landempfängers aus Bīret el-Ǧebel der Betrieb von seiner Witwe weitergeführt, welche die Hälfte des Landes durch einen Teilpächter bewirtschaften ließ. Von diesen wenigen Beispielen abgesehen, kann man jedoch davon ausgehen, daß der Produktionsfaktor Größe der LN im allgemeinen den Einflußmöglichkeiten der Landempfänger entzogen ist.

Anders sieht es da schon bei der *Bewässerung* aus. Zwar entscheidet auch hier die Lage der zugeteilten Felder innerhalb des Kanalnetzes darüber, ob die Sommerfrucht ausreichend mit Wasser aus den Bewässerungskanälen versorgt werden kann oder nicht. Dabei befinden sich die Landempfänger aus Sqīlbīye, der Bādiye und Tell ᶜAbd el-ᶜAzīz, deren Felder überwiegend an den südlichen Teil des in der Mitte des Ġāb verlaufenden Hauptbewässerungskanals angeschlossen sind, in einer sehr günstigen Position, während für die aus dem Unterlauf dieses Kanals zu versorgenden Parzellen in der Nordhälfte des Ġāb kaum noch Bewässerungswasser übrig bleibt. Doch gibt es hier in sehr vielen Fällen die Möglichkeit, durch die *Installation von Pumpen* an den Drainagekanälen eine ausreichende Wasserversorgung der Sommerfrucht zu gewährleisten. In welchem Maße diese im Gegensatz zur Kanalbewässerung recht kostenaufwendige Möglichkeit genutzt wird, das hat allein der einzelne Landempfänger zu entscheiden.

Allerdings zeigt eine genauere Analyse, daß es dabei meist zu kollektiven Entscheidungen kommt, die recht unterschiedlich ausfallen können. So haben sich beispielsweise die Kleinbauern aus Kanṣafra und Ḥalfāya meist in Gruppen von 5, 10, 16, ja sogar 40 Mitgliedern zusammengefunden, um gemeinsam eine Motorpumpe zu kaufen und zu betreiben. Ein großer Teil der Landempfänger aus Bīret el-Ǧebel wird von einem aus Tell Selḥab stammenden Pumpenbesitzer mit Wasser versorgt. Bei ihm handelt es sich um einen ehemaligen Großgrundbesitzer, für den eine ganze Reihe der Muraḥasīn aus Bīret el-Ǧebel bereits in den fünfziger Jahren als Landarbeiter und Teilpächter in der Ebene von ᶜAšārne tätig waren. Hier haben sich also noch traditionelle Wirtschaftsbeziehungen aus der Zeit vor der Bodenreform erhalten, nur daß sich inzwischen die Einkommensverhältnisse drastisch verändert haben: Während früher die Teilpächter für ihre Arbeit zwischen 15 und 25 % der Ernte bekamen und der Löwenanteil auf den Grundbesitzer entfiel, bleibt heute den Muraḥasīn der größte Teil der Ernte, und der Pumpenbesitzer erhält je nach Wasserbedarf der Anbaufrucht einen Anteil von 13 bis 25 %. Andere Landempfänger aus Bīret el-Ǧebel haben die gleiche Beteiligungsvereinbarung mit einem Pumpenbesitzer und Kontraktor aus Kefr ᶜAwīd (Ǧebel ez-Zāwīye) bzw. mit einer benachbarten Gruppe von Muraḥasīn abgeschlossen, denen gemeinsam eine Pumpe gehört. Bei den Landempfängern aus den übrigen Herkunftsorten finden sich derartige Teilpachtverhältnisse ebenso wie der gemeinschaftliche Besitz von Pumpen relativ selten. Sofern nicht überhaupt auf Bewässerung verzichtet wird, ist die Anmietung von Motorpumpen vorherrschend, für die je nach Förderleistung zwischen 5 und 80 S.L. pro Stunde bezahlt werden muß.

Welches der drei vorgestellten Arrangements jeweils angewendet wird, dafür lassen sich aus den untersuchten Fällen einige Regelhaftigkeiten ableiten. *Gemeinschaftsbesitz* von Pumpen ist vorwiegend dort anzutreffen, wo Landempfänger, die zur selben sozialen Gruppen gehören und zwischen denen traditionell enge Beziehungen bestehen, benachbarte Felder in einem Bewässerungskomplex haben. Letzteres trifft im allgemeinen auch für *Teilpachtverhältnisse* zu, allerdings mit dem Unterschied, daß sie in der Regel zwischen Partnern abgeschlossen werden, die verschiedenen sozialen Gruppen angehören. Dabei sorgt der Pumpenbesitzer nicht nur für die meist permanente Installation der Motorpumpe und für deren Betrieb, sondern er hat häufig auch noch beträchtliche Investitionen etwa für die Verlegung von Rohren vorzunehmen. Beide Arrangements zeichnen sich durch große Stabilität und Dauerhaftigkeit aus, woraus folgt, daß sie im allgemeinen nur in den Zonen des Ġāb anzutreffen sind, die während der sommerlichen Bewässerungsperiode normalerweise nicht von der Kanalbewässerung erreicht werden.

Dagegen ist die *Anmietung* von mobilen Pumpen charakteristisch für Gebiete, in denen starke jährliche Schwankungen bei der Versorgung mit Wasser aus den Bewässerungskanälen auftreten und ein zeitweilig durch die Kanalbewässerung nicht zu befriedigender Bedarf durch die kurzfristige Anmietung von Pumpen gedeckt wird. So hatten beispielsweise 1978/79 die Winterregen nicht ausgereicht, um die Speicherbecken am Oberlauf des Orontes zu füllen; daraus resultierte für die folgende sommerliche Bewässerungsperiode im Ġāb ein ungewöhnlich knappes Wasserangebot, so daß selbst auf den im allgemeinen gut versorgten Feldern im Süden der Niederung Wassermangel herrschte. Diesem Problem, das sich bereits im Frühjahr abzeichnete, begegneten einige der aus Tell Abd el-ʿAzīz und ʿEnnāb stammenden Landempfänger damit, daß sie einen Teil der für die Sommerfrucht vorgesehenen Fläche gar nicht erst bebauten. Andere hofften – allerdings oft vergebens –, daß die im Boden gespeicherte Feuchtigkeit lange genug vorhalten würde, um eine ausreichende Ernte zu ermöglichen, während die übrigen sich rechtzeitig um die Anmietung von Motorpumpen bemühten.

Zu derartigen Arrangements kommt es darüber hinaus auch in Gebieten, die normalerweise nicht von der Kanalbewässerung erreicht werden und wo deshalb eher stabile Teilpachtvereinbarungen zu erwarten wären, wenn jeweils nur einzelne Muraḥasīn ihre Felder bewässern wollen. Bei der in manchen Gebieten sehr heterogenen Zusammensetzung der Landempfänger scheitern gemeinsame Regelungen bei der Pumpbewässerung oft an mangelhafter Kooperationsbereitschaft und unterschiedlichen Interessen der aus verschiedenen Herkunftsorten stammenden Betriebsleiter. Soll dann nur eine sehr kleine Fläche bewässert werden, ist die kurzfristige Anmietung einer mobilen Motorpumpe meist am rentabelsten.

## 2. *Staatliche Anbaupläne, tatsächlicher Anbau und daraus resultierendes Einkommen der Kleinbauern*

Ebenso wie bei der Bewässerung bleibt den Landempfängern auch bei der übrigen Bewirtschaftung ihrer Felder trotz staatlicher Planung und Steuerung noch ein erheblicher Entscheidungsspielraum. Zwar erhalten die Muraḥasīn entsprechend den behördlichen Anbauplänen die erforderlichen Betriebsmittel, deren Menge von der Landwirtschaftsbank bestimmt wird. Darüber hinaus gibt es jedoch auch die Möglichkeit, auf dem freien Markt Saatgut und Dünger zu beziehen, deren Preise allerdings im Vergleich zum Naturalkredit der Landwirtschaftsbank bis zu 25 % höher sein können. In welchem Ausmaß von dieser Möglichkeit Gebrauch gemacht wird, zeigt sich sehr deutlich bei einem Vergleich zwischen der für den genossenschaftlichen Sektor im Bereich der Ġāb-Administration vorgeschriebenen und der tatsächlich bebauten Fläche (vgl. Tab. 29). Während im Bereich der beiden *Hauptkulturen des Wintergetreides und der Baumwolle die Anbaupläne nahezu vollständig eingehalten* wurden, sind die Abweichungen bei den Zuckerrüben durch planerische oder technische Mängel der Zuckerfabrik in Ǧisr eš-Šuġūr bedingt. Dort hatte man sich bei der Winterfrucht noch nachträglich

Tabelle 29: Abweichungen der tatsächlich bebauten Flächen von den behördlich vorgeschriebenen Anbauflächen im kooperativen Sektor der Ġāb-Administration 1978/79

| Kulturen | Behördlich vorgeschriebene Anbaufläche (ha) | Tatsächlich bebaute Fläche (ha) | Abweichung (%) |
|---|---|---|---|
| *Winterfrucht 1978/79*[1] | | | |
| Wintergetreide (vorwiegend mexikan. Weizen, etwas einheim. Weizen und Gerste) | 21 092 | 21 207 | + 0,5 |
| Zuckerrüben | 1 101 | 1 275 | +16 |
| Kartoffeln | 642 | 530 | −17 |
| Sonstiges (Hülsenfrüchte u. a. Gemüse) | 1 653 | 1 866 | +13 |
| *Sommerfrucht 1979*[2] | | | |
| Baumwolle | 12 152 | 12 131 | − 0,2 |
| Zuckerrüben | 1 495 | 433 | −71 |
| Sonnenblumen | 1 241 | 2 296 | +85 |
| Mais/Hirse | 169 | 209 | +24 |
| Gemüse | 949 | 1 834 | +93 |

Quelle: Unterlagen der Ġāb-Administration in Sqīlbīye.

1) Flächenangaben der Winterfrucht für Bewässerungs- und Trockenfeldareale.

2) Flächenangaben der Sommerfrucht nur für Bewässerungsareale.

um eine Ausweitung der Anbaufläche bemüht, um es dann bei der Sommerfrucht abzulehnen, im vorgesehenen Umfang Lieferverträge abzuschließen. Mehrere tausend Betriebe mußten deshalb ihren Anbau auf Sonnenblumen umstellen.

Die Reduzierung der Anbauflächen bei Kartoffeln erklärt sich aus dem Mißtrauen vieler Bauern gegenüber einer neu einzuführenden Sorte, während die sehr starke *Ausweitung der Gemüseflächen* insbesondere im Sommerhalbjahr wie auch die Vergrößerung der Anbauareale von Mais eine Reaktion auf Preissteigerungen und hohe Verdienstmöglichkeiten bei diesen Agrarprodukten darstellt, die im allgemeinen selbst vermarktet und nicht über staatliche Organisationen abgesetzt werden müssen. Allein der Privatinitiative der Kleinbauern ist es damit zu verdanken, daß die Anbaufläche der Sommerfrucht um 5,6 % größer ausgefallen ist als in den staatlichen Anbauplänen vorgesehen – ein Erfolg, der sowohl eine Einkommenserhöhung der Kleinbauern bedeutet als auch der besseren Versorgung der städtischen Bevölkerung mit Gemüse zugute kommt.

In welchem Umfang gerade der Gemüsebau zur Steigerung des Betriebseinkommens beitragen kann, verdeutlicht ein Vergleich mit den Einkünften, die beim Anbau der beiden Hauptkulturen im Ġāb erzielt werden: Während 1978/79 die durchschnittlichen Nettoeinnahmen von einem ha Weizen bei 2120 S.L. und von einem ha Baumwolle bei 2570 S.L. lagen[56], konnten die befragten Landempfänger mit dem Anbau von einem ha Gurken im Mittel 10350 S.L. verdienen, wobei allerdings Schwankungen zwischen 2400 und 15000 S.L. auftraten.

Die extrem große Spannweite ist nur zum Teil durch unterschiedliche Produktionsvoraussetzungen bedingt, von denen die ausreichende *Wasserversorgung* den wichtigsten Faktor bildet. Ebenso entscheidend ist auch das Geschick der Kleinbauern bei der *Vermarktung der geernteten Gurken.* Beispielgebend sind hier die Landempfänger aus Ḥalfāya. Ihre Wasserversorgung ist dank der gemeinsam vorgenommenen Anschaffung von Motorpumpen gesichert, mit denen sie auch im Hochsommer noch genügend Wasser aus einem nahe gelegenen Hauptdrainagekanal fördern können, während ihre traditionell engen Beziehungen nach Ḥamāh ihnen beim Absatz ihrer Gurken sehr zugute kommen. Dorthin liefern sie den größten Teil ihrer Ernte. Sind jedoch die im Rundfunk bekanntgegebenen Marktpreise in anderen Städten des Landes höher als in Ḥamāh, so tun sich nicht selten mehrere Kleinbauern zusammen, um einen LKW zu mieten und ihr Gemüse nach Damaskus, Ḥaleb oder sogar nach Raqqa zu bringen.

56) Berechnungsbeispiele:
1 ha Weizen: durchschnittlicher Ertrag = 30 dz; Verkaufswert von Getreide und Stroh 2800 S.L.; Produktionskosten (Saatgut, Mineraldünger, Traktor- und Mähdrescherkosten, sonst. Kosten) = 680 S.L.; Nettoeinnahmen = 2120 S.L.
1 ha Baumwolle: durchschnittlicher Ertrag = 22 dz; Verkaufswert der Baumwolle = 3960 S.L.; Pachteinnahmen für die Abweidung des abgeernteten Feldes durch Schafe = 250 S.L.; Produktionskosten (Saatgut, Mineraldünger, Pflanzenschutz, Traktor-, Bewässerungs-, Pflück- und Transportkosten) = 1640 S.L.; Nettoeinnahmen = 2570 S.L.

Während die staatlichen Anbaupläne davon ausgehen, daß die Erntefläche die LN um etwa 4 % übertrifft, erreichen die Landempfänger aus Ḥalfāya eine durchschnittliche Anbauintensität von 123 %. Sie erzielten damit ein mittleres Betriebseinkommen von 10800 S.L., das weit über dem Durchschnitt der übrigen untersuchten Gruppen lag (vgl. Abb. 45). Einige der Kleinbauern aus Ḥalfāya konnten auf ihrem Bewässerungsland die Anbauintensität sogar bis auf 150 % steigern, indem sie zunächst gemäß den staatlichen Anbauplänen je eine Hälfte mit Weizen und mit Baumwolle bebauten. Nach der Ernte des Wintergetreides wurde dann diese Fläche nochmals für den Gemüseanbau genutzt. Damit konnte ein Nettoeinkommen von maximal 20000 S.L. erreicht werden.

Derartig günstige Einkommensverhältnisse sind allerdings die Ausnahme. Bei weitgehender Einhaltung der staatlichen Anbaupläne wird der normale Rahmen des Betriebseinkommens in etwa durch die Landempfänger aus Sqīlbīye und Dwēr el-Akrād abgesteckt. Die erste Gruppe liefert ein Beispiel für relativ günstige Produktionsvoraussetzungen mit meist guten Böden, ausreichender Drainage und einem verhältnismäßig großen Sektor, der mit Bewässerungswasser aus dem Kanalnetz versorgt werden kann. Dagegen liegen die Felder der Landempfänger aus Dwēr el-Akrād überwiegend in einem sehr schlecht drainierten Teil des Ġāb, wo Überflutungen im Frühjahr zu schweren Schäden bei der Winterfrucht führten und unzureichende Bewässerungsmöglichkeiten hohe Ertragseinbußen bei der Sommerfrucht zur Folge hatten. In mehreren Fällen lohnte es sich nicht einmal, die Baumwolle zu pflücken, so daß die Kleinbauern noch vor der Ernte ihre Felder als Weideland an nomadische Schafhalter verpachteten. Hier waren in einigen Betrieben die Produktionskosten höher als der erwirtschaftete Ertrag.

Läßt man diese Negativbeispiele jedoch ebenso unberücksichtigt wie die Spitzenverdiener unter den Landempfängern und betrachtet nur das *mittlere Betriebseinkommen* (Median) aus dem landwirtschaftlichen Anbau, das sich für diese im Rahmen der Untersuchung erfaßten Kleinbauern auf rund 4900 S.L. im Jahre 1979 belief, so muß man anerkennen, daß die Einkommensverhältnisse der Landempfänger auf jeden Fall erheblich besser sind, als wenn sie – wie viele von ihnen vor Projektbeginn – noch als Landarbeiter tätig wären und bei einer fünfmonatigen Beschäftigungsdauer im Jahr etwa 1600 S.L. verdienen würden. Vergleicht man das mittlere Betriebseinkommen jedoch mit dem Jahreslohn eines festangestellten, ungelernten Bau- oder Industriearbeiters in Ḥamāh, der 1979 etwa 6000 bis 6500 S.L. erhielt, dann wird deutlich, daß hier in den meisten Fällen noch eine beträchtliche Einkommensdiskrepanz besteht. Daraus ergibt sich die Frage, ob die Landempfänger in der Lage sind, diese Kluft eventuell durch weitere Einkünfte aus der Viehhaltung oder aus einer außerbetrieblichen Berufstätigkeit zu schließen.

Tabelle 30: Viehhaltung der im Ġāb untersuchten Betriebe

| Herkunftsort der Landempfänger | Prozentualer Anteil der Landempfänger mit Viehhaltung | Durchschnittlicher Viehbestand der viehhaltenden Betriebe | | | |
|---|---|---|---|---|---|
| | | Ziegen | Schafe | Einheim. Kühe | Hochleist. Kühe |
| Dwēr el-Akrād | 60 | 0,6 | 0,1 | 0,8 | – |
| ᶜEnnāb | 72 | 1,3 | 0,5 | 2,2 | – |
| Bīret el-Ǧebel | 83 | 2,1 | – | 0,6 | – |
| Kanṣafra | 53 | 1,3 | 0,2 | 0,3 | – |
| Ḫān Šēḫūn | 40 | 0,3 | 0,3 | 0,9 | 0,2 |
| Sqīlbīye | 17 | – | – | 0,6 | 0,2 |
| Ḥalfāya | 73 | 0,4 | 0,4 | 0,5 | 0,1 |
| Tell ᶜAbd el-ᶜAzīz | 54 | 0,1 | – | 0,7 | 0,5 |
| Bādiye | 97 | 2,1 | 32,0 | – | – |

## 3. *Viehhaltung und außerbetriebliche Erwerbstätigkeit der Landempfänger*

Von mehr als der Hälfte aller erfaßten Kleinbauern wird zwar Vieh gehalten (vgl. Tab. 30), doch geschieht dies vorwiegend zur Selbstversorgung, wie die meist sehr geringe Zahl der Tiere zeigt. Eine Ausnahme davon bildet die Haltung von *Hochleistungs-Milchkühen*, die staatlicherseits gefördert wird und zum Aufbau einer marktorientierten Milchproduktion beitragen soll. So hatten einige Genossenschaftsmitglieder die Möglichkeit, trächtige Tiere, deren Preis einheitlich auf 3 500 S.L. festgesetzt wurde, von einer staatlichen Viehzuchtstation auf Kredit zu beziehen. Von den zu erwartenden Einnahmen durch die Nachzucht und den Verkauf der Milch müssen jährlich 500 S.L. zurückgezahlt werden. Zur Futterversorgung der Tiere sind einige der aus Tell ᶜAbd el-ᶜAzīz stammenden Landempfänger bereits dazu übergegangen, Alfalfa auf einem Teil ihrer Felder anzubauen.

Eine weitere Ausnahme stellt die marktorientierte *Schafhaltung* bei fast allen in die Untersuchung einbezogenen ehemaligen Nomaden und Halbnomaden dar. Der in Tab. 30 aufgeführte hohe durchschnittliche Viehbestand pro Betrieb wird allerdings verzerrt durch einen einzelnen Landempfänger mit 400 Tieren, die er von seinen beiden Söhnen betreuen läßt. Die übrigen aus der Bādiye stammenden Kleinbauern besitzen dagegen in der Regel nur zwischen 5 und 25 Schafe sowie einige Ziegen. Häufig wird das Vieh nichtseßhaften Stammesmitgliedern anvertraut, die im Spätherbst mit den Herden in die östliche Wüstensteppe bzw. ins innersyrische Bergland ziehen und ab Mai ihre Rückwanderung ins Ġāb antreten. Schafeigentümer und -halter teilen sich alle Kosten und haben im Rahmen dieses partnerschaftlichen Arrangements Anspruch auf jeweils eine Hälfte der von den Tieren erzielten Einkünfte.

Abgesehen von den Landempfängern aus der Bādiye ist bei allen übrigen Kleinbauern festzustellen, daß diejenigen, die sich permanent *im Ġāb angesiedelt* haben, aufgrund fehlender Weidemöglichkeiten für Kleinvieh zur *Stallhaltung von Milchkühen* übergegangen sind, während diejenigen, die ihren Hauptwohnsitz *außerhalb des Ġāb* beibehalten haben, dort weiterhin die traditionellen Weidemöglichkeiten für *Ziegen und Schafe* in den Ǧibāl el-ᶜAlawīyīn und im Ǧebel ez-Zāwīye nutzen. Dabei haben sich Herdengröße und -zusammensetzung sowohl im Vergleich zu der Sozialerhebung im Jahr 1969 als auch zu der Zeit vor Beginn der Bewirtschaftung von Agrarland im Ġāb im allgemeinen kaum geändert, sieht man einmal davon ab, daß die Landempfänger aus ᶜEnnāb ihre früheren Wasserbüffel durch kleine, einheimische Kühe mit sehr geringer Milchleistung ersetzt haben. Der äußerst niedrige Prozentsatz von Viehhaltern unter den Landempfängern aus Sqīlbīye ist durch die schlechten Stallhaltungs- und Fütterungsvoraussetzungen in der eng bebauten Kleinstadt bedingt, zumal die Felder der dortigen Muraḥasīn meist sehr weit entfernt liegen. Insgesamt zeigt sich also, daß durch die Viehhaltung in der Regel nur ein geringer Beitrag zu einer Einkommenssteigerung der Landempfänger geleistet wird.

Darüber hinaus bemühen sich immerhin 40 % aller Befragten um eine Aufbesserung ihrer Einkünfte durch eine *außerbetriebliche Erwerbstätigkeit* (vgl. Tab. 31). Vor allem die in Sqīlbīye lebenden Kleinbauern nutzen weitgehend die Beschäftigungsmöglichkeiten, die sich in dem prosperierenden Regionalzentrum des Ġāb bieten, indem sie Gelegenheitsarbeiten am Ort übernehmen, Transportaufgaben mit eigenen Fahrzeugen durchführen oder Einzelhandelsgeschäfte betreiben. In einigen Fällen ist der dadurch erzielte Verdienst fast so hoch wie das Einkommen aus der Bewirtschaftung der Bewässerungsflächen. Dagegen sind die außerbetrieblichen Verdienstmöglichkeiten in den übrigen Orten im Ġāb wie auch in den Herkunftsgebieten der Landempfänger wesentlich schlechter und beschränken sich in der Regel auf Erntehilfen bei Nachbarn oder vielleicht einmal eine kurzfristige Beschäftigung im Rahmen von staatlichen Baumaßnahmen zur Verbesserung der lokalen Infrastruktur. Deshalb nimmt ein Teil der zwischen der Einsaat des Wintergetreides Mitte November und dem Beginn der Feldbestellung für die Sommerfrucht im März arbeitslosen Kleinbauern zumindest für einige Wochen im Jahr eine Beschäftigung als *Gelegenheitsarbeiter* in syrischen Städten oder in den arabischen Nachbarstaaten auf.

Die Bewirtschaftung von eigenen kleinen Regenfeldern oder von gepachtetem Staatsland in den Ǧibāl el-ᶜAlawīyīn, wie sie von einigen der Landempfänger aus Dwēr el-Akrād, ᶜEnnāb und Bīret el-Ǧebel noch vor Projektbeginn durchgeführt wurde, ist von den befragten Kleinbauern inzwischen eingestellt worden. Angesichts der hohen Arbeitsanforderungen zur Erhaltung der Terrassen und der geringen Erträge dieser steinigen Anbauflächen – bei der Sozialerhebung 1969 wurde das jährliche Einkommen aus einem ha Regenfeld in dem Ǧibāl el-ᶜAlawīyīn im allgemeinen mit nur 100 S.L. eingestuft, ebenso hoch wie die von fünf Schafen zu erzielenden Einkünfte – ist deren

Tabelle 31: Zusätzliche Einkünfte der Landempfänger durch Erwerbstätigkeit außerhalb des eigenen landwirtschaftlichen Betriebes im Ġāb

| Außerbetriebliche Erwerbstätigkeit | Prozentualer Anteil der Landempfänger aus dem jeweiligen Herkunftsort | | | | | | | | | |
|---|---|---|---|---|---|---|---|---|---|---|
| | Dwēr el-Akrād | ᶜEnnāb | Bīret el-Čebel | Tell ᶜAbd el-ᶜAzīz | Bādiye | Sqīl-bīye | Kan-ṣafra | H̱ān Šēẖūn | Ḥalfāya | Insge-samt |
| Keine außerbetriebliche Erwerbstätigkeit | 77 | 77 | 87 | 67 | 67 | 20 | 37 | 70 | 43 | 60 |
| Bewirtschaftung von Agrarflächen außerhalb des zugeteilten Landes im Ġāb | – | – | – | – | – | – | 27 | 3 | 10 | 5 |
| Land- oder Gelegenheitsarbeiter | 20 | 20 | 13 | 13 | 27 | 47 | 27 | 23 | 30 | 25 |
| Übernahme von Landarbeiten bzw. Transportaufgaben mit eigenem Traktor, Auto oder Motorrad | 3 | – | – | 13 | 7 | 20 | 3 | – | 13 | 6 |
| Händler/Handwerker | – | 3 | – | 4 | – | 10 | 7 | 3 | 3 | 3 |
| Angestellter | – | – | – | 4 | – | 3 | – | – | – | 1 |

Aufgabe ökonomisch durchaus sinnvoll und in die schon seit einigen Jahrzehnten auch in anderen Teilen des syrischen und libanesischen Küstengebirges zu beobachtende Ausbreitung des *Terrassensterbens* einzuordnen (vgl. T. AKILI 1968, S. 119 und E. WIRTH 1971, S. 366).

Dagegen wird die mit einem wesentlich geringeren Arbeitsaufwand verbundene Bewirtschaftung der kleinen *Rebflächen* im Ǧebel ez-Zāwīye, die sich im Besitz der Landempfänger aus Kanṣafra befinden, weiterhin aufrechterhalten. Auch wenn der Geldwert der Ernte einer 0,1 ha großen Rebfläche kaum 200 S.L. ausmacht, so stellen die Trauben (Rosinen) doch einen wichtigen Bestandteil im traditionellen Speiseplan dar, auf den die Kleinbauernfamilien nicht verzichten wollen.

Ebenso wie bei der Viehhaltung zeigt sich damit auch bei der außerbetrieblichen Erwerbstätigkeit der Landempfänger, daß die auf diese Weise gewonnenen Einkünfte – von einigen Ausnahmen abgesehen – im allgemeinen nur eine geringfügige Ergänzung zu dem Haupteinkommen darstellen, welches durch die Bewirtschaftung des Bewässerungslandes im Ġāb gewonnen wird. Wenn sich also die wirtschaftliche Situation der Kleinbauern verbessern soll, dann müßte vor allem bei einer Verbesserung der Produktionsbedingungen angesetzt werden – darauf liefen zumindest die Forderungen der meisten Landempfänger hinaus, als sie auf dieses Thema angesprochen wurden.

### *4. Geforderte staatliche Maßnahmen zur Verbesserung der Verhältnisse im Ġāb*

Gleich zu Beginn der Interviews waren die Landempfänger gefragt worden, was nach ihrer Meinung das Wichtigste sei, das von staatlicher Seite zur Verbesserung der Verhältnisse im Ġāb getan werden müsse. Im allgemeinen wurden daraufhin mehrere Maßnahmen verlangt und entsprechend ihrer Wichtigkeit geordnet. Bei der Auswertung erhielt die wichtigste Forderung 5 Punkte, während die folgenden jeweils einen Punkt weniger bekamen. Das Ergebnis gibt Tab. 32 wieder. Im allgemeinen rangierten hier Maßnahmen zur *Verbesserung der Produktionsbedingungen* auf dem zugeteilten Bewässerungsland weit vor einem *Ausbau der übrigen öffentlichen Infrastruktureinrichtungen.* Verlangt wird in erster Linie eine Verbesserung der Kanalbewässerung und der Drainage. Als wie gravierend in manchen Bereichen des Ġāb die aus der bisherigen Situation resultierenden Probleme empfunden werden, zeigt sich schon aus der weitgehenden Einmütigkeit, mit der fast alle Angehörigen einiger Landempfängergruppen diese Forderung vortrugen.

Hinsichtlich der Realisierung solcher Wünsche muß man jedoch feststellen, daß selbst bei einer optimalen Nutzung der Kanalbewässerung die verfügbaren Wassermengen keineswegs für die gesamte Agrarfläche der Sommerfrucht ausreichen werden. Dagegen wurde zur Beseitigung der Drainagemängel von staatlicher Seite inzwischen damit begonnen, mehrere Entwässerungsvorhaben in besonders betroffenen Teilen des Ġāb zu verwirklichen, so daß hier in Zukunft eine deutliche Verbesserung zu erwarten ist.

Tabelle 32: Von den Landempfängern geforderte staatliche Maßnahmen zur Verbesserung ihrer Arbeits- und Lebensbedingungen im Ġāb

| Erforderliche Maßnahmen | Prozentanteil der maximal zu vergebenden Bewertungspunkte für die Wichtigkeit der jeweiligen Maßnahme nach Meinung der Landempfänger aus | | | | | | | | | |
|---|---|---|---|---|---|---|---|---|---|---|
| | Dwēr el-Akrād | ᶜEnnāb | Bīret el-Ǧebel | Tell ᶜAbd el-ᶜAzīz | Bādiye | Sqīl-bīye | Kan-ṣafra | Ḫān Šēḫūn | Ḥal-fāya | Ins-gesamt |
| – Verbess. d. Kanalbewässerung | 93 | 33 | 79 | 28 | 18 | 11 | 84 | 53 | 59 | 51 |
| – Verbess. d. Drainage | 26 | 65 | 19 | 75 | 63 | 29 | 48 | 36 | 48 | 45 |
| – Verbess. d. Trinkwasserversorgung | 8 | 44 | 18 | – | 43 | – | 3 | 28 | 40 | 20 |
| – Elektrizitätsversorg. | 9 | 27 | 6 | 7 | 42 | – | 3 | 23 | 23 | 16 |
| – Befestigung u. Ausbau d. Feldwege | 28 | 20 | 9 | 20 | 11 | 37 | – | 4 | – | 14 |
| – Nivellierung d. Bewässerungslandes | 15 | 16 | 4 | 12 | 5 | 16 | 16 | 15 | 5 | 12 |
| – Größere Betriebsflächen | – | – | 15 | – | 9 | 9 | – | 6 | 9 | 5 |
| – Schulen in geringerer Entfernung | – | 4 | – | 8 | – | – | 11 | 13 | 5 | 5 |
| – Verbess. d. Versorgung mit Mineraldünger | – | 4 | 4 | 7 | – | – | 8 | – | 17 | 4 |
| – Verringerung d. Distanz zu d. Feldern | – | – | – | – | – | 31 | – | 6 | – | 4 |
| – Bessere medizin. Versorgung | – | 4 | – | 8 | – | 20 | – | – | – | 4 |
| – Schaffung von zusätzl. Arbeitsmöglichkeiten | – | 8 | 4 | 8 | 7 | – | – | – | 1 | 3 |
| – Beseitigung der Mückenplage | 5 | – | – | 10 | 6 | – | 5 | – | – | 3 |
| – Selbständige Anbauentscheidungen | – | – | – | 5 | – | 20 | – | – | – | 3 |

Forderungen nach einer Befestigung und einem Ausbau der Feldwege, um die zugeteilten Parzellen auch nach Regenfällen erreichen zu können, werden vor allem von den Kleinbauern aus Sqīlbīye gestellt, für die das tägliche Pendeln zu ihren weit entfernten Feldern eine Erschwernis bedeutet, welche nach ihrer Meinung durch eine Distanzverringerung im Rahmen einer Umverteilung des Bewässerungslandes, gelöst werden sollte. Mit dem Verlangen nach einer Nivellierung des Bewässerungslandes, größeren Betriebsflächen, einer Verbesserung der Versorgung mit Mineraldünger sowie selbständigen Anbauentscheidungen wird auf weitere technische, konzeptionelle und institutionelle Mängel des Bewässerungsprojektes hingewiesen, durch deren Beseitigung sich die Produktions- und Ertragsverhältnisse der Kleinbauern erheblich verbessern würden. Allerdings ist der äußerst berechtigte Wunsch nach einer Vergrößerung der Betriebsflächen jetzt im nachhinein kaum noch realisierbar; gerade dieser Punkt sollte jedoch bei der zukünftigen Bewirtschaftung von noch in der Erschließung befindlichem Bewässerungsland vorrangig Berücksichtigung finden.

Zur Erfüllung der übrigen Forderungen nach Verbesserung der Infrastruktur im Projektgebiet durch den Ausbau der Trinkwasser- und Elektrizitätsversorgung sowie die Errichtung neuer Schulen und Krankenhäuser werden von staatlicher Seite schon seit Jahren intensive Anstrengungen unternommen, und erhebliche Fortschritte sind bereits zu verzeichnen. Da es sich hier jedoch um infrastrukturelle Defizite handelt, die den gesamten ländlichen Raum Syriens betreffen, wird deren Beseitigung sicherlich noch einige Zeit in Anspruch nehmen.

Schließlich weist auch die Forderung nach Schaffung zusätzlicher Arbeitsmöglichkeiten, die von den Landempfängern insbesondere im Hinblick auf die Beschäftigungssituation ihrer Kinder gestellt wurde, auf ein Problem hin, das im ländlichen Raum Syriens ebenso verbreitet ist wie in anderen Teilen der Dritten Welt mit einer rasch wachsenden Agrarbevölkerung. Daran schließt sich die Frage an, wie sich die bevölkerungsgeographischen Verhältnisse im Ġāb inzwischen entwickelt haben.

## E. Die Entwicklung der Haushaltsstruktur und beruflichen Situation in den Landempfängerfamilien seit Projektbeginn

Nachdem die Bewirtschaftung des Projektgebietes bereits vor mehr als zwei Jahrzehnten aufgenommen wurde und die syrische Bevölkerung insgesamt eine sehr hohe Zuwachsrate von jährlich mehr als 3 % aufweist, ist anzunehmen, daß inzwischen eine beträchtliche Zahl von Jugendlichen herangewachsen ist, die nach zusätzlichen Arbeitsplätzen und wirtschaftlichen Existenzmöglichkeiten sucht, welche die kleinen Betriebsflächen kaum zu bieten vermögen. Was ist bisher aus diesen jungen Menschen geworden? Sind sie weiterhin im väterlichen Betrieb tätig und vergrößern durch eigene Familiengründungen die Zahl derer, die von den Einkünften des Bewässerungslandes leben müssen, oder haben sie außerbetriebliche Beschäftigungsmöglichkeiten gefunden?

## *1. Veränderungen im Altersaufbau und bei der Haushaltsgröße*

Um zu zeigen, wie sich Zahl und Zusammensetzung der Bevölkerung, deren wirtschaftliche Existenz von den Einkünften aus der zugeteilten Agrarfläche im Ġāb abhängt, seit Aufnahme der Anbautätigkeit im Projektgebiet entwickelten, wurde für das jeweilige Anfangsjahr sowie für den Zeitpunkt der offiziellen Landzuteilung 1969 und für 1979 der Altersaufbau und die Mitgliederzahl der im Rahmen der Untersuchung erfaßten Landempfängerhaushalte in der Abb. 46 dargestellt. Zu den Haushaltsmitgliedern zählen dabei nur die Personen, deren Lebensunterhalt überwiegend aus den Einkünften des landwirtschaftlichen Betriebes im Ġāb bestritten wird. Ein berufstätiger Sohn eines Landempfängers, der zwar noch im Haus seines Vaters lebt, jedoch einer vom väterlichen Betrieb unabhängigen Erwerbstätigkeit nachgeht, wird hier also nicht mehr berücksichtigt.

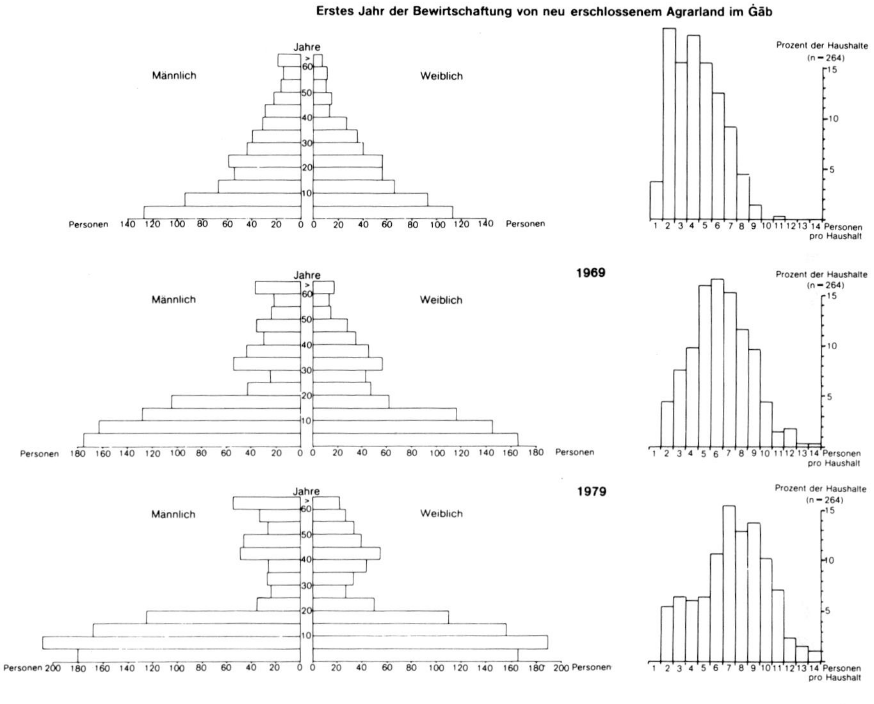


*Abb. 46. Altersaufbau und Personenzahl der Landempfängerhaushalte bei Aufnahme der Bewirtschaftung von Agrarland im Ġāb sowie 1969 und 1979*

*Bei Beginn der Bewirtschaftung* von Agrarland im Projektgebiet weist der Altersaufbau der Kleinbauern und ihrer Haushaltsmitglieder eine relativ gleichmäßige Pyramidenform auf, deren sich stark verbreiternde Basis auf eine *rasch wachsende Bevölkerung* schließen läßt. Nur sehr wenige Landempfänger sind noch ledig, während *seit kurzem verheiratete Paare und junge Familien* mit ein bis drei Kindern das Gros der Haushalte bilden. Daneben gibt es jedoch auch eine ganze Reihe von Kleinbauern im Alter von 50 und mehr Jahren mit relativ großen Haushalten. Im Durchschnitt beträgt bei Aufnahme der landwirtschaftlichen Tätigkeit im Projekt die Haushaltsgröße 4,3 Personen (Tab. 33), wobei zwischen unterschiedlichen Herkunftsorten nur relativ geringe Unterschiede bestehen.

Tabelle 33: Durchschnittliche Haushaltsgröße der Landempfänger aus unterschiedlichen Herkunftsorten bei Beginn der Bewirtschaftung von Agrarland im Ġāb sowie in den Jahren 1969 und 1979

| Herkunftsort | Durchschnittliche Anzahl der Haushaltsmitglieder[1] | | |
|---|---|---|---|
| | bei Beginn der Bewirtschaftung von Agrarland im Ġāb | im Jahre 1969 | im Jahre 1979 |
| Dwēr el-Akrād | 4,4 | 6,1 | 5,7 |
| ᶜEnnāb | 4,2 | 6,4 | 8,9 |
| Bīret el-Ǧebel | 4,4 | 5,0 | 7,9 |
| Tell ᶜAbd el-ᶜAzīz | 3,5 | 5,9 | 8,6 |
| Bādiye | 4,5 | 6,5 | 6,2 |
| Sqīlbīye | 4,7 | 7,1 | 7,4 |
| Kanṣafra | 4,3 | 6,7 | 7,8 |
| H̱ān Šeẖūn | 4,4 | 6,1 | 6,7 |
| Ḥalfāya | 4,1 | 7,2 | 7,7 |
| Insgesamt | 4,3 | 6,3 | 7,4 |

1) Je Herkunftsort n = 30 Haushalte, außer Tell ᶜAbd el-ᶜAzīz mit n = 24.

Bis zum Zeitpunkt der *offiziellen Landzuteilung 1969* hat sich die durchschnittliche Zahl der Haushaltsmitglieder auf 6,3 erhöht. Dieser Zuwachs findet seinen Niederschlag in einer kräftigen Verbreiterung im Basisbereich der Alterspyramide. Gleichzeitig zeichnet sich *in der Altersgruppe von 20 bis 29 Jahren ein beachtlicher Schrumpfungsprozeß* ab, der bei den Frauen durch die Heirat bedingt ist, während nur relativ wenige junge Männer bei Erreichen des erwerbstätigen Alters im Betrieb ihrer Väter mitarbeiten und statt dessen einer außerbetrieblichen Berufstätigkeit nachgehen.

*Bis zum Jahr 1979* hält dieser Trend unvermindert an, wie aus dem starken Einbruch der Alterspyramide in den Jahrgängen von 20 bis 39 hervorgeht. Außerdem läßt die sich verjüngende Basis erkennen, daß aufgrund der Entwicklung im Familienzyklus der Landempfänger der Höhepunkt der Bevölkerungszunahme inzwischen überschritten und die *Geburtenrate rückläufig* ist. Bei einer durchschnittlichen Zahl der Haushaltsmitglieder von 7,4 Personen ist in Dwēr el-Akrād die Haushaltsgröße mit nur 5,7 Personen deutlich niedriger und hat – ebenso wie bei den Landempfängern aus der Bādiye – gegenüber 1969 sogar abgenommen. Zumindest bei Dwēr el-Akrād muß davon ausgegangen werden, daß die weit unterdurchschnittliche Zahl der Menschen, deren Lebensunterhalt von den Einkünften des zugeteilten Landes im Ġāb abhängt, eine direkte Folge der äußerst ungünstigen Produktionsbedingungen und schlechten Erträge der bewirtschafteten Felder ist; hier sind die Heranwachsenden in besonders hohem Maße zur Aufnahme einer außerbetrieblichen Erwerbstätigkeit gezwungen.

Auffällig ist weiterhin, daß die Landempfänger mit den größten Haushalten aus den alawitischen Herkunftsorten ᶜEnnāb und Bīret el-Ǧebel sowie der ismailitischen Siedlung Tell ᶜAbd el-ᶜAzīz stammen. Zurückzuführen ist dies weitgehend darauf, daß im Rahmen der Befragung in jeder der drei Gruppen mehrere Landempfänger erfaßt wurden, die relativ ertragreiche Felder bewirtschafteten und ihre günstige ökonomische Situation nach der offiziellen Landzuteilung dazu nutzten, eine zweite Frau zu heiraten; demzufolge war dort 1979 auch die Zahl der kleinen Kinder noch besonders hoch. Unter den übrigen Kleinbauern wurden keine Doppelehen registriert[57].

Die kontinuierlichen Veränderungen in der Zusammensetzung der Bevölkerung, die von der Bewirtschaftung des zugeteilten Bewässerungslandes lebt, sind in der Abb. 47 für den Zeitraum der ersten 21 Jahre seit Arbeitsaufnahme der Kleinbauern im Ġāb dargestellt. Dabei werden die in der vorhergegangenen Abbildung noch enthaltenen Verzerrungen ausgeschaltet, die sich durch den unterschiedlichen, zwischen 1955 und 1964 liegenden Anfangszeitpunkt der Mitarbeit im Projektgebiet ergeben, und nur jene 202 Haushalte von Landempfängern berücksichtigt, die 1979 schon mehr als zwei Jahrzehnte im Ġāb tätig waren. Hier zeigt sich vor allem *in den ersten sechs Jahren eine kräftige Zunahme* der Bevölkerung mit hohen jährlichen Zuwachsraten von 5 bis 6 % – eine durchaus verständliche Entwicklung angesichts der großen Zahl von Paaren, die erst kurz vor Projektbeginn geheiratet hatten, und von jungen Familien mit erst wenigen Kindern. Danach sinken die jährlichen Zuwachsraten auf durchschnittlich ein bis zwei Prozent, reichen jedoch immer noch aus, um in den ersten 19 Jahren zu einem Bevölkerungsanstieg von 60 % beizutragen. Mit dem *zwanzigsten Jahr* setzt dann ein *Bevölkerungsrückgang* ein.

Für die Dauer des gesamten Beobachtungszeitraumes bleibt die Anzahl der Männer im Alter ab 20 Jahre nahezu konstant, doch findet innerhalb dieser Gruppe eine

57) Dagegen läßt sich aus den Daten über die Landempfängerfamilien aus Sqīlbīye keineswegs eine Bestätigung für die Feststellung von K.P. HARTMANN ableiten, wonach sich die Christen im Vorderen Orient von den Muslimen durch niedrigere Geburtenraten unterscheiden (1980, S. 188). Das generative Verhalten der im Rahmen der vorliegenden Untersuchung erfaßten Christen entspricht in etwa dem Gesamtdurchschnitt der ausgewählten Haushalte.

altersmäßige Umstrukturierung mit kontinuierlicher Zunahme der höheren Jahrgänge statt, während die *Altersgruppe der 20- bis 29-jährigen* zunächst zurückgeht und dann *stagniert.* Die nachrückenden jungen Männer reichen im allgemeinen gerade aus, um die aus Altersgründen oder durch Tod aus der landwirtschaftlichen Produktion ausscheidenden Betriebsleiter zu ersetzen. In der *Gruppe der 14- bis 19-jährigen* muß sich also eine erhebliche *Abwanderung zu einer außerbetrieblichen Erwerbstätigkeit* vollziehen, wozu mit der steigenden Zahl der Jugendlichen, die weiterführende Schulen besuchen, eine günstige Voraussetzung geschaffen wird. Daß dagegen junge Mädchen weiterführende Schulen besuchen oder gar außerhalb des häuslichen Rahmens berufstätig sind, kommt nur in wenigen Fällen in den Familien der christlichen Landempfänger aus Sqīlbīye vor.

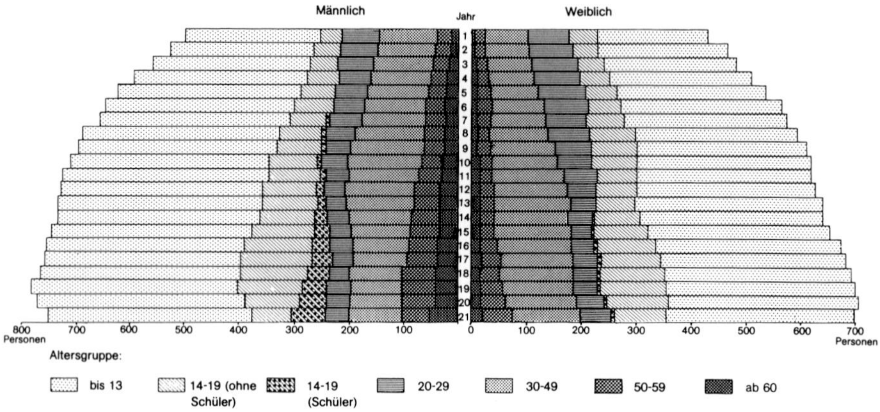


*Abb. 47. Veränderungen im Altersaufbau der Landempfängerhaushalte in den ersten 21 Jahren nach Aufnahme der Bewirtschaftung von Agrarland im Ġāb*

## 2. *Berufliche und räumliche Mobilität der Söhne von Landempfängern*

Einen Überblick über die verschiedenen Tätigkeitsbereiche, in denen die Söhne der Landempfänger zum Zeitpunkt der Befragung im Jahre 1979 beschäftigt waren, liefert die Tab. 34. Hier zeigt sich, daß immerhin fast 41 % der Söhne im Alter von 14 und mehr Jahren noch im väterlichen Betrieb mitarbeiten. Schlüsselt man diesen Personenkreis allerdings näher auf, so wird deutlich, daß es sich dabei in der Mehrzahl um Schüler und andere Jugendliche unter 20 Jahren handelt, von denen anzunehmen ist, daß sich der größte Teil binnen weniger Jahre um eine außerbetriebliche Erwerbstätigkeit bemühen wird. Von den älteren Söhnen, die noch auf dem zugeteilten Bewässerungsland beschäftigt sind, wurden viele bereits nach dem Tod ihres Vaters zu Betriebsleitern, während in anderen Fällen der Landempfänger schon zu alt oder krank ist und deshalb bei der Bewirtschaftung der Felder die Hilfe des Sohnes benötigt. Generell läßt sich also feststellen, *daß außer denjenigen jungen Männern, die in absehbarer Zeit mit der Übernahme des väterlichen Betriebes rechnen können, sich fast alle anderen Söhne um eine außerbetriebliche Beschäftigung bemühen.*

Tabelle 34: Berufliche Tätigkeit der Söhne von Landempfängern im Ġāb (ab 14 Jahre)

| Berufliche Tätigkeit | Prozentualer Anteil der Söhne von Landempfängern (n = 597) |
|---|---|
| Landwirtschaftliche Hilfskraft oder Leiter in dem Betrieb, der ursprünglich dem Vater zugeteilt worden war | 40,7 |
| davon: Betriebsleiter nach dem Tod des Vaters | (7,5) |
| Landwirtschaftl. Hilfskraft (ab 20 Jahre) | (6,4) |
| Landwirtschaftl. Hilfskraft (14–19 Jahre) | (9,9) |
| Schüler und landwirtschaftl. Aushilfe (14–19 Jahre) | (16,9) |
| Landempfänger seit der Sozialerhebung von 1969 | 4,4 |
| Pächter von Bewässerungsland im Ġāb | 1,0 |
| Schafhalter, Lohnhirte | 1,0 |
| Gelegenheitsarbeiter | 26,6 |
| Arbeiter in Dauerstellung | 5,7 |
| Kraftfahrer, Transportunternehmer | 3,0 |
| Händler, Handwerker | 1,0 |
| Berufssoldat | 6,4 |
| Staatlicher Angestellter (Verwaltungsangestellter, Lehrer, Agraringenieur, Polizist, Arzt) | 6,7 |
| Student | 3,5 |

Mehr als jeder vierte ist dabei auf die Übernahme von *kurzfristigen Gelegenheitsarbeiten* an ständig wechselnden Arbeitsplätzen angewiesen, wie sie sich etwa bei saisonalen Arbeitsspitzen im *Agrarbereich* oder in zunehmendem Maße im *Bausektor* bieten. Eine Dauerstellung als meist ungelernter Arbeiter haben nur wenige gefunden. Weitere Beschäftigungsmöglichkeiten bieten die *Armee* für Berufssoldaten[58] und zahlreiche andere *staatliche Institutionen*, wie Behörden, Schulen, die Polizei oder Krankenhäuser, in denen vorwiegend beruflich besser Qualifizierte eine Anstellung bekommen haben. Der Erwerb dieser beruflichen Qualifikation wie auch die Ausübung der genannten Tätigkeiten ist meist nicht im ländlichen Raum möglich, sondern hat eine Abwanderung aus dem Ġāb zur Voraussetzung. Unter den Tätigkeiten, die von den in syrische Städte abgewanderten Söhnen der Landempfänger ausgeübt werden, rangiert die des Berufssoldaten an erster Stelle, gefolgt von Gelegenheitsarbeitern, staatlichen Angestellten, Schülern und Studenten sowie Arbeitern in Dauerstellung (Tab. 35).

58) Wehrpflichtige, die für 30 Monate eingezogen werden, sind hier mit der Tätigkeit aufgeführt, die sie zuvor ausübten.

Tabelle 35: Berufliche Tätigkeit der in syrische Städte abgewanderten Söhne von Landempfängern im Ġāb (ab 14 Jahre)

| Berufliche Tätigkeit | Prozentualer Anteil der überwiegend in syrischen Städten lebenden Söhne von Landempfängern (n = 151) |
|---|---|
| Berufssoldat | 25 |
| Gelegenheitsarbeiter | 19 |
| Staatlicher Angestellter | 19 |
| Schüler, Student | 17 |
| Arbeiter in Dauerstellung | 13 |
| Kraftfahrer, Transportunternehmer | 6 |
| Händler | 1 |

In welchen Städten diese Tätigkeiten im einzelnen ausgeübt werden, geht aus der Abb. 48 hervor. *Wichtigster Zuzugsort ist dabei die Landeshauptstadt*, wo sich jeder dritte der Abgewanderten aufhält. Dabei steht hier jedoch nicht wie bei der Landflucht in anderen Staaten der Dritten Welt die Funktion der Metropole als wichtigstes Wirtschaftszentrum im Vordergrund; bei den im Rahmen der Untersuchung erfaßten Söhnen der Landempfänger ist die Zuwanderung in die Hauptstadt weitgehend dadurch bedingt, daß sich hier die größte Garnison des Landes befindet. *Berufssoldaten* stellen mehr als die Hälfte der dortigen Zuwanderer aus dem Ġāb, mit großem Abstand gefolgt von Studenten und staatlichen Angestellten.

Der zweitwichtigste Zielort ist *Ḥamāh*, die dem Ġāb am nächsten gelegene Großstadt und zugleich Sitz der für das Projektgebiet zuständigen Provinzverwaltung; die gesamte Palette der von den Abgewanderten ausgeübten Tätigkeiten ist hier vertreten. Die dritte Position nimmt Ḥaleb ein als Zuzugsort vor allem für Studenten und staatliche Angestellte, während in *Laḏāqīye*, der Hafenstadt mit expandierender Industrie, die meisten der aus dem Ġāb stammenden Männer als Gelegenheitsarbeiter oder Arbeiter in Dauerstellung beschäftigt sind. Die übrigen Städte des Landes haben als Zuzugsorte der Landempfänger insgesamt nur eine untergeordnete Bedeutung.

Schlüsselt man im einzelnen auf, an welchen Orten die Söhne der Landempfänger sich überwiegend aufhalten und welche berufliche Tätigkeit sie dort jeweils ausüben, so zeigen sich zwischen den einzelnen sozialen Gruppen sehr charakteristische Unterschiede (vgl. Abb. 49), die zum Teil aus traditionellen Verhaltensweisen und Positionen abzuleiten sind, welche die verschiedenen religiösen Gemeinschaften in der syrischen Gesellschaft einnehmen. Auffällig ist vor allem, daß mehr als die Hälfte der *Berufssoldaten* von Söhnen *alawitischer* Landempfänger aus ᶜEnnāb und Bīret el-Ǧebel gestellt werden. Von den 32 jungen Alawiten, die in syrische Städte abwanderten, sind allein

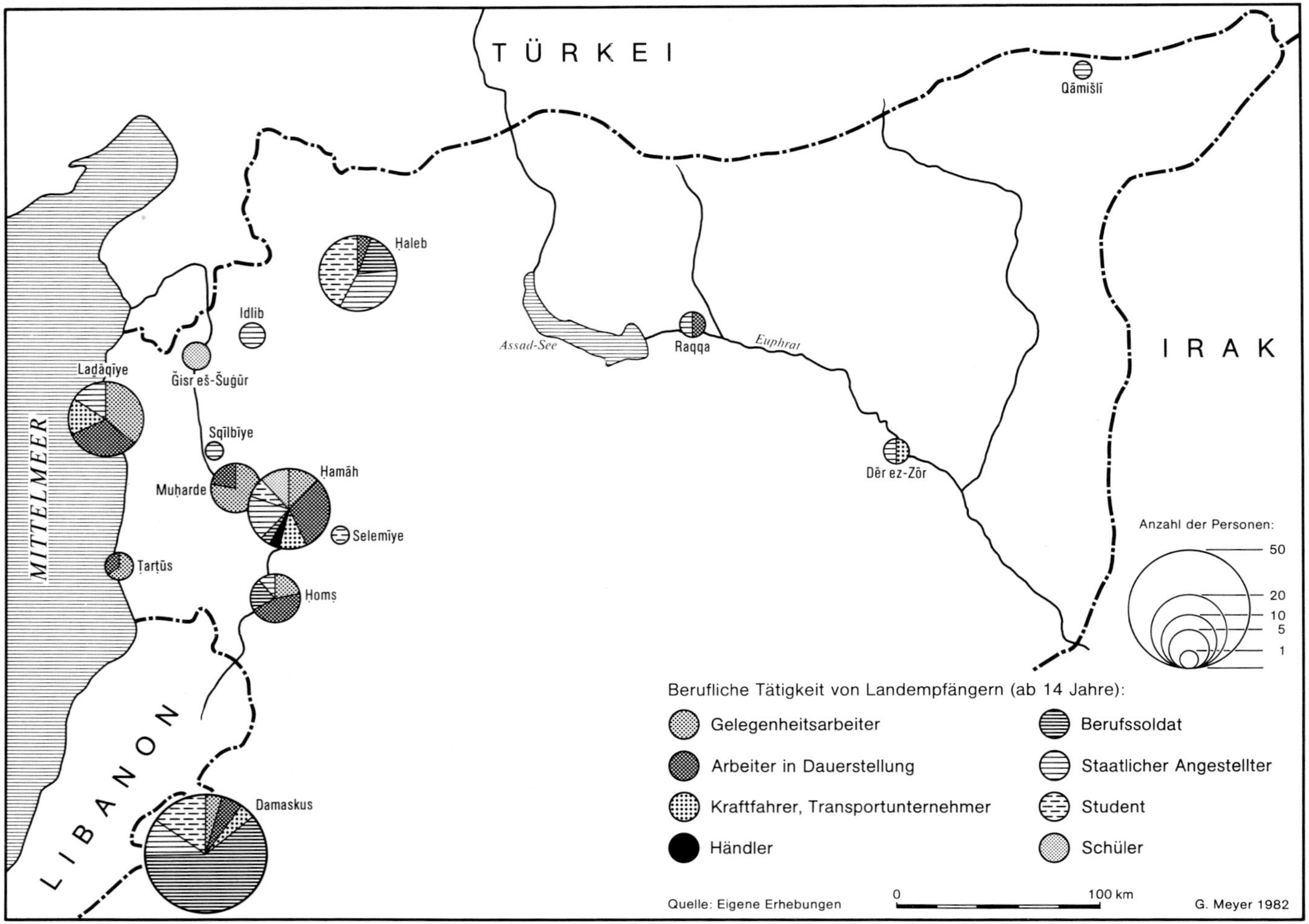


*Abb. 48. Berufliche Tätigkeit der in syrische Städte abgewanderten Söhne von Landempfängern aus dem Ġāb*

56 % als Berufssoldaten tätig und vor allem in Damaskus stationiert, wo viele von ihnen zusammen mit ihren Familien in staatlichen Dienstwohnungen leben.

Hier bestehen berufliche Mobilitätsmuster weiter, die bereits über eine lange Tradition verfügen. Angesichts der ärmlichen Lebensbedingungen in den Ǧibāl el-ʿAlawīyīn bildete früher der Beitritt zur Armee für viele Alawiten fast die einzige Möglichkeit eines sozialen Aufstiegs. Andererseits hatte sich auch die französische Mandatsmacht besonders um die Rekrutierung von Angehörigen der alawitischen Minorität für ihre Streitkräfte bemüht (R.F. NYROP 1979, S. 210). Nach Erlangung der Unabhängigkeit stiegen dann zahlreiche Alawiten in Offiziersränge auf. Mit der Regierungsübernahme durch die Baʿṯ-Partei, in der die Mitglieder jener Religionsgemeinschaft von Anfang an ebenfalls sehr stark vertreten waren, sowie mit der Präsidentschaft von Ḥāfiz el-Asad wurde die Machtstellung der Alawiten gefestigt und in der Folgezeit in den Streitkräften, der Partei und Verwaltung systematisch ausgebaut, so daß dort inzwischen die meisten Schlüsselpositionen von Angehörigen dieser Minderheit besetzt sind. Hier ist beispielsweise einer der jüngeren Brüder des Staatspräsidenten zu nennen, der die 20000 Mann umfassende, überwiegend aus Alawiten bestehende Eliteeinheit der Palastwache in Damaskus befehligt (A. DRYSDALE 1981, S. 15). Zu dieser Truppe gehören wenigstens drei der aus dem Ġāb Abgewanderten.

Sehr bezeichnend ist auch, daß von den im Rahmen der Untersuchung erfaßten Söhnen alawitischer Kleinbauern sich niemand in der nahe gelegenen Provinzhauptstadt Ḥamāh angesiedelt hat. Die Stadt gilt als traditionelle politische Hochburg der Sunniten und Zentrum der Muslimbruderschaft[59], die seit Anfang der siebziger Jahre für zahllose Attentate auf Alawiten sowie für die bürgerkriegsähnlichen Unruhen in Ḥamāh im Jahre 1973 und im Frühjahr 1982 verantwortlich gemacht wird. Bei den Söhnen alawitischer Landempfänger, die überwiegend noch am Herkunfts- bzw. Zuzugsort im Ġāb leben, spielt neben der Tätigkeit in der Landwirtschaft vor allem die Beschäftigung als Gelegenheitsarbeiter für etwa 2 bis 3 Monate pro Jahr in Libanon oder in Damaskus sowie in den zu einem großen Teil von Alawiten bewohnten Küstenstädten Ṭarṭūs und Laḏāqīye eine wichtige Rolle, während auch hier das sunnitische Ḥamāh nicht einmal als kurzfristiger Arbeitsort genannt wurde.

Ein ganz anderes Bild der beruflichen und räumlichen Mobilität bietet sich bei den *Christen* in Sqīlbīye. Bei den am Herkunftsort wohnenden Söhnen der Landempfänger ist der Sektor der *Schüler* am stärksten ausgeprägt. Auch dies ist Bestandteil einer alten Tradition, denn seit langem wird von den Christen in Syrien und Libanon der schulischen Bildung ein hoher Stellenwert zugemessen. Dennoch ist es überraschend, in welch außerordentlich starkem Maße sich die Schulbesuchsquoten der Christen von allen übrigen untersuchten Gruppen abheben (vgl. Tab. 36). Während sonst etwa die Hälfte bis vier Fünftel der 14 bis 23 Jahre alten Söhne von Landempfängern höchstens

59) Zu den Zielen der Muslimbruderschaft in Syrien vgl. K. BINSWANGER 1981.

eine Grundschule besucht haben – oft nur für die Dauer von ein oder zwei Jahren –, gingen fast zwei Drittel der Jugendlichen aus Sqīlbīye mindestens 10 Jahre zur Schule, und jeder vierte hatte bereits ein Universitätsstudium aufgenommen[60].

Tabelle 36: Schulbesuch der Söhne von Landempfängern im Ġāb

| Herkunftsort | n | Prozentualer Anteil der Söhne von Landempfängern im Alter von 14–23 Jahre, die ... | | | |
|---|---|---|---|---|---|
| | | höchstens eine Grundschule (bis max. 6. Klasse) besucht hatten | eine Aufbauschule (7.–9. Klasse) besucht hatten | eine weiterführende Schule (ab 10. Klasse) besucht hatten | eine Universität besucht hatten |
| Dwēr el-Akrād | 37 | 57 | 43 | 29 | – |
| ᶜEnnāb | 38 | 71 | 29 | 18 | 3 |
| Bīret el-Ğebel | 25 | 80 | 20 | 8 | – |
| Tell ᶜAbd el-ᶜAzīz | 27 | 59 | 41 | 30 | 7 |
| Bādiye | 37 | 65 | 35 | 30 | – |
| Sqīlbīye | 42 | 19 | 81 | 64 | 26 |
| Kanṣafra | 40 | 58 | 42 | 33 | – |
| H̱ān Šēẖūn | 37 | 54 | 46 | 38 | 5 |
| Ḥalfāya | 43 | 49 | 51 | 40 | 2 |
| Insgesamt | 326 | 55 | 45 | 34 | 5 |

Eine wichtige Voraussetzung für solche Schulbesuchsquoten ist natürlich das Vorhandensein entsprechender Bildungseinrichtungen, die in Sqīlbīye schon sehr lange existieren, während die übrigen seit Projektbeginn im Ġāb gebauten Schulen für die Kinder vieler Landempfänger zu weit von ihrer Wohnung entfernt sind. Darüber hinaus scheint in dieser christlichen Kleinstadt der Besuch auch weiterführender Schulen geradezu ein sozialer Zwang zu sein, der sich in einem zur Schau getragenen Bildungsverhalten dokumentiert: So findet man in Sqīlbīye kaum ein Wohnhaus, auf dessen Terrasse oder Flachdach nicht frühmorgens wenigstens ein Schüler mit einem Buch in der Hand demonstrativ auswendig lernend auf und ab marschiert. Darauf, daß bei allen im Rahmen der Untersuchung erfaßten Familien auch nur hier Mädchen weiterführende Schule besuchten, wurde bereits verwiesen.

60) Zu ähnlichen Ergebnissen kommt K.P. HARTMANN aufgrund von Untersuchungen in Nordwestiran und Libanon. Er bezeichnet das Bildungsniveau als „das wesentliche Unterscheidungsmerkmal zwischen Muslimen und Christen" (1980, S. 98). Ähnlich H.G. ZIMPEL 1963, S. 151 und E. WIRTH 1966, S. 362.

Als Konsequenz dieser Entwicklung ist von den in anderen syrischen Städten lebenden Söhnen der Landempfänger aus Sqīlbīye jeder zweite ein Student und jeder dritte als qualifizierter Angestellter – etwa als Lehrer, Arzt oder Agraringenieur – bei staatlichen Institutionen tätig. *So wie bei vielen jungen Alawiten der Weg zum sozialen Aufstieg über die Streitkräfte verläuft, wird das gleiche Ziel von den Christen über Schule und Universität angestrebt.* Eine derartig stark ausgeprägte Orientierung auf ein bestimmtes berufliches Spektrum ist bei den untersuchten sunnitischen und ismailitischen Gruppen nicht feststellbar.

In welchem Umfang die permanente und temporäre Abwanderung in die Städte die erwerbstätigen Söhne der Landempfänger 1979 bereits erfaßt hatte, geht aus der Tab. 37 hervor. Berücksichtigung fanden dabei nur die Altersgruppen ab 20 Jahre, da die von den Jüngeren ausgeübten Tätigkeiten wie auch deren Arbeitsplatzwahl – insbesondere bei der Mitarbeit im väterlichen Betrieb – in vielen Fällen nur als vorübergehend und provisorisch angesehen werden muß. Hier zeigte sich nun, daß bereits *jeder dritte in eine syrische Stadt abgewandert ist und sich dort permanent angesiedelt hat*. Die weitaus größte Abwanderungsquote mit 47 % wird in Dwēr el-Akrād erreicht – eine eindeutige Reaktion auf die dort sehr ungünstigen landwirtschaftlichen Produktionsbe-

Tabelle 37: Permanente Abwanderung und temporäre Arbeitsmigration der erwerbstätigen Söhne von Landempfängern

| Herkunftsort der Landempfänger | n | Prozentualer Anteil der erwerbstätigen Söhne von Landempfängern (ab 20 Jahre), die … | | |
|---|---|---|---|---|
| | | sich permanent in syrischen Städten ansiedelten | ihren Hauptwohnsitz im Ġāb oder am Herkunftsort haben u. | |
| | | | zeitweise als Gelegenheitsarb. in syr. Städten oder im Ausland beschäftigt sind | ausschließl. im Ġāb oder am Herkunftsort beschäftigt sind |
| Dwēr el-Akrād | 47 | 47 | 19 | 34 |
| ᶜEnnāb | 49 | 35 | 28 | 37 |
| Bīret el-Ǧebel | 36 | 25 | 36 | 39 |
| Tell ᶜAbd el-ᶜAzīz | 31 | 36 | 16 | 48 |
| Bādiye | 45 | 36 | 24 | 40 |
| Sqīlbīye | 39 | 26 | – | 74 |
| Kanṣafra | 43 | 19 | 26 | 56 |
| H̱ān Šēḫūn | 36 | 39 | 3 | 58 |
| Ḥalfāya | 42 | 36 | 38 | 26 |
| Insgesamt | 368 | 33 | 20 | 47 |

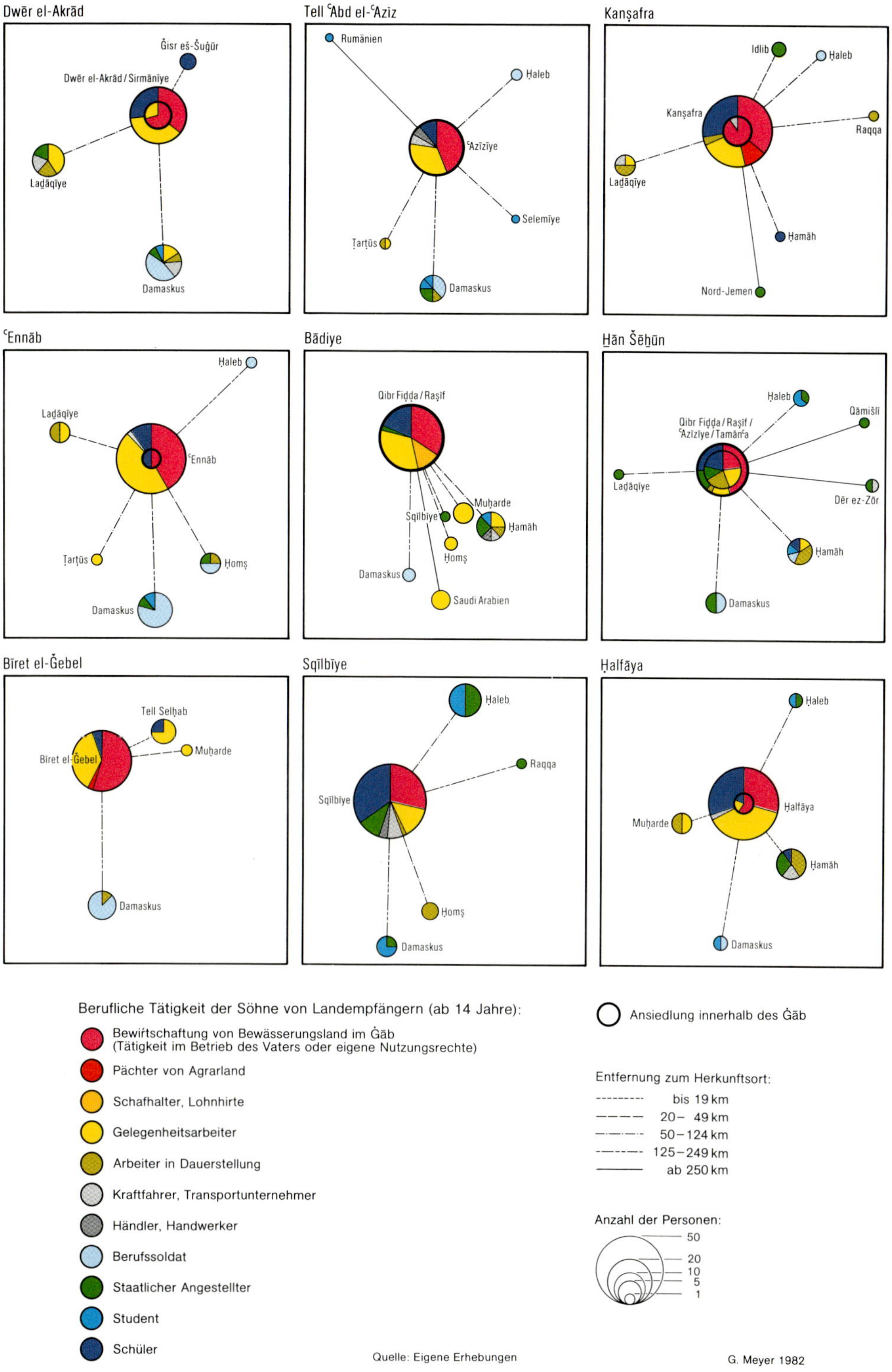


*Abb. 49. Überwiegender Aufenthaltsort und berufliche Tätigkeit der Söhne von Landempfängern im Ġāb*

dingungen der zugeteilten Agrarflächen und das geringe Betriebseinkommen, das für die nachfolgende Generation keine ausreichende wirtschaftliche Existenzbasis bietet. Von den übrigen erwerbstätigen Söhnen der Landempfänger, die ihren Hauptwohnsitz im Ġāb oder am Herkunftsort beibehalten haben, ist ein großer Teil zumindest *für einige Monate im Jahr darauf angewiesen, sich in syrischen Städten, in Libanon oder in anderen arabischen Nachbarstaaten als Gelegenheitsarbeiter seinen Lebensunterhalt zu verdienen.*

*Im Durchschnitt ist nur knapp jeder zweite ausschließlich im Ġāb oder am Herkunftsort beschäftigt.* Am niedrigsten ist der entsprechende Anteil mit 26 % in Ḥalfāya, von wo viele Jugendliche als Gelegenheitsarbeiter in das benachbarte Muḥarde oder in das ebenfalls relativ nahe gelegene Ḥamāh pendeln. Dagegen findet sich der höchste Prozentsatz der erwerbstätigen Söhne von Landempfängern, die nur am Herkunftsort oder im Projektgebiet beschäftigt sind, in Sqīlbīye, wo sich zahlreiche Arbeitsmöglichkeiten bei der Ġāb-Administration, im Einzelhandel, Bausektor und Transportgewerbe bieten. In einer ähnlichen Position befindet sich auch die zweite im Rahmen der Untersuchung erfaßte Kleinstadt Ḫān Šēḫūn. Dort fällt auf, daß häufig die Söhne der Landempfänger, die teilweise schon bis zu zwei Jahrzehnten permanent im Ġāb gelebt haben, wieder an den Herkunftsort ihrer Väter zurückgegangen sind, um sich eine eigene wirtschaftliche Existenz aufzubauen.

### 3. *Entwicklung der Erwerbstätigkeit nach Wirtschaftssektoren*

Um abschließend aufzuzeigen, in welchem Ausmaß die Bevölkerung, die in den Genuß der Landzuteilung im Bewässerungsprojekt gekommen ist, ihren Lebensunterhalt noch vollständig aus der Landwirtschaft bestreitet bzw. bereits im Industrie- oder Dienstleistungssektor beschäftigt ist, wurde in der Abb. 50 die Entwicklung der Erwerbstätigkeit nach Wirtschaftsbereichen im Zeitraum von 1958 bis 1979 für die Landempfänger und ihre Söhne aus den untersuchten Herkunftsgebieten dargestellt. In dieser Periode hat sich insgesamt *der Anteil derer, die ausschließlich im primären Sektor tätig sind, mehr als halbiert und ist von 83 % auf 41 % gesunken.* Gleichzeitig erhöhte sich der Prozentsatz derer, die außer ihrer Haupttätigkeit in der Landwirtschaft noch einem *Nebenerwerb im sekundären oder im tertiären Wirtschaftsbereich nachgehen, von 14 auf 23 % bzw. von 3 auf 5 %.* Der Anteil der neu hinzugekommenen Erwerbstätigen *im sekundären Sektor hat sich nach anfänglich zögernden Ansätzen, dann jedoch beschleunigt seit der zweiten Hälfte der sechziger Jahre, bis auf 7 bzw. 14 % vergrößert.*

Am stärksten ist die Abkehr von der Landwirtschaft unter den Angehörigen der aus der Kleinstadt Ḫān Šēḫūn stammenden Landempfänger, wo bereits die Hälfte der Erwerbstätigen – etwa genau so viel wie im gesamtsyrischen Durchschnitt – im außeragrarischen Bereich tätig ist. So weit ist in Sqīlbīye, dem Ort im Projektgebiet mit der höchsten Zentralität, die Abwanderung der Erwerbstätigen in andere Wirtschaftssektoren noch nicht fortgeschritten. Statt dessen war dort bereits seit Beginn des Beobach-

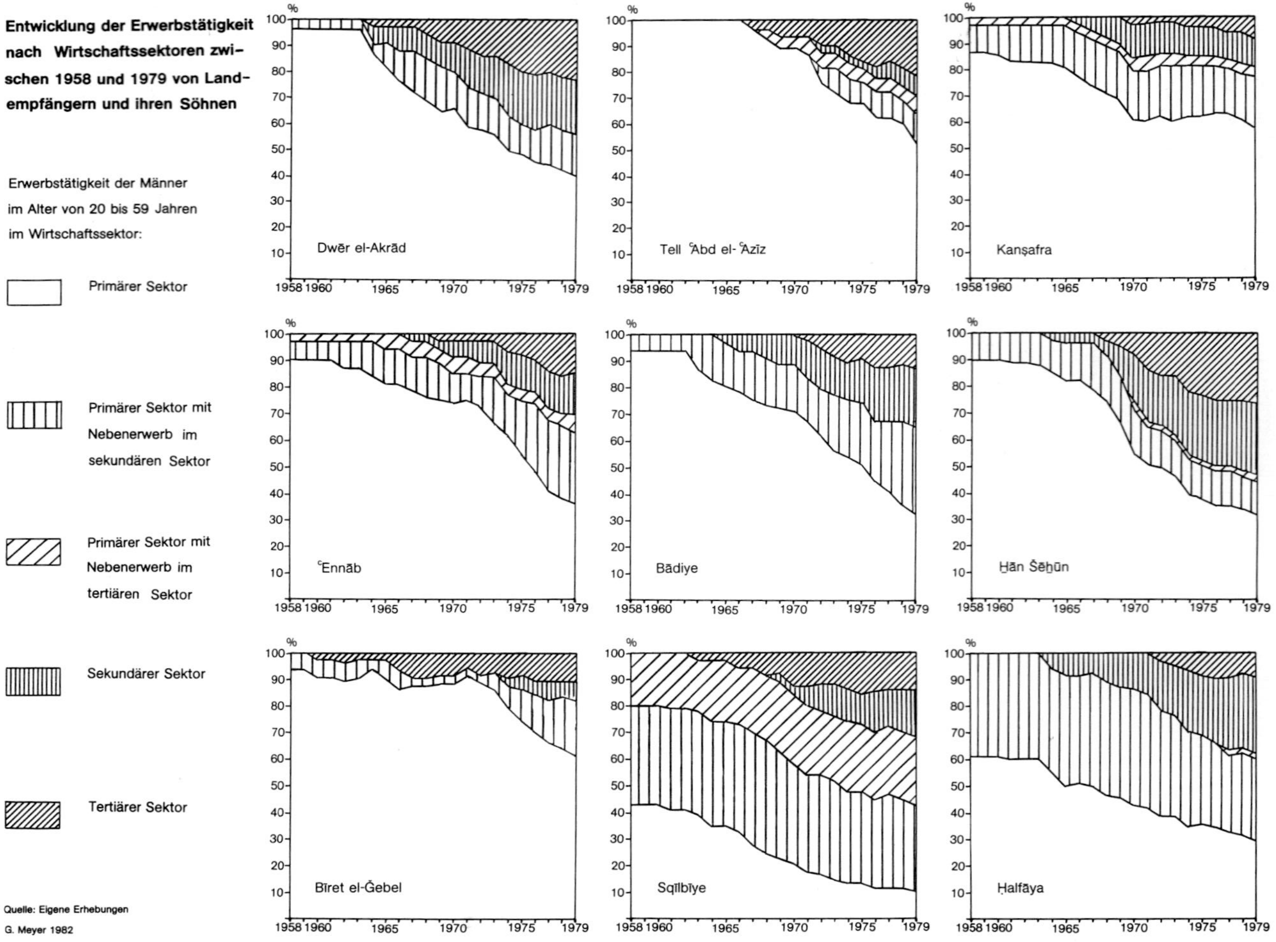


*Abb. 50. Entwicklung der Erwerbstätigkeit nach Wirtschaftssektoren zwischen 1958 und 1979 von Landempfängern und ihren Söhnen*

tungszeitraumes die Einbeziehung einer Beschäftigung im sekundären oder tertiären Bereich als Nebenerwerb zur Haupttätigkeit in der Landwirtschaft stark ausgeprägt.

Die aus den übrigen Herkunftsorten stammenden Erwerbstätigen sind zwar im allgemeinen noch weit stärker im primären Wirtschaftssektor verwurzelt, doch deutet alles darauf hin, daß es sich hier nur um einen zeitlichen Phasenverzug handelt, denn das Gros der heranwachsenden Söhne der Landempfänger war zum Zeitpunkt der Erhebung noch weniger als 20 Jahre alt. Die Umstrukturierung der Erwerbstätigkeit unter der Projektbevölkerung wird damit in Zukunft noch rascher voranschreiten, als das bisher schon der Fall war. Zu hoffen ist dabei nur, daß das Wachstum der syrischen Wirtschaft ausreicht, um die benötigten Arbeitsplätze bereitzustellen.

# IV. Allgemeine Beobachtungen zum sozialen und wirtschaftlichen Wandel im Lebensraum der bäuerlichen Bevölkerung

Versucht man abschließend ein Resümee aus der Untersuchung zu ziehen und die Ergebnisse in den während der letzten Jahrzehnte eingetretenen Wandel im Lebensraum der bäuerlichen Bevölkerung Syriens einzuordnen, so bietet sich ein Vergleich zwischen den Verhältnissen zu Beginn des Projektes und heute an. Damals, d.h. in den fünfziger Jahren vor der Bodenreform, war das traditionelle *Feudalsystem* noch voll intakt. Die Mehrheit der Fellachen in den altbesiedelten Landesteilen Syriens befand sich als Teilpächter in einer meist totalen wirtschaftlichen Abhängigkeit von den Grundherren. In besonderem Maße galt dies für den südlich und südöstlich an das Ġāb angrenzenden Einflußbereich jener mächtigen, als besonders reaktionär geltenden Großgrundbesitzerfamilien aus Ḥamāh, die ihren Reichtum an der Zahl der von ihnen beherrschten Dörfer maßen. Die Teilpächter waren ihrer Willkür mehr oder minder ausgeliefert und mußten sich für den Einsatz ihrer Arbeitskraft mit Ernteanteilen zufrieden geben, die ihnen kaum mehr als das Existenzminimum sicherten und die angesichts *rentenkapitalistischer Abschöpfung* der Mehrproduktion durch den Grundherren jegliche Eigeninitiative zur Verbesserung der wirtschaftlichen Verhältnisse im Keim erstickten.

Eher noch ungünstiger war die Lage der Landarbeiter, die nur saisonal eine meist sehr schlecht entlohnte Beschäftigung fanden. Zudem wurde die in der Landwirtschaft tätige Bevölkerung nur zu leicht ein Opfer der rentenkapitalistischen Praktiken von städtischen Händlern und Geldverleihern, so daß sich ihre Situation durch drückende *Verschuldung* noch weiter bis zur völligen Hoffnungslosigkeit verschlimmerte. Angesichts solcher Rahmenbedingungen ist es nur zu verständlich, daß sich der durch Fatalismus und Desinteresse auszeichnende traditionelle *„orientalische Wirtschaftsgeist"* in gleicher Weise, wie ihn E. WIRTH 1956 für Irak beschrieb, für den altbesiedelten ländlichen Raum Syriens mit seinen erstarrten sozialen und wirtschaftlichen Strukturen charakteristisch war und auch das Leben jener wirtschaftlich besonders schwachen Bevölkerungsgruppen bestimmte, die später bei der Landzuteilung im Ġāb berücksichtigt wurden.

Seither haben sich vor allem die politischen und wirtschaftlichen Rahmenbedingungen im Lebensraum der bäuerlichen Bevölkerung Syriens in hohem Maße verändert. Durch die *Bodenreform und die Enteignung des Großgrundbesitzes* wurde das traditionelle Feudalsystem weitgehend beseitigt und die Möglichkeit zur *rentenkapitalistischen Ausbeutung* der in der Landwirtschaft tätigen Bevölkerung durch Grundbesitzer, Händler und Geldverleiher *drastisch eingeschränkt.* Im Pachtwesen wurden die Ertragsanteile für die Teilpächter wesentlich erhöht und für die wichtigsten Anbaukulturen gesetzlich festgelegt; als Schutz der Pächter vor der Willkür der Landbesitzer ist die schriftliche Fixierung der Pachtverträge vorgeschrieben, die nur aus triftigen Gründen kündbar sind. Am gravierendsten sind die seit den fünfziger Jahren eingetretenen Wandlungen für jene bedürftigen Familien, die in den Genuß der Zuteilung von zuvor enteignetem Bodenreformland oder von neu erschlossenen Bewässerungsflächen, wie hier im Ġāb, kamen. Die von ihnen benötigten Produktionsmittel werden auf Kredit zu einem sehr geringen Zinssatz von den Genossenschaften und anderen staatlichen Organisationen zur Verfügung gestellt, die auch die Vermarktung der wichtigsten Anbaufrüchte übernehmen und den Bauern feste Preise garantieren. Jede Steigerung ihrer Agrarproduktion kommt den Kleinbauern direkt zugute und trägt zur Verbesserung ihrer wirtschaftlichen Verhältnisse bei.

Angesichts derartig gewandelter Rahmenbedingungen kann es kaum überraschen, daß heute unter der Projektbevölkerung von jenem traditionellen „orientalischen Wirtschaftsgeist", der unter anderem in Arbeitsunlust, Apathie und völligem Fehlen vorausschauender Planung seinen Niederschlag fand, nichts mehr zu spüren ist. Im Vordergrund steht jetzt das *rationale Streben nach Verbesserung der Lebensbedingungen durch die Nutzung aller verfügbaren Erwerbsmöglichkeiten ohne Scheu vor harter körperlicher Arbeit.* Die kleinbäuerliche Projektbevölkerung hat im allgemeinen die ihr mit der Landzuteilung gebotene Chance voll genutzt und dabei nicht nur den durch staatliche Vorgaben und das natürliche Nutzungspotential des zugewiesenen Bewässerungslandes abgesteckten Produktionsrahmen voll ausgeschöpft, sondern darüber hinaus auch versucht, durch Eigeninitiative ihre Produktions- und Einkommensverhältnisse zu verbessern. So nehmen Landempfänger beispielsweise die Mängel im Bewässerungssystem nicht in einer fatalistischen Grundhaltung als gottgegeben hin, sondern sie bemühen sich rechtzeitig um alternative Bewässerungsmöglichkeiten. Anstatt sich von vornherein mit den staatlicherseits vorgegebenen Anbauplänen abzufinden, versuchen andere Kleinbauern, durch zusätzlichen arbeitsintensiven Anbau von Gemüse eine Einkommenssteigerung zu erzielen, und erhöhen dadurch gleichzeitig den gesamtwirtschaftlichen Nutzen der Bewässerungsregion.

Auch die bei der jahreszeitlich unterschiedlichen Arbeitsauslastung in der Landwirtschaft unvermeidbare saisonale Unterbeschäftigung und die daraus resultierende Freizeit und Muße gilt immer weniger als besonders erstrebenswertes Ziel, sondern wird in zunehmendem Maße durch das Bemühen um einen *Zuerwerb* im landwirtschaftlichen Bereich und ebenso in anderen Wirtschaftszweigen abgelöst. In noch weit stärkerem Umfang als für die erste Landempfängergeneration gilt dies für deren Nachkommen, die in steigender Zahl auf Dauer in die syrischen Städte abwandern oder dort bzw. in den arabischen Nachbarstaaten eine temporäre Beschäftigung annehmen.

Durch die wachsende *Einbeziehung außerlandwirtschaftlicher Tätigkeiten und städtischer Arbeitsmöglichkeiten in den Aktionsraum der ländlichen Bevölkerung vollzieht sich im allgemeinen ein nahtloser Übergang von einer bäuerlichen zu einer städtisch geprägten Form der Daseinsgestaltung.* Damit zeigt sich hier – und diese Feststellung läßt sich aufgrund gleichartiger Beobachtungen in anderen Regionen auf den gesamten ländlichen Raum Syriens übertragen –, daß klar gegeneinander *abgegrenzte soziale Lebensformen des Bauerntums und Städtertums,* wie es sie früher möglicherweise gab, im heutigen Syrien *nicht mehr existieren.*

## V. Zusammenfassung

Das Ġāb repräsentiert mit einer landwirtschaftlichen Nutzfläche von rund 40000 ha das größte bisher in Funktion befindliche Bewässerungsprojekt Syriens. Vor Beginn der Erschließungsmaßnahmen wurde die versumpfte, vom Orontes durchflossene Grabensenke nur zu einem geringen Teil landwirtschaftlich genutzt. Der relativ kleinen, ethnisch heterogenen Bevölkerung, die sich innerhalb und an den Rändern des Ġāb angesiedelt hatte, boten der Anbau von Getreide an naturbegünstigten Stellen, Wasserbüffelzucht und Fischfang nur eine äußerst bescheidene wirtschaftliche Existenzmöglichkeit. Mitte der fünfziger Jahre wurde die Erschließung mit der Drainierung der Senke in Angriff genommen und fand nach dem Bau von drei Staudämmen im Oberlauf des Orontes ihren Abschluß mit der Inbetriebnahme des neuen Bewässerungsnetzes im Jahre 1968.

In der Zwischenzeit wurde die drainierte Agrarfläche bereits von Pächtern kultiviert, die zu gut zwei Drittel aus dem Projektgebiet stammten, während die übrigen aus Orten kamen, die meist weniger als 40 km vom Ġāb entfernt waren. Dabei wurde vor allem in den schwer erreichbaren Gebirgsdörfern der Ǧibāl el-ᶜAlawīyīn eine massive Abwanderung in Gebiete am Ostrand oder innerhalb der neu erschlossenen Bewässerungsregion ausgelöst. Nach einer Sozialerhebung im Jahre 1969, in welcher alle, die Projektland bewirtschaften wollten, ihre „Bedürftigkeit" nachweisen mußten, erhielten mehr als 11000 Personen jeweils eine Betriebsfläche von durchschnittlich 2,6 ha zugewiesen.

Staatliche Pläne schreiben den Landempfängern vor, was sie anbauen müssen, während Genossenschaften und staatliche Organisationen für die Bereitstellung von Produktionsmitteln und die Vermarktung des größten Teils der landwirtschaftlichen Erzeugung verantwortlich sind und diese Aufgabe im allgemeinen auch sehr gut bewältigen. Die beiden Hauptkulturen, die zusammen mehr als drei Viertel der gesamten Anbaufläche einnehmen, sind Winterweizen und Baumwolle als Sommerfrucht. Hinzu kommen Zuckerrüben, Sonnenblumen, Mais und Gemüse. Die Erträge in den einzelnen Teilbereichen des Ġāb schwanken außerordentlich stark je nach Bodengüte, Beeinträchtigung durch starke sommerliche Fallwinde und besonders aufgrund ungenügender Be- und Entwässerungsverhältnisse. Das Bewässerungssystem reicht nicht aus, um die gesamte Anbaufläche der Sommerfrucht zu bewässern, während die Kapazität des Drainagenetzes zu gering ist, um nach winterlichen Regenfällen lang anhaltende Überschwemmungen mit schweren Verlusten für das Wintergetreide zu verhindern.

Zur Erfassung der wirtschafts-, sozial- und bevölkerungsgeographischen Auswirkungen, die sich aus der Landzuteilung auf der Ebene der davon betroffenen Familien ergeben haben, wurden 264 Landempfänger aus neun über das gesamte Einzugsgebiet des Projektes verteilten Herkunftsorten mit ethnisch-religiös unterschiedlicher Bevölkerung befragt. Ehe diese Kleinbauern mit der Bewirtschaftung von Agrarland begonnen hatten, war gut die Hälfte von ihnen als schlecht bezahlte Land- oder Gelegenheitsarbeiter mit einem Beschäftigungszeitraum von selten mehr als vier Monaten im Jahr tätig gewesen, während etwa jeder dritte als Teilpächter meist nur einen Anspruch auf 15 – 25 % der Erträge des von ihm bewirtschafteten Landes hatte. Soweit sie über eigenen Besitz von Agrarland verfügten, waren die Flächen so klein und ertragsarm, daß kein ausreichendes Einkommen gewährleistet war. Für alle bedeutete damit die Landzuteilung im Ġāb eine erhebliche Verbesserung ihrer wirtschaftlichen Existenzgrundlage.

Nachdem mit dem staatlichen Bewässerungsprojekt keinerlei Maßnahmen zur Anlage neuer Siedlungen verknüpft waren, stellte sich bei der Bewirtschaftung der Agrarflächen als erstes das Problem der zum Teil sehr großen Distanzen zwischen Wohnort und Feldern der Landempfänger. Während im allgemeinen bei Entfernungen unter 10 km und relativ leichter verkehrsmäßiger Erreichbarkeit in den Hauptarbeitsperioden täglich zu den zugeteilten Parzellen gependelt wird, haben sich die Kleinbauern bei größeren Entfernungen oft saisonale Unterkünfte direkt auf ihrem Bewässerungsland errichtet oder sich dort bzw. am Rande bereits bestehender Dörfer permanent angesiedelt.

Bei der Bewirtschaftung ihrer Felder zeigen die Kleinbauern in der Regel einen äußerst großen Einsatz und bemühen sich um die Ausnutzung aller für sie verfügbaren produktionssteigernden Mittel. Eines der Hauptprobleme, die unzureichende Wasserversorgung aus den Bewässerungskanälen, hat ein großer Teil der Landempfänger durch den Einsatz von gemeinschaftlich betriebenen, angemieteten oder auf Teilpachtbasis genutzten Motorpumpen gelöst, die das für die Sommerfrucht benötigte Wasser aus den Drainagekanälen fördern.

Die staatlichen Anbaupläne werden bei den Hauptkulturen weitgehend erfüllt, wodurch das Projekt den vorgegebenen volkswirtschaftlichen Zielsetzungen der Erzeugung von Getreide zur Deckung des Grundbedarfs der einheimischen Bevölkerung sowie der Gewinnung von Devisen durch den Export der Baumwolle und der Substitution von Zuckerimporten durch die eigene Zuckerrübenproduktion voll entspricht. Darüber hinaus wird ein zusätzlicher Beitrag zur Versorgung insbesondere der städtischen Bevölkerung mit Gemüse geleistet, welches ein Teil der Kleinbauern bei ausreichender Wasserversorgung auf den Feldern anbaut, auf denen zuvor die Winterfrucht geerntet wurde, ohne daß dies in den behördlichen Anbauplänen vorgesehen wäre. Das frei verkaufte Gemüse liefert wesentlich höhere Einkünfte pro bewirtschafteter Flächeneinheit als die staatlich vermarkteten Hauptanbauprodukte und sichert den betreffenden Landempfängern ein weit überdurchschnittliches Einkommen.

Für die Mehrheit der in der Untersuchung erfaßten Kleinbauern bleibt jedoch das durch den landwirtschaftlichen Anbau erzielte Betriebseinkommen deutlich hinter dem Jahreslohn zurück, den etwa ein ungelernter städtischer Bauarbeiter bezieht. Bei diesem Vergleich muß allerdings berücksichtigt werden, daß für die Landempfänger während der Wintermonate in ihrem Betrieb kaum Arbeit anfällt und außerdem die Lebenshaltungskosten in der Stadt höher sind.

Mehr als die Hälfte der Kleinbauern hält zwar Vieh, doch geschieht dies meistens nur zur Selbstversorgung. Bei den Landempfängern, die sich innerhalb des Projektgebietes angesiedelt haben, besteht meist die Tendenz zur Stallhaltung von einer einheimischen Kuh mit relativ geringer Milchleistung, während die Kleinbauern, die ihren Hauptwohnsitz am Herkunftsort beibehalten haben und dort die Weidemöglichkeiten im Ǧebel ez-Zāwīye oder in den Ǧibāl el-ʿAlawīyīn nutzen können, die traditionellerweise übliche Haltung von wenigen Schafen oder Ziegen beibehalten. Über eine größere Zahl von Schafen verfügen nur die Landempfänger nomadischer Herkunft. Zur Förderung der marktorientierten Milchproduktion und zur Verbesserung der Einkommensverhältnisse in den Agrarbetrieben haben einige Landempfänger Hochleistungskühe von staatlichen Viehzuchtstationen erhalten.

Einer außerbetrieblichen Erwerbstätigkeit gehen vor allem die Landempfänger aus der Kleinstadt Sqīlbīye nach, wo sich zahlreiche Verdienstmöglichkeiten bei Gelegenheitsarbeiten sowie im Einzelhandel und Transportsektor bieten. Für Kleinbauern aus den übrigen Herkunftsorten sind die außerbetrieblichen Beschäftigungsmöglichkeiten weit schlechter und beschränken sich meist auf Tätigkeiten als Landarbeiter im Ġāb oder als Gelegenheitsarbeiter in syrischen Städten und in arabischen Nachbarstaaten. Ertragsarme, steinige Regenfeldparzellen im Bergland wurden nach der Landzuteilung im Ġāb meist aufgelassen, während kleine Rebflächen an den Herkunftsorten der Landempfänger weiter bewirtschaftet werden.

Zur Verbesserung der wirtschaftlichen Verhältnisse im Ġāb müßten nach Ansicht der Landempfänger von staatlicher Seite vor allem die bestehenden Mängel des Be- und Entwässerungsnetzes beseitigt, die Feldwege befestigt, das Bewässerungsland nivelliert und die Betriebsflächen vergrößert werden. Um die allgemeinen Lebensbedingungen im Projektgebiet zu verbessern, wird außerdem der Ausbau der öffentlichen Infrastruktur, insbesondere der Trinkwasser- und Elektrizitätsversorgung, sowie die Anlage weiterer Schulen gefordert.

Seit Projektbeginn hat sich die Zusammensetzung der Bevölkerung, deren wirtschaftliche Existenz von den Einkünften aus den zugeteilten Agrarflächen im Ġāb abhängt, erheblich verändert. Während bei Aufnahme der Anbautätigkeit im Projektgebiet seit kurzem verheiratete Paare und junge Familien mit wenigen Kindern das Gros der Haushalte bildeten, erhöhte sich bis 1979 die durchschnittliche Zahl der Haushaltsmitglieder von 4,3 auf 7,4. Dabei verfügen die alawitischen und ismailitischen Kleinbauern im Durchschnitt über die größten Familien, nachdem einige von ihnen die relativ günstige wirtschaftliche Position nach der Landzuteilung dazu nutzten, eine zweite Frau zu heiraten. Während in den ersten sechs Jahren nach Arbeitsaufnahme der Kleinbauern im Ġāb sehr hohe Zuwachsraten der Bevölkerung erreicht wurden, gingen diese aufgrund der Entwicklung im Familienzyklus in der Folgezeit deutlich zurück, und vom zwanzigsten Jahr an setzt – bedingt durch Todesfälle, Aufnahme einer anderen beruflichen Tätigkeit oder Ausscheiden aus dem bisherigen Haushalt durch Heirat – sogar eine Abnahme der Personen ein, die von der Bewirtschaftung des zugeteilten Bewässerungslandes leben.

Die jüngeren Männer in der Altersgruppe zwischen 20 und 29 Jahren bleiben im allgemeinen nur dann im Betrieb des Vaters, wenn dieser in absehbarer Zeit aus Altersgründen aus der landwirtschaftlichen Produktion ausscheiden wird. Die übrigen Jugendlichen bemühen sich um eine außerbetriebliche Erwerbstätigkeit, wobei ein sehr großer Teil der Alawiten den traditionellen Weg des wirtschaftlichen und sozialen Aufstiegs von Angehörigen dieser Bevölkerungsgruppe wählt und die militärische Laufbahn einschlägt. Dagegen wird vor allem bei den Söhnen christlicher Landempfänger üblicherweise sehr großes Gewicht auf eine gute schulische Ausbildung und möglichst auch noch ein Universitätsstudium gelegt, so daß viele von ihnen eine qualifizierte berufliche Tätigkeit im öffentlichen Dienst ausüben.

Im Durchschnitt ist etwa jeder dritte erwerbstätige Sohn von Landempfängern in eine syrische Stadt abgewandert und hat dort meist auch einen festen Arbeitsplatz gefunden. Von den übrigen Söhnen, die ihren Hauptwohnsitz im Ġāb oder am Herkunftsort beibehalten haben, ist ein großer Teil zumindest für einige Monate im Jahr als Gelegenheitsarbeiter in syrischen Städten oder in arabischen Nachbarstaaten tätig, so daß im Durchschnitt nur noch knapp jeder zweite ausschließlich im Ġāb oder am Herkunftsort beschäftigt ist.

Insgesamt ist die Entwicklung der Erwerbstätigkeit von Landempfängern und ihren Söhnen seit Projektbeginn durch eine zunehmende Einbeziehung von außerlandwirtschaftlichen Tätigkeiten bereits soweit fortgeschritten, daß nur noch 41% ausschließlich im Agrarbereich beschäftigt sind, während die Mehrheit eine Neben- oder gar Haupterwerbstätigkeit im sekundären oder tertiären Wirtschaftssektor ausübt. Die ausgeprägte berufliche und räumliche Mobilität, durch welche der nahtlose Übergang von einer bäuerlichen zu einer städtisch geprägten Form der Daseinsgestaltung zum Normalfall geworden ist, erlaubt es nicht mehr, hier zwischen jeweils eigengearteten Lebensformen der Fellachen und Städter zu unterscheiden.

# Vierter Teil

## Zum wirtschaftlichen und sozialen Wandel im nomadischen Lebensraum Syriens, dargestellt am Beispiel mobiler Schafhalter im Ġāb

## I. Übersicht über die Entwicklung im nomadischen Lebensraum Syriens bis zu den sechziger Jahren des 20. Jahrhunderts

In weiten Bereichen des altweltlichen Trockengürtels zeichnet sich seit meist schon mehr als einem Jahrhundert der Niedergang des Nomadismus ab. Spätestens seit dem Zweiten Weltkrieg hat sich dieser Auflösungsprozeß der traditionellen nomadischen Lebensform im Vorderen Orient in solchem Maße beschleunigt[61], daß es nach den Prognosen mancher Wissenschaftler aus den sechziger Jahren heute eigentlich gar keine Nomaden mehr geben dürfte. Auch Syrien wurde von dieser Entwicklung nicht ausgenommen. So ist der Zeitraum von der Mitte des 19. Jahrhunderts bis zum Ende des Zweiten Weltkriegs durch eine *zunehmende Schwächung der politischen und wirtschaftlichen Situationen der Beduinen* gekennzeichnet, wie sie für den syrischen Raum insbesondere von BOUCHEMAN (1934b), HARTMANN (1938), MONTAGNE (1947), LEWIS (1955) und WIRTH (1971) beschrieben wird. Die erstarkende staatliche Autorität schuf durch ihr wachsendes Netz von Polizei- und Militärposten, die immer weiter in die Wüstensteppe vorrückten, und durch den daraus resultierenden Schutz für eine seßhafte Agrarbevölkerung die Voraussetzung für die Ausweitung der Siedlungszone, die sich beispielsweise in Mittelsyrien von der Linie Ḥomṣ – Ḥamāh – Ḥaleb um etwa 70 km nach Osten vorschob.

Gleichzeitig ermutigte die Regierung seit den siebziger Jahren des 19. Jahrhunderts siedlungswillige Bevölkerungsgruppen durch besondere Vergünstigungen, sich in die-

---

61) Als eine Auswahl wichtiger Arbeiten, die sich mit den jüngsten Entwicklungstendenzen im Nomadismus des Vorderen Orients beschäftigen, sind hier zu nennen:

- für den Vorderen Orient insgesamt M. AWAD 1959; A. LEIDLMAIR 1965; E. WIRTH 1969a,b; W.D. HÜTTEROTH 1973; F. SCHOLZ 1981a;
- speziell für Syrien A. MAHHOUK 1956; E. WIRTH 1971; O. DRAZ 1980;
- Ägypten M. AWAD 1954; A.M. ABOU-ZEID 1959; A.S. BUJRA 1973;
- Türkei W.D. HÜTTEROTH 1959, 1982; D.G. BATES 1973;
- Libanon D. CHATTY 1976;
- Jordanien A.M. SA SA 1973; W. LANCASTER 1981;
- Saudi-Arabien D.P. COLE 1975, 1980; M. KATAKURA 1977; U. FABIETTI 1982;
- Kuwait F. SCHOLZ 1975;
- Ver. Arab. Emirate R. CORDES 1980, 1981;
- Oman F. SCHOLZ 1976, 1981b; H. ASCHE 1980; J. JANZEN 1980; W. ZIMMERMANN 1981;
- Irak E. WIRTH 1962; N.N. AL-KASAB 1966; L. STEIN 1967; I. HAIDARI 1982;
- Iran G. SCHWEIZER 1970; D. EHMANN 1975; R. LÖFFLER 1976; E. EHLERS 1976, 1979, 1980; G. STÖBER 1978; L. BECK 1981; E. EHLERS und G. STÖBER 1982; G. KORTUM 1982.

sem Gebiet niederzulassen. So waren im Bereich der großen Staatsdomänen östlich von Serāqib und nordöstlich von Ḥamāh (vgl. E. WIRTH 1971, Karte 7) die Siedler vom Militärdienst befreit und brauchten nur relativ geringe Ernteabgaben zu leisten. Solche Faktoren machten den Übergang zum Ackerbau und zur Errichtung permanenter Unterkünfte besonders für ärmere Nomadengruppen attraktiv, zumal sich ihre wirtschaftliche Position ständig verschlechterte, vor allem durch den *Verlust ihrer ergiebigsten Weidegründe als Folge der Erschließung des Jungsiedellandes.* Hinzu kam die seit den zwanziger Jahren durch die Motorisierung bedingte *rückläufige Nachfrage nach Kamelen als Transporttiere*[62]. Wurden dann noch die Schafherden dezimiert durch *Seuchen, anhaltende Dürre- oder Kälteperioden*[63] oder auch durch *Auseinandersetzungen mit anderen Stämmen*[64], so lieferte ein solches Ereignis häufig den letzten Anstoß zur Ansiedlung.

Die Periode von 1945 bis zur Mitte der sechziger Jahre ist charakterisiert durch ein weiteres rapides Zurückdrängen der nomadischen Lebensform. Von der Mandatsregierung waren die Beduinen noch relativ wohlwollend behandelt worden, so daß die französische Administration von den nationalistischen Führern Syriens beschuldigt wurde, die Stämme vorsätzlich zu unterstützen, um sie gegen die nationalistische Bewegung des Landes auszuspielen (A. MAHHOUK 1956, S. 169). Deshalb ist es durchaus verständlich, daß die seit 1943 etablierte syrische Regierung sich intensiv bemühte, noch *bestehende Privilegien aufzuheben und diesen unruhigen Bevölkerungsteil zur besseren Kontrollierbarkeit anzusiedeln.* Die Verpflichtung der Regierung, die Nomaden seßhaft zu machen, wurde 1950 sogar in die Verfassung aufgenommen (M. AWAD 1962, S. 329), nachdem sie bereits Bestandteil des Programmes der Baᶜṯ-Partei gewesen war, die im Beduinentum eine primitive, fortschrittsfeindliche Lebensform sah (O. CARRE 1980, S. 213).

Parallel zu diesen staatlichen Anstrengungen wurden als Folge steigender Agrarpreise die Weidemöglichkeiten weiter eingeschränkt durch die *kräftige Ausweitung des Regenfeldbaus* im Bereich der Trockensteppe. So vergrößerte sich die kultivierte Fläche

---

62) „Seit 1923 die Nair Transport Company einen regelmäßigen wöchentlichen Dienst zwischen Damaskus und Bagdad eingerichtet hat, hat der öffentliche und private Autoverkehr ständig zugenommen" (HARTMANN 1938, S. 63).

63) So berichtet z.B. R. THOUMIN (1932, S. 633), daß im Winter 1924/25 viele Beduinen bis zu 60 % ihrer Schafe verloren. Dies veranlaßte u.a. eine Stammesfraktion der ᶜAqēdāt zur Ansiedlung, deren Anpassung an eine seßhafte Lebensweise von Thoumin beschrieben wird.
Eine ähnlich katastrophale Dürreperiode ereignete sich in den Jahren 1932 und 1933 (vgl. dazu E. EPSTEIN 1938 und J.B. GLUBB 1938).

64) Im Verlauf von Stammeskämpfen zwischen den Mawālī und Ḥadīdīn von 1926 bis 1932 mußten beide Parteien schwere Verluste an Schafen hinnehmen (BOUCHEMAN 1934a, S. 55 ff.).

in Syrien zwischen 1948 und 1954 von 2,7 auf 4,0 Mio. ha (A. MAHHOUK 1956, S. 171–175). Gleichzeitig wurde die *Vegetation in den verbleibenden Weidearealen erheblich degradiert* aufgrund einer viel zu hohen Bestockungsdichte und einer ungeregelten, in Brunnennähe z.T. sogar ganzjährigen Beweidung, die kaum noch eine Regenerierung der Pflanzendecke erlaubte. Hinzu kam schließlich die *Dürreperiode von 1958 bis 1961*, die für die nomadische Bevölkerung im gesamten nordarabischen Raum zu einer wirtschaftlichen Katastrophe größten Ausmaßes führte. Die Zahl der damals 6 Millionen Schafe in Syrien ging um rund 40 % zurück, während die Zahl der Kamele, deren Haltung ohnehin immer unrentabler wurde, sogar um mehr als 80 % auf 14000 sank.

Für die Masse der syrischen Nomaden traf damals jene Beschreibung zu, mit der E. WIRTH generell die Lage der Beduinen im Vorderen Orient charakterisierte: „Die Nomaden, die heute noch nicht angesiedelt sind, fristen ein kümmerliches Dasein am Rande der übermächtigen seßhaften Welt" (1970, S. 289). Während um 1965 das Pro-Kopf-Einkommen der syrischen Bevölkerung bei 700 S.L. lag, wurde der entsprechende Vergleichswert für die Beduinen mit 220 S.L. auf weniger als ein Drittel geschätzt[65].

## II. Die staatlichen Maßnahmen zur Förderung der mobilen Schafhaltung

Offenbar im Zusammenhang mit den hohen Verlusten, welche die nationale Volkswirtschaft durch die Dürreperiode erlitt[66], und angesichts einer ständig steigenden Nachfrage nach tierischen Produkten zur Versorgung der wachsenden Bevölkerung zeichnete sich ein *allmählicher Umschwung in der offiziellen Beduinenpolitik* der syrischen Regierung ab. „Während vorher die Angelegenheiten von Nomaden und Halbnomaden in einer Abteilung des Innenministeriums bearbeitet wurden, die sich an den Auftrag der Verfassung zur forcierten Seßhaftmachung hielt, gründete man nun im Landwirtschaftsministerium ein „Steppe Department" mit folgenden Aufgabenbereichen: Instandhaltung und Pflege des Weidelandes und der staatlichen Brunnen in der Wüstensteppe, Sammlung und Lagerung von Futterreserven für Dürrejahre, wissenschaftliche Untersuchungen über die Grundlagen der Weidewirtschaft" (E. WIRTH 1971, S. 259).

65) Schätzungen nach einem FAO-Report von F. El-Tayeh, zit. nach M.L. SAMMAN 1978, S. 215.

66) „Zu Beginn der sechziger Jahre mußten für die Versorgung der syrischen Armee pro Jahr etwa 20000 Schafe importiert werden und dazu noch große Mengen von Büchsen mit „Corned Mutton" aus Australien. Sogar beim Deutschen Wirtschaftsattaché in Damaskus ging eine offizielle Anfrage ein, ob die Bundesrepublik nicht in der Lage sei, einige tausend Hammel nach Syrien zu exportieren!" (E. WIRTH 1969b, S. 45).

Diese Kursänderung in der staatlichen Entwicklungsplanung zielte in der Folgezeit in zunehmendem Maße auf eine positive Integration des Nomadismus in das Gesamtsystem der agrarwirtschaftlichen Produktion des Landes ab. Nach ersten erfolgversprechenden Ansätzen in den sechziger Jahren (vgl. W. DONNER 1964 und J.P.H. VAN DER VEEN 1967) entstand daraus in den siebziger Jahren ein äußerst effektives Programm zur Förderung der mobilen Schafhaltung, welches vor allem die Verbesserung des Weidemanagements und der Futterversorgung beinhaltet (vgl. O. DRAZ 1980).

Eine wichtige Maßnahme dieses Planungskonzeptes bildet das *kontrollierte Verbot des Regenfeldbaus in den Weidegebieten der Wüstensteppe.* Ein entsprechendes Gesetz wurde 1973 erlassen und auch weitgehend eingehalten, nachdem 1975/76 mehr als 150000 t Weizen und Gerste auf den Feldern beschlagnahmt worden waren, die innerhalb der Weideregion lagen.

Als nachahmenswert und richtungsweisend für die zukünftige Entwicklung der mobilen Viehhaltung muß eine weitere Maßnahme angesehen werden: Die *Wiederaufnahme des traditionellen Ḥimā-Systems zur Regelung der Beweidung auf genossenschaftlicher Basis.* Ḥimā ist der Name für ein auf der Arabischen Halbinsel bereits in vorislamischer Zeit praktiziertes Verfahren zum Schutz und zur Regenerierung der Vegetation in den Weidegebieten durch ein zeitlich befristetes Verbot der Beweidung und die Beschränkung der Weiderechte auf einen bestimmten Personenkreis. Früher waren die Nomadenstämme für eine entsprechende Regelung in ihren Weidearealen zuständig. Nachdem jedoch die traditionellen Weiderechte der Stämme aufgehoben wurden, war einer rücksichtslosen Ausbeutung und Degradierung der Wüstensteppe Tür und Tor geöffnet, da sich niemand mehr für eine Erhaltung der Weidekapazität verantwortlich fühlte.

Dieser Entwicklung wurde durch die Etablierung von Ḥimā-Kooperativen Einhalt geboten, denen vom Staat die Verantwortung für bestimmte Weideareale übertragen wurde. Auf diesen Ländereien haben nur die Genossenschaftsmitglieder, welche durchaus auch unterschiedlichen Stämmen angehören können, das Recht auf Durchführung einer geregelten Beweidung, die eine ausreichende Regenerationsmöglichkeit der Pflanzendecke sicherstellt.

Initiator und Verfechter dieses Konzeptes war der ägyptische Weidemanagement-Experte Dr. Omar Draz, der zunächst in Saudi-Arabien das noch bis in jüngste Zeit praktizierte traditionelle Ḥimā-System kennengelernt hatte. Während seiner Tätigkeit für die UNDP in Damaskus bemühte er sich erfolgreich darum, sowohl die syrische Regierung als auch die Nomaden vom Nutzen einer Wiederaufnahme des Ḥimā-Systems auf genossenschaftlicher Basis zu überzeugen. Besonders förderlich war dafür die bereits 1959 im Wādī l- ʿAzīb bei Iṯṯerīye eingerichtete staatliche Weide-Experimentierstation. Hier konnte man den Stammesführern eindrucksvoll demonstrieren, welch großes Futterpotential sich in der Wüstensteppe entwickelt, wenn man im Rahmen eines geregelten Weidemanagements der Vegetation genügend Zeit zur Regenerierung gibt.

Dennoch kam es gerade in der Anfangsphase bei der Bildung der ersten Kooperativen häufig zu Rückschlägen. So berichtet O. DRAZ von einem Fall (1980, S. 12–13), in welchem die Bereitschaft eines Stammes zur Gründung einer Kooperative plötzlich in totale Ablehnung umschlug. Zurückzuführen war dieser Meinungswandel auf die Aktivitäten einer Gruppe von Kaufleuten, denen ein großer Teil der von diesem Stamm auf Partnerschaftsbasis betreuten Schafe gehörte und die befürchteten, daß durch die Einrichtung der Genossenschaften ihre eigenen Möglichkeiten der Einflußnahme auf die Beduinen wie auch ihre Verdienstmöglichkeiten geschmälert würden. Die Mitarbeiter der zuständigen Agrarbehörde mußten etwa zwei Jahre darauf verwenden, um in zähen Verhandlungen mit den Stammesführern die vorsätzlich ausgestreuten Gerüchte über die angeblich „wahren" Zielsetzungen des Weideprojektes zu entkräften, mit denen die Gründung der Genossenschaft vereitelt werden sollte.

In einem anderen Fall wurde der UNDP-Experte nach langen Diskussionen mit einer Nomadengruppe durch den Šēẖ davon unterrichtet, daß sein Stamm keine Weide-Genossenschaft bilden würde. Es dauerte jedoch keine zwei Jahre, da waren mehr als 80 % der Angehörigen dieses Stammes dem Beispiel von zwei Nachbarstämmen gefolgt und aktive Mitglieder in einer sehr erfolgreichen Ḥimā-Kooperative geworden. Die übriggebliebene Minderheit bewarb sich schließlich um die Bildung einer neuen Kooperative.

Jede Genossenschaft verfügt über einen von ihren Mitgliedern gewählten Vorstand, der von einem durch die Agrarbehörden eingesetzten staatlichen Angestellten mit landwirtschaftlicher Ausbildung geleitet wird, sowie einen Kassierer, einen Veterinärassistenten und einen oder mehrere Wächter zum Kontrollieren der Weidegebiete. Der Vorstand legt fest, welche Weidegebiete von den einzelnen Familien nach den genossenschaftlichen Regeln beweidet werden dürfen, wobei sowohl eine Obergrenze für die Zahl der Schafe pro Familie als auch der genaue Zeitraum der Beweidung festgelegt wird. Für weidende Tiere, deren Zahl die erlaubte Obergrenze übersteigt, muß eine Gebühr an die Genossenschaftskasse entrichtet werden.

Der Schutz der als Ḥimā-Gebiete ausgewiesenen Weideregionen wird dadurch gesichert, daß die Tiere der Nicht-Mitglieder, die auf dem Gebiet der Kooperative weiden, ebenso beschlagnahmt und verkauft werden wie Traktoren und landwirtschaftliche Maschinen, mit denen Weideland umgepflügt wurde. Der Erlös aus dem Verkauf geht zu je 15 % an denjenigen, der die Übertretung anzeigt, und an den Beamten, der die Beschlagnahme vornimmt; 40 % werden an die Staatskasse abgeführt, und die restlichen 30 % erhält die Kooperative.

Die ersten acht Ḥimā-Genossenschaften, die zwischen 1969 und 1972 eingerichtet wurden, waren so erfolgreich, daß sie den Weg ebneten für die weitere Expansion dieses

Systems. Bis August 1979 wurden *46 derartige Kooperativen gegründet, die rund 11 000 Mitglieder zählen und auf einer Fläche von etwa 4 Mill. ha – das entspricht mehr als der Hälfte der syrischen Wüstensteppe – ein kontrolliertes Weidemanagement betreiben* (O. DRAZ 1980, S. 15).

Parallel zur Verbesserung der Weidebedingungen wurde im Rahmen des staatlichen Entwicklungsprogramms die *Bereitstellung von zusätzlichen Futtermitteln und der Aufbau einer nationalen Futterreserve für Notzeiten* vorgenommen. Um der in längeren Dürreperioden sowie in fast jedem Winter auftretenden Futterverknappung zu begegnen, die häufig zur Dezimierung der dadurch geschwächten, krankheitsanfälligen Schafherden führte, und um außerdem einen Ersatz für die Flächen zu schaffen, die wegen der erforderlichen Regenerierung der Pflanzendecke nicht beweidet werden können, wurde auf genossenschaftlicher Basis ein umfangreiches *Vorrats-, Kredit- und Verteilungssystem zur Versorgung der Schafhalter mit Futtermitteln* aufgebaut. Während in Syrien 1970 noch Futterkonzentrate, wie Baumwollkuchen oder Rückstände der Zuckerproduktion, sowie Stroh in großem Umfang exportiert wurden, unterliegen diese Futtermittel jetzt einem strikten Ausfuhrverbot und werden im eigenen Lande verbraucht. Gleichzeitig wurde die *Steigerung der nationalen Futterproduktion durch die Einführung von Futter-Leguminosen in eine Anbaurotation mit Weizen propagiert*, um die traditionelle Getreide-Brache-Rotation abzulösen.

Weitere Projekte, die im Zusammenhang mit dem staatlichen Entwicklungsprogramm zur Förderung der Schafhaltung in Angriff genommen wurden, beinhalten die *Etablierung von Kooperativen zur Lämmermast*, um dadurch die Bestockungsdichte der Weideareale mit Jungtieren zu reduzieren, sowie den *Ausbau der veterinärmedizinischen Versorgung und die Verbesserung der Schafrassen*. Außerdem wurden bereits mehr als *2 500 antike Wasserzisternen in den Weidegebieten restauriert und fast 3 000 ha mit Sträuchern (Atriplex nummularia) bepflanzt,* die als Schaffutter geeignet sind und einen Schutz gegen Desertifikationsprozesse bilden sollen.

## III. Problemstellung und bisheriger Kenntnisstand zum Nomadismus im Untersuchungsgebiet

Die aufgeführten staatlichen Maßnahmen, gekoppelt mit einem *kräftigen Anstieg der Preise für Schafe und Schafprodukte*[67] *sowie erheblich verbesserten Absatzmöglichkeiten von Frischmilch* – anfangs meist an städtische Unternehmer, die während der Laktationsperiode mit ihren Fahrzeugen die Milch von den in der Wüstensteppe verstreuten Lagerplätzen abholten –, haben dazu geführt, daß sich *wichtige wirtschaftliche Voraussetzungen für die mobile Schafhaltung wesentlich verbessert haben*. Daran schließt sich die Frage nach der Art und dem gegenwärtigen Stand des Übergangs von der traditionellen nomadischen Lebensform zur modernen Berufsweidewirtschaft in Syrien an, von der weit mehr als 100000 Menschen leben[68].

Nachdem seit der französischen Mandatszeit außer wenigen relativ allgemein gehaltenen Überblicksdarstellungen bisher keine systematischen Erhebungen auf breiter Datenbasis zur sozio-ökonomischen Situation der Nomaden in Syrien vorliegen, die zur Beantwortung der genannten Leitfragestellung herangezogen werden könnten, soll dieses Thema am Beispiel mobiler Schafhalter im Bewässerungsgebiet des Ġāb untersucht werden. Auf den ersten Blick mag ein solches Vorhaben vielleicht etwas abwegig erscheinen, assoziiert man den typischen nomadischen Lebensraum doch im allgemeinen mit dem Grenzsaum der Ökumene und wohl kaum mit einer solchen intensiv genutzten Agrarregion. So sucht man auch auf allen einschlägigen Karten über die nomadischen Weideareale in Syrien vergebens nach entsprechenden Eintragungen für das Ġāb. Weder bei C.R. RASWAN (1930) und darauf basierend bei E. WIRTH (1971, Karte 11) noch in der sehr detaillierten Karte von M. VON OPPENHEIM (1939) oder bei A. MAHHOUK (1956) ist die ehemals versumpfte Grabenzone als Weidegebiet eines bestimmten Nomadenstammes gekennzeichnet. Die traditionellen Sommerweiden der Beduinen reichen in diesen Karten höchstens bis an den östlichen Rand des Ǧebel ez-Zāwīye. Nur in Studien, die sich im Detail mit dem Ġāb beschäftigen, finden sich einzelne Hinweise auf Nomaden. So erwähnt J. WEULERSSE (1940, S. 367), daß die Beduinen mit ihren schwarzen Zelten im Sommer regelmäßig im Süden des Ġāb erscheinen und ihre Schafe und Kamele die Stoppelfelder und Brachfluren abweiden würden; ähnliche Anmerkungen macht auch R. THOUMIN (1936, S. 509).

Seit der Trockenlegung der Sümpfe und der Aufnahme des bewässerten Baumwollanbaus ist hier wie in den anderen Bewässerungsgebieten Westsyriens und im Euphrattal jedoch noch eine große Futterkapazität vorhanden, wenn im Herbst in den übrigen Teilen des Landes die Stoppelfelder längst abgeweidet und die Gräser auf den Brachflächen in der sommerlichen Trockenperiode bereits verdorrt sind. In großer Zahl strömen alljährlich während dieser Zeit die Nomaden mit ihren Herden in die

---

67) Bei seinen Ausführungen zur Situation der iranischen Nomaden weist E. EHLERS unter Berufung auf Untersuchungen von R. LÖFFLER (1976) zu Recht auf das Problem der „Aufzehrung erheblich gestiegener Einnahmen durch erheblich gestiegene Ausgaben bei gleichzeitig starken inflationären Tendenzen" hin (1980, S. 270). Grundsätzlich gilt dieses Problem natürlich auch für die syrischen Schafhalter, allerdings fällt dort die Steigerung der Einnahmen weit höher aus als die sonstigen Kostensteigerungen. Während sich beispielsweise der Gesamtindex bei den syrischen Großhandelspreisen zwischen 1974 und 1977 um 31 % erhöhte, war die entsprechende Zuwachsrate beim Fleisch mit 64 % mehr als doppelt so hoch und erreichte bei samn (gekochte Schafsbutter) sogar 100 % (Central Bureau of Statistics 1978, S. 390 und 407).

68) Zuverlässige Erhebungen über die genaue Zahl der in der Wanderviehhaltung tätigen Bevölkerung gibt es nicht. Die Anzahl der Beduinen wurde nach der Volkszählung von 1970 mit rund 80000 angegeben (Central Bureau of Statistics 1978, S. 93), was etwa 1,3 % der syrischen Bevölkerung entsprechen würde. In einem Weltbankreport aus dem Jahre 1976 (S. 2) heißt es, daß 35000 Beduinenfamilien von der mobilen Schafhaltung in den niederschlagsarmen Regionen des Landes leben würden; bei einer durchschnittlichen Haushaltsgröße von 6 Personen entspräche dies einer Bevölkerung von 210000 Menschen. G.T. KOURIAN (1979, S. 1364) führt inoffizielle Schätzungen an, wonach die nomadische Bevölkerung sogar 450000 Personen umfassen soll. Diese Zahl dürfte jedoch wohl zu hoch gegriffen sein (vgl. E. WIRTH 1971, S. 173).

Bewässerungsregionen, und auch das Ġāb wird zum Ziel von mehr als tausend Schafhalterfamilien aus den östlich gelegenen Landesteilen, die ihre Herden auf den abgeernteten Baumwollfeldern weiden lassen (vgl. Foto 22 und 23). Auf relativ engem Raum konzentrieren sich dann zahlreiche nomadische Gruppen unterschiedlicher Herkunft, Stammeszugehörigkeit und Wirtschaftsweise. Damit bestehen hier günstige Voraussetzungen, um im Rahmen einer Befragungsaktion einen breiten Ausschnitt der syrischen Nomadenbevölkerung zu erfassen.

Folgende Fragestellungen sollen dabei im einzelnen untersucht werden:

1. Wie sind die unterschiedlichen sozialen Gruppen mobiler Schafhalter zusammengesetzt, und wie verteilen sie sich im Untersuchungsgebiet?
2. Welche Gebiete werden im Rahmen der saisonalen Weidewanderung aufgesucht, wie läuft diese im einzelnen ab, und wer beteiligt sich daran?
3. Wodurch sind die wirtschaftlichen Verhältnisse der einzelnen Schafhalterbetriebe gekennzeichnet?
4. In welchem Maße haben die mobilen Schafhalter in ihre nomadische Lebensweise bereits Elemente einer seßhaften Daseinsgestaltung einbezogen?

## IV. Methodisches Vorgehen und Datenbasis

Entsprechend der vorgegebenen Aufgabenstellung sollte versucht werden, Daten über alle Schafhalter zu sammeln, die mit ihren Herden im Herbst 1979 das Ġāb als saisonales Weidegebiet aufsuchten. Dabei war von Anfang an zu erwarten, daß die Durchführung einer derartigen Untersuchung für einen einzelnen Ausländer nicht unproblematisch sein würde. Selbst wenn es gelingen würde, in der kurzen Zeit, die angesichts der großen Zahl von Schafhaltern für das Einzelinterview verfügbar war, von den Befragten Antworten zu bekommen, so mußte der Wahrheitsgehalt dieser Informationen doch mit größter Skepsis betrachtet werden. Das galt vor allem für die Anzahl der mitgeführten Schafe. In vielen empirischen Untersuchungen zur nomadischen Viehhaltung im Vorderen Orient finden sich Hinweise auf die Schwierigkeiten, hier auch nur annähernd richtige Auskünfte zu erhalten (z.B. M. von Oppenheim 1939, S. 14).

Dementsprechend war der Verlauf der ersten Interviews auch alles andere als befriedigend. Nachdem ich dargelegt hatte, daß ich eine wissenschaftliche Untersuchung über die Nomaden im Ġāb durchführen wollte, stieß ich nur auf unverhohlenes Mißtrauen oder Ablehnung. Es bedurfte langer Erläuterungen, um das Vertrauen der Nomaden wenigstens einigermaßen zu gewinnen und sie dazu zu bewegen, die Fragen nicht nur mit Gegenfragen zu beantworten. Immer wieder wurden Widersprüche zwischen den einzelnen Auskünften sichtbar, so daß mehrere Stunden vergingen, bis ein

*Foto 22. Nomadenzelte im südlichen Teil des Ġāb*

*Foto 23. Schafherden im Ġāb auf dem Weg zu einer neuen Weidefläche*

Interview abgeschlossen werden konnte. In dieser Form war es ausgeschlossen, eine umfassende, zuverlässige Untersuchung durchzuführen. Es mußte eine Begründung für das Interview gefunden werden, die den Nomaden sofort einleuchtete und sie motivierte, richtige Auskünfte zu geben. Dies ist nur zu erwarten, wenn die Befragten selbst ein essentielles Interesse an der Untersuchung haben und sich einen unmittelbaren Nutzen dadurch erhoffen können.

Nun hatte sich gleich bei den ersten Interviews gezeigt, daß einer der kritischen Punkte bei der Schafhaltung die ausreichende Futterversorgung im Winter ist. Die meisten Schafhalter sind auf den Kauf von zusätzlichem Futter angewiesen, das sie entweder teuer auf den lokalen Märkten erstehen oder aber zu reduziertem Preis als Mitglieder in einer Schafkooperative beziehen können. Dieses billige Futter ist natürlich sehr begehrt, doch war die Abgabemenge bisher auf 3 t pro Mitglied begrenzt gewesen. Bei einem Besuch der Kooperative in ʿAqērbāt am Rande der östlichen Wüstensteppe stellte sich heraus, daß im bevorstehenden Winter 1979/80 die auszugebende Futtermenge überraschenderweise verdoppelt werden sollte – eine für die Schafhalter sehr wichtige Information, die noch nicht bis ins Ġāb vorgedrungen war. Hier bot sich ein idealer Anknüpfungspunkt für die Befragungen.

Der Ablauf der Interviews spielte sich danach in der Regel folgendermaßen ab: Nachdem die übliche Begrüßungszeremonie abgeschlossen und Tee eingeschenkt war, stellte ich mich vor und erklärte, daß ich eine Untersuchung über die Futterversorgung der Schafe durchführen würde. Wie allgemein bekannt, sei das billige Futter, welches man bei den Kooperativen bekommen könne, nicht ausreichend, so daß die Abgabemenge in Zukunft erhöht werden solle. Dazu müßten allerdings zuerst genaue Informationen darüber vorliegen, wieviel Futter tatsächlich benötigt würde. Insbesondere käme es darauf an zu erfahren, wieviele Schafe sich zu welcher Jahreszeit an welchem Ort aufhalten würden.

Im allgemeinen war diese Einführung so überzeugend, daß ich gleich mit dem eigentlichen Interview beginnen konnte. In etwa einem Viertel der Fälle blieb das Mißtrauen jedoch anfangs noch bestehen, wie sich an skeptischen Rückfragen zeigte. Hier sprang mein Fahrer hilfreich ein, der als Einheimischer meine Angaben nochmals wiederholte und bekräftigte und so alle Zweifel ausräumen konnte. Danach stand meinen weiteren Fragen, die fast immer bereitwillig beantwortet wurden, nichts mehr im Wege.

Gefragt wurde nach
- dem genauen raum-zeitlichen Ablauf der saisonalen Weidewanderung und den dabei benutzten Transportmitteln,
- Anzahl und Besitzverhältnissen der mitgeführten Schafe sowie Einkünften aus der Schafhaltung,
- landwirtschaftlichem Anbau und Grundbesitzverhältnissen,
- Besitz und Jahr der Ersterrichtung einer permanenten Unterkunft,
- Anzahl der im Zelt lebenden Personen (nach Geschlecht und Alter dieser Menschen

wurde stichprobenartig bei jedem vierten Interview gefragt),
- Schulbesuch der männlichen Familienangehörigen im Alter von 7 bis 20 Jahren (nach der Haupterwerbstätigkeit von Söhnen und Brüdern im Alter von 20 bis 30 Jahren wurde bei jedem achten Interview gefragt),
- Nebentätigkeit als Landarbeiter während des Aufenthaltes im Ġāb,
- Stammeszugehörigkeit,
- Mitgliedschaft in einer Kooperative, gekaufte Futtermenge im letzten Winter, Größe und Art der im Ġāb gepachteten Weidefläche.

Durch das nochmalige Aufgreifen der Futterversorgung am Schluß des Interviews wurde einerseits von dem Komplex der persönlichen Fragen abgelenkt, deren Zusammenhang mit dem erklärten Forschungsziel nicht unbedingt einsichtig war. Zum anderen ließ sich aufgrund der angegebenen Futtermengen und Weideflächen überprüfen, ob die genannte Anzahl der Schafe in etwa richtig war. Dabei mußte natürlich mit der Möglichkeit gerechnet werden, daß nicht – wie sonst üblich – zu niedrige, sondern im Interesse einer besseren Futterversorgung zu große Stückzahlen aufgeführt wurden. Doch erwies sich diese Befürchtung als unberechtigt, wie auch zusätzliche stichprobenartige Kontrollfragen bei benachbarten Nomadengruppen ergaben.

Die Befragungszeit konnte meist dadurch erheblich abgekürzt werden, daß nach meiner Ankunft auf einem Lagerplatz auch die Männer aus den benachbarten Zelten herbeikamen. Mit einem Interview wurden so häufig Angaben über mehrere Zeltbesatzungen eingeholt. Verweigerungen gab es nicht. Auf diese Weise gelang es, im Oktober 1979 bei täglich rund zwölfstündiger Interviewertätigkeit alle im Ġāb angetroffenen 1160 Zeltbesatzungen mit 1258 selbständigen Betriebseinheiten zu erfassen. Nicht berücksichtigt wurden dabei alle Zelte, zu denen weniger als 10 Schafe gehörten; ihre Bewohner gaben sich in der Regel gleich als Erntearbeiter (hawwāšī) zu erkennen. Nachdem als Ansatzpunkt der Befragung immer das Zelt gewählt wurde, schieden auch die einheimischen, in festen Unterkünften im Ġāb lebenden Schafhalter aus.

## V. Zusammensetzung und räumliche Struktur der sozialen Gruppen mobiler Schafhalter im Ġāb

Eine der wichtigsten Komponenten der traditionellen Beduinenkultur besteht in dem Stammeszugehörigkeitsgefühl (ᶜaṣabīya). Aufgrund dieses Sachverhalts, der in zahlreichen Studien über die Nomaden im Vorderen Orient immer wieder herausgestellt wird, setzen soziale Differenzierungen der beduinischen Gesellschaft in der Regel bei der Stammesstruktur an. So schreibt beispielsweise E. BRÄUNLICH über die arabischen Beduinenstämme: „Die Grundlage der sozialen Gliederung ist die ᶜa'ile 'Familie', kleinere Zweige von gemeinsamer Abkunft heißen ᶜašīre oder ḥamūle, während größere Unterstämme oder Stämme als qabīle oder bedīde bezeichnet werden" (1933, S. 78). L. STEIN ergänzt die Dreigliederung noch durch zwei weitere Untergliederungen für die Šammār in der irakischen Ǧezīre und gibt an, daß sich zu Anfang der sechziger Jahre diese Stammesstruktur in ihren wesentlichen Zügen noch erhalten habe (1967, S. 142 und 145). Als wichtigste sozio-ökonomische Gruppierungen innerhalb des Nomadentums in Südwestasien und Nordafrika betrachtet D.L. JOHNSON das Zelt und die „herding unit". „The tent is the basic exploitive unit ... Tents contain one family ... Tents are grouped together into herdings units of five to six tents in an effort to pool labour supplies, to lighten many of the tasks that can be performed cooperatively, and to provide defense. Tribal, social, political, and economic organization need not extend beyond the herding unit" (1969, S. 9)[69].

Im folgenden soll nun versucht werden, jene Gliederungsvorschläge auf die im Ġāb erfaßten Schafhalter zu übertragen und sie aufgrund verwandtschaftlicher, tribaler und ökonomischer Beziehungen sowie charakteristischer räumlicher Verteilungsmuster in soziale Gruppen[70] unterschiedlicher Komplexität zu gliedern. Dabei ist zu unterstreichen, daß es sich hier um eine Augenblicksaufnahme handelt und sich somit die Zusammensetzung der sozialen Gruppen und ihre Organisationsform im jahreszeitlichen Wandel durchaus ändern kann.

## A. Die Zeltbesatzungen

Im Unterschied zu den vorstehend aufgeführten Beispielen ist es in unserer Untersuchung wenig sinnvoll, die Familie als grundlegende Einheit für eine soziale Gliederung heranzuziehen; denn nur in 54 % der im Ġāb erfaßten Zelte waren die Familien vollständig anwesend. Bei den übrigen Zelten hatten einige Haushaltsmitglieder nicht an der Weidewanderung teilgenommen, sondern lebten in Dörfern oder auch in einem anderen Zeltlager außerhalb des Ġāb. Aus diesen Familien begleiten häufig nur ein oder zwei Personen ihre Herden. In solchen Fällen schließen sich meist mehrere selbständige Schafhalter soweit zusammen, daß sie gemeinsam ein Zelt bewohnen (vgl. Tab. 38 und Foto 24). Insgesamt 62 derartige gemischte Zeltbesatzungen mit maximal 5 Schafhaltern wurden gezählt. Meist handelt es sich dabei um Verwandte. Zum Teil beziehen jedoch auch mehrere nicht direkt miteinander verwandte, sondern nur demselben Stamm angehörende und aus einem Dorf kommende Schafhalter gemeinsam ein Zelt.

---

69) Eine Zusammenstellung unterschiedlicher Organisationsformen nomadischer Gesellschaften im Vorderen Orient findet sich bei R. TAPPER 1979.

70) Der Terminus „soziale Gruppe" wird hier gebraucht im Sinne einer „soziologischen Interaktionsgruppe" (E. WIRTH 1977, S. 167; vgl. dazu auch U. PLANCK 1979).

*Foto 24. Zeltbesatzung mobiler Schafhalter im Ġāb*

*Foto 25. Aus zehn Zeltbesatzungen der Ǧumlān bestehende Zeltplatzgruppe am Rand eines Hauptdrainagekanals*

Tabelle 38: Anzahl der Schafhalter pro Zeltbesatzung

| Schafhalter pro Zelt | Anzahl der Zelte | (%) | Gesamtzahl der Schafhalter | (%) |
|---|---|---|---|---|
| 1 | 1098 | (94,7) | 1098 | (87,3) |
| 2 | 36 | (3,1) | 72 | (5,7) |
| 3 | 18 | (1,5) | 54 | (4,3) |
| 4 | 6 | (0,5) | 24 | (1,9) |
| 5 | 2 | (0,2) | 10 | (0,8) |
| Insgesamt | 1160 | (100) | 1258 | (100) |

Der hier benutzte Terminus „*Schafhalter*" bezeichnet jene Person, die während des Weideaufenthalts im Ġāb in der Funktion eines Betriebsleiters die Verantwortung und Entscheidungsbefugnis über eine ihm gehörende oder ihm anvertraute Herde hat. Bei vollständig im Ġāb anwesenden Familien übt diese Funktion in der Regel das männliche Familienoberhaupt aus. Die zu seinem bēt (gleichzeitig „Haus" und „Familie") gehörende Herde wird dabei als eine Einheit angesehen, selbst wenn unverheiratete Söhne, die noch in seinem Zelt leben, die tatsächlichen Besitzer einiger der Schafe sind. Ist das Familienoberhaupt nicht mit ins Ġāb gekommen, übt dort in der Regel der älteste zu seinem Haushalt gehörende Sohn die entsprechende Funktion aus. Als Schafhalter werden auch Lohnhirten bezeichnet, die mindestens für die Dauer des Weideaufenthaltes im Untersuchungsgebiet für die ihnen anvertraute Herde allein verantwortlich sind. Jene 232 Hirten dagegen, die in den Zelten anwesender Herdenbesitzer lebten und nach deren Anweisung die Herden betreuten, zählen nicht als Schafhalter.

Bei der Personenzahl pro Zeltbesatzung ergibt sich als arithmetisches Mittel ein Wert von 6,4[71]. Die tatsächliche Anzahl schwankt zwischen 2 und 19 Menschen pro Zelt; am häufigsten ist eine Besatzungsstärke von 5 Personen (vgl. Abb. 51).

## B. Zeltplatzgruppen

Bestehen sehr enge soziale Bindungen zwischen mehreren Zeltbesatzungen, so bilden sie eine Zeltplatzgruppe, die zumindest für die Dauer des Aufenthaltes im Ġāb zusammenbleibt (vgl. Foto 25). Alle Mitglieder gehören zum selben Stamm; soweit sie einen bestimmten Herkunftsort angeben können, kommen sie aus dem gleichen Dorf

71) Der Wert entspricht in etwa den allgemein angenommenen Personenzahlen für Beduinenzelte (M. VON OPPENHEIM 1939, S. 12). JOHNSON (1969, S. 9) geht von nur 5 Personen pro Zelt aus. BARTH (1964, S. 12) gibt für die Bassēri im Südiran 5,7 Personen an.

und sind meistens miteinander verwandt[72]. Die Mitglieder einer Zeltplatzgruppe führen jeden Lagerwechsel gemeinsam durch; dies ist besonders für den Transport der Zelte von Bedeutung, wofür in der Regel gemeinsam ein Kfz gemietet wird, sofern Gruppenmitglieder nicht eigene Transportmittel besitzen, die sie anderen zur Verfügung stellen.

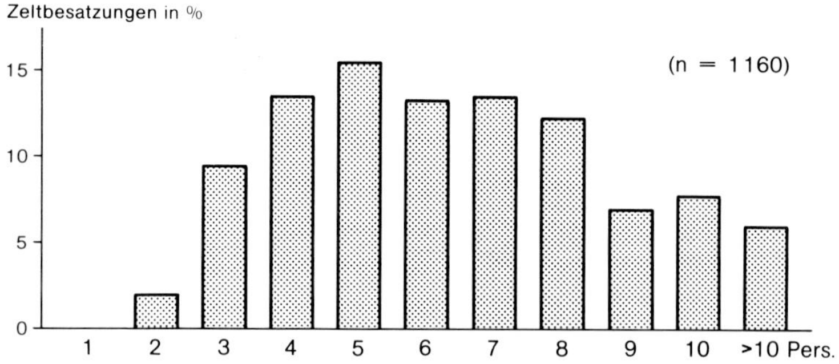


*Abb. 51. Anzahl der Personen pro Zeltbesatzung im Ġāb*

Die Gruppenangehörigen unterstützen sich auch gegenseitig bei der Herdenbetreuung und *pachten gemeinsam die Weideareale*.Bereits bevor die Herden ins Ġāb kommen, werden zur Auswahl der Weideflächen in der Regel zwei Angehörige der Zeltplatzgruppe vorausgeschickt. Sie handeln die Pachtpreise mit den einzelnen Grundbesitzern oder auch mit dem Vorsitzenden einer Kooperative aus, der stellvertretend für die Mitglieder seines Verbandes die Pachtverhandlungen über die Vergabe der großen, einheitlich bebauten, aber besitzrechtlich stark zersplitterten Nutzungsareale der Kooperative führt. Hier kommen vorwiegend die Vertreter von Zeltplatzgruppen mit sehr großen Herden zum Zuge, die ein Pachtangebot für den gesamten Komplex machen können. Solche Pächter werden auch deshalb von den Bauern bevorzugt, weil die Herden gelegentlich auf benachbarten, noch nicht abgeernteten Feldern Schäden hervorrufen. In solchen Fällen muß der betroffene Bauer nicht erst den individuellen Schafhalter ausfindig machen, sondern er kann sich den erlittenen Verlust durch je-

72) Ähnliche Gruppenstrukturen beschreibt L. STEIN für die Šammār-Ğerba im nördlichen Irak: „Mehrere miteinander verwandte Familien (die Brüder eines Mannes und seine sowie deren erwachsene Söhne mit ihren Frauen und Kindern) schließen sich zu einer Familiengruppe zusammen, die während des ganzen Jahres gemeinsam zeltet, wandert und wirtschaftet. Es handelt sich hierbei um eine kollektive Wirtschaftsführung der Familiengruppe unter Wahrung des individuellen Viehbesitzes der Einzelfamilien" (1967, S. 145). Im Vergleich dazu bleiben die im Ġāb erfaßten Zeltplatzgruppen nicht unbedingt das ganze Jahr über zusammen; außerdem können die verwandtschaftlichen Bindungen lockerer sein und bei Herkunft aus dem gleichen Ort durch nachbarschaftliche Beziehungen ersetzt werden.

nen Vertreter der Zeltplatzgruppe ersetzen lassen, der den Pachtvertrag unterzeichnet hat. Häufig wird zur Deckung derartiger Schäden bereits bei der Zahlung des Pachtpreises eine Kaution gefordert, die nach schadlosem Abzug der Herden wieder erstattet wird[73]. Die Verrechnung der Pachtgebühr zwischen den einzelnen in einer Zeltplatzgruppe verbundenen Schafhaltern richtet sich nach der Zahl ihrer Tiere.

Die *Stärke der Zeltplatzgruppen* variiert erheblich, wie aus Tab. 39 hervorgeht, und umfaßt maximal 27 Zelte; die von JOHNSON als charakteristisch für das Nomadentum Südwestasiens herausgestellten „herding units" von fünf bis sechs Zelten (1969, S. 9) sind dabei nur relativ selten vertreten. Ebensowenig greift der von SWINDLER (1972) beschriebene Mechanismus, wonach die Mitgliederzahl der Zeltgruppen unter den Nomadenstämmen Baluchistans durch die Herdengröße der einzelnen Haushalte bestimmt ist: Dort schließen sich so viele Familien zu einer Weidegruppe zusammen, daß die gesamte Herde 250 bis 500 Schafe umfaßt, die ein von allen Gruppenangehörigen gemeinsam angestellter Lohnhirte kontrollieren kann. Im Ġāb sind keine Beispiele bekannt, bei denen mehrere anwesende Schafhalter gemeinsam einen Hirten zur Betreuung ihrer Herden anstellten; außerdem variierte die Zahl der Tiere pro Zeltplatzgruppe im Untersuchungsgebiet zwischen 30 und 8200. Dagegen lassen sich schon eher Parallelen zu den von BARTH beschriebenen Bassēri-Stämmen in Südiran feststellen, die sich vorwiegend im Winter zu „herding units" von 2 bis 5 Zelten vereinen (1964, S. 27). Gruppen mit mehr als 50 Zelten, die in der Zeit zwischen den beiden Weltkriegen bei syrischen Nomaden keine Seltenheit waren und damals aus Gründen der Verteidigungsfähigkeit auch durchaus ihre Berechtigung hatten, gibt es im Ġāb nicht, und man wird sie heute auch in der östlichen Wüstensteppe sicherlich vergeblich suchen.

Tabelle 39: Größe der im Ġāb erfaßten Zeltplatzgruppen

| Zelte pro Gruppe | Anzahl der Zeltplatzgruppen | Gesamtzahl der Zelte | (%) |
|---|---|---|---|
| 2 | 98 | 198 | (16,9) |
| 3 | 62 | 186 | (16,0) |
| 4 | 42 | 168 | (14,5) |
| 5 | 19 | 95 | (8,2) |
| 6 | 17 | 102 | (8,8) |
| 7 | 6 | 42 | (3,6) |
| 8 | 5 | 40 | (3,4) |
| 10–27 | 8 | 126 | (10,8) |
| (Einzelzelt) | (205) | 205 | (17,7) |
| Insgesamt | (462) | 1160 | (100) |

73) Über ähnliche Pachtverträge bei den Yörük in der südöstlichen Türkei berichtet D. BATES 1972, S. 50.

Die *Verteilung der Zeltplatzgruppen* im Ġāb ist aus Abb. 52 und 53 abzulesen. Zwei charakteristische Muster für die Standortwahl der Zelte treten immer wieder auf: einmal die perlenschnurartige Aufreihung entlang von Feldwegen, die neben den Kanälen verlaufen (vgl. auch Foto 25); dadurch ist die günstige Erreichbarkeit für Transportfahrzeuge und damit eine Erleichterung bei der Verlegung der Zelte in einen anderen Weidebereich gewährleistet. Zum anderen ist auf die Konzentration von Zelten in Siedlungsnähe hinzuweisen – z.B. bei Šeriᶜa, Raṣīf, Ḥawwāš und Ziyāra. Ein großer Teil der dortigen Zeltbesatzungen läßt sich von den Dorfbewohnern als Erntearbeiter anwerben.

In der Zeltplatzdichte spiegelt sich schließlich auch das Futterangebot im Oktober 1979 wider: Die relativ geringe Anzahl von Zelten im Norden des Ġāb ist eine Folge des dortigen Wassermangels, so daß die Kulturen oft nur notreif wurden und die Felder inzwischen bereits abgeerntet waren. Der westliche Randbereich im mittleren Ġāb dient fast ausschließlich zur Weide für die Tiere der alawitischen Bevölkerung in den Dörfern am Fuß der Ǧibāl el-ᶜAlawīyīn, während im südwestlichen Teil des Ġāb die Baumwollernte noch nicht abgeschlossen war.

## C. Weidegruppen

Eine geringere Intensität der sozialen Bindungen und wechselseitigen Beziehungen dokumentiert sich im allgemeinen durch eine größere Distanz zwischen benachbarten Zelten[74]. Trotz räumlicher Trennung ihrer Lagerplätze zwischen 100 m und mehr als 1 km haben sich jedoch häufig mehrere Zeltbesatzungen oder auch Zeltplatzgruppen zusammengeschlossen, um gemeinsam Weidegebiete für ihre Tiere zu pachten. Im Unterschied zu den Zeltplatzgruppen sind hier verwandtschaftliche Beziehungen wesentlich schwächer ausgeprägt. Die Angehörigen der Weidegruppen stammen nicht selten aus verschiedenen Herkunftsorten, und sie unterscheiden sich häufig auch durch ihre Aufenthaltsdauer im Ġāb: So sind einzelne Zeltbesatzungen oft schon Wochen vor dem Eintreffen der übrigen Gruppenmitglieder hierher gekommen, während andere das Weidegebiet vorzeitig wieder verlassen.

Insgesamt gibt es 73 solcher Gruppierungen, die in Abb. 52/53 durch Verbindungslinien gekennzeichnet sind. Mit 367 Zelten ist fast jede dritte Zeltbesatzung in einer derartigen Weidegruppe organisiert. Rechnet man noch die übrigen Zeltplatzgruppen hinzu, die ebenfalls gemeinsam Weideareale für ihre Herden gepachtet haben, so bleiben nur noch 126 Einzelzelte, das sind knapp 11 % aller Zeltbesatzungen, die keinem Weideverband angeschlossen sind. Ein großer Teil von ihnen hat entweder eigenes Land im Ġāb, oder Verwandte bzw. Mitglieder der gleichen Stammesfraktion sind im Ġāb ansässig geworden. Damit verfügen sie über die nötigen Kontakte und sozialen Verbindungen, die ihnen eine Bevorzugung bei der Weidelandvergabe sichern.

74) Ähnliche Beobachtungen machte F. BARTH bei den Bassēri in Südiran (1964, S. 44).

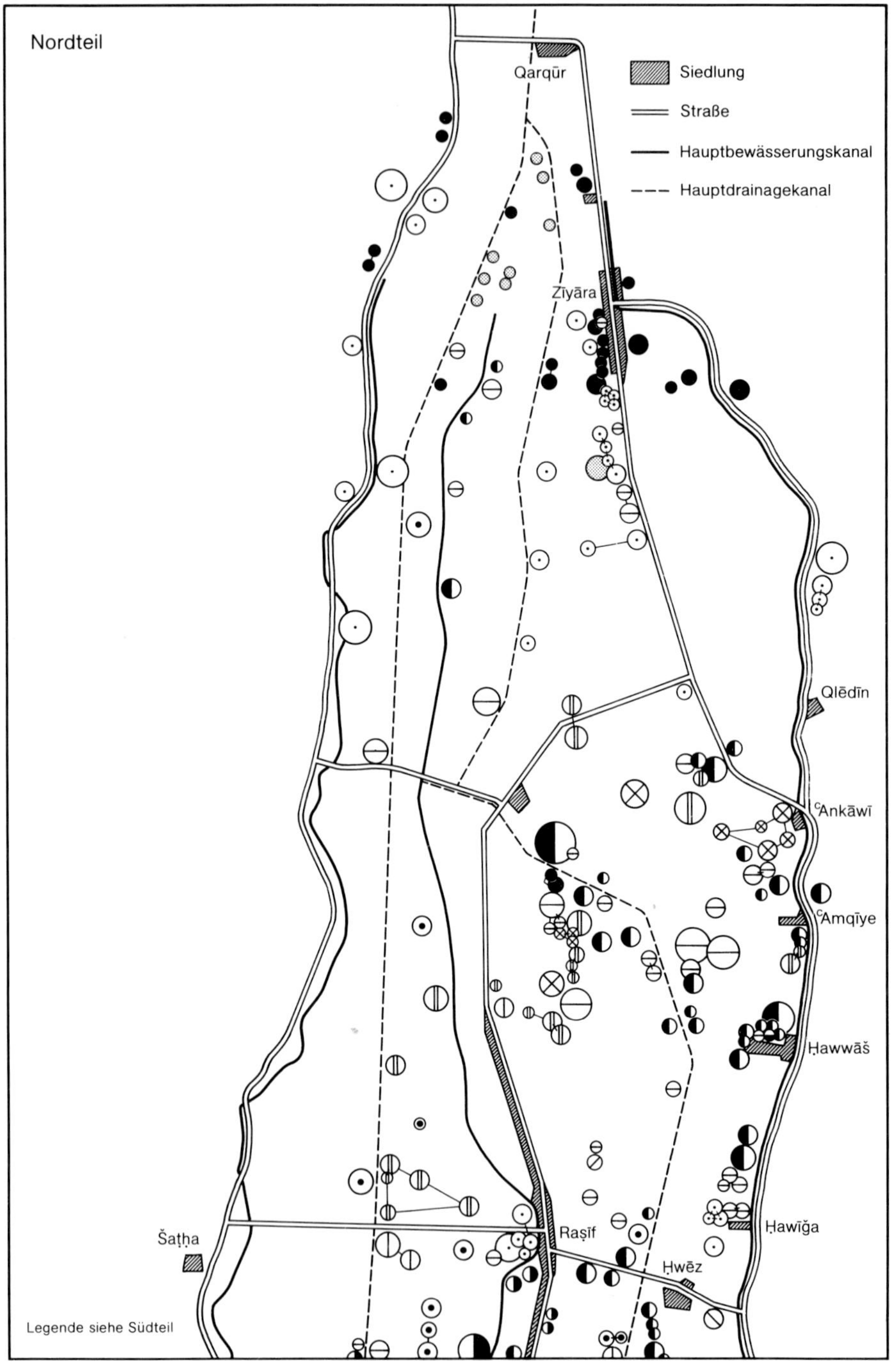


*Abb. 52. Verteilung der Zeltbesatzungen im Nordteil des Ġāb nach Stammeszugehörigkeit (Okt. 1979)*

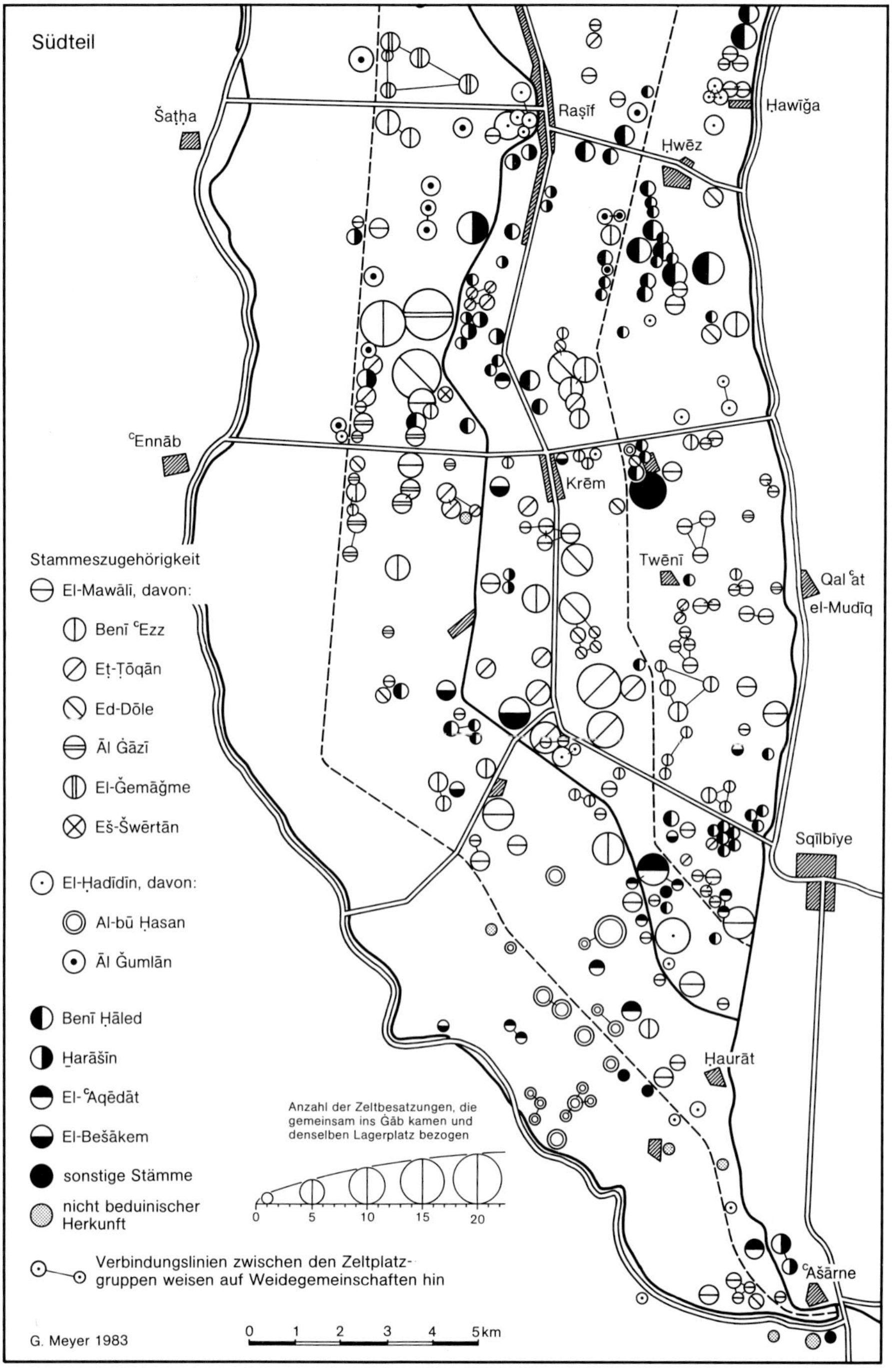


*Abb. 53. Verteilung der Zeltbesatzungen im Südteil des Ġāb nach Stammeszugehörigkeit (Okt. 1979)*

Andere Zeltbesatzungen mit relativ kleinen Herden, aber zahlreichen Familienmitgliedern, die sie beim Baumwollpflücken einsetzen, sichern sich dabei auch gleich den Anspruch auf die Weidepacht der abgeernteten Felder.

## D. Teile von Stämmen und Stammesfraktionen

Im Unterschied zu den drei bisher dargestellten Typen sozialer Gruppen, die als vollständige Einheiten im Ġāb erfaßt wurden, kann von den Stämmen und Stammesfraktionen nur jeweils ein kleiner Teil vorgestellt werden, da sich die Mehrzahl der Mitglieder außerhalb des Untersuchungsgebietes aufhielt. Bis zur französischen Mandatszeit liegen vor allem durch die Arbeiten von M. von Oppenheim (1939), V. Müller (1931) und A. de Boucheman (1934) zwar detaillierte Angaben über die einzelnen Stämme vor; für den aktuellen Stand sind jedoch derartige Aussagen über die Gesamtheit der jeweiligen Gruppe – die natürlich auch die seßhaften Mitglieder einschließt – im Rahmen der vorliegenden Untersuchungen weder intendiert noch möglich. Nach einigen knappen historischen Erläuterungen zu den wichtigsten im Ġāb vertretenen Stämmen und ihren wechselseitigen Beziehungen kann hier nur versucht werden, aufgrund einzelner Beobachtungen der Frage nachzugehen, wieweit charakteristische tribale Elemente noch weiter bestehen und in welchem Maße die Zugehörigkeit zu einem bestimmten Stamm insbesondere das räumliche Verhalten der Schafhalter im Ġāb beeinflußt.

Wie aus Tab. 40 hervorgeht, gehört mehr als die Hälfte aller Zeltbesatzungen zum *Stamm der Mawālī*. Im 16. und 17. Jahrhundert erstreckte sich das Gebiet dieses Stammes von Ḥamāh bis zum Ḫabūr und nahm damit fast den gesamten nordsyrischen Raum ein (vgl. M. von Oppenheim 1939, S. 305 ff.). Durch die Herrschaft über die von Ḥaleb ausgehenden Handelsstraßen besaßen die Mawālī lange Zeit eine einzigartige Stellung unter den arabischen Stämmen. In der zweiten Hälfte des 18. Jahrhunderts wurde ihre Macht jedoch durch die von Süden vordringenden Stämme der ʿAneze gebrochen, so daß viele von ihnen nach dem Verlust großer Teile ihrer Weidegebiete gezwungen waren, zum Ackerbau überzugehen. Der Mawālī-Verband zerfällt in die Šimālīyīn (Nördlichen) und die Qiblīyīn (Südlichen). Die historischen Bezeichnungen aufgrund ehemaliger Streifgebiete müßten allerdings nach der heutigen räumlichen Verteilung eigentlich genau umgekehrt lauten. Auf den genauen Aufbau des Verbandes, der sich genealogisch neben echten Mawālī-Elementen aus einheimischen Halbnomaden, Resten älterer Stämme und ehemaligen Sklaven zusammensetzt, braucht hier nicht näher eingegangen zu werden, nachdem dazu eine ausführliche Studie von A. de Boucheman (1934) vorliegt.

Letzteres gilt auch für die *Hadīdīn*, welche im Untersuchungsgebiet mit 19 % aller Zeltbesatzungen die zweitstärkste Gruppe stellen. Im 19. Jahrhundert nahm dieser

Tabelle 40: Stammeszugehörigkeit der im Ġāb erfaßten Zeltbesatzungen

| Stamm/Stammesfraktion[1] | Zahl der Zelte | (%) |
|---|---|---|
| *El-Mawālī* | *619* | *(53,4)* |
| davon Eš-Šimālīyīn: – Benī ᶜEzz | 111 | |
| – Eṭ-Ṭōqān | 82 | |
| – Ed-Dōle | 67 | |
| – Āl Ġāzī | 49 | |
| – El-Mešārfe | 19 | |
| – Āl Ḫalīfe | 15 | |
| – El-Qalqal | 12 | |
| – El-Finnūr | 12 | |
| – Eš-Šerīf | 5 | |
| – Ed-Dewaune | 2 | |
| – El-Ḥasō | 2 | |
| – El-Kandūš | 2 | |
| El-Qiblīyīn: – El-Čemāǧme | 56 | |
| – Eš-Šwērtān | 25 | |
| ohne Angabe der Stammesfraktion | 160 | |
| *El-Ḥadīdīn und angegliederte Stämme* | *223* | *(19,2)* |
| davon – Al-bū Ḥasan | 44 | |
| – Āl Čumlān | 42 | |
| – Nuᶜēm | 15 | |
| – Al-bū Serāyā | 9 | |
| – El-Ġenāṯse | 6 | |
| – Al-bū Ṭayyib | 6 | |
| – Maᶜata | 6 | |
| – Beqqāra | 5 | |
| – Al-bū Čamīl | 2 | |
| ohne Angabe der Stammesfraktion | 88 | |
| *Benī Ḫāled* | *170* | *(14,7)* |
| *Kleinere Stämme östlich von Ḥamāh* | *92* | *(7,9)* |
| – Ḫarāšīn | 35 | |
| – El-ᶜAqēdāt | 25 | |
| – El-Bešākem | 20 | |
| – Turkī | 12 | |
| *Kleinere Stämme südöstlich von Ḥaleb* | *22* | *(1,9)* |
| – El-Ḥuwēwāt | 7 | |
| – Luhēb | 7 | |
| – Al-bū Lēl | 6 | |
| – Al-bū Ḫamīs | 2 | |
| *Sonstige Stämme* | *12* | *(1,0)* |
| – Nuᶜēm (südl. Selemiye) | 7 | |
| – Es-Sbaᶜa (ᶜAneze) | 3 | |
| – Sabḫa (Al-bū Šaᶜbān, östl. Raqqa) | 2 | |
| *Nichtbeduinischer Herkunft* | *22* | *(1,9)* |
| – Alawiten | 7 | |
| – Kurden | 6 | |
| – Fellāḥīn | 9 | |

1) Stammesgliederung nach M. von Oppenheim 1939, soweit dort aufgeführt.

Stamm weitgehend die Lebensform der Halbnomaden an und konnte unter der geschickten Führung der Scheichfamilie seine Streifgebiete zwischen 1880 und 1914 mehr als verdoppeln. Da dies unter anderem auf Kosten der Mawālī geschah, denen die Ḥadīdīn früher tributpflichtig gewesen waren, weitete sich 1920 ein Streit um die Benutzung eines Brunnens zu einem regelrechten Stammeskrieg aus. Nur durch die massive militärische Intervention der französischen Mandatsregierung auf seiten der Ḥadīdīn blieb diesen eine vernichtende Niederlage erspart. Die daraus resultierenden Angriffe der Mawālī gegen die Mandatsmacht erreichten 1925 einen Höhepunkt, als die Stammeskrieger Regierungsgebäude in Ḥamāh in Brand setzten und die Stadt plünderten (OPPENHEIM 1939, S. 310). Aus Furcht vor einer Vergeltungsaktion überwinterten die Mawālī danach in Irak. Als sie jedoch im Frühjahr des nächsten Jahres in ihre traditionellen syrischen Weidegebiete zurückkehrten, erlitten sie durch das Bombardement französicher Flugzeuge schwerste Verluste an Menschen und Tieren, so daß sie vor der militärischen Überlegenheit der Armee kapitulieren und den Frieden mit der Regierung durch hohe Reparationszahlungen erkaufen mußten.

Trotz offizieller Festlegung der Eisenbahnlinie zwischen Ḥamāh und Ḥaleb als Grenze zwischen Mawālī und Ḥadīdīn im Jahre 1928 (L.E. SWEET, 1960, S. 45), schwelte der Konflikt zwischen den Stämmen weiter und flammte durch die Ermordung eines Mawālī-Emirs 1930 wieder auf. Weitere Berichte über Auseinandersetzungen liegen für das Jahr 1942 vor (Délégation Générale ... 1943, S. 141 bis 143). Nach Angaben von L.W. SWEET, die 1953/54 eine Studie über das Dorf Tell Ṭōqān, östlich von Serāqib, durchführte, scheinen zu jenem Zeitpunkt die Spannungen weitgehend beseitigt zu sein. So erwähnt sie (1960, S. 179), daß seßhaft gewordene Mawālī und Ḥadīdīn bei gemeinsamen Diskussionen über Stämme allenfalls noch scherzhaft darauf hinweisen, daß sie eigentlich Feinde sein sollten; als nicht mehr signifikant für ihre täglichen Interaktionen wird dieses Thema dann jedoch rasch fallengelassen. Wieweit diese Einstellung auch für die Angehörigen der nomadischen Stammesteile gilt, ist nicht bekannt.

Die *Benī Ḫāled*, die zu Anfang dieses Jahrhunderts mit ihren großen Schafherden zu den reichsten Beduinen Syriens gehörten (OPPENHEIM 1939, S. 324), stellen im Ġāb mit knapp 15 % aller Zeltbesatzungen den drittstärksten Stammesverband. Ihr Verhältnis zu den kleineren Stämmen östlich von Ḥamāh ist ebenfalls durch traditionelle Rivalitäten und Fehden belastet. Die Anfang der zwanziger Jahre zwischen ihnen erfolgten Friedensschlüsse kamen nur unter französischem Druck zustande. Von den übrigen in der Tab. 40 aufgeführten und zahlenmäßig nur schwach vertretenen Gruppen ist noch besonders auf die Zeltbesatzungen nichtbeduinischer Herkunft hinzuweisen: Es sind dies einige Alawiten sowie seit Jahrhunderten am Rande des nördlichen Ġāb ansässige, arabisch sprechende Kurden und einige Schafhalter, deren Vorfahren angeblich schon immer Bauern waren und die sich keinem bestimmten Stamm zugehörig fühlten.

Wieweit sich bei den Stämmen traditionelle Autoritäten und Führungsstrukturen noch erhalten haben, läßt sich nicht generell sagen. Besonders bemerkenswert – und nach Durchsicht der Literatur über das arabische Beduinentum offenbar eine sehr seltene Ausnahme – ist jedoch die Führung der Bešākem durch eine Šēḫa, einen weiblichen Scheich. Nach dem Tod ihres Mannes repräsentiert diese äußerst resolute Dame nicht nur unter den Angehörigen ihrer eigenen mehr als siebzigköpfigen Zeltplatzgruppe die absolute Autorität, sondern wird offensichtlich auch von den übrigen im Ġāb angetroffenen Mitgliedern ihres Stammes akzeptiert. Bezeichnend war, daß bei meinem Besuch – nachdem ich üblicherweise in dem Zelt vorgesprochen hatte, in welchem die meisten Männer saßen – die Šēḫa als allein zuständig erklärt und aus einem Nachbarzelt herbeigeholt wurde. In ihren Antworten zeichnete sie sich durch eine erstaunliche Kompetenz aus. Selber Analphabetin, hatte sie einen Universitätsabsolventen aus ihrer Verwandtschaft als Sekretär angestellt, der ihr bei allen schriftlichen Problemen half.

Einen Hinweis darauf, daß auch bei relativ großen Entfernungen *zwischen den Zeltplatzgruppen desselben Stammes eine wechselseitige Kommunikation* stattfindet, liefert die Beobachtung, daß man häufig bereits von meinem bevorstehenden Besuch unterrichtet war. Als Informanten wurden jeweils früher interviewte Mitglieder der eigenen Stammesfraktion genannt, deren Lagerplätze zum Teil zehn und mehr Kilometer entfernt waren. Begünstigt dadurch, daß viele Zeltplatzgruppen über wenigstens ein Kraftfahrzeug verfügen, werden wichtige Neuigkeiten zumindest zwischen den Stammesangehörigen in kürzester Zeit weitergegeben. So konnte ich erleben, daß die Nachricht eines angeblichen Falles von Blutrache, bei dem im Ġāb ein Ṭōqān von einem Ḥadīdīn getötet worden sein soll, innerhalb eines Tages alle von mir besuchten Zelte der beiden betroffenen Stämme erreicht hatte, während in benachbarten Zelten der Benī Ḫāled niemand von diesem Ereignis wußte. In gleicher Weise breitete sich am nächsten Tag die Information aus, daß der zuständige Polizeichef mit Unterstützung von Militär und Geheimpolizei Zelt für Zelt nach Waffen durchsuchte.

Derartige Fälle von Blutrache können bei intakter *ʿaṣabīya*[75], welche die Blutsverwandten bis hin zu allen Angehörigen der Stammesfraktion oder gar des gesamten Stammes zur Parteinahme verpflichtet, zu erheblichen *wirtschaftlichen Konsequenzen und Auswirkungen auf das räumliche Verhalten der Stammesmitglieder* führen. Ein Ereignis aus dem Jahre 1978 mag das verdeutlichen. Mehrere leicht voneinander abweichende Versionen stimmen dahingehend überein, daß im Zusammenhang mit Auseinandersetzungen um den Führungsanspruch über den Mawālī-Verband ein schwer bewaffneter Trupp der Ǧemāǧme den Scheich einer rivalisierenden, zu den Šimālīyīn gehörenden Stammesfraktion überfiel und ihn sowie mehrere seiner Begleiter erschoß.

75) „So bedeutet ʿaṣabīya erstens Blutsverwandtschaft schlechthin, dann Parteinahme für die Blutsverwandten, ferner gegenseitige Parteinahme überhaupt und schließlich die Lebenskraft eines Stammes oder Volkes, die sich in seinem einheitlichen Willen äußert" (H. SIMON 1949, S. 50; vgl. dazu auch S. ALAFENISH 1982).

Der Scheich der Ǧemāǧme wurde dafür von den Behörden verantwortlich gemacht und durch ein starkes Militäraufgebot verhaftet. Aus Furcht vor der Blutrache durch die Stammesangehörigen der Ermordeten wagten es danach die Ǧemāǧme nicht mehr, wie üblich ihre Wanderungen zu den Winterweidegebieten über ᶜAqērbāt durchzuführen, um bei der dortigen Kooperative die ihnen zustehenden Futterrationen für ihre Schafe in Empfang zu nehmen. Wie mir bei dieser Kooperative bestätigt wurde, verzichteten die rund 300 eingetragenen Schafhalter der Ǧemāǧme auf den Bezug des verbilligten Futters. Statt dessen kauften sie die benötigten Mengen zu höheren Marktpreisen und ließen sich für 1979/80 geschlossen bei der rund 70 km weiter nördlich gelegenen Kooperative von Sinǧār registrieren, um dadurch der verfeindeten Stammesfraktion aus dem Wege zu gehen.

Betrachtet man die *räumliche Verteilung der Stämme im Ġāb* (Abb. 52/53), so fällt hier zunächst eine relativ starke Mischung von Angehörigen der drei großen Verbände von Mawālī, Ḥadīdīn und Benī Ḫāled auf. Geschlossene, klar begrenzte Gebiete, die nur von jeweils einer dieser Gruppen als ihr traditionelles Weideareal beansprucht werden, gibt es offenbar nicht. Doch lassen sich für fast jede einzelne Stammesfraktion[76] deutliche Schwerpunkte ihres Vorkommens feststellen. So treten beispielsweise die Ǧemāǧme und Šwērtān nur in der nördlichen Hälfte des Ġāb auf, die Ǧumlān und Ġāzī sind vor allem im mittleren Teil des Untersuchungsgebietes zu finden, während sich die Bū Ḥasan im Süden konzentrieren. Einige der Häufungen sind dadurch bedingt, daß insbesondere ein Teil der Schafhalter aus dem Stamm der Benī Ḫāled nahe beieinanderliegende Bewässerungsfelder im Ġāb bewirtschaftet, während andere ihre Zelte in der Nähe der Häuser und Ländereien seßhaft gewordener Stammesmitglieder aufgeschlagen haben. Letzteres gilt auch für die Konzentration der Ḫarāšīn zwischen Krēm und Raṣīf. In den meisten Fällen ergibt sich die Stammesverteilung im Ġāb jedoch aus der Lagesituation zu den Herkunftsgebieten der Schafhalter, die aus Faltkarte 2 zu entnehmen sind.

Hier ist vorauszuschicken, daß die in der Karte dargestellte *Zuordnung nach Herkunftsorten auch heute noch nicht notwendigerweise eine Seßhaftigkeit der Schafhalter beinhalten muß.* Wie noch zu zeigen sein wird, betrachten sich zahlreiche der Befragten als zu einem Dorf gehörig, mit dem sie durch vielfältige soziale Kontakte verbunden sind, obwohl sie selber dort keine feste Unterkunft haben und das ganze Jahr über im Zelt leben. Einige von ihnen bewirtschaften eigenes oder gepachtetes Land in dem angegebenen Ort, der meistens erst seit wenigen Generationen von Verwandten oder zumindest Angehörigen der gleichen Stammesfraktion bewohnt wird. Abgesehen von den am

76) Stammesfraktionen und Stämme mit weniger als 20 Zelten wurden in Abb. 52/53 aus Gründen der Übersichtlichkeit nicht gesondert gekennzeichnet. Viele Schafhalter der Mawālī und Ḥadīdīn hatten nur ihren Stammesverband, jedoch nicht die jeweilige Fraktion angegeben (vgl. Tab. 40). Bei Berücksichtigung dieses Sachverhaltes dürfte sich in einigen Teilen des Ġāb wahrscheinlich eine noch etwas größere Geschlossenheit der Verbreitung von einzelnen Stammesfraktionen abzeichnen.

weitesten östlich gelegenen Orten bezeichnet das genannte Herkunftsdorf im allgemeinen auch jene Siedlung, auf deren Gemarkung man sich regelmäßig am „yōm el-ḥaṣāde" – am „Tag der Getreideernte" – einfindet, um die Stoppelfelder durch die Herden abweiden zu lassen.

Rund 19% aller Schafhalter nennen sich selbst „ᶜarab sayyāra" oder „ᶜarab raḥḥāla" – übersetzt als „nomadische Beduinen" (H. WEHR 1968, S. 298), die sich keinem bestimmten Dorf zugehörig fühlen. Bei der Wahl ihrer Weidegebiete sind sie wesentlich flexibler als die übrigen Schafhalter. Selbst wenn sie mit gewisser Regelmäßigkeit bestimmte Dorfgemarkungen als Sommerweide aufsuchen, so besteht doch nur ein Minimum an wechselseitigen Kontakten zwischen ihnen und der dort ansässigen Bevölkerung, die in der Regel nicht zur selben Stammesfraktion gehört. In der folgenden Darstellung wird von dieser Bevölkerungsgruppe als *Vollnomaden* gesprochen.

Während bei dem Weidegebiet im Ġāb eine eindeutige Ausgliederung von Stammesterritorien nicht möglich war, scheint dies aufgrund der Kartierung der Herkunftsorte (Faltkarte 2) relativ leicht zu sein. Für fast alle erfaßten Schafhalter der jeweiligen Siedlung – mit Ausnahme von Tell Ḫanzīr und Lwēbde – läßt sich die gemeinsame Zugehörigkeit zu einer Stammesfraktion nachweisen, und Entsprechendes gilt meist auch für mehrere benachbarte Orte. Die drei stärksten Stammesverbände der Mawālī, Ḥadīdīn und Benī Ḫāled, aber auch die kleineren Stämme und Stammesfraktionen, sind nach der räumlichen Verteilung ihrer Herkunftsorte nahezu überall durch *geschlossene Verbreitungsareale* deutlich voneinander abgesetzt. Trotz einiger Überlappungen zeichnet sich auch die Bahnlinie Ḥamāh – Ḥaleb in einigen Bereichen noch als traditionelle Grenze zwischen Mawālī und Ḥadīdīn ab. Daraus darf jedoch nicht der Schluß gezogen werden, daß die gesamte Bevölkerung des jeweiligen Dorfes immer nur aus Angehörigen einer Stammesfraktion bestehen muß. So zeigte L.E. SWEET, daß in der Mitte der fünfziger Jahre Tell Ṭōqān Sitz des Scheichs der bū Lēl war und am Rande des Dorfes nur nomadische Familien seines Stammes alljährlich von Juni bis Februar lagerten (1960, S. 22 und 28); dennoch waren im Dorf selbst Angehörige von 14 verschiedenen Stämmen seßhaft geworden. Neben solchen gemischten Siedlungen gab es damals allerdings auch Dörfer, die nur von Mitgliedern jeweils eines Stammes bewohnt wurden (a.a.O., S. 19).

Vergleicht man die Darstellung der stammesmäßig differenzierten Herkunftsorte mit der Stammeskartierung der Zeltbesatzungen im Ġāb, dann treten als Ursache für die Standortwahl im Erhebungsbereich insbesondere räumlich-distanzielle Aspekte in den Vordergrund: Es werden möglichst *die Weidegebiete aufgesucht, die dem eigenen Herkunftsort am nächsten liegen*. So konzentrieren sich die Schafhalter nichtbeduinischer Herkunft aus der Umgebung von Ǧisr eš-Šuġūr wie auch die Angehörigen kleinerer Stämme aus dem Gebiet südöstlich von Ḥaleb im äußersten Norden des Ġāb. Die beiden nördlichsten Gruppen des Mawālī-Verbandes, die Ǧemāǧme und die Šwērtān, sind ausschließlich in der nördlichen Hälfte des Untersuchungsgebietes zu finden, während die übrigen Mawālī vorwiegend die Südhälfte einnehmen. Letzteres gilt auch für die bū Ḥasan, Bešākem und ʿAqēdāt. Die Benī H̱āled im Ostteil des mittleren Ġāb sind häufig weniger als 10 km Luftlinie von ihren Dörfern im Ǧebel ez-Zāwīye entfernt; dagegen stammen die übrigen im südlichen Ġāb anzutreffenden Mitglieder ihres Stammes aus dem Gebiet im Osten von Ḥamāh, und einzelne von ihnen sind sogar aus noch weiter südöstlich gelegenen und im Kartenbild nicht mehr erfaßten Orten gekommen. Bei diesen Beispielen sind der räumliche und der tribale Aspekt untrennbar miteinander verknüpft. Deshalb ist es aufgrund der Zelteinteilung im Ġāb allein nicht möglich, generell den Stellenwert zu bestimmen, welcher der Stammeszugehörigkeit bei der Wahl der Weidestandorte zukommt. Die Fälle, in denen einzelne Ḥadīdīn-Zeltplatzgruppen von zahlreichen Lagern der Mawālī umgeben sind und umgekehrt, erlauben jedoch den Schluß, daß zumindest bei diesen Standortentscheidungen tribale Bindungen und historische Stammesrivalitäten keine ausschlaggebende Rolle mehr gespielt haben können.

Tabelle 41: Charakteristika der unterschiedlichen Typen sozialer Gruppen von Schafhaltern im Ġāb

| Charakteristika | Zeltbesatzung | Zeltplatzgruppe | Weidegruppe | Stamm/ Stammesfraktion |
|---|---|---|---|---|
| Zugehörigkeit zur selben Kernfamilie | meistens | – | – | – |
| Verwandtschaftliche Bindungen | meistens sehr eng | meistens eng | gering | sehr gering |
| Gleicher Herkunftsort | ja | ja | überwiegend | – |
| Gemeinsamer Anmarsch ins Ġāb und gemeinsame Rückkehr von dort | ja | ja | selten | – |
| Gemeinsames Zeltlager im Ġāb | ja | ja | – | – |
| Gemeinsamer Transport der Zeltausrüstung und gegenseitige Unterstützung bei der Betreuung der Herde | ja | ja | – | – |
| Gemeinsame Weidepacht im Ġāb | ja | ja | ja | – |
| Kommunikation zwischen den Gruppenmitgliedern | sehr intensiv | intensiv | gering | sehr gering oder indirekt |
| Zugehörigkeit zur selben Stammesfraktion bzw. zum selben Stamm | ja | ja | ja | ja |

Zusammenfassend zeigt die Abbildung 54 in einem Übersichtsschema nochmals die Zusammensetzung der behandelten sozialen Gruppen, während Tab. 41 die wichtigsten Charakteristika der verschiedenen Gruppentypen auflistet. Deutlich tritt hier die *starke Affinität von Zeltbesatzung und Zeltplatzgruppe hervor, zwischen deren Mitgliedern jeweils intensive wechselseitige Bindungen bestehen, während die Interaktionszusammenhänge zwischen den Angehörigen einer Weidegruppe schon wesentlich gelockerter sind und nur noch selten oder indirekt bei den nomadischen Mitgliedern der Stammesfraktionen und Stämme in Erscheinung treten* – soweit sich Letzteres aufgrund von Einzelbeobachtungen erschließen läßt.

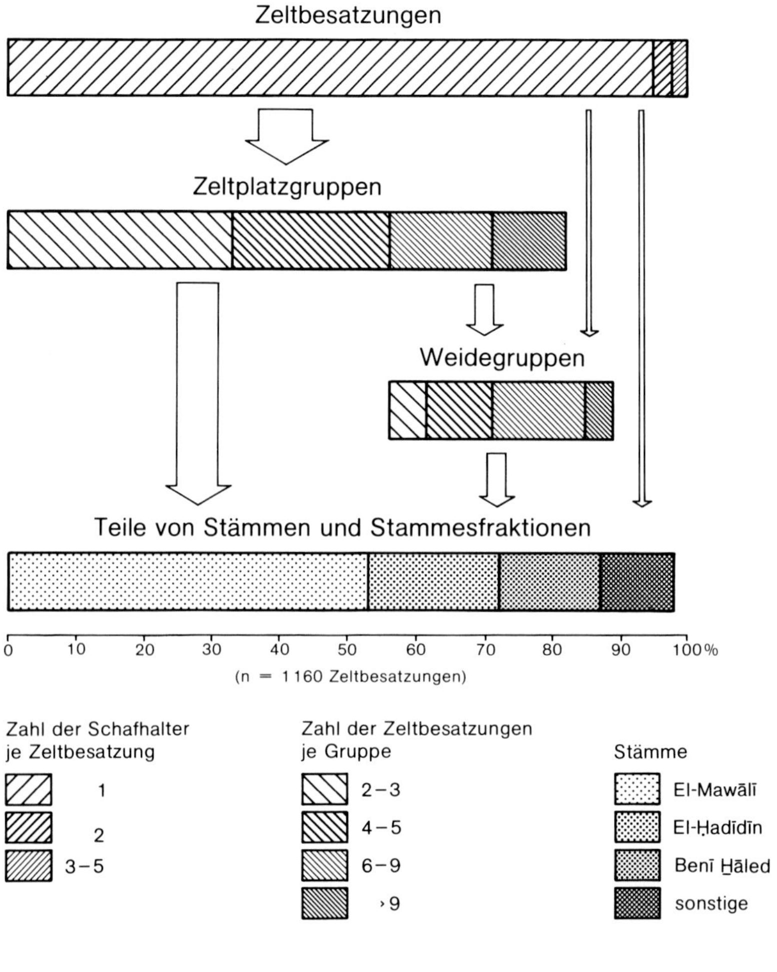


*Abb. 54. Übersichtsschema der Zusammensetzung sozialer Gruppen von Schafhaltern im Ġāb*

# VI. Ausmaß und Ablauf der saisonalen Weidewanderung

Ausgehend von dem Erhebungsgebiet des Ġāb soll im folgenden versucht werden, den gesamten Wanderungszyklus der mobilen Schafhalter darzustellen. Dabei ist aufzuzeigen, welche Weideareale im jahreszeitlichen Rhythmus von den unterschiedlichen Gruppen der Schafhalter aufgesucht werden und in welchem Ausmaß sich die Betriebe überhaupt noch an der traditionellen Weidewanderung in die östliche Wüstensteppe beteiligen bzw. mit ihren Tieren am Herkunftsort überwintern. Auch die Frage nach der Länge der Wanderungsdistanzen und der Transportmittelbenutzung ist zu behandeln; wie weit ist hier die Motorisierung bereits fortgeschritten?

## A. Der Weideaufenthalt im Ġāb

Von Mitte Dezember bis Mitte Februar ist das Ġāb völlig frei von den Herden nomadischer Schafhalter. In dieser Zeit werden die gepflügten Bewässerungsfelder neu bebaut, so daß keine Weidemöglichkeiten für Schafe bestehen; auch sind weite Bereiche des Ġāb nach stärkeren winterlichen Regenfällen außerhalb der asphaltierten Straßen kaum passierbar. Die ersten Herden kommen dann in der zweiten Februarhälfte (vgl. Abb. 55) und halten sich vorwiegend im nördlichen Teil des Untersuchungsgebietes auf. Als Weide sind dort größere, schlecht drainierte Flächen verfügbar, die wegen hohem Grundwasserstand und immer wieder auftretenden Überschwemmungen erst sehr spät bebaut werden können. Die Herden sind zu dieser Jahreszeit mit durchschnittlich 100 bis 120 Tieren noch relativ klein.

Mit dem Beginn der Getreideernte im Juni wächst dann die Zahl der Betriebe zunächst nur allmählich. Im August beschleunigt sich der Anstieg mit fortschreitender Ernte; gleichzeitig nimmt die Durchschnittsgröße der ankommenden Herden zu und steigert sich in der ersten Septemberhälfte auf ein Maximum von 370 Schafen. Die *höchste Bestockungsdichte wird im Oktober mit dem Auslaufen der Baumwollernte erreicht*: In der Mitte des Monats hielten sich 259150 Schafe im Ġāb auf[77], die zu 1258 Betrieben mobiler Schafhalter gehörten. Die ersten Herden verließen das Untersu-

77) Dies entspricht rund 3 % der Gesamtzahl von etwa 8,5 Mio. Schafen, die 1979 in Syrien registriert wurden. In der angegebenen Stückzahl für das Ġāb sind auch 2214 Ziegen enthalten, die sich auf 13 % der Betriebe verteilen. Besonders unter den Herden aus dem Ǧebel ez-Zāwīye sind häufig zwischen 5 und 20 Ziegen zu finden; in manchen Herden werden die leicht zu dirigierenden Ziegen auch als Leittiere eingesetzt. Da sie jedoch insgesamt nur einen Anteil von weniger als 1 % an der Schafpopulation erreichen und sie auch in wirtschaftlicher Hinsicht nicht wesentlich von den Schafen abweichen, werden sie im folgenden nicht gesondert unterschieden.

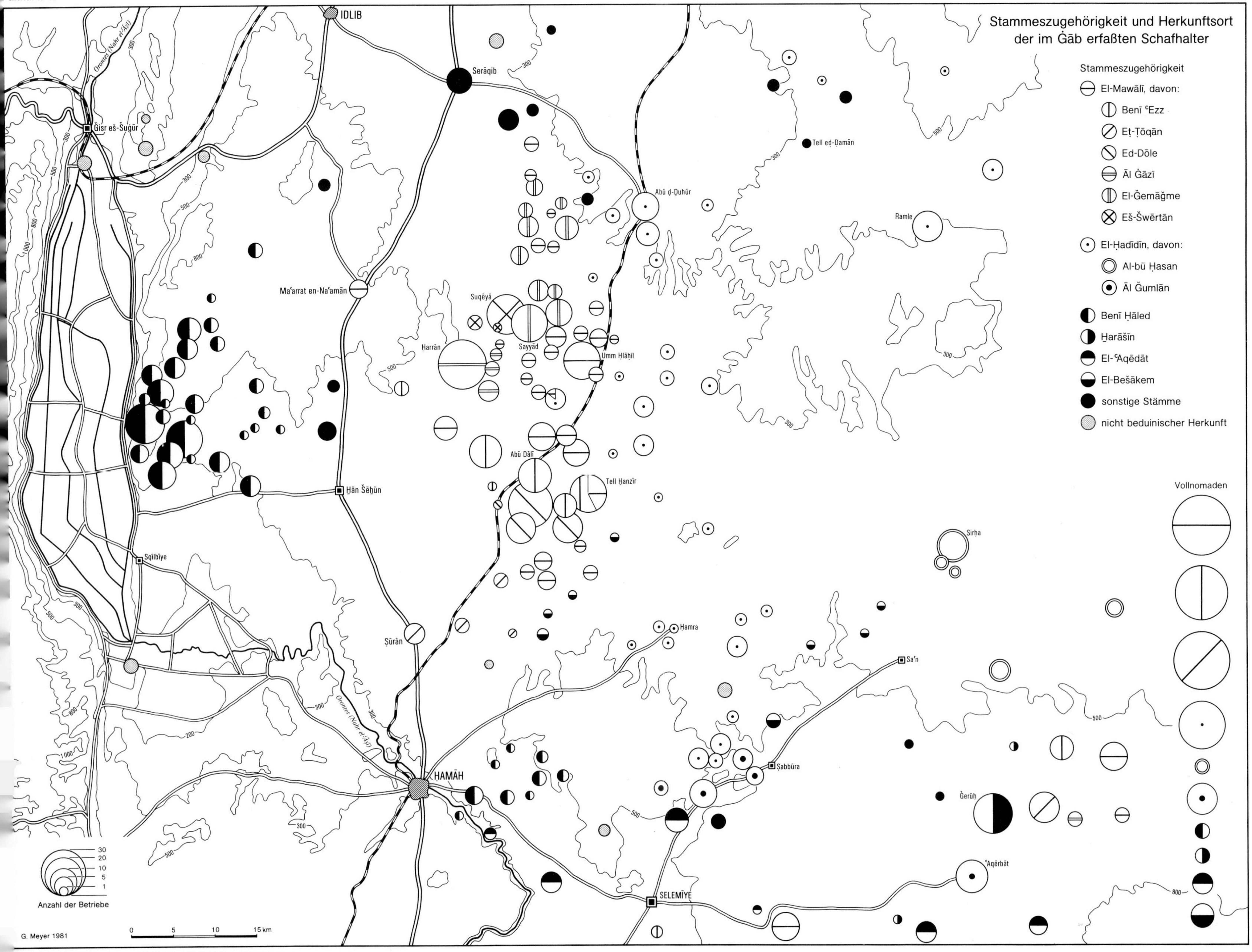
Stammeszugehörigkeit und Herkunftsort
der im Ġāb erfaßten Schafhalter
Stammeszugehörigkeit
El-Mawālī, davon:
Benī ᶜEzz
Eṭ-Ṭōqān
Ed-Dōle
Āl Ġāzī
El-Ğemāğme
Eš-Šwērtān
El-Ḥadīdīn, davon:
Al-bū Ḥasan
Āl Ğumlān
Benī Ḫāled
Ḫarāšīn
El-ᶜAqēdāt
El-Besākem
sonstige Stämme
nicht beduinischer Herkunft
Vollnomaden
Anzahl der Betriebe
30
20
10
5
1
0
5
10
15 km
G. Meyer 1981
IDLIB
Ġisr eš-Šuġūr
Orontes (Nahr el-ᶜĀṣī)
Seräqib
Tell ed-Ḍamān
Abū ḍ-Ḍuhūr
Ramle
Maᶜarrat en-Naᶜamān
Suqēyā
Ḫarrān
Sayyād
Umm Ḫlāḫīl
Abū Dālī
Tell Ḥanzīr
Ḫān Šēḫūn
Sqīlbīye
Ṣūrān
Sirḥa
Hamra
Sa'n
Ṣabbūra
HAMĀH
Ğerūḥ
ᶜAqērbāt
SELEMĪYE

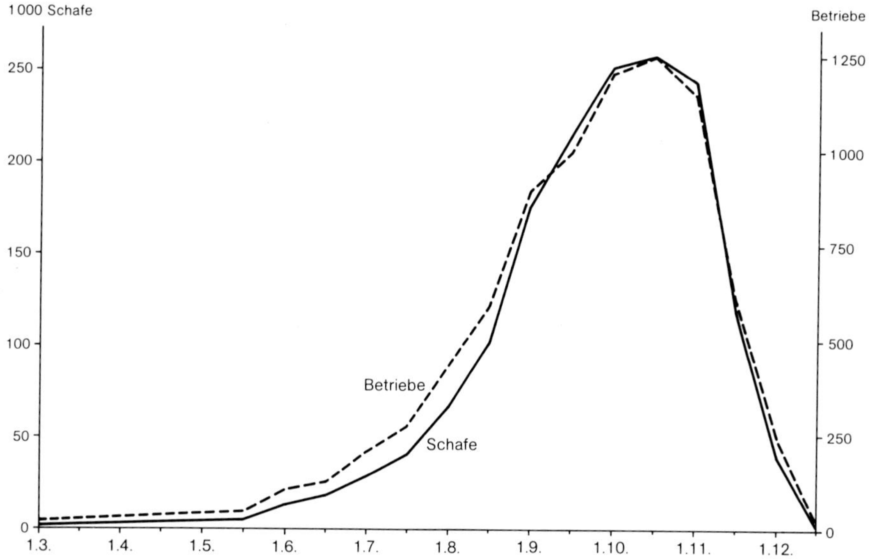


*Abb. 55. Anzahl der Schafe und Betriebe mobiler Schafhalter im Ġāb für den Ablauf des Jahres 1979*

chungsgebiet bereits wieder gegen Ende Oktober, während die meisten Schafhalter den Rückmarsch erst im November antreten wollten[78].

Insgesamt weist damit das Ġāb im Jahre 1979 ein Futterpotential von rund 800 000 Schafmonaten auf – ohne Berücksichtigung von einigen tausend Schafen, welche der ortsansässigen Bevölkerung gehören. Der angegebene Wert entspricht 6,5 % der Weidekapazität der gesamten syrischen Wüstensteppe, die E. WIRTH auf 12,4 Mio. Schafmonate bezifferte (1971, S. 266).

*Die mittlere Aufenthaltsdauer* der Schafhalter im Ġāb liegt bei etwas mehr als 3 Monaten. Wie Tab. 42 zeigt, treten dabei allerdings erhebliche Unterschiede auf. Das Gros der Betriebe mit rund 45 % der Schafhalter bleibt zwischen eineinhalb und drei Monaten im Untersuchungsgebiet. 17 % lassen ihre Tiere nur maximal 1,5 Monate weiden, während sich rund 16 % länger als 4,5 Monate im Ġāb aufhalten. Differenziert man die Schafhalter nach ihren Herkunftsgebieten, so fällt vor allem im Ġāb-Nahbe-

78) Da die Untersuchungen nur im Oktober erfolgten, wäre denkbar, daß manche Herden nicht erfaßt wurden, weil sie schon zuvor das Ġāb verlassen hatten. Diese Annahme ist jedoch äußerst unwahrscheinlich, da das Futterangebot für die Schafe im Oktober innerhalb des Untersuchungsgebietes am größten ist. Auch wurde mir in den Dörfern östlich des Ġāb, die an den Hauptwanderwegen liegen, immer wieder bestätigt, daß bis Mitte Oktober die Herden ausnahmslos in Richtung Ġāb ziehen und die ersten nicht vor dem 25. Oktober zurückkommen würden.

reich – d.h. in jenen Herkunftsorten, die weniger als 25 km Luftlinie vom Ostrand des Bewässerungsgebietes entfernt sind – der mit 36 % relativ große Anteil von Betrieben auf, die länger als 4,5 Monate im Untersuchungsgebiet bleiben. Dies ist dadurch bedingt, daß viele jener Schafhalter Land im Ġāb bewirtschaften und es in mehreren Dörfern des Ğebel ez-Zāwīye im Sommer kein Wasser gibt. Eine derartig lange Aufenthaltsdauer bildet insbesondere bei den Vollnomaden die Ausnahme; nur 3 % von ihnen sind jener Kategorie zuzuordnen.

Tabelle 42: Aufenthaltsdauer der Schafhalter im Ġāb nach Herkunftsgebieten

| Aufenthaltsdauer | Prozentualer Anteil der Schafhalter | | | |
|---|---|---|---|---|
| | aus dem Ġāb-Nahbereich (n = 186) | aus den übrigen Herkunftsorten (n = 836) | ohne festen Herkunftsort (n = 236) | insgesamt (n = 1258) |
| bis 1,5 Monate | 19 | 17 | 16 | 17 |
| mehr als 1,5 Mon. bis 3 Monate | 24 | 47 | 55 | 45 |
| mehr als 3 Mon. bis 4,5 Monate | 21 | 21 | 26 | 22 |
| mehr als 4,5 Mon. | 36 | 15 | 3 | 16 |

## B. Die Weidewanderung in die siedlungsferne Wüstensteppe

Nachdem die gepachteten Flächen im Ġāb abgeweidet sind und die ersten stärkeren Winterregen einsetzen, wandern zahlreiche Herden direkt in die Weidegebiete der syrischen Wüstensteppe (vgl. Foto 26), in die Bādiye oder Berrīye, wie jene östlichen Landesteile auch bezeichnet werden, die durchschnittlich etwa 100 bis 250 mm Jahresniederschlag erhalten. Andere Schafhalter legen mit ihren Tieren im November zunächst noch eine Zwischenstation von ein- bis dreiwöchiger Dauer an ihren Herkunftsorten ein, ehe sie weiter nach Osten ziehen. Bis Mitte Dezember haben 52 % der im Ġāb erfaßten Betriebe und 67 % aller Schafe die Winterweidegebiete erreicht (vgl. Abb. 56). Die unterschiedlichen prozentualen Werte zeigen dabei an, daß es sich hier vorwiegend um Herden mit hoher Kopfzahl handelt. Sie umfassen im Durchschnitt mehr als 250 Schafe, während die kleinen Herden in der Regel in den Dörfern überwintern.

Von Mitte Dezember bis Ende Januar wächst die Zahl der Betriebe in den östlichen Weidegebieten nur geringfügig. Erst im Februar, wenn die Weidekapazität der Wüstensteppe am größten ist, steigt dort die Zahl der Betriebe erneut an. Im Mai und verstärkt Anfang Juni mit dem Beginn der Getreideernte wird dann der Rückmarsch nach We-

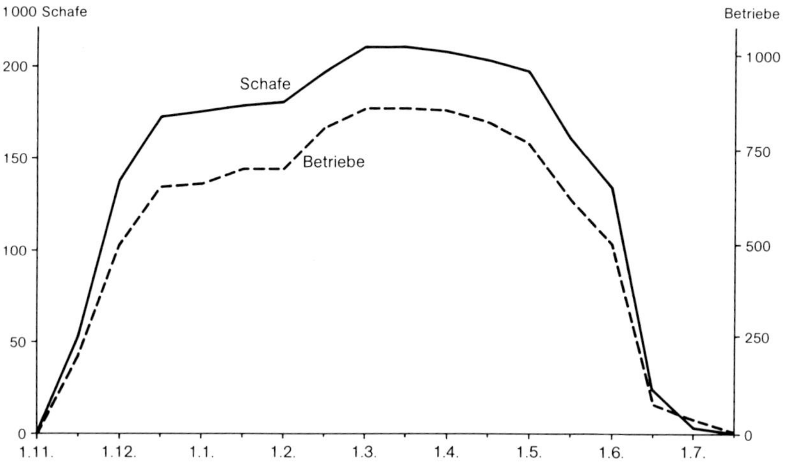


*Abb. 56. Anzahl der Schafe und Betriebe mobiler Schafhalter in der Wüstensteppe 1978/79*

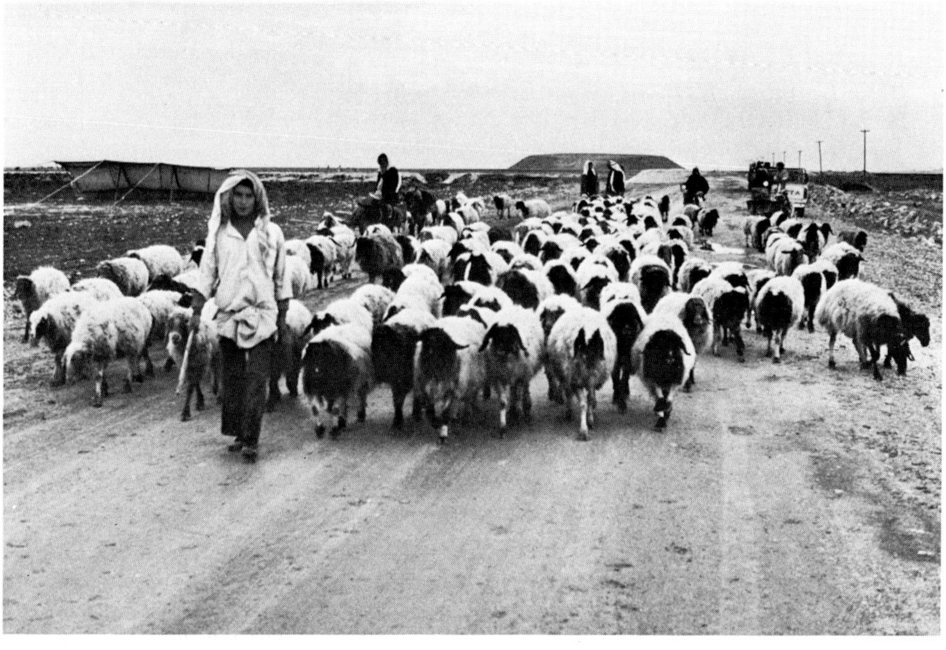

*Foto 26. Schafherde auf der Wanderung aus dem Ġāb in die östliche Wüstensteppe nach Einsetzen der ersten Regenfälle Ende Oktober 1979*

sten in die siedlungsnahen Gebiete angetreten. Insgesamt halten sich 56 % aller Betriebe bereits im Winter in der Bādiye auf, während 13 % erst im Frühjahr ab Februar nachkommen (vgl. Tab. 43).

Tabelle 43: Durchführung der Weidewanderung im Winter und Frühjahr nach Herkunftsgebieten der Schafhalter

| Weidewanderung | Prozentualer Anteil der Schafhalter | | | |
|---|---|---|---|---|
| | aus dem Ġāb-Nahbereich (n = 186) | aus den übrigen Herkunftsorten (n = 836) | ohne festen Herkunftsort (n = 236) | insgesamt (n = 1258) |
| Im Winter und Frühjahr in der Bādiye | 5 | 54 | 100 | 56 |
| Nur im Frühjahr in der Bādiye | 1 | 19 | – | 13 |
| Winter und Frühjahr in Dorfnähe | 94 | 27 | – | 31 |

31 % der im Ġāb erfaßten Schafhalter nehmen an der Weidewanderung in die Wüstensteppe nicht teil, sondern bleiben mit den Herden im Winter und Frühjahr in ihrem Dorf bzw. in dessen Nähe. Das gilt vor allem für jene Schafhalter, deren Herkunftsort nahe am Ġāb und damit weit von den östlichen Weidegebieten entfernt liegt; sie nutzen statt dessen vor allem im Frühjahr die siedlungsnahen Ödlandtriften im Ǧebel ez-Zāwīye als Weide für ihre Tiere. Aber auch von den Schafhaltern, deren Herkunftsort weiter östlich gelegen ist, zieht mehr als ein Viertel nicht in die Bādiye, wie aus Faltkarte 3 hervorgeht. Die meisten von ihnen haben nur sehr kleine Herden, oder sie verfügen aus eigenem landwirtschaftlichem Anbau über genügend Stroh- und Getreidevorräte, um die Zeit der unzureichenden Weidemöglichkeiten in Dorfnähe durch Stallfütterung ihrer Schafe zu überbrücken. Außerdem wird im Trockenfeldbau in der Regel nur jeweils eine Hälfte des Landes kultiviert, so daß siedlungsnahe Brachflächen als Weiden verfügbar sind. In einer ganzen Reihe von Fällen wurde die zeitliche Kürzung oder der Wegfall des früher üblichen Aufenthalts in der Wüstensteppe auch mit den zunehmend besser gewordenen Bezugsmöglichkeiten von Schaffutter begründet. *Hier haben die staatlichen Entwicklungsmaßnahmen bereits ihren deutlichen Niederschlag in einer seßhafteren Lebensweise der Schafhalter gefunden.*

Wo liegen nun die winterlichen Weidegebiete im einzelnen? Für den Beginn der dreißiger Jahre hat A. DE BOUCHEMAN die Weidewanderung für die Mawālī und Ḥadīdīn in einer Karte dargestellt (Abb. 57). Danach waren die Weidegebiete beider Stämme klar voneinander getrennt. Die Mawālī zogen in das innersyrische Bergland, wobei der südliche Zweig der Qiblīyīn den Ǧebel el-Bilᶜās sowie den Ǧebel Šaᶜr aufsuchte, während die Šimālīyīn ihre Herden im Bereich südlich des Wādī l-ᶜAzīb und des Ǧebel Iṯṯerīye weiden ließen. Demgegenüber hielten sich die Ḥadīdīn und deren Verbündete weiter nordöstlich im tiefer liegenden tertiären Tafelland der nordsyrischen Wüstensteppe auf.

Für den Winter 1978/79 wurde die Weidewanderung für Mawālī und Ḥadīdīn getrennt in den Abbildungen 58 und 59 dargestellt. Es sind hier jeweils die Herkunftsorte der Schafhalter mit den angegebenen Hauptweidegebieten verbunden worden, ohne daß der genaue Verlauf der Wanderwege im einzelnen verfolgt werden konnte. Für die Vollnomaden wurde in beiden Karten das Ġāb als Ausgangspunkt eingetragen. Bei den Mawālī liegt das bevorzugte Winterweidegebiet nach wie vor im innersyrischen Bergland, vor allem im Ǧebel Šaᶜr. Aber auch die Bādiye um Ṭudmur (Palmyra) und Suḫne wurde aufgesucht. Einzelne Schafhalter waren mit ihren Herden sogar noch weiter nach Osten und Südosten bis an die irakische und jordanische Grenze gezogen. Die frühere Trennung der Weidegebiete von Šimālīyīn und Qiblīyīn besteht nicht mehr. Es ist auch keine Ausnahme, daß einige Schafhalter eines beliebigen Herkunftsortes ihre Herden im Wādī l-ᶜAzīb weiden lassen, während andere in den Ǧebel Šaᶜr oder nach Ṭudmur ziehen.

Auch die frühere klare Trennung zwischen den Weidearealen der Mawālī und Ḥadīdīn besteht nicht mehr. So halten sich zahlreiche Herden der Ḥadīdīn auch im Ǧebel Šaᶜr, dem traditionellen Weidegebiet der Mawālī auf, und das Gebiet des Wadī l-ᶜAzīb und des Ǧebel Iṯṯerīye wird von den Angehörigen beider Stämme etwa in gleichem Maße frequentiert. Das tiefer liegende Tafelland östlich des Ǧebel Iṯṯerīye scheint dagegen nach wie vor eine Weidedomäne der Ḥadīdīn zu sein – soweit sie das Gebiet nicht mit anderen, im Ġāb nicht erfaßten Stämmen teilen.

## C. Der Aufenthalt in der Siedlungszone außerhalb des Ġāb

Die weitaus überwiegende Mehrheit der im Untersuchungsgebiet registrierten Betriebe hielt sich von Mitte Juni bis Anfang Juli in der Siedlungszone zwischen Ġāb und Wüstensteppe auf (Abb. 60). Rund 83 % aller Schafhalter ließen zu dieser Zeit ihre Herden auf den abgeernteten Getreidefeldern weiden, ehe sie weiter nach Westen zogen. Ein weiteres, jedoch deutlich kleineres Maximum wird Mitte Dezember erreicht, wenn rund 48 % der Herden sich nach ihrer Rückkehr aus dem Ġāb in den Dörfern und siedlungsnahen Gebieten befinden. Dort werden die höchsten durchschnittlichen Kopfzahlen pro Herde mit 220 bis 231 Tieren in der Zeit von Anfang August bis Anfang September registriert (Abb. 61). Im Winter dagegen und vor allem im Frühjahr von Ende Februar bis Anfang Mai, wenn die meisten größeren Herden in der Bādiye weiden, sinkt die mittlere Herdengröße in der Siedlungszone auf 124 Tiere ab.

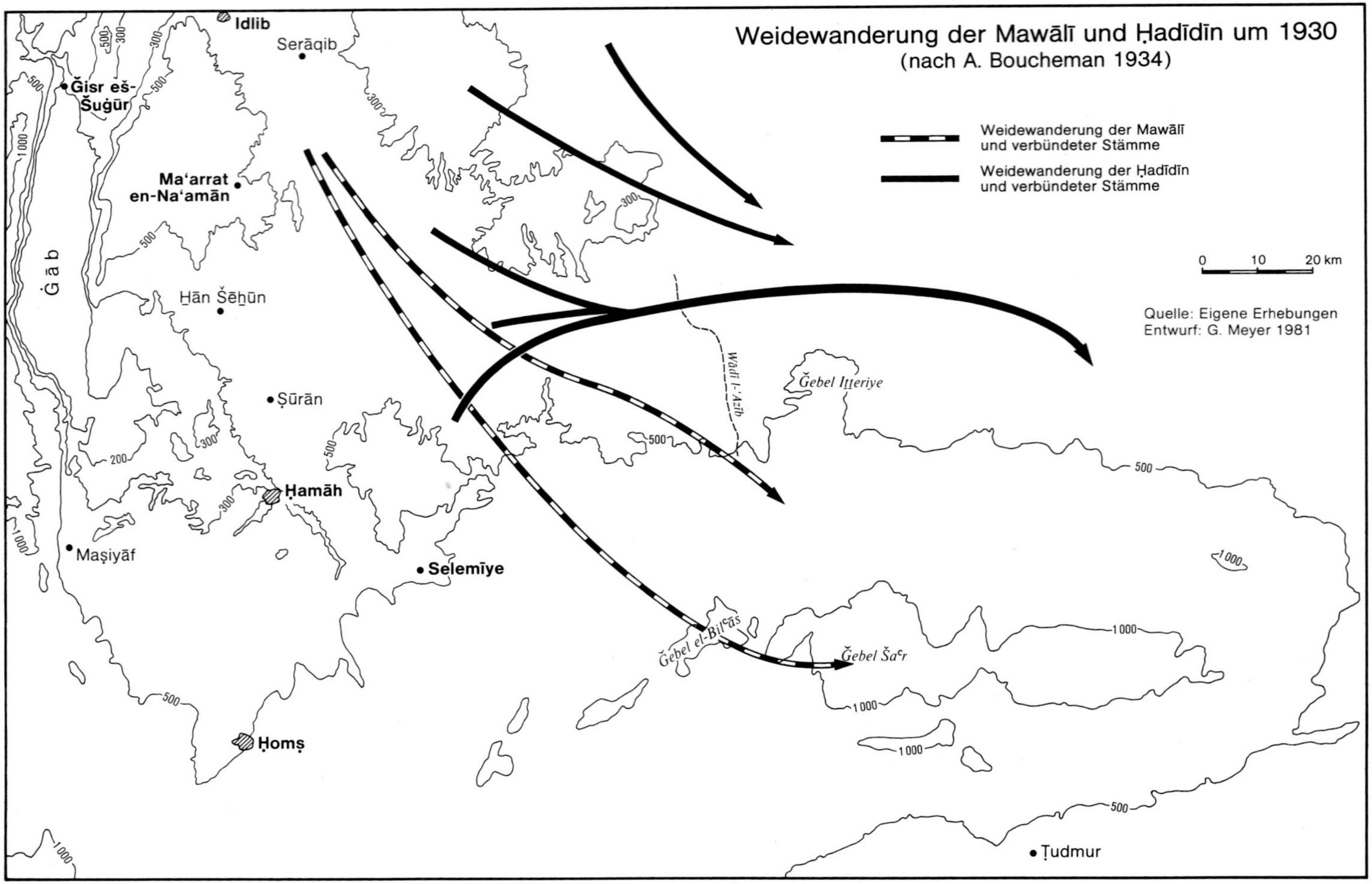


*Abb. 57. Weidewanderung der Mawālī und Ḥadīdīn um 1930*

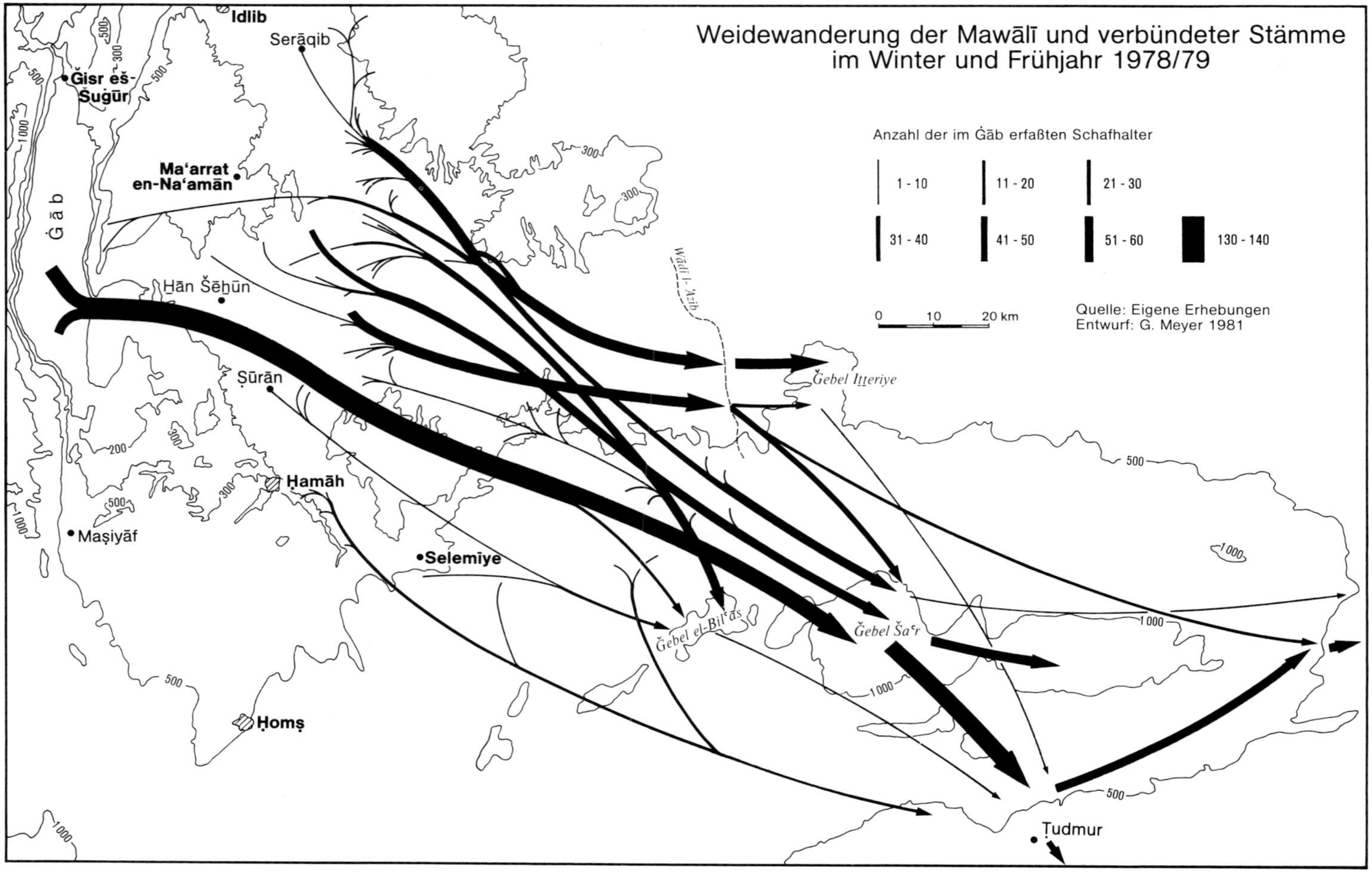


Abb. 58. Weidewanderung der Mawālī und verbündeter Stämme im Winter und Frühjahr 1978/79

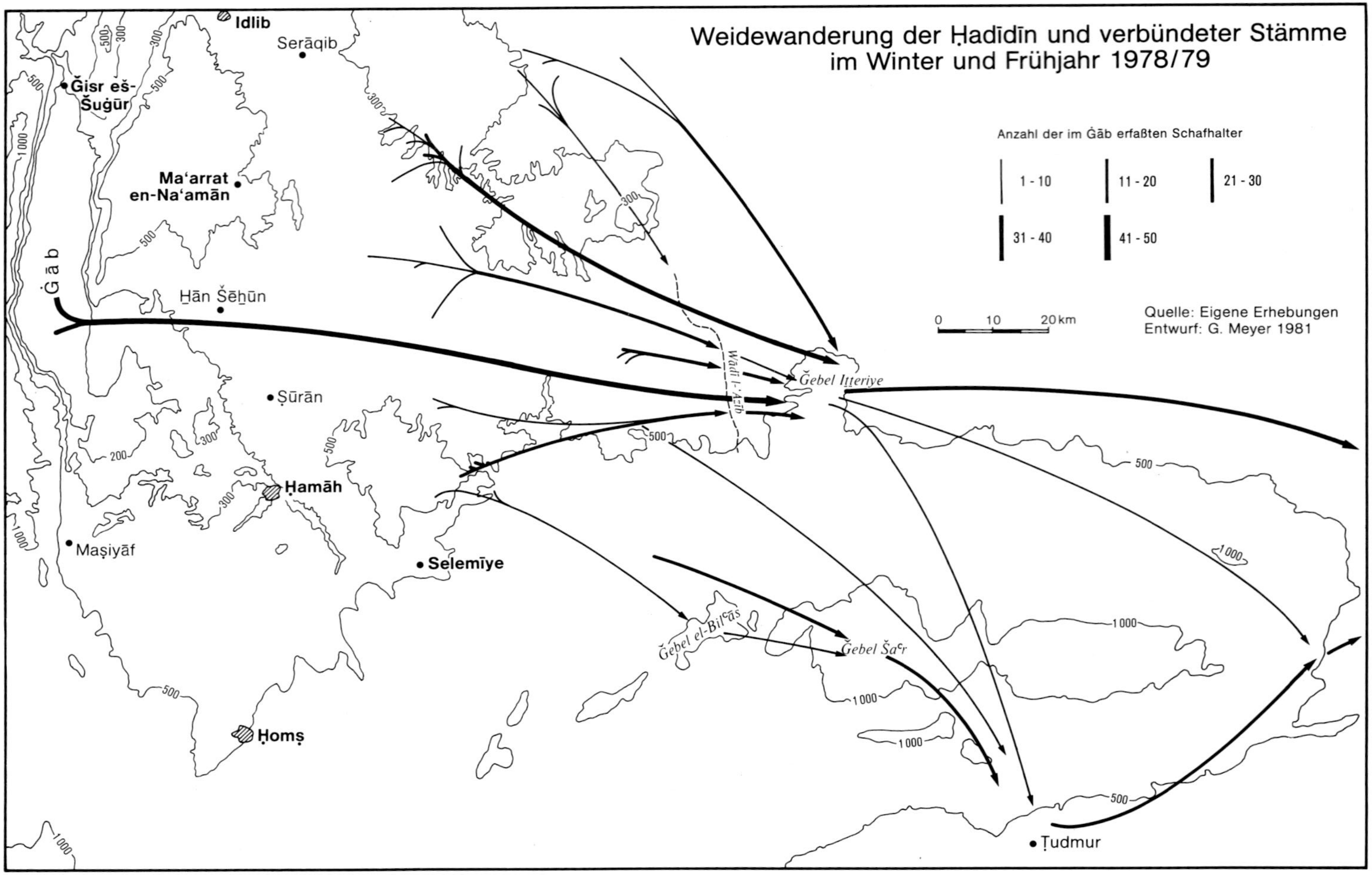


*Abb. 59. Weidewanderung der Ḥadīdīn und verbündeter Stämme im Winter und Frühjahr 1978/79*

Faltkarte 3

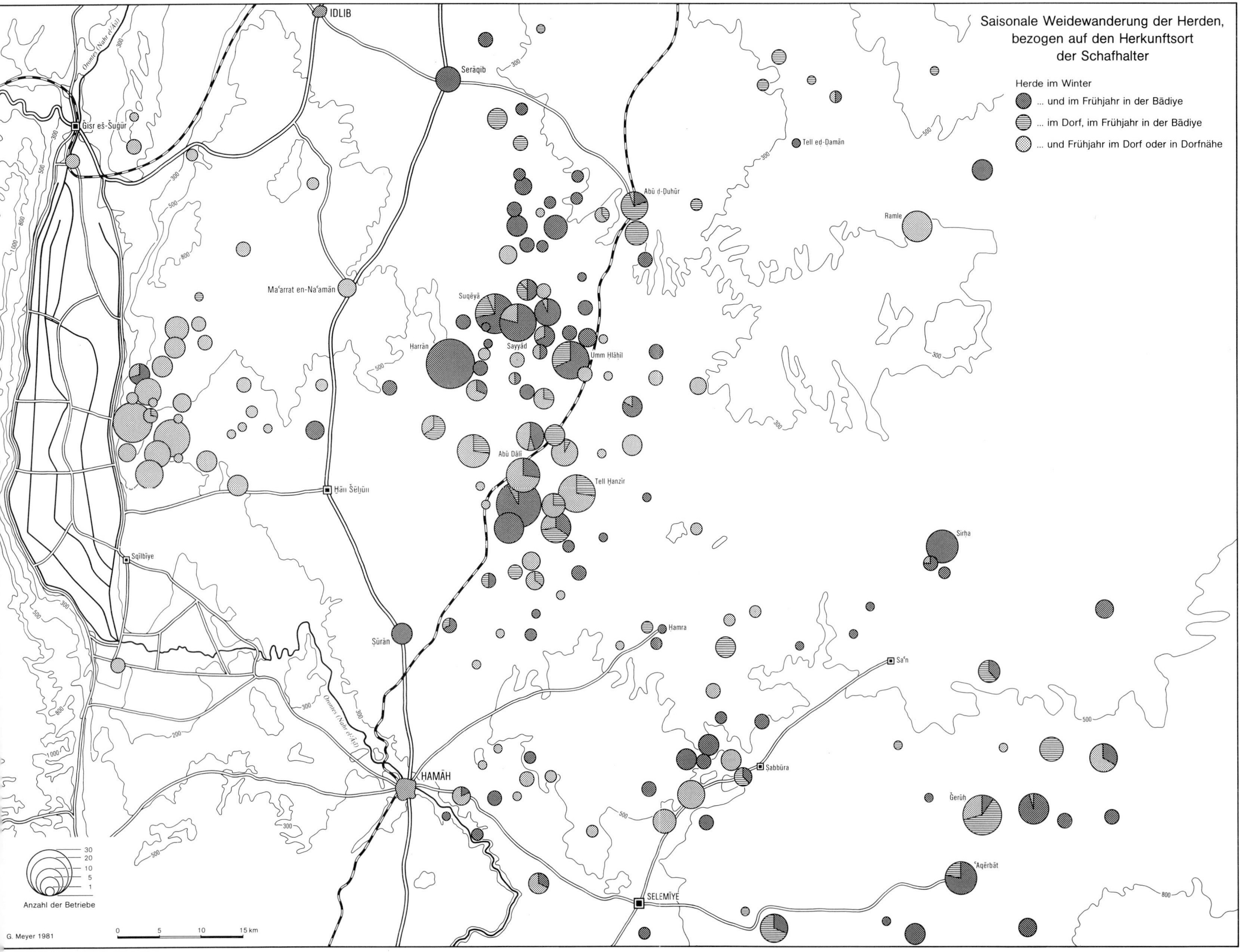
Saisonale Weidewanderung der Herden, bezogen auf den Herkunftsort der Schafhalter
Herde im Winter
... und im Frühjahr in der Bādiye
... im Dorf, im Frühjahr in der Bādiye
... und Frühjahr im Dorf oder in Dorfnähe
IDLIB
Serāqib
Ǧisr eš-Šuġūr
Maʿarrat en-Naʿamān
Tell ed-Ḍamān
Abū d-Ḍuhūr
Ramle
Suqēyā
Harrān
Sayyād
Umm Ḥlāḥil
Abū Dālī
Tell Ḫanzīr
Ḫān Šēḫūn
Sqilbīye
Sīrḥa
Šūrān
Hamra
Saʿn
Ṣabbūra
ḤAMĀH
Ğerūḥ
ʿAqērbāt
SELEMĪYE
Orontes (Nahr el-ʿĀṣī)
Anzahl der Betriebe
30
20
10
5
1
G. Meyer 1981
0
5
10
15 km

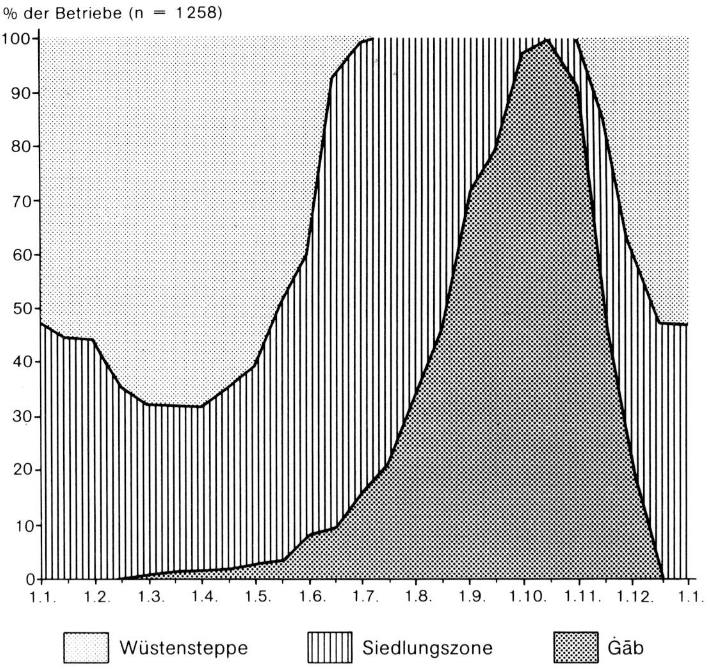


*Abb. 60. Aufenthalt der Betriebe mobiler Schafhalter im Ġāb, in der übrigen Siedlungszone und der Wüstensteppe im Jahresgang*

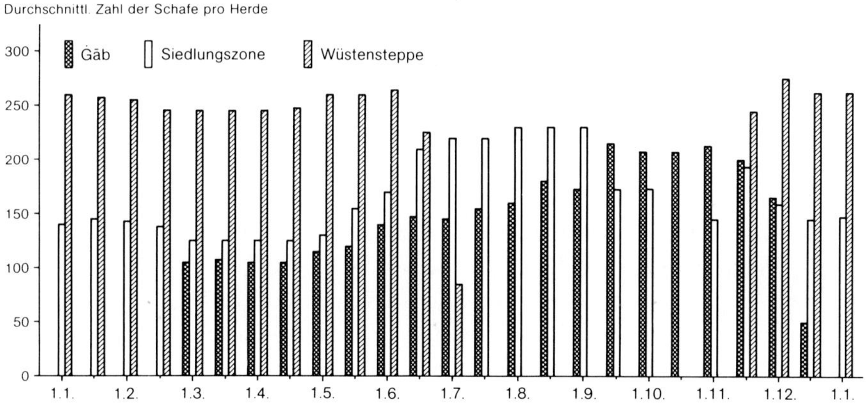


*Abb. 61. Durchschnittliche Herdengröße im Ġāb, in der übrigen Siedlungszone und der Wüstensteppe im Jahresgang*

Besonders zu erwähnen sind hier 29 Betriebe, die im Sommer noch weiter nach Westen bis in die Küstenebene ziehen. Es handelt sich dabei um sechs Weidegruppen der nördlichen Ḥadīdīn aus den Dörfern Abū ḍ-Ḍuhūr und Hanasir, die zwischen Juli und September für einen Zeitraum von drei Wochen bis zu drei Monaten das Gebiet zwischen Baniyas und Laḏaqīye aufsuchten. Außerdem zog je eine Gruppe der bū Ḥasan und der ʿAqēdāt aus dem Gebiet nordöstlich von Selemīye in die Küstenebene bei Ṭarṭūs.

## D. Wanderungsdistanzen und Transportmittelbenutzung

A. DE BOUCHEMAN gibt für die Ḥadīdīn zu Beginn der dreißiger Jahre eine Amplitude der Weidewanderung von etwa 180 km an (1934, S. 45). Nach E. WIRTH schwanken die jährlichen Wanderwege der syrischen Schafnomaden in der Regel zwischen 50 und 200 km (1971, S. 256). Diese Feststellung gilt auch für die Mehrzahl der im Ġāb erfaßten Schafhalter. Zieht man jeweils die maximale Luftliniendistanz zwischen den Sommer- und Winterweidegebieten heran, so entfallen 64 % auf den genannten Entfernungsbereich zwischen 50 und 200 km. In 17 % aller Fälle sind die Distanzen niedriger, während 19 % der Schafhalter eine Wanderungsamplitude von mehr als 200 km bis zu maximal 360 km erreichen. Diese Strecken werden von den Herden fast ausnahmslos zu Fuß zurückgelegt. Nur 21 Schafhalter, die mit ihren Tieren die Küstenebene aufsuchten, ließen die Herden per LKW dorthin transportieren. Den Rückweg mit Zwischenstation im Ġāb traten sie jedoch wieder zu Fuß an. Für einen Marsch beispielsweise vom Ġāb bis Ṭudmur über eine Luftliniendistanz von rund 200 km werden 15 Tage benötigt.

*Während die Männer die wandernden Herden begleiten, wird in der Regel die Zeltausrüstung zusammen mit den Frauen und Kindern per Kraftfahrzeug zum nächsten Lagerplatz gebracht.* Nur noch 56 der Schafhalter, das sind gut 4 % aller Fälle, ließen ihre Zelte durch Esel transportieren. Jeder fünfte Schafhalter besaß ein eigenes Kfz. Meistens handelt es sich dabei um einen „Pick-up", ein hochrädriges, geländegängiges Nutzfahrzeug mit überdachtem Führerhaus und offener Ladefläche. 207 solcher Fahrzeuge befanden sich im Besitz der Schafhalter. Hinzu kamen 34 Lastkraftwagen und 14 Traktoren mit Anhänger. 22 % der Schafhalter hatten die Möglichkeit, ihre Zeltausrüstung durch ein Fahrzeug transportieren zu lassen, das einem anderen Mitglied ihrer Zeltplatzgruppe gehörte, während 53 % bei jedem Wechsel des Lagerplatzes auf lokal angemietete Kraftfahrzeuge zurückgreifen mußten.

Nicht nur für den Transport von Menschen und Zelten werden die Fahrzeuge benötigt, sondern auch um im Winter zusätzliches Futter zu den Weidegebieten hinauszuschaffen oder um die Herden mit Wasser zu versorgen. So berichteten einige der Befragten, daß sie in bestimmten Gebieten der Wüstensteppe das Wasser für ihre Schafe über Entfernungen bis zu 100 km vom Euphrat heranholen würden. Schließlich bedienen sich vor allem die Eigentümer großer Herden häufig gemieteter oder eigener Lastkraftwagen zum Transport von Schafen, die für den Verkauf bestimmt sind. Durch tägliche Radionachrichten sind sie genau über die Preissituation auf den größeren Viehmärkten des Landes informiert und lassen ihre Tiere dorthin bringen, wo gerade die höchsten Preise gezahlt werden; dies kann ebenso in Ḥaleb sein wie in dem mehr als 350 km weiter südlich gelegenen Damaskus.

Tabelle 44: Herdengröße und Transportmittelverfügbarkeit der Schafhalter

| Herdengröße (Schafe) | n | Prozentualer Anteil der Schafhalter mit | | | |
|---|---|---|---|---|---|
| | | eigenem Kfz | verfügbarem Kfz in der Zeltplatzgruppe | gemietetem Transportfahrzeug | eigenen Transporttieren |
| Unter 80 | 208 | – | 11 | 79 | 10 |
| 80–129 | 274 | 3 | 21 | 68 | 8 |
| 130–179 | 181 | 9 | 37 | 50 | 4 |
| 180–249 | 244 | 20 | 30 | 48 | 2 |
| 250–499 | 246 | 40 | 16 | 43 | 1 |
| ab 500 | 105 | 79 | 17 | 4 | – |

Es ist kaum überraschend, daß die *Transportmittelverfügbarkeit der Schafhalter sehr stark mit der Herdengröße* korreliert (vgl. Tab. 44). So wächst mit zunehmender Kopfzahl der Herden der prozentuale Anteil der Schafhalter, die ein eigenes Kfz haben, während gleichzeitig der Anteil derer abnimmt, die auf gemietete Transportmittel zurückgreifen müssen. 79 % der Schafhalter mit mehr als 500 Tieren haben ein eigenes Kfz. Ebenso groß ist bei den Herden mit weniger als 80 Tieren der Prozentsatz jener Schafhalter, die ein Transportmittel mieten müssen; bei dieser Herdengröße hat niemand ein eigenes Fahrzeug zur Verfügung, und jeder zehnte lädt sein Zelt auf Tragtiere.

Ein deutlicher korrelativer Zusammenhang besteht auch zwischen der Transportmittelverfügbarkeit und dem Herkunftsort der Schafhalter (Tab. 45). Bei geringer Entfernung zum Ġāb werden meist gemietete Fahrzeuge eingesetzt, und jeder fünfte Schafhalter greift auf Tragtiere zurück. Letzteres ist neben der kurzen Wanderungsdistanz auch dadurch bedingt, daß einige Siedlungen im Ǧebel ez-Zāwīye nur auf schmalen Saumpfaden zu erreichen sind. Demgegenüber haben 81 % der vollnomadischen Schafhalter ein eigenes Auto zur Verfügung, oder sie können zumindest ein Fahrzeug benutzen, das einem Mitglied ihrer Zeltplatzgruppe gehört.

Tabelle 45: Transportmittelverfügbarkeit der Schafhalter nach Herkunftsgebieten

| Transportmittelverfügbarkeit | Prozentualer Anteil der Schafhalter | | | |
|---|---|---|---|---|
| | aus dem Nahbereich (n = 186) | aus den übrigen Herkunftsorten (n = 836) | ohne festen Herkunftsort (n = 236) | insgesamt (n = 1258) |
| Eigenes Kfz | 1 | 17 | 49 | 20 |
| Kfz in der Zeltplatzgruppe verfügbar | 3 | 23 | 32 | 22 |
| Gemietetes Kfz | 76 | 58 | 18 | 53 |
| Eigene Transporttiere | 20 | 2 | 1 | 5 |

# VII. Die wirtschaftliche Situation der Schafhalter

Nachdem eingangs bereits auf die staatlichen Maßnahmen zur Förderung der mobilen Schafhaltung in Syrien hingewiesen wurde, erhebt sich die Frage, in welchem Ausmaß die geänderten Rahmenbedingungen ihren Niederschlag in einer Verbesserung der wirtschaftlichen Verhältnisse auf der Ebene der einzelnen Betriebe gefunden haben. Dabei muß neben der Herdengröße zunächst geklärt werden, wem die von den Schafhaltern betreuten Tiere gehören, ehe die Einkommenssituation der Betriebe untersucht werden kann. Außerdem sind bei einer Analyse der wirtschaftlichen Lage, in der sich die Schafhalter befinden, auch eventuell vorhandene zusätzliche Einkünfte zu berücksichtigen, die aus der Bewirtschaftung eigener oder gepachteter Agrarflächen oder aus einer saisonalen Tätigkeit als Landarbeiter stammen.

## A. Herdengröße und -besitzverhältnisse

Die Herdengröße ist in der Regel einer der entscheidendsten Faktoren zur Charakterisierung der wirtschaftlichen Lage eines Schafhalters. Wie aus Tab. 46 hervorgeht, schwankt die Zahl der Tiere pro Herde ganz erheblich. *Mehr als die Hälfte aller Schafhalter betreut zwischen 80 und 250 Tiere*. 17 % der Herden sind kleiner und 27 % größer. Als Maßzahl für die Herdengröße ist dabei das arithmetische Mittel mit 206 Schafen relativ schlecht geeignet, da hier wenige Herden mit sehr hohen Kopfzahlen übermäßig stark zum Tragen kommen. Der Median mit 150 Tieren pro Schafhalter kennzeichnet die Größe der Herden wesentlich treffender. Bei der Differenzierung nach dem Herkunftsort weichen sowohl die Herden von den Schafhaltern aus dem Nahbereich als

Tabelle 46: Herdengröße der Schafhalter nach Herkunftsgebieten

| Anzahl der mitgeführten Schafe | Prozentualer Anteil der Schafhalter | | | |
|---|---|---|---|---|
| | aus dem Ġāb-Nahbereich (n = 186) | aus den übrigen Herkunftsorten (n = 836) | ohne festen Herkunftsort (n = 236) | insgesamt (n = 1258) |
| unter 80 | 39 | 16 | 2 | 17 |
| 80–129 | 31 | 24 | 6 | 22 |
| 130–179 | 12 | 16 | 11 | 16 |
| 180–249 | 10 | 20 | 24 | 19 |
| 250–349 | 4 | 12 | 19 | 12 |
| 350–499 | 3 | 6 | 14 | 7 |
| ab 500 | 1 | 6 | 24 | 8 |
| Median der mitgeführten Schafe nach Herkunftsgebieten | 100 | 150 | 280 | 150 |
| arithmet. Mittel | 119 | 188 | 338 | 206 |

auch jene der Vollnomaden erheblich von den Mittelwerten der Gesamtheit ab: Im ersten Fall ist die Anzahl der mitgeführten Schafe bei einem Median von 100 Tieren relativ niedrig, während der entsprechende Wert bei den nomadischen Schafhaltern ohne bestimmten Herkunftsort mit 280 fast dreimal so hoch ist.

Die Herdengröße als Maßstab für die wirtschaftliche Situation der Schafhalter bleibt allerdings in ihrer Aussagekraft relativ beschränkt, solange die Besitzverhältnisse nicht geklärt sind. Wie bereits erwähnt, sind in vielen Fällen die im Ġāb erfaßten Schafhalter nicht identisch mit den Eigentümern der Tiere. Fast allen Schafhaltern gehört jedoch zumindest ein Teil der mitgeführten Herde; nur 5 % von ihnen besitzen keine eigenen Schafe, wie Tab. 47 zeigt. Der Median für die Gesamtheit der Betriebe sinkt hier auf 130 eigene Schafe pro Betriebseinheit. Für die Schafhalter aus dem Ğebel ez-Zāwīye verringert sich der entsprechende Wert noch weiter auf 65. Dagegen ist er bei den Vollnomaden mit 250 fast viermal so groß; 17 % von ihnen besitzen sogar mehr als 500 Tiere. In die gleiche Kategorie fallen von den übrigen Schafhaltern vor allem jene, deren Herkunftsorte im Gebiet südöstlich von Maᶜarrat en-Naᶜamān liegen (vgl. Faltkarte 4).

Berücksichtigt man bei der Analyse der Eigentumsverhältnisse auch jene Tiere, die sich nicht im Besitz der Schafhalter befinden, so zeigt sich in der Tab. 48, daß *mehr als drei Viertel aller Betriebe nur eigene Herden betreuten. Bei den Vollnomaden erhöht sich der Anteil sogar noch auf 83 %.* In rund 8 % aller Fälle ist zwar die überwiegende Zahl der Tiere Eigentum der Schafhalter, doch gehört ein kleiner Teil der Herde entweder Städtern oder Verwandten bzw. Angehörigen der gleichen Stammesgruppe, die meist am Herkunftsort der im Ġāb erfaßten Schafhalter wohnen. 4 % aller Herden sind überwie-

Tabelle 47: Anzahl der eigenen Tiere nach Herkunftsgebieten der Schafhalter

| Anzahl der eigenen Schafe | Prozentualer Anteil der Schafhalter | | | |
|---|---|---|---|---|
| | aus dem Ġāb-Nahbereich (n = 186) | aus den übrigen Herkunftsorten (n = 836) | ohne festen Herkunftsort (n = 236) | insgesamt (n = 1258) |
| keine eigenen Schafe | 10 | 3 | 9 | 5 |
| 1– 29 | 14 | 1 | 2 | 3 |
| 30– 79 | 34 | 22 | 4 | 20 |
| 80–129 | 23 | 25 | 4 | 21 |
| 130–179 | 9 | 14 | 9 | 12 |
| 180–249 | 6 | 19 | 21 | 18 |
| 250–349 | 3 | 6 | 21 | 9 |
| 350–499 | – | 5 | 12 | 5 |
| ab 500 | 1 | 5 | 18 | 7 |
| Median der eigenen Tiere pro Schafhalter nach Herkunftsgebieten | 65 | 120 | 250 | 130 |

gend oder ausschließlich Eigentum von Verwandten des Schafhalters bzw. von anderen Bewohnern seines Dorfes. Nur 11 % der Herden gehören Personen, die in den Städten ansässig sind.

Dieses Ergebnis steht im deutlichen Gegensatz zu früheren Untersuchungen, denen zufolge in den sechziger Jahren – wohl auch noch als eine Auswirkung der Dürrekatastrophe – nur etwa ein Drittel der von syrischen Nomaden und Halbnomaden betreuten Schaf- und Ziegenbestände diesen selbst gehörten (E. WIRTH 1971, S. 265). *Offenbar hat die Verbesserung der wirtschaftlichen Rahmenbedingungen dazu geführt, daß immer mehr Schafhalter eigene Tiere erwarben und sich dadurch in zunehmendem Maße aus der Abhängigkeit der früher in diesem Bereich dominierenden städtischen Kapitalgeber befreien konnten.*

Wie aus der Faltkarte 5 hervorgeht, *nimmt Ḥamāh als Wohnort städtischer Schafeigentümer die eindeutig dominante Position ein*. Die Verbindungen der dortigen Schafbesitzer reichen bis in den Ǧebel ez-Zāwīye und sind vor allem in östlicher Richtung zu den Schafhaltern aus den Dörfern nördlich von Selemīye und weiter bis ʿAqērbāt sowie zu den Vollnomaden stark ausgeprägt. Andere wichtige Steuerungszentren städtischen Kapitals sind für die im Ġāb erfaßten Schafhalter Selemīye, Serāqib und Maʿarrat en-Naʿamān. Insgesamt wurden 341 Eigentümer registriert, die ihre Herden anderen Schafhaltern im Ġāb anvertraut hatten; ihre Wohnorte und die Anzahl ihrer Schafe sind der Abb. 62 zu entnehmen. 21 % jener Schafeigentümer stammen aus Ḥamāh. Ihnen

Tabelle 48: Eigentumsverhältnisse der im Ġāb mitgeführten Herden nach Herkunftsgebieten der Schafhalter

| Eigentums-verhältnisse | Prozentualer Anteil der Schafhalter | | | |
|---|---|---|---|---|
| | aus dem Ġāb-Nahbereich (n = 186) | aus den übrigen Herkunftsorten (n = 836) | ohne festen Herkunftsort (n = 236) | insgesamt (n = 1258) |
| Gesamte Herde ist eigener Besitz | 72 | 76 | 83 | 77 |
| Herde zu geringem Teil in dörflichem/verwandtschaftlichem Besitz | 1 | 5 | – | 4 |
| Herde zu geringem Teil in städtischem Besitz | 2 | 5 | 1 | 4 |
| Herde überwiegend/ausschließlich in dörflichem/verwandtschaftlichem Besitz | 5 | 5 | – | 4 |
| Herde überwiegend/ausschließlich in städtischem Besitz | 20 | 9 | 16 | 11 |

gehören die größten Herden, so daß sie im Mittel 180 Tiere von nomadischen Schafhaltern betreuen lassen (Tab. 49). In den übrigen städtischen Siedlungen erreicht der Median für die Herdengröße nur noch ein Drittel dieses Wertes, während die Eigentümer aus den Dörfern im Mittel nicht mehr als 50 Tiere anderen Schafhaltern anvertrauen.

Tabelle 49: Wohnorte und Herdengröße der Eigentümer, deren Tiere im Ġāb von anderen Schafhaltern betreut wurden

| Anzahl der Schafe pro Eigentümer | Prozentualer Anteil der Eigentümer aus | | | |
|---|---|---|---|---|
| | Ḥamāh (n = 73) | anderen Städten (n = 87) | Dörfern (n = 181) | allen Wohnorten (n = 341) |
| unter 30 | – | 13 | 26 | 17 |
| 30– 79 | 17 | 42 | 47 | 40 |
| 80–129 | 26 | 17 | 15 | 18 |
| 130–249 | 33 | 25 | 9 | 18 |
| 250–499 | 12 | 3 | 2 | 4 |
| ab 500 | 12 | – | 1 | 3 |
| Median der Schafzahl pro Eigentümer | 180 | 60 | 50 | 55 |

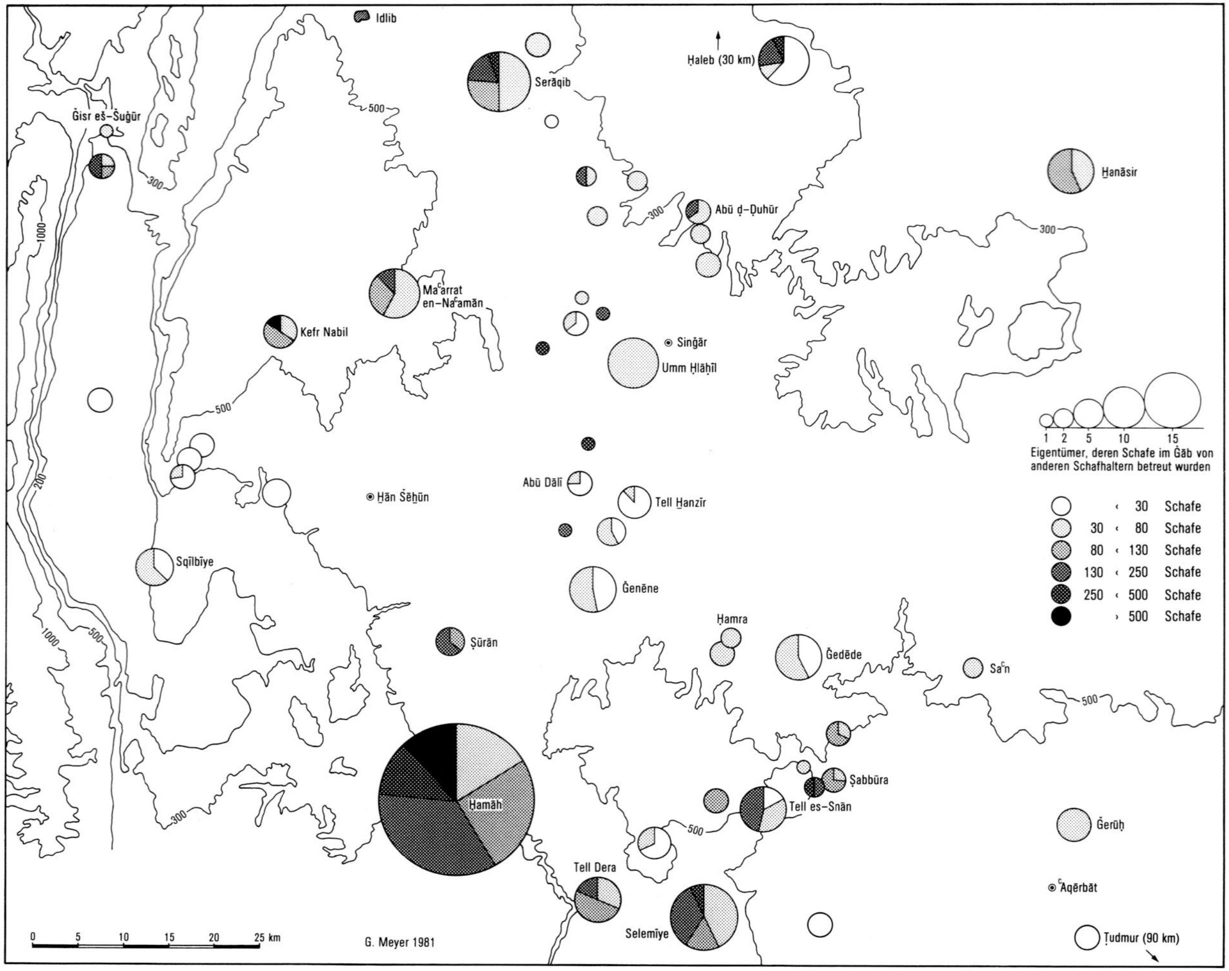


*Abb. 62. Wohnorte der Eigentümer und Größe ihrer Herden, die im Ġāb von anderen Schafhaltern betreut wurden*

Faltkarte 4

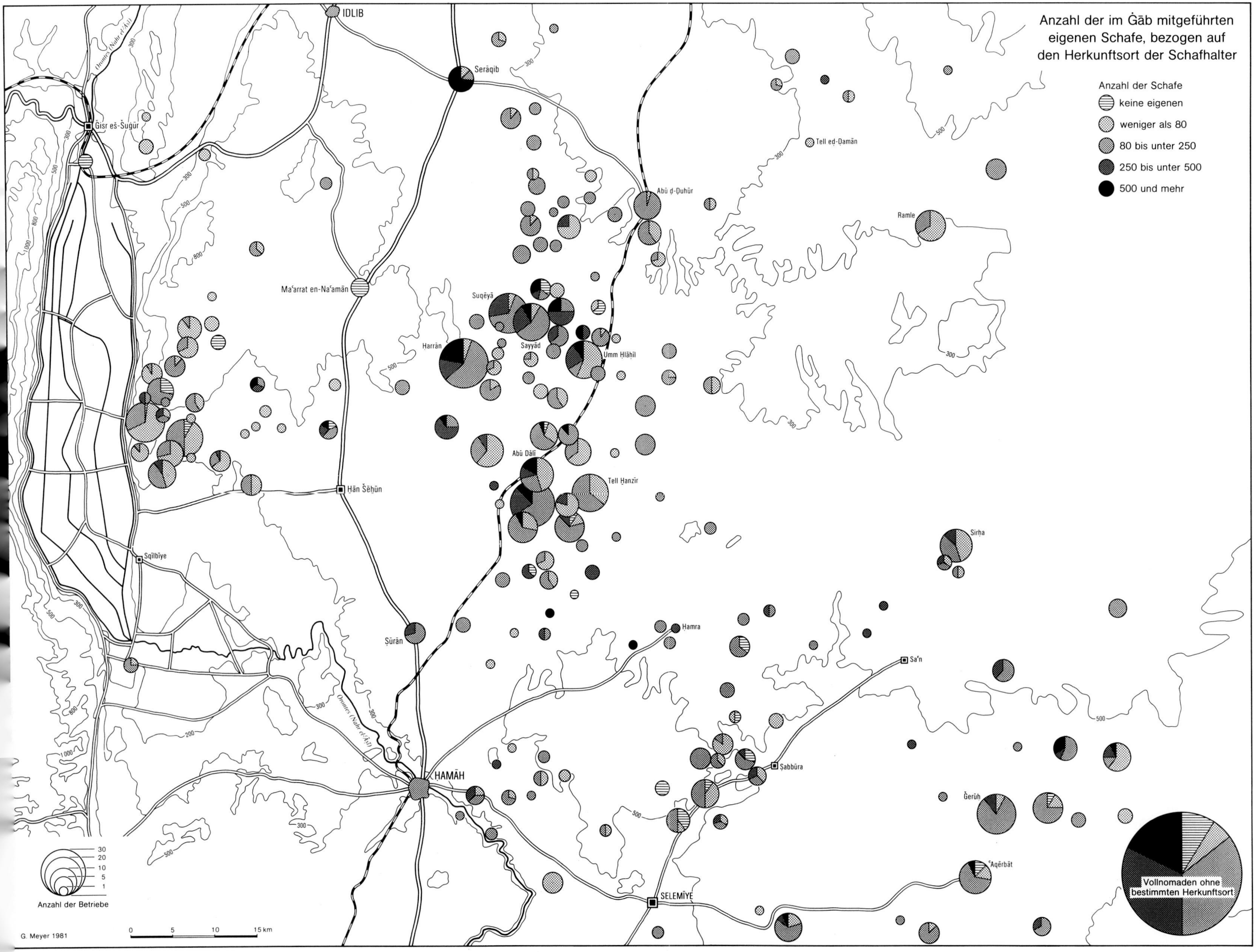
Anzahl der im Ġāb mitgeführten eigenen Schafe, bezogen auf den Herkunftsort der Schafhalter
Anzahl der Schafe
keine eigenen
weniger als 80
80 bis unter 250
250 bis unter 500
500 und mehr
Vollnomaden ohne bestimmten Herkunftsort
Anzahl der Betriebe
30
20
10
5
1
0
5
10
15 km
G. Meyer 1981
IDLIB
Seráqib
Ğisr eš-Šuġūr
Tell ed-Damān
Abū ḍ-Ḍuhūr
Ramle
Maʿarrat en-Naʿamān
Suqēyā
Ḥarrān
Sayyād
Umm Ḥlāḥil
Abū Dālī
Tell Ḥanzīr
Ḫān Šēḫūn
Sirḥa
Sqīlbīye
Ḥamra
Šūrān
Sa'n
Ṣabbūra
ḤAMĀH
Ğerūḥ
ʿAqērbāt
SELEMĪYE
Orontes (Nahr el-ʿĀṣī)

Faltkarte 5

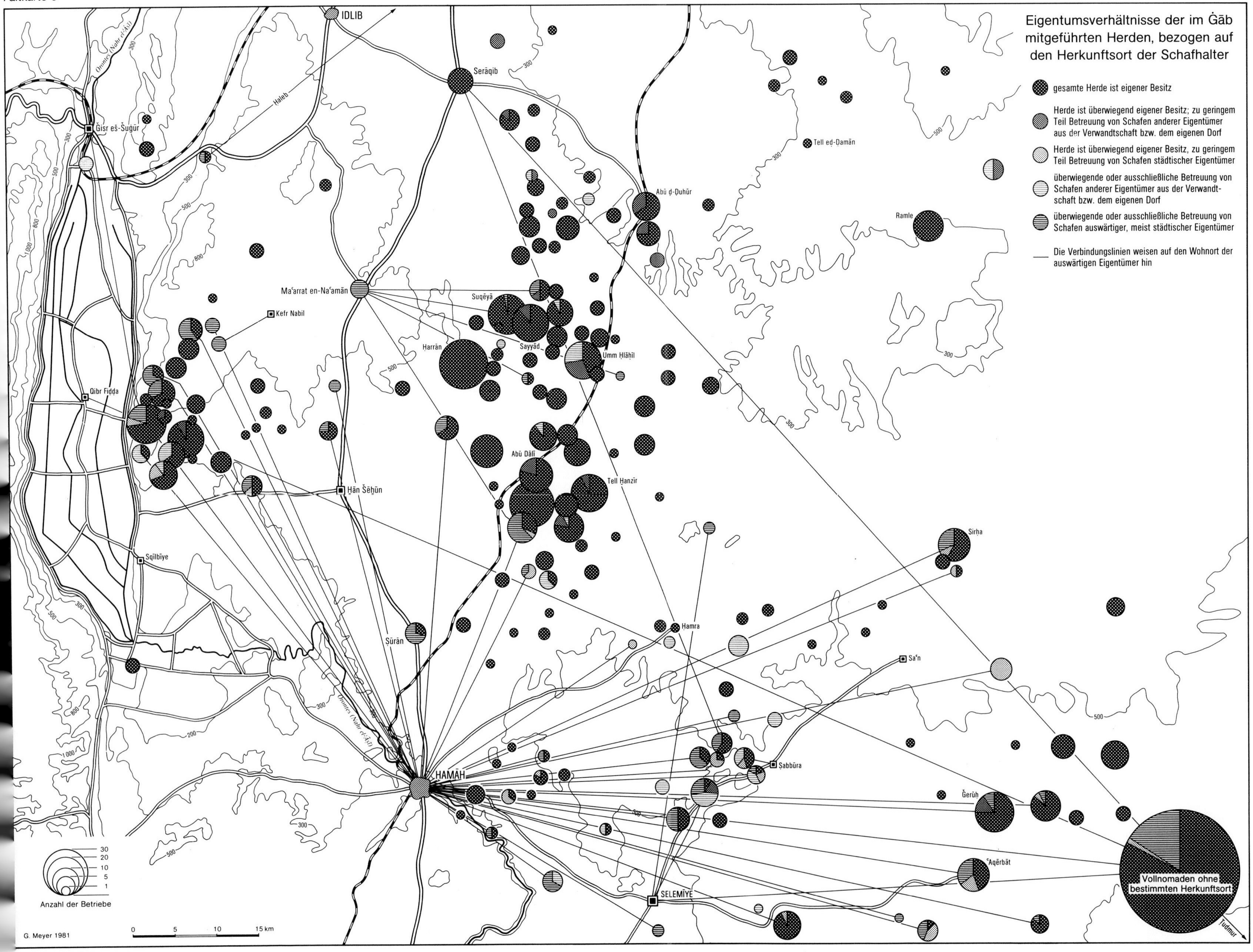

Eigentumsverhältnisse der im Ġāb mitgeführten Herden, bezogen auf den Herkunftsort der Schafhalter
gesamte Herde ist eigener Besitz
Herde ist überwiegend eigener Besitz; zu geringem Teil Betreuung von Schafen anderer Eigentümer aus der Verwandtschaft bzw. dem eigenen Dorf
Herde ist überwiegend eigener Besitz, zu geringem Teil Betreuung von Schafen städtischer Eigentümer
überwiegende oder ausschließliche Betreuung von Schafen anderer Eigentümer aus der Verwandtschaft bzw. dem eigenen Dorf
überwiegende oder ausschließliche Betreuung von Schafen auswärtiger, meist städtischer Eigentümer
Die Verbindungslinien weisen auf den Wohnort der auswärtigen Eigentümer hin
Vollnomaden ohne bestimmten Herkunftsort
Anzahl der Betriebe
30
20
10
5
1
0
5
10
15 km
G. Meyer 1981
IDLIB
Seráqib
Ǧisr eš-Šuġūr
Haleb
Tell ed-Ḍamān
Abū ḍ-Ḍuhūr
Ramle
Ma'arrat en-Na'amān
Kefr Nabil
Suqēyā
Sayyād
Ḥarrān
Umm Ḥlāḥil
Qibr Fiḍḍa
Abū Dālī
Tell Ḥanzīr
Ḫān Šēḫūn
Sqīlbīye
Sirḥa
Ḥamra
Sūrān
Sa'n
Ṣabbūra
ḤAMĀH
Ġerūḥ
'Aqērbāt
SELEMĪYE
Tudmur
Orontes (Nahr el-'Āṣī)

Bei den Eigentümern aus Ḥamāh handelt es sich in erster Linie um Basarkaufleute, kleine Unternehmer und Händler, die Schafe und deren Produkte sowie andere landwirtschaftliche Erzeugnisse an- und verkaufen (vgl. Tab. 50). Hinzu kommen Beschäftigte bei Behörden und anderen staatlichen Institutionen, die einen Teil ihres außerlandwirtschaftlichen Einkommens zum Ankauf von Schafen aufwandten, sowie Grundbesitzer, die ihre Ländereien verpachtet haben oder sie von Verwaltern bewirtschaften lassen. Einige dieser städtischen Eigentümer sind Mitglieder der ehemals mächtigsten Familien in Ḥamāh, die bis zur Bodenreform riesige Ländereien im Umland der Stadt besaßen. Von der Familie Barāzī allein wird berichtet, daß ihr mehr als 40 Dörfer gehörten (Anonym 1933, S. 132). Durch die Bodenreform wurden zwar erhebliche Flächen enteignet; aufgrund der zahlenmäßigen Stärke der Familienverbände, von denen jede einzelne Kernfamilie maximal 50 ha Bewässerungsland behalten konnte, gehören die Familien Barāzī, Kilānī und Ṭafūr jedoch immer noch zu den bedeutendsten Grundbesitzern. Viele von ihnen haben ihr Kapital auch in Schafherden investiert. Es ist deshalb nicht überraschend, daß unter den in der Befragung erfaßten Eigentümern aus Ḥamāh 9 Angehörige der drei genannten Familienverbände sind.

Tabelle 50: Berufliche Tätigkeit und Wohnort der Schafeigentümer, deren Tiere im Ġāb von anderen Schafhaltern betreut wurden

| Berufliche Tätigkeit | Prozentualer Anteil der Schafeigentümer aus Ḥamāh (n = 73) | anderen Städten (n = 87) | Dörfern (n = 181) | allen Wohnorten (n = 341) |
|---|---|---|---|---|
| *Im landwirtschaftlichen Bereich* | | | | |
| - Bauern | – | 4 | 60 | 33 |
| - Arbeiter | – | – | 5 | 3 |
| - Grundbesitzer | 17 | 14 | 2 | 8 |
| - Kontraktoren | 8 | 21 | 12 | 14 |
| *Im außerlandwirtschaftlichen Bereich* | | | | |
| - Kaufleute, Händler, Unternehmer | 41 | 32 | 8 | 21 |
| - Beschäftigte bei staatlichen Institutionen | 12 | 6 | – | 4 |
| - Gastarbeiter in arabischen Nachbarstaaten | – | 2 | 7 | 4 |
| - sonstige Berufe | 22 | 21 | 6 | 13 |

Unter den Schafbesitzern aus den übrigen Städten sind neben Händlern und Kaufleuten auch Kontraktoren relativ stark vertreten. Dabei handelt es sich um landwirtschaftliche Unternehmer, die Land gepachtet haben und es von Teilpächtern oder Landarbeitern bewirtschaften lassen oder die anderen Bauern Pumpen, Traktoren und Mähdrescher gegen finanzielle Entlohnung bzw. Beteiligung an der Ernte zur Verfügung stellen.

Die in den dörflichen Siedlungen lebenden Schafbesitzer sind meistens Bauern – in vielen Fällen *durch die Bodenreform seßhaft gewordene Nomaden*. Die Zahl ihrer Tiere ist in der Regel verhältnismäßig klein, oder sie haben so hohe Einkünfte aus der übrigen Landwirtschaft, daß es rentabler für sie ist, ihre Herden während der Weidewanderung nicht selbst zu begleiten, sondern sie anderen Schafhaltern anzuvertrauen. In den meisten Fällen werden die Schafhalter für die Betreuung von Tieren, die nicht ihr Eigentum sind, *durch Geld entlohnt*. Pro Schaf und Monat beträgt die Bezahlung zwischen 2 und 3 S.L. Daneben gibt es die *Teilhaberschaft zwischen Eigentümer und Hirte*, bei der alle Einkünfte aus der Herde (Milch, Wolle, Jungtiere) wie auch die laufenden Kosten für Futter, Transport, Weidepacht usw. jeweils zur Hälfte an beide Partner aufgeteilt werden (širke bi nuss)[79]. Einen derartigen Vertrag schlossen 19 % der 351 Eigentümer ab, die ihre Herden von anderen Schafhaltern betreuen ließen. Bei städtischen Schafeignern ist dieser Vertragstyp wesentlich verbreiteter: Der Anteil beträgt dort 33 % und erhöht sich bei den Besitzern von Herden mit mehr als 80 Tieren noch weiter auf 41 %. Im dörflichen Bereich dagegen bilden derartige Teilhaberschaften die Ausnahme. Nur 5 % der hier wohnenden Eigentümer hatten solche Vereinbarungen getroffen. In der Regel wird statt dessen eine finanzielle Entlohnung vorgenommen. In einigen Fällen, bei denen kleinere Herden zu betreuen waren, die Eigentümern aus der Verwandtschaft der Schafhalter gehörten, wurde völlig auf einen Hütelohn verzichtet.

## B. Einkünfte aus der Schafhaltung

Welches Einkommen die Schafhalter 1978/79 aus ihren Herden bezogen haben, kann durch das folgende Beispiel belegt werden: Ausgegangen wird von einer Herde mit 100 Tieren, die sich im Oktober in der Regel zusammensetzt aus etwa 60 Muttertieren (älter als 2 Jahre), 5 Widdern und 35 Jungtieren (davon 15 Einjährige). Berücksichtigt man, daß nicht alle Muttertiere trächtig waren und einige der zwischen Dezember und Februar geborenen Schafe die ersten Wochen nicht überlebten, so kann man mit einem Zuwachs von etwa 50 Lämmern pro Jahr rechnen[80]. Entsprechend der allgemein üblichen Produktionsweise und nach den Verkaufspreisen von 1979 gehen in die jährlichen Einnahmen aus einer solchen Herde die in der Tab. 51 aufgeführten Posten ein. Insgesamt ergibt sich ein Jahresverdienst von 7550 S.L. für den Schafhalter[81].

---

79) Von ähnlichen Vertragstypen in Syrien berichten R. THOUMIN (1936b, S. 154), J. WEULERSSE (1946, S. 168) und A. NAAMAN (1951); zusammenfassend E. WIRTH (1971, S. 264).

80) Zu ähnlichen Ergebnissen kommen M. HUSNAOUI und C.W. FOX (1969) und G. STÖBER (1978, S. 84).

Tabelle 51: Durchschnittliche Einkünfte und Ausgaben eines Familienbetriebes mit 100 Schafen ohne eigenen Anbau

| | |
|---|---|
| *Verkaufserlöse und Wertsteigerung der Herde im Jahre 1979* | |
| – Verkauf von 30 Lämmern im Alter von 3 Monaten à 135 S.L. | 4 050 S.L. |
| – Wert der übrigen 20 Lämmer am Jahresende je 200 S.L. | 4 000 S.L. |
| – Wertzuwachs von 15 einjährigen weiblichen Schafen im Laufe eines Jahres je 100 S.L. | 1 500 S.L. |
| – Verkauf der Milch von 60 Mutterschafen je 50 l à 1,5 S.L. | 4 500 S.L. |
| – Verkauf der Wolle von 100 Schafen je 2 kg à 7 S.L. | 1 400 S.L. |
| | Summe: 15 450 S.L. |
| *Ausgaben für die Herde* | |
| – Weidepacht im Ġāb für die Dauer von 2 Monaten pro Tag und Schaf ca. 0,4 S.L. | 2 400 S.L. |
| – Weidepacht auf Stoppel- und Brachfeldern im Sommer außerhalb des Ġāb ca. 15 S.L. pro Schaf | 1 500 S.L. |
| – Ankauf von Futter während 3 Wintermonaten zusätzlich zur Weide in der Wüstensteppe, durchschnittlich 35 S.L. pro Schaf | 3 500 S.L. |
| – Sonstige Kosten (Mietfahrzeuge, Arzneimittel etc.) | 500 S.L. |
| | Summe: 7 900 S.L. |
| *Jahreseinkommen aus der Herde: 7550 S.L.* | |

Der Zeitraum 1978/79 wurde aus der Sicht der Schafhalter, trotz regional teilweise geringer Niederschläge, meist als „normal" oder „durchschnittlich" bezeichnet; dagegen können in anderen Jahren vor allem aufgrund der winterlichen Wetterbedingungen erhebliche Einkommensschwankungen auftreten. Während sich durch einen milden Winter mit ausreichenden Niederschlägen und daraus resultierenden guten Weidebedingungen in der Wüstensteppe beträchtliche Futterkosten einsparen lassen, droht durch lang anhaltende Kälte- und Dürreperioden sowie durch den Ausbruch von Tierseuchen unter den geschwächten Schafen eine Dezimierung der Herden. Derartig katastrophale Auswirkungen auf den Schafbestand in Syrien, wie sie Anfang der sechziger Jahre auftraten (Abb. 63), sind allerdings heute aufgrund der massiven staatlichen Maßnahmen zur Ausweitung der Futterproduktion und -lagerung nicht mehr zu befürchten. *So hat dieses Entwicklungsprogramm bereits dazu beigetragen, daß sich zwischen 1973 und 1980 die Zahl der in Syrien registrierten Schafe kontinuierlich um 92% auf 9,3 Mio. erhöhte.*

81) Das Jahreseinkommen eines Lohnhirten für diese Herde würde 1978/79 bei 2400–3600 S.L. liegen. Bei Abschluß eines Teilhaberschaftsvertrages könnte der Hirte nur wenig mehr, nämlich rund 3800 S.L., verdienen und müßte dafür auch das Risiko mittragen. Nach dieser Rechnung kann ein städtischer Unternehmer, der die 60 Mutterschafe für rund 18000 S.L. kaufte und sie einem Nomaden im Rahmen eines Teilhaberschaftsvertrages zur Betreuung übergeben hat, eine jährliche Rendite von mehr als 20 % erwarten, sofern keine Seuchen, längere Dürre- und Frostperioden oder Unfälle zu größeren Tierverlusten führen.

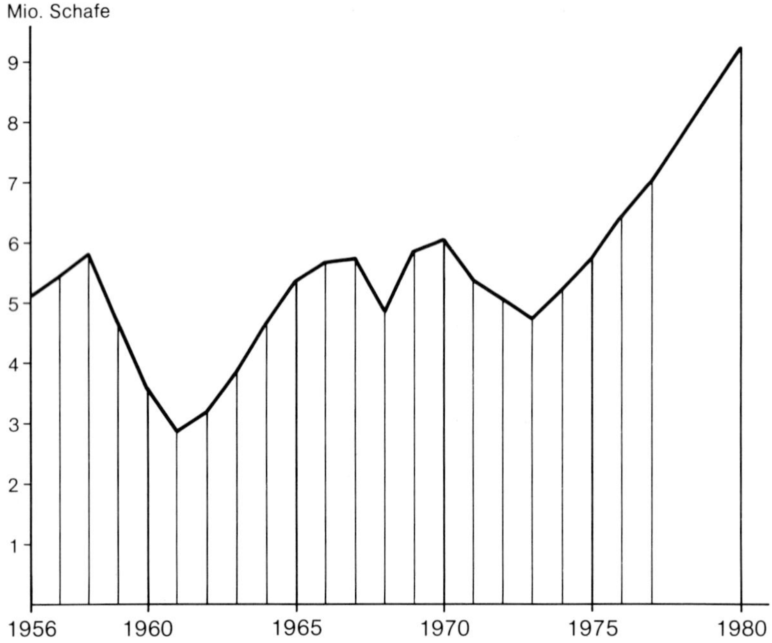

Quellen: Für die Zeit von 1956 bis 1977 O. DRAZ 1980, S. 6; für 1980 Anonym 1981a, S. 3.

*Abb. 63. Die Entwicklung des Schafbestandes in Syrien 1956 bis 1980*

Die im Gab erfaßten Schafhalter haben von den staatlichen Fördermaßnahmen neben den verbesserten Weidemöglichkeiten, auf die im Rahmen der Befragung allerdings nicht näher eingegangen wurde, vor allem durch die bessere und preisgünstigere Futterversorgung profitiert, die ihnen der Eintritt in eine *Schafkooperative* sichert. Jedes eingeschriebene Mitglied konnte dort im Winter 1978/79 für maximal 60 registrierte Schafe 3 t Futter – vor allem Gerste (ša'īr) und Baumwollkuchen (kisbe), der zusammen mit gehäkseltem Stroh (tibn) verfüttert wird – auf Kredit beziehen. Die Preise waren dabei etwa 15 bis 20% niedriger als auf dem freien Markt. Von 1969 bis Ende 1976 wurden 22 solcher Genossenschaften gegründet (O. DRAZ 1977, S. 17), die durch finanzielle Unterstützung des World Food Programs mit eigenen Lagerräumen für das Futter versehen wurden. Seither stieg die Zahl dieser Einrichtungen und ihrer Mitglieder noch um mehr als das Doppelte an[82]. Allein im ersten Halbjahr 1979 hatten sich 12% der im Ġāb erfaßten Schafhalter erstmals einer Kooperative angeschlossen, so daß

82) Von einer ähnlichen Expansion des Genossenschaftswesens unter nomadischen Schafhaltern in der nordwestlichen Küstenregion Ägyptens berichtet A.S. BUJRA (1973).

von ihnen *insgesamt 71% genossenschaftlich organisiert waren.* Ausgenommen sind hier die meisten Schafhalter aus dem Ǧebel ez-Zāwīye, wo es keine Schafkooperativen gibt, sowie Eigentümer kleiner Herden oder Personen mit ausreichenden Futtervorräten aus eigenem landwirtschaftlichem Anbau.

Von den 21 im Untersuchungsgebiet durch ihre Mitglieder vertretenen Kooperativen wurden 4 erst im Jahre 1979 gegründet. Die führende Position nimmt unter den Genossenschaften ᶜAqērbāt mit 490 bei der Befragung registrierten Schafhaltern ein. Weitere zahlenmäßig stark vertretene Genossenschaften haben ihren Sitz in Sinǧār (138 im Ġāb erfaßte Schafhalter), Saᶜn (99), Tell Ḫanzīr (63) und Ḥamra (50).

4% der Schafhalter bezogen im Winter 1978/79 jeweils von zwei Genossenschaften Futter. In anderen Fällen wurde der Futterbedarf mit Hilfe von Söhnen oder Brüdern abgedeckt, die sich als Schafhalter registrieren ließen, obwohl sie keine eigenen Tiere besaßen. Auf diese Weise umging man die Bestimmung, daß auch Eigentümer größerer Herden nur Futter für maximal 60 Tiere kaufen durften. Mehrfach wurde allerdings auch darüber geklagt, daß Schafhalter mit genügend Futter aus eigenem landwirtschaftlichem Anbau oder Händler, die überhaupt kein Vieh besaßen, den Genossenschaften beigetreten waren und das verbilligte Futterkontingent zu höheren Marktpreisen weiterverkauften. Bei den Kooperativen, von denen einige bereits bis zu 2000 eingeschriebene Schafhalter umfassen, lassen sich derartige Praktiken kaum unterbinden. Der Mißbrauch wird auch sicherlich noch weiter zunehmen, nachdem ab Winter 1979/80 die beziehbare Menge pro Mitglied auf 6 t für 100 Schafe erhöht wurde.

Um nun im einzelnen abzuschatzen, wie hoch 1978/79 die jährlichen Einkünfte der Schafhalter aus ihren Herden sind, wurde davon ausgegangen, daß für jedes im Ġāb mitgeführte Schaf entsprechend den in Tab. 51 aufgeführten Kalkulationen durchschnittliche Bruttoeinkünfte in Höhe von 150 S.L. erzielt werden konnten. Die Aufwendungen für die Weidepacht und die gekauften Futtermengen wurden ebenso erfragt wie die Entlohnung für die Betreuung fremder Schafe. Das Ergebnis dieser Berechnungen gibt Tab. 52 wieder. *Das mittlere Nettoeinkommen aus der Schafhaltung beläuft sich hier auf einen Betrag von 11000 S.L.* (umgerechnet 5280 DM). Vergleicht man diese Summe mit den Löhnen ungelernter Bauarbeiter, die 1979 in den syrischen Städten etwa 6000 bis 6500 S.L. verdienten, so wird deutlich, daß die Schafhalter über relativ hohe Einkünfte verfügen. Die Vollnomaden ohne bestimmten Herkunftsort schneiden hier mit einem Median von 19200 S.L. sogar noch wesentlich besser ab. Der niedrige Mittelwert von nur 4000 S.L. bei den Schafhaltern aus dem Nahbereich des Ġāb, also vorwiegend aus dem Ǧebel ez-Zāwīye, wird in vielen Fällen durch weitere Einkünfte ergänzt, die vorwiegend aus landwirtschaftlichen Tätigkeiten stammen.

Tabelle 52: Geschätzte Jahreseinkünfte aus der Schafhaltung nach Herkunftsgebieten der Schafhalter

| Jahreseinkünfte (in S. L.) | Prozentualer Anteil der Schafhalter | | | |
|---|---|---|---|---|
| | aus dem Ġāb-Nahbereich (n = 186) | aus den übrigen Herkunftsorten (n = 836) | ohne festen Herkunftsort (n = 236) | insgesamt (n = 1258) |
| unter 2500 | 20 | 5 | 2 | 7 |
| 2500 bis unter 5000 | 40 | 19 | 7 | 20 |
| 5000 bis unter 10 000 | 23 | 25 | 7 | 21 |
| 10 000 bis unter 15 000 | 7 | 16 | 10 | 14 |
| 15 000 bis unter 20 000 | 6 | 16 | 26 | 16 |
| 20 000 bis unter 25 000 | 2 | 9 | 18 | 9 |
| 25 000 bis unter 35 000 | 1 | 5 | 12 | 6 |
| ab 35 000 | 1 | 5 | 18 | 7 |
| Median der Jahreseinkünfte nach Herkunftsgebieten der Schafhalter (in S. L.) | 4100 | 10600 | 19200 | 11000 |

## C. Landbesitz- und Anbauverhältnisse

Von allen im Ġāb erfaßten Schafhaltern betreiben 39 % keinen landwirtschaftlichen Anbau (vgl. Tab. 53). Jeder vierte bewirtschaftet eigene Ackerflächen, und fast jeder fünfte hat durch die Agrarreform in den sechziger Jahren Land erhalten, davon 4 % im Ġāb. Während nur sehr wenige Schafhalter Privatland gepachtet haben, sind die Pächter von Staatsland[83] mit einem Anteil von 14 % vertreten; ihre Anbauflächen liegen vor allem im Jungsiedelland östlich von Selemīye (Faltkarte 6). Abgesehen von 54 Schafhaltern mit 2 bis 2,5 ha großen Bewässerungsfeldern im Ġāb sowie drei weiteren Befragten, die jeweils weniger als 1 ha durch Grundwasserpumpen bewässertes Land kultivieren, betrieben alle übrigen *vorwiegend Getreidebau auf Regenfeldfluren*. Wie aus

83) Eine Übersichtskarte über die Verteilung der Staatsländereien in Mittelsyrien findet sich bei S. MAHLI 1980, S. 87.

Tabelle 53: Bewirtschaftung von Agrarland durch die Schafhalter

| Bewirtschaftungs-verhältnisse | Prozentualer Anteil der Schafhalter | | | |
|---|---|---|---|---|
| | aus dem Ġāb-Nahbereich (n = 186) | aus den übrigen Herkunftsorten (n = 836) | ohne festen Herkunftsort (n = 236) | insgesamt (n = 1258) |
| *Bewirtschaftung von:* | | | | |
| – eigenem Privatland (milk) | 31 | 31 | – | 25 |
| – gepachtetem Privatland | 2 | 3 | – | 2 |
| – Bodenreformland (intifaᶜ) außerhalb des Ġāb | 17 | 19 | – | 15 |
| – Bodenreformland (ruḫsa) im Ġāb | 27 | 0,4 | – | 4 |
| – Staatsland (amlāk ed-daule) | 7 | 20 | – | 14 |
| *Kein Ackerbau* | *16* | *27* | *100* | *39* |

Faltkarte 6 hervorgeht, befinden sich diese Areale zu mehr als 80 % in Gebieten, in denen jeweils die Hälfte der Fläche in einem zweijährigen Turnus mit Wintergetreide bestellt wird, während die andere Hälfte brach liegt. Die Erträge sind meist nur als mäßig oder gering einzustufen. Etwa ein Drittel der Befragten erklärten, daß sie das Getreide in erster Linie deshalb aussäen würden, um Grünfutter für die Schafe zu bekommen; nur alle sechs bis zehn Jahre sei überhaupt eine Ernte zu erwarten. Die übrigen Schafhalter gaben für normale Jahre Erträge zwischen zwei und sieben dz/ha an. Trotz der Kosten für die maschinelle Bewirtschaftung und das Saatgut lohnt sich eine solche Ernte, da neben dem Getreide auch das Stroh als Futter für die Tiere verwendet wird.

Die *Größe der bewirtschafteten Regenfelder* ist aus Tab. 54 zu entnehmen. Die mittlere Flächengröße (Median) beträgt 8 ha. Ein solcher Durchschnittsbetrieb kann bei der Rotation Wintergetreide – Brache in einem Jahr mittlerer Niederschläge zwischen 8 und 28 dz Gerste oder Weizen ernten. Nach Abzug der Produktionskosten und einem Preis von 75 S.L. pro dz beinhaltet dies ein Jahreseinkommen zwischen 250 und 1 000 S.L. Bei der Bewirtschaftung von Staatsland müßte allerdings noch die Pacht abgezogen werden, die je nach der Höhe der zu erwartenden mittleren Erträge auf etwa 5 bis 50 S.L. pro ha festgesetzt werden kann. Für gepachtetes Privatland erhält der Bodenbesitzer in der Regel zwischen 20 und 25 % der Ernte. Vergleicht man diese Einkünfte aus der Landwirtschaft mit dem Einkommen aus der Tierhaltung, so wird deutlich, daß der Anbau zwar eine wichtige Ergänzungsfunktion für die Betriebe darstellt, aber fast immer der Schafhaltung untergeordnet ist. Nur in 5 % aller Fälle übertreffen die Einkünfte aus der Landwirtschaft jene aus der Viehhaltung. Hier handelt es sich meistens um Schafhalter mit kleinen Herden, die Bewässerungsland im Ġāb bewirtschaften.

Tabelle 54: Größe und Besitzstruktur der von den Schafhaltern bewirtschafteten Regenfelder

| Größe der Regenfeldflächen (in ha) | Prozentualer Anteil der Schafhalter mit | | | | insgesamt |
|---|---|---|---|---|---|
| | eigenem Privatland (n = 317) | Bodenreformland (n = 191) | gepachtetem Staatsland (n = 178) | gepachtetem Privatland (n = 28) | (n = 714) |
| Unter 5,0 | 40 | 21 | 37 | – | 33 |
| 5,0– 9,9 | 22 | 31 | 22 | 18 | 24 |
| 10,0–19,9 | 17 | 31 | 21 | 57 | 23 |
| 20,0–29,9 | 9 | 12 | 10 | 14 | 10 |
| 30,0–49,9 | 8 | 5 | 6 | 11 | 7 |
| ab 50,0 | 4 | – | 4 | – | 3 |

## D. Einkünfte als Landarbeiter

In einer Beschäftigung von Nomaden als Landarbeiter in Bewässerungsgebieten zur Zeit der Erntespitzen im Herbst sieht E. WIRTH (1969a, S. 97/98) eine wichtige Überlebenschance für das Beduinentum im Orient. Insbesondere Frauen und Kinder werden auch im Ġāb als Arbeitskräfte bei der Sommerfruchternte vor allem zum Baumwollpflücken (hawwāš) dringend benötigt, so daß sich hier den Schafhaltern zusätzliche Verdienstquellen erschließen. Um so mehr überrascht es zunächst, daß *sich nicht mehr als 31% der Schafhalterfamilien an der Baumwollernte beteiligen, obwohl die meisten von ihnen durchaus über freie Arbeitskapazitäten verfügen.* Gerade unter den Vollnomaden ist der entsprechende Anteil mit nur 15% am niedrigsten (vgl. Tab. 55). Während meiner Interviews konnte ich immer wieder erleben, wie Bauern auf der Suche nach Erntehilfen von einem Zeltlager zum anderen fuhren und regelmäßig die Antwort erhielten: „Nein, wir arbeiten nicht als Baumwollpflücker". Hier scheinen sich die *traditionellen Vorstellungen* erhalten zu haben, wonach die Würde eines Beduinen nicht mit der Arbeit eines Fellachen vereinbar ist. Sicherlich spielt dabei auch die Überlegung eine Rolle, daß man *angesichts ausreichender Einkünfte durch die Schafe nicht auf den zusätzlichen Verdienst angewiesen ist.* So handelt es sich bei den 36 Vollnomaden, deren Familienangehörige als Baumwollpflücker arbeiteten, um 6 Zeltplatzgruppen, deren Mitglieder nur relativ kleine Herden besaßen.

Faltkarte 6

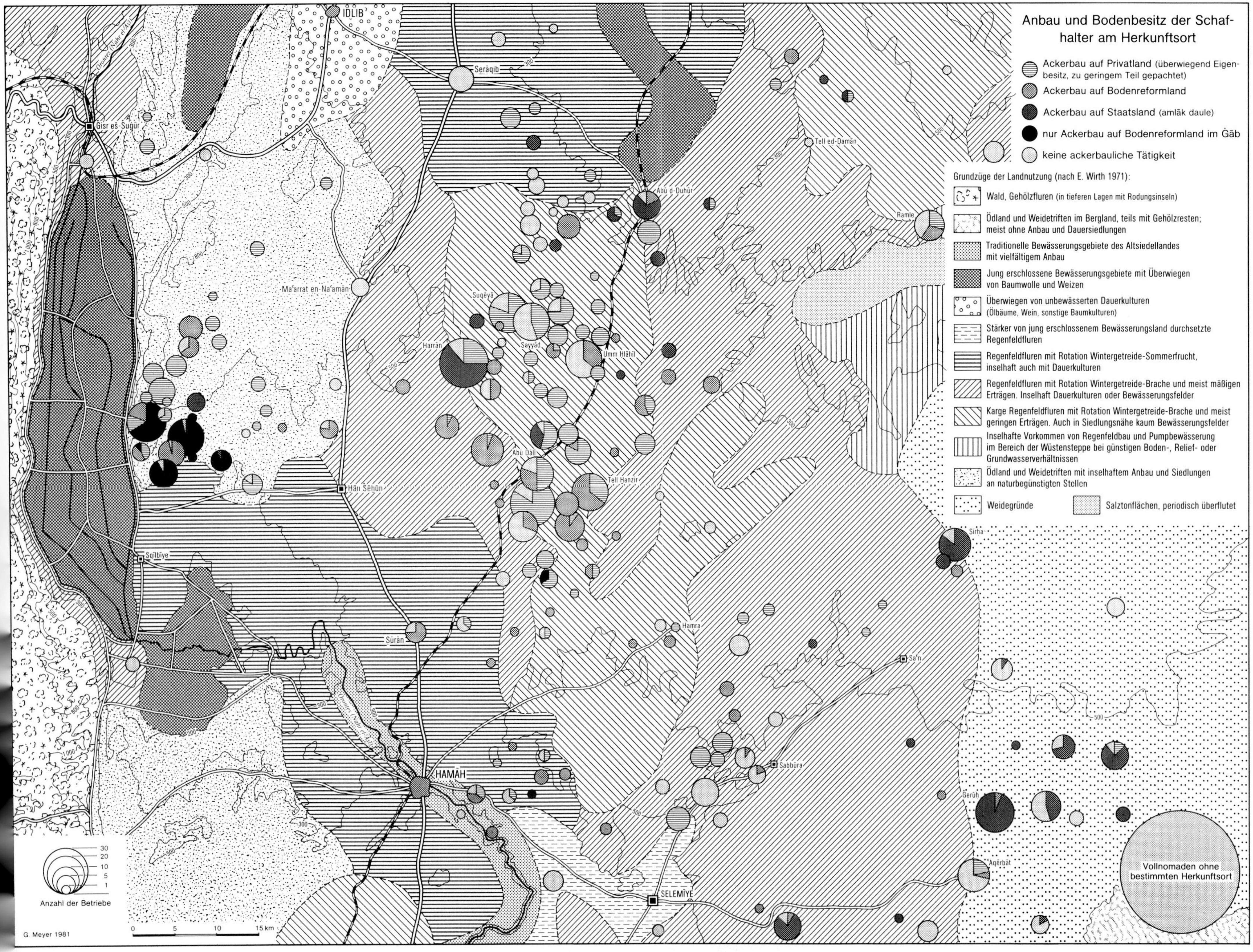
Anbau und Bodenbesitz der Schafhalter am Herkunftsort
Ackerbau auf Privatland (überwiegend Eigenbesitz, zu geringem Teil gepachtet)
Ackerbau auf Bodenreformland
Ackerbau auf Staatsland (amlāk daule)
nur Ackerbau auf Bodenreformland im Ġāb
keine ackerbauliche Tätigkeit
Grundzüge der Landnutzung (nach E. Wirth 1971):
Wald, Gehölzfluren (in tieferen Lagen mit Rodungsinseln)
Ödland und Weidetriften im Bergland, teils mit Gehölzresten; meist ohne Anbau und Dauersiedlungen
Traditionelle Bewässerungsgebiete des Altsiedellandes mit vielfältigem Anbau
Jung erschlossene Bewässerungsgebiete mit Überwiegen von Baumwolle und Weizen
Überwiegen von unbewässerten Dauerkulturen (Ölbäume, Wein, sonstige Baumkulturen)
Stärker von jung erschlossenem Bewässerungsland durchsetzte Regenfeldfluren
Regenfeldfluren mit Rotation Wintergetreide-Sommerfrucht, inselhaft auch mit Dauerkulturen
Regenfeldfluren mit Rotation Wintergetreide-Brache und meist mäßigen Erträgen. Inselhaft Dauerkulturen oder Bewässerungsfelder
Karge Regenfeldfluren mit Rotation Wintergetreide-Brache und meist geringen Erträgen. Auch in Siedlungsnähe kaum Bewässerungsfelder
Inselhafte Vorkommen von Regenfeldbau und Pumpbewässerung im Bereich der Wüstensteppe bei günstigen Boden-, Relief- oder Grundwasserverhältnissen
Ödland und Weidetriften mit inselhaftem Anbau und Siedlungen an naturbegünstigten Stellen
Weidegründe
Salztonflächen, periodisch überflutet
Vollnomaden ohne bestimmten Herkunftsort
Anzahl der Betriebe
30
20
10
5
1
0
5
10
15 km
G. Meyer 1981
IDLIB
Serāqib
Ġisr eš-Šuġur
Ma'arrat en-Na'amān
Tell ed-Damān
Abū d-Duhūr
Ramle
Suqēyā
Harrān
Sayyād
Umm Hlāhil
Abū Dālī
Tell Hanzīr
Hān Šēhūn
Sqīlbīye
Sūrān
Hamrā
Sa'n
HAMĀH
Sabbūra
Gerūh
Sirha
Aqērbāt
SELEMIYE

Tabelle 55: Merkmale der Schafhalterfamilien, deren Mitglieder als Erntearbeiter im Ġāb tätig waren

| Merkmal (n) | Anzahl der Schafhalterfamilien, deren Mitglieder als Erntearbeiter tätig waren | Prozentualer Anteil an der Gesamtheit der jeweiligen Kategorie |
|---|---|---|
| *Herkunftsbereich* | | |
| - Nahbereich (186) | 86 | 46 |
| - übrige Herkunftsorte (836) | 273 | 33 |
| - ohne festen Herkunftsort (236) | 36 | 15 |
| *Herdengröße* | | |
| - unter 80 (208) | 158 | 76 |
| - 80 bis unter 250 (699) | 219 | 31 |
| - über 250 (351) | 18 | 5 |
| *Landwirtschaftlicher Anbau* | | |
| - auf eigenem oder gepachtetem Land (768) | 158 | 21 |
| - kein Anbau (490) | 237 | 48 |
| *Aufenthaltsdauer im Ġāb* | | |
| - bis 1,5 Monate (219) | 26 | 12 |
| - mehr als 1,5 bis 3 Mon. (563) | 104 | 18 |
| - mehr als 3 bis 4,5 Mon. (280) | 123 | 44 |
| - mehr als 4,5 Mon. (196) | 142 | 72 |

Insgesamt zeigt sich, daß mehr als drei Viertel aller Schafhalter, die weniger als 80 Schafe zu betreuen haben, ihre Dienste als Erntehilfe anbieten, während sich bei den größeren Herden mit mehr als 250 Schafen nur noch 5 % dazu bereit finden. Klar ausgeprägt ist auch der Zusammenhang mit *landwirtschaftlichem Ackerbau* auf eigenem oder gepachtetem Land: Unter denen, die Ackerbau betreiben,ist der Anteil der Erntearbeiter mit 21 % nicht einmal halb so groß wie bei denjenigen, die keine zusätzlichen Einkünfte aus selbständiger landwirtschaftlicher Tätigkeit beziehen.

Bemerkenswert ist schließlich die verhältnismäßig *große Verweildauer im Ġāb* von solchen Schafhaltern, die auch als Landarbeiter tätig sind. Jene, die sich am längsten im Untersuchungsgebiet aufhalten, bieten zum weitaus überwiegenden Teil ihre Dienste als Tagelöhner in der Landwirtschaft an. Dabei übertreffen die Einnahmen aus dieser Tätigkeit in manchen Fällen sogar das Einkommen aus der Schafhaltung. So verdient ein Landarbeiter zwischen 12 und 22 S.L. pro Tag, während eine Frau je nach der Menge der gepflückten Baumwolle mit 5 bis 6 S.L. entlohnt wird und ein Kind mit der gleichen Tätigkeit auch noch einmal 2 bis 3 S.L. zum Familieneinkommen beitragen kann. Eine sechsköpfige Familie beispielsweise, in welcher der älteste Sohn sich um die Herde kümmert, während die Eltern und drei Kinder Erntearbeiten verrichten, hat zur

Zeit der saisonalen Arbeitsspitze bei voller Auslastung die Möglichkeit, einen Monatslohn von 900 S.L. zu erreichen. Derartige Fälle bilden allerdings die Ausnahme. *In der Regel nimmt die Beschäftigung als Landarbeiter – ebenso wie es bereits für den landwirtschaftlichen Anbau gezeigt werden konnte – im zeitlichen wie auch im finanziellen Budget der Schafhalter eine untergeordnete Position ein.*

## VIII. Die Position der Schafhalter zwischen Nomadismus und Seßhaftigkeit

Bei einer Darstellung des aktuellen Entwicklungsstandes im nomadischen Lebensraum Syriens ist es unabdingbar, auch den Übergang zu einer seßhafteren Lebensweise der mobilen viehhaltenden Bevölkerung in die Untersuchung einzubeziehen. Bemüht man sich dabei, die verschiedenen Übergangsformen begrifflich zu fassen, so stößt man allerdings bald auf erhebliche Schwierigkeiten, die sich aus einer Vielzahl von unterschiedlichen Definitionen ergeben, welche der Nomadismus als wissenschaftlicher Terminus erfahren hat[84].

Gemeinsam sind den zahlreichen Definitionsversuchen von „Nomadismus" nur die beiden Elemente Viehhaltung und räumliche Mobilität. Unterschiedliche Auffassungen bestehen jedoch beispielsweise darüber, ob sich der ganze Stamm an der Wanderung beteiligen muß (z.B. MERNER 1937, S. 7) oder ob auch Teile desselben bis herab zu einzelnen wandernden Haushalten als Nomaden zu bezeichnen sind (z.B. SCHOLZ 1974, S. 49). Ebenso gehen die Meinungen auseinander über die Vereinbarkeit von Nomadentum mit landwirtschaftlichem Anbau[85] und mit Aufenthalt in festen Häusern[86]. Berücksichtigt man darüber hinaus noch die unterschiedlichen Definitionen der Misch- oder Übergangsformen zwischen dem „reinen Vollnomadismus" und dem seßhaften Bauerntum – wie Semi- und Teilnomadismus, Transhumanz, Halbseßhaftigkeit –, dann vergrößern sich die Probleme der terminologischen Abgrenzung noch beträchtlich. So einleuchtend die schlagwortartige Verwendung des Begriffes „Halbnomadismus" zur Kennzeichnung jener Zwischenformen sicherlich auf einer allgemeinen Dar-

---

84) Vgl. die Zusammenstellung der unterschiedlichen Nomadismusdefinitionen bei SALZMANN (1967), JOHNSON (1969, S. 15 ff.) und STÖBER (1978, S. 252 ff.) sowie die jüngste umfassende Übersicht von SCHOLZ (1982).

85) Das Fehlen eigener ackerbaulicher Tätigkeit fordern z.B. BACON (1954, S. 44), HÜTTEROTH (1959, S. 39) und RATHJENS (1969, S. 21); dagegen meint HERZOG, „daß vielmehr die Bodenbearbeitung eine meist wichtigere Rolle spielt, als die Nomaden gemeinhin zugeben" (1963, S. 9).

86) Einen zumindest zeitweiligen Aufenthalt in bodensteten Siedlungen räumen z.B. NIEMEIER (1955, S. 252) oder BEUERMANN (1967, S. 25) den Nomaden ein. Demgegenüber schließen MERNER (1937, S. 64), JENTSCH (1973, S. 19) u.a.m. den Bezug fester Wohnungen aus.

stellungsebene ist, so reicht doch dieser Terminus für eine differenzierte Analyse unterschiedlicher Ausprägungen der Wanderviehhaltung keineswegs aus. Auch die von JOHNSON (1969, S. 17) und SYMANSKI et al. (1975, S. 463) vorgeschlagene Betrachtung der Mischformen im Rahmen eines mobil-seßhaften Kontinuums ist höchst problematisch, wie STÖBER (1979, S. 17) nachweisen konnte. Für eine detaillierte Untersuchung der verschiedenen zu jenem Übergangsbereich gehörenden Bevölkerungsgruppen bietet sich dagegen eine *Typenbildung aufgrund unterschiedlicher Kombinationen charakteristischer nomadisch/seßhafter Merkmale an.*

Aufgrund der vorliegenden Untersuchungsergebnisse können eine Reihe von Merkmalen herangezogen werden, deren Vorhandensein oder Fehlen jeweils eher der mobileren oder eher der seßhafteren Lebensweise zuzuordnen ist. Neben bereits behandelten Charakteristika der Schafhalter, wie Verbindung zu einem bestimmten Herkunftsort, Umfang der Weidewanderung und Bewirtschaftung von Agrarland, ist dabei natürlich auch zu berücksichtigen, ob die Betreffenden noch ganzjährig im Zelt leben oder sich bereits an ihrem Herkunftsort angesiedelt haben und dort zeitweise in Häusern wohnen. Außerdem ist zu klären, ob sich – wie traditionellerweise üblich – noch alle Familienmitglieder an der Weidewanderung beteiligen oder einige von ihnen am Herkunftsort zurückbleiben. Im folgenden wird auf diese letzten Punkte zunächst eingegangen, um danach die Position der einzelnen Schafhaltergruppen innerhalb des nomadisch/seßhaften Spektrums zu bestimmen. Abschließend wird dann untersucht, in welchem Ausmaß bei den verschiedenen Haupttypen der Schafhalter unter der heranwachsenden Generation eine Tendenz zur Aufgabe der Wanderviehwirtschaft und zum Wechsel zu einer anderen beruflichen Tätigkeit feststellbar ist.

Tabelle 56: Jahr der Ersterrichtung eines Hauses nach Herkunftsgebieten der Schafhalter

| Jahr der Ersterrichtung eines Hauses | Prozentualer Anteil der Schafhalter | | | |
|---|---|---|---|---|
| | aus dem Ġāb-Nahbereich (n = 186) | aus den übrigen Herkunftsorten (n = 836) | ohne festen Herkunftsort (n = 236) | insgesamt (n = 1258) |
| Vor 1945 | 16 | 8 | – | 8 |
| 1945–1957 | 40 | 6 | – | 10 |
| 1958–1968 | 28 | 24 | – | 20 |
| 1969–1979 | 11 | 29 | – | 21 |
| kein Haus | 5 | 33 | 100 | 41 |

## A. Die Ansiedlung der mobilen Schafhalter vor dem Hintergrund sich wandelnder wirtschaftlicher Rahmenbedingungen

41 % aller im Ġāb erfaßten Schafhalter haben keine permanente Unterkunft, sondern leben dauern in Zelten (Tab. 56). Nur wenige der übrigen Schafhalter verfügten bereits in der *französischen Mandatszeit* über eine feste Unterkunft. Wie sich damals die Ansiedlung abgespielt haben könnte, beschreibt BOUCHEMAN am Beispiel der im Untersuchungsraum anzutreffenden Benī H̱āled: Ruiniert durch die Dürreperiode Anfang der dreißiger Jahre, errichten sie ihre Zelte neben einem Dorf und nehmen dort eine Beschäftigung als Landarbeiter an. Die wenigen verbleibenden Schafe führen Hirten im Rahmen einer saisonalen Weidewanderung zu Wasserstellen am Orontes. Das Zelt wird meist nach einiger Zeit von einer Mauer umgeben, ehe es später durch ein neu errichtetes Haus ersetzt wird. In anderen Dörfern bleiben die Zelte im Sommer weiterhin bewohnt, während man im Winter in Höhlen lebt (1934b, S. 142).

Diese Beschreibung trifft auch auf mehrere Dörfer der im Ġāb befragten Benī H̱āled aus dem Ǧebel ez-Zāwīye zu (vgl. Faltkarte 7), die häufig angaben, noch bis Mitte der sechziger Jahre in Höhlen gewohnt zu haben, ehe sie sich ein Haus errichteten. Der weitaus überwiegende Teil der bis zum Ende der französischen Mandatszeit und in der ersten Nachkriegsperiode angesiedelten Nomaden hat jedoch sicherlich die mobile Tierhaltung inzwischen vollkommen aufgegeben, so daß sich daraus der geringe Anteil von nur 18 % der im Ġāb erfaßten Schafhalter erklärt, die bereits vor 1958 ein Haus am Herkunftsort besaßen.

Die nächste in der Faltkarte 7 aufgeführte Ansiedlungsperiode umfaßt den Zeitraum bis 1968 und beginnt mit den *Dürrejahren von 1958 bis 1961*. Viele der befragten Schafhalter büßten in dieser Zeit einen großen Teil ihres Herdenbestandes ein. Andere verloren sogar sämtliche Tiere und konnten sich erst nach einer mehrjährigen Übergangsperiode wieder eine eigene Herde aufbauen und die Wanderviehwirtschaft erneut aufnehmen, nachdem sie inzwischen bereits eine feste Unterkunft bezogen und sich meist als Land- oder Gelegenheitsarbeiter ihren Lebensunterhalt verdient hatten. Manche von ihnen schlossen auch Partnerschaftsabkommen mit städtischen Händlern ab, die ihnen das Geld zum Kauf einer neuen Herde vorstreckten und dafür die Hälfte der Einkünfte erhielten[87].

Deutliche Auswirkungen in Richtung auf eine zunehmende Seßhaftwerdung der Nomaden gingen auch von der ebenfalls in jener Periode durchgeführten *Bodenreform* aus. Durch die Landzuteilung verbesserte sich nicht nur generell die Einkommenssituation der Familien, sondern es war damit auch ein beträchtlicher Anreiz geschaffen,

87) Auf diese Rolle städtischer Kapitalgeber weist E. WIRTH in Zusammenhang mit der Rentenkapitalismus-Diskussion besonders hin als ein Beispiel dafür, daß die Beziehungen der orientalischen Stadt zum umgebenden Land nicht nur parasitärer Art sind (1973, S. 328).

sich dort ein Haus zu bauen. Etwa jede dritte Ansiedlung, die zwischen 1958 und 1968 vorgenommen wurde, steht im Zusammenhang mit dem Empfang von Bodenreformland.

Häufig ließ man aber nach der Landzuteilung zunächst noch etliche Jahre verstreichen, ehe mit dem Hausbau begonnen wurde, so daß fast jeder dritte Schafhalter, der zwischen 1969 und 1979 ein festes Wohngebäude bezog, noch zu den Nutznießern der mittlerweile bereits weitgehend abgeschlossenen Bodenreform zählt. Diese jüngste Phase zeichnet sich durch eine allgemeine *Verbesserung der Rahmenbedingungen für die mobile Schafhaltung* aus. Die neu gesetzten Prioritäten der staatlichen Beduinenpolitik, die das deutliche Bemühen erkennen läßt, die nomadische Bevölkerung auch unter Beibehaltung ihrer bisherigen Lebens- und Wirtschaftsweise in die Gesellschaft und die regionale Wirtschaft zu integrieren, kommen jetzt voll zur Geltung. Neben der zunehmend besser werdenden Futterversorgung profitieren die Schafhalter vor allem von den günstigeren Absatzmöglichkeiten und kräftig gestiegenen Preisen für Schaffleisch und -milch. Die mobile Schafhaltung in Syrien hat dadurch eine gesicherte und verhältnismäßig lukrative wirtschaftliche Basis bekommen, wie durch die relativ hohen Jahreseinkünfte belegt werden konnte.

Jene 21 % der Schafhalter, die sich in den letzten 10 Jahren vor der Untersuchung erstmals ein Haus bauten, taten dies also im allgemeinen weder auf staatlichen Druck noch aus wirtschaftlichem Zwang, wie das früher häufig der Fall gewesen war. Statt dessen muß in einer wachsenden Zahl von Fällen der erst in jüngster Zeit vollzogene *Hausbau als direkte Folge der verbesserten Einkommenssituation aus der Schafhaltung* angesehen werden. Man kann es sich jetzt leisten, ein Haus zu errichten, das häufig allerdings vorerst gar nicht der Wohn-, sondern vielmehr der Lagerfunktion dient. Hier werden die Vorräte für die winterliche Futterversorgung der Schafe aufbewahrt, und hier deponiert man das schwere Ziegenhaarzelt, während auf die Weidewanderung ins Ġāb nur ein kleines, leicht transportierbares Sommerzelt mitgenommen wird. Die Nutzung des Hauses zu Wohnzwecken ist oft erst für einen späteren Zeitpunkt vorgesehen, wenn für die älteren Haushaltsmitglieder die Strapazen der Weidewanderung und vor allem des winterlichen Zeltlebens zu groß werden oder wenn es darum geht, den Söhnen einen regelmäßigen Schulbesuch zu ermöglichen. Als Grund für die Ansiedlung nannten einige Schafhalter auch die verbesserte Futterversorgung, wodurch der Zwang zum Weideaufenthalt in der Bādiye entfiel und eine wichtige Voraussetzung zur Überwinterung in einer permanenten Unterkunft am Herkunftsort geschaffen wurde.

## B. Teilnahme der Haushaltsmitglieder an dem Weideaufenthalt im Ġāb

Im Gefolge des Hausbaus kommt es häufig nicht nur zu einer Einschränkung der Weidewanderung in die Bādiye; in zunehmendem Maße zeichnet sich auch eine räumliche *Trennung der früher gemeinsam wandernden Familien* ab. An den Aufenthalten in den unterschiedlichen Weidegebieten beteiligen sich schließlich nur noch jene Haushaltsmitglieder, deren Anwesenheit aus wirtschaftlichen Gründen erforderlich ist, während die übrigen meist am Herkunftsort zurückbleiben. Dies trifft bereits für fast die Hälfte der Fälle zu, die im Rahmen der Befragungen erfaßt wurden. Welche Personen sich dabei der Weidewanderung ins Ġāb anschließen bzw. sich außerhalb des Untersuchungsgebietes aufhalten, geht aus einem Vergleich des Altersaufbaus jener Haushalte hervor, die mit allen oder nur mit einem Teil ihrer Mitglieder ins Ġāb kamen (Abb. 64).

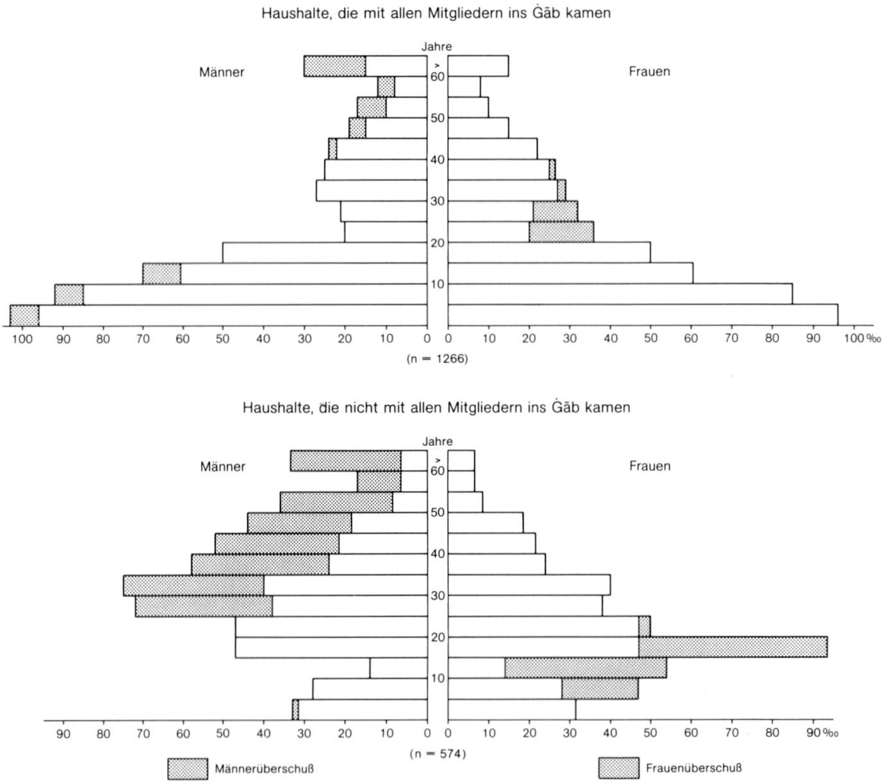


*Abb. 64. Altersaufbau der Haushalte, die mit allen oder nur mit einem Teil ihrer Mitglieder ins Ġāb kamen*

Bei den vollständig erfaßten Haushalten zeigt sich in der sehr breiten Basis der Alterspyramide eine für Entwicklungsländer typische Bevölkerungszusammensetzung. Mit einem Anteil von 50,8 % für die Gruppe unter 15 Jahren entspricht dieser Altersaufbau fast genau dem Durchschnittswert von 50,1 % für die ländliche syrische Bevölkerung im Jahre 1977 (Central Bureau of Statistics 1978, S. 102). Die deutlichen Lücken bei den Männern zwischen 20 und 39 Jahren sind sicherlich nicht nur darauf zurückzuführen, daß viele Personen dieser Altersgruppe noch als unverheiratete Lohnhirten bei anderen Schafhaltern arbeiten und damit aus dieser Darstellung herausfallen, sondern auch ein Hinweis auf das Ausscheiden jüngerer Männer aus der Wanderviehwirtschaft und deren Überwechseln zu anderen beruflichen Tätigkeiten.

Bemerkenswert ist auch der Männerüberschuß in den höheren Jahrgängen und der relativ geringe Anteil von nur 4,2 % für Personen über 60 Jahre, verglichen mit einem entsprechenden Wert von 27,7 % für die gesamte ländliche Bevölkerung Syriens. Dies beruht im allgemeinen darauf, daß *für einen großen Teil der älteren Generation – insbesondere der älteren Frauen – die Wanderungen und das Leben im Zelt zu anstrengend sind, so daß sie aus dem mobilen Haushaltsverband ausgeschieden und zu einem seßhaften Leben übergegangen sind.* Die Errichtung eines Hauses muß deshalb in vielen Fällen auch als Anzeichen für die Auflösung der Großfamilie gewertet werden.

Eine ganz andere Zusammensetzung weist der *Altersaufbau der Haushalte auf, die nicht mit allen Mitgliedern ins Ġāb kamen.* Während die zuvor behandelten vollständigen Haushalte im Durchschnitt 7,5 Personen umfassen, bestehen diese Teilhaushalte im Mittel nur aus 3,9 Personen. Die schmale Basis der Alterspyramide und der hohe Männerüberschuß in den Altersgruppen ab 25 Jahren macht deutlich, daß sich ein großer Teil der Frauen und Kinder nicht an der Weidewanderung beteiligt. Der beträchtliche *Überschuß an jungen Frauen und Mädchen vor allem im Alter von 10 bis 19 Jahren* erklärt sich sowohl aus dem großen Bedarf an Baumwollpflückerinnen im Ġāb als auch aus dem Umstand, daß dem regelmäßigen Schulbesuch am Herkunftsort insbesondere für die Ausbildung der Jungen eine erhebliche Bedeutung zugemessen wird.

Wie aus der Tab. 57 hervorgeht, ist der Anteil der Schafhalter, die mit allen Haushaltsmitgliedern ins Ġāb kamen, im Nahbereich des Untersuchungsgebietes weit größer als bei den übrigen Herkunftsorten. Dieser Unterschied ist sowohl durch den sommerlichen Wassermangel in vielen Dörfern des Ǧebel ez-Zāwīye als auch dadurch bedingt, daß ein großer Teil der dortigen Schafhalter Land im Ġāb bewirtschaftet und dafür die Hilfe aller verfügbaren Familienmitglieder benötigt.

Eine kleine Zahl von Haushalten, die nicht mit allen Mitgliedern ins Ġāb gekommen waren, aber auch über keine permanente Unterkunft verfügten, hatten meist am Herkunftsort in der Nähe der Häuser ihrer seßhaften Stammesmitglieder für die Dauer der sommerlichen Weidewanderung ihre schweren Winterzelte errichtet, die während dieser Zeit im allgemeinen nur von alten Leuten bewohnt wurden. Einige der Vollnomaden ohne bestimmten Herkunftsort hatten ihre Angehörigen ebenfalls im Zelt an unterschiedlichen Standorten – meist in der Nähe von Brunnen – im Gebiet nördlich und östlich von Selemīye zurückgelassen. In mehreren Fällen blieb dort auch ein Teil der Lämmer, die mit gekauftem Futter gemästet wurden.

Tabelle 57: Aufenthaltsort der Haushaltsmitglieder während der Weideperiode im Ġāb nach Herkunftsgebieten der Schafhalter

| Aufenthaltsort der Haushaltsmitglieder | Prozentualer Anteil der Schafhalter | | | |
|---|---|---|---|---|
| | aus dem Ġāb-Nahbereich (n = 186) | aus den übrigen Herkunftsorten (n = 836) | ohne festen Herkunftsort (n = 236) | insgesamt (n = 1258) |
| Alle im Ġāb | 65 | 42 | 86 | 54 |
| Teil im Haus am Herkunftsort | 35 | 48 | – | 37 |
| Teil im Zelt außerhalb des Ġāb | – | 10 | 14 | 9 |

## C. Typisierung der Schafhalter nach nomadisch/seßhaften Merkmalen

Zur Bestimmung der Position der im Ġāb erfaßten Schafhalter innerhalb des breiten Übergangsbereichs zwischen Nomadismus und Seßhaftigkeit wurde eine Typenbildung mit Hilfe unterschiedlicher Kombinationen von Merkmalen angestrebt, deren Vorhandensein, Fehlen oder charakteristische Ausprägung jeweils eher einer nomadischen oder eher einer seßhaften Lebensweise entspricht. Aufgrund des vorliegenden Datenmaterials konnten dazu folgende Merkmale herangezogen werden:

- Das Fehlen oder Vorhandensein der Verbindung zu einer bestimmten Siedlung, der man sich zugehörig fühlt, mit deren Bewohnern enge soziale Kontakte bestehen und wo man sich regelmäßig für einen Teil des Jahres aufhält;
- das Fehlen oder die Existenz einer permanenten Unterkunft des Schafhalters am Herkunftsort;
- das Ausmaß, in welchem die traditionelle saisonale Weidewanderung noch durchgeführt wird, – oder ob die Weidegebiete in der Trockensteppe schon im Winter, erst im Frühjahr oder gar nicht mehr aufgesucht werden und die Herde statt dessen am Herkunftsort überwintert;
- das Fehlen oder Vorhandensein von eigenem landwirtschaftlichem Anbau;
- der Aufenthalt der Haushaltsmitglieder während der Weideperiode im Ġāb, die entweder alle im Zelt außerhalb des Herkunftsortes lebten oder von denen einige am Herkunftsort zurückblieben.

Faltkarte 7

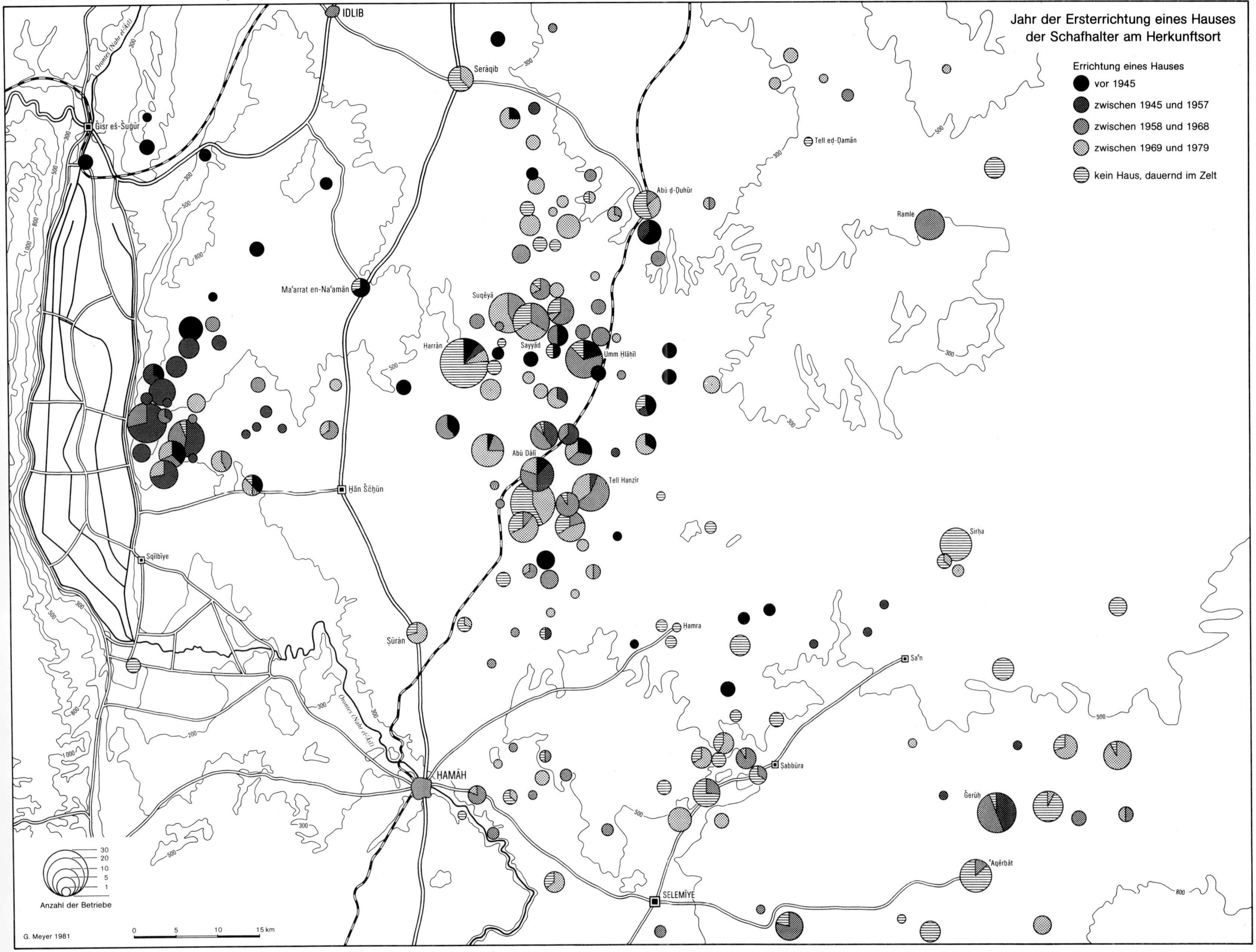

Jahr der Ersterrichtung eines Hauses
der Schafhalter am Herkunftsort
Errichtung eines Hauses
vor 1945
zwischen 1945 und 1957
zwischen 1958 und 1968
zwischen 1969 und 1979
kein Haus, dauernd im Zelt
IDLIB
Serāqib
Ǧisr eš-Šuġūr
Orontes (Nahr el-ʿĀṣī)
Maʿarrat en-Naʿamān
Suqēyā
Ḥarrān
Sayyād
Umm Ḥlāḥil
Abū ḍ-Ḍuhūr
Tell ed-Ḍamān
Ramle
Abū Dālī
Tell Hanzīr
Ḫān Šēḫūn
Sqīlbīye
Ṣūrān
Ḥamra
Sirha
Saʿn
ḤAMĀH
Ṣabbūra
Ǧerūḥ
ʿAqērbāt
SELEMĪYE
30
20
10
5
1
Anzahl der Betriebe
G. Meyer 1981
0
5
10
15 km
300
500
800
1000
200

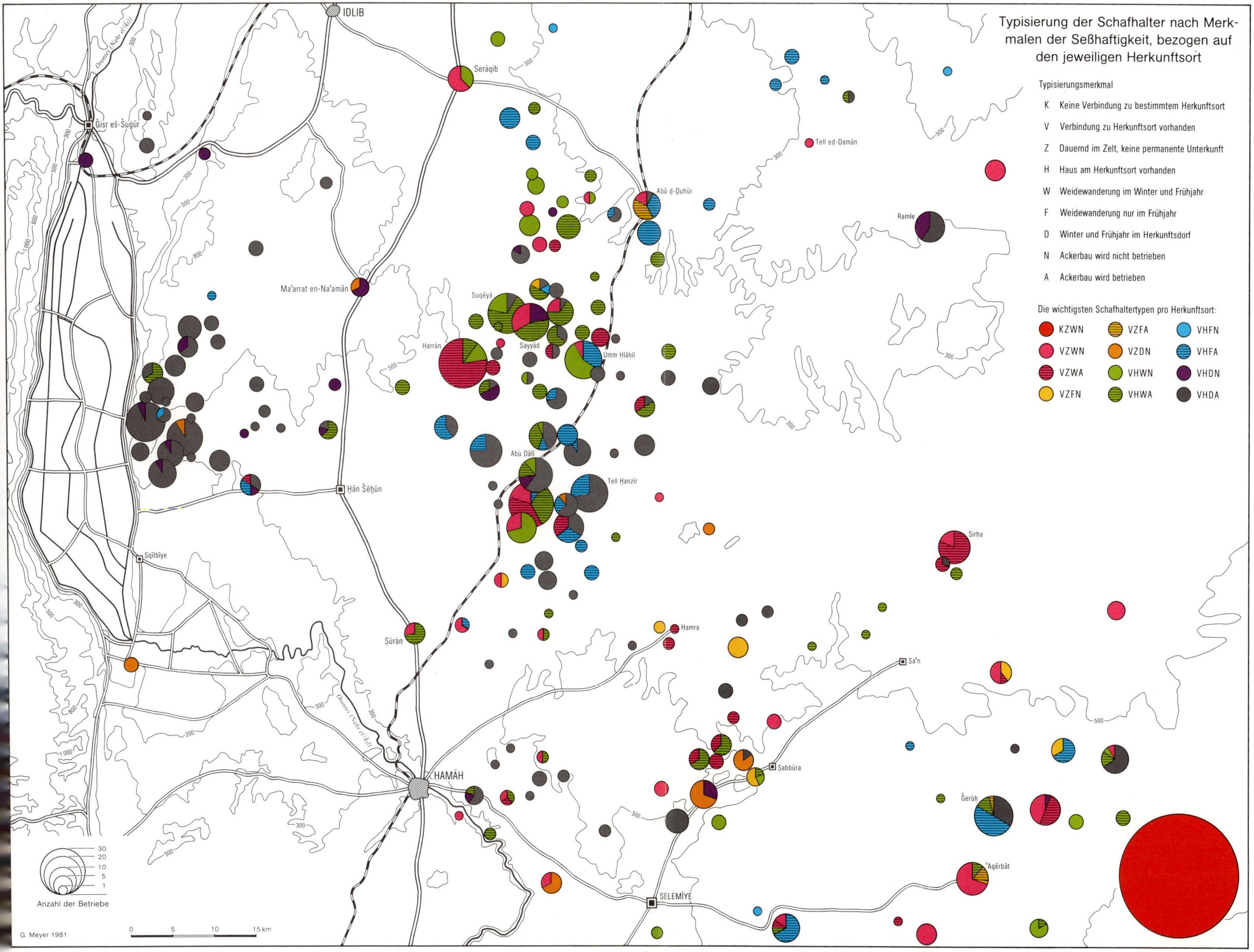
Typisierung der Schafhalter nach Merkmalen der Seßhaftigkeit, bezogen auf den jeweiligen Herkunftsort
Typisierungsmerkmal
K Keine Verbindung zu bestimmtem Herkunftsort
V Verbindung zu Herkunftsort vorhanden
Z Dauernd im Zelt, keine permanente Unterkunft
H Haus am Herkunftsort vorhanden
W Weidewanderung im Winter und Frühjahr
F Weidewanderung nur im Frühjahr
D Winter und Frühjahr im Herkunftsdorf
N Ackerbau wird nicht betrieben
A Ackerbau wird betrieben
Die wichtigsten Schafhaltertypen pro Herkunftsort:
KZWN
VZWN
VZWA
VZFN
VZFA
VZDN
VHWN
VHWA
VHFN
VHFA
VHDN
VHDA
IDLIB
Seräqib
Ğisr eš-Šuġūr
Orontes (Nahr el-ʿĀṣī)
Maʿarrat en-Naʿamān
Abū ḍ-Ḍuhūr
Tell ed-Damān
Ramle
Suqēyā
Ḥarrān
Sayyād
Umm Ḫlāḫil
Abū Dālī
Tell Ḫanzir
Ḫān Šēḫūn
Sqīlbīye
Ṣūrān
Ṣirḥa
Hamra
Saʿn
Ṣabbūra
HAMĀH
SELEMĪYE
Ğerūḥ
ʿAqērbāt
Anzahl der Betriebe
30
20
10
5
1
0
5
10
15 km
G. Meyer 1981

Diese Merkmale erlauben rein rechnerisch 48 Kombinationsmöglichkeiten, von denen allerdings nur 23 realisiert sind. Die unterschiedlich stark vertretenen Typen, deren Anteile zwischen 0,8 % und 18,8 % schwanken, sind in der Abb. 65 dargestellt. Den Anfang der Skala nimmt die als Vollnomaden bezeichnete Gruppe von Schafhaltern ein, die sich keinem bestimmten Herkunftsort zugehörig fühlen, dauernd im Zelt leben, im Winter in die Weidegebiete der Wüstensteppe ziehen, keinen landwirtschaftlichen Anbau betreiben und deren Haushaltsmitglieder sich während der Weideperiode im Ġāb alle im Zelt außerhalb des Herkunftsortes aufhalten. Die entgegengesetzte Position wird von Schafhaltern besetzt, die an ihrem Herkunftsort eine permanente Unterkunft haben, dort mit ihren Herden überwintern, Ackerbau betreiben und während ihrer Weidewanderung ins Ġāb einige ihrer Haushaltsmitglieder am Herkunftsort zurücklassen. Von links nach rechts fortschreitend weist diese Typenreihe eine zunehmende Häufung von Merkmalen der Seßhaftigkeit auf. *Die hier dargestellte quantitativ-analytische Momentaufnahme aus dem Prozeßablauf des Übergangs unterschiedlicher Bevölkerungsgruppen nomadischer Herkunft von einer vollnomadischen zu einer weitgehend seßhaften Lebensweise dürfte in der gesamten bisherigen Nomadismusforschung ohne Beispiel sein.*

Bezieht man die Einzeltypen auf die Herkunftsorte der Schafhalter, erhält man die Faltkarte 8, in der durch die Farbabstufung von rot bis schwarz die zunehmende Häufung von Merkmalen der Seßhaftigkeit zum Ausdruck gebracht wird. Obwohl hier bereits aus Gründen der Übersichtlichkeit auf das Merkmal „Aufenthalt der Haushaltsmitglieder während der Weideperiode im Ġāb" verzichtet wurde, ist die Vielfalt der Typen nicht nur auf regionaler Basis bemerkenswert groß. Selbst innerhalb der einzelnen Dörfer und damit unter den Angehörigen der gleichen sozialen Gruppe lassen sich bis zu fünf verschiedene Typen feststellen.

Insgesamt zeigt sich hier, in welch starkem Maße der Auflösungsprozeß der nomadischen Lebensform bereits fortgeschritten ist. Besonders deutlich wird dabei auch die Vielschichtigkeit der Erscheinungsformen im Übergangsbereich zwischen Nomadismus und Seßhaftigkeit. Diese ohnehin schon sehr große Komplexität erfährt noch eine weitere Steigerung, wenn nicht nur die in der Wanderviehwirtschaft tätigen Betriebsleiter, sondern auch die beruflichen Aktivitäten der Familienangehörigen in die Betrachtung des Auflösungsprozesses im Bereich der nomadischen Lebensform einbezogen werden.

## D. Schulbesuch und Berufswahl der heranwachsenden Generation als Indikatoren für die weitere Auflösung der nomadischen Lebens- und Wirtschaftsform

Zur Untersuchung der Frage, wieweit bei den einzelnen Schafhaltertypen Tendenzen zur zukünftigen Aufgabe der mobilen Viehwirtschaft feststellbar sind, kann als Indikator der Schulbesuch der Kinder herangezogen werden. Dahinter verbirgt sich in

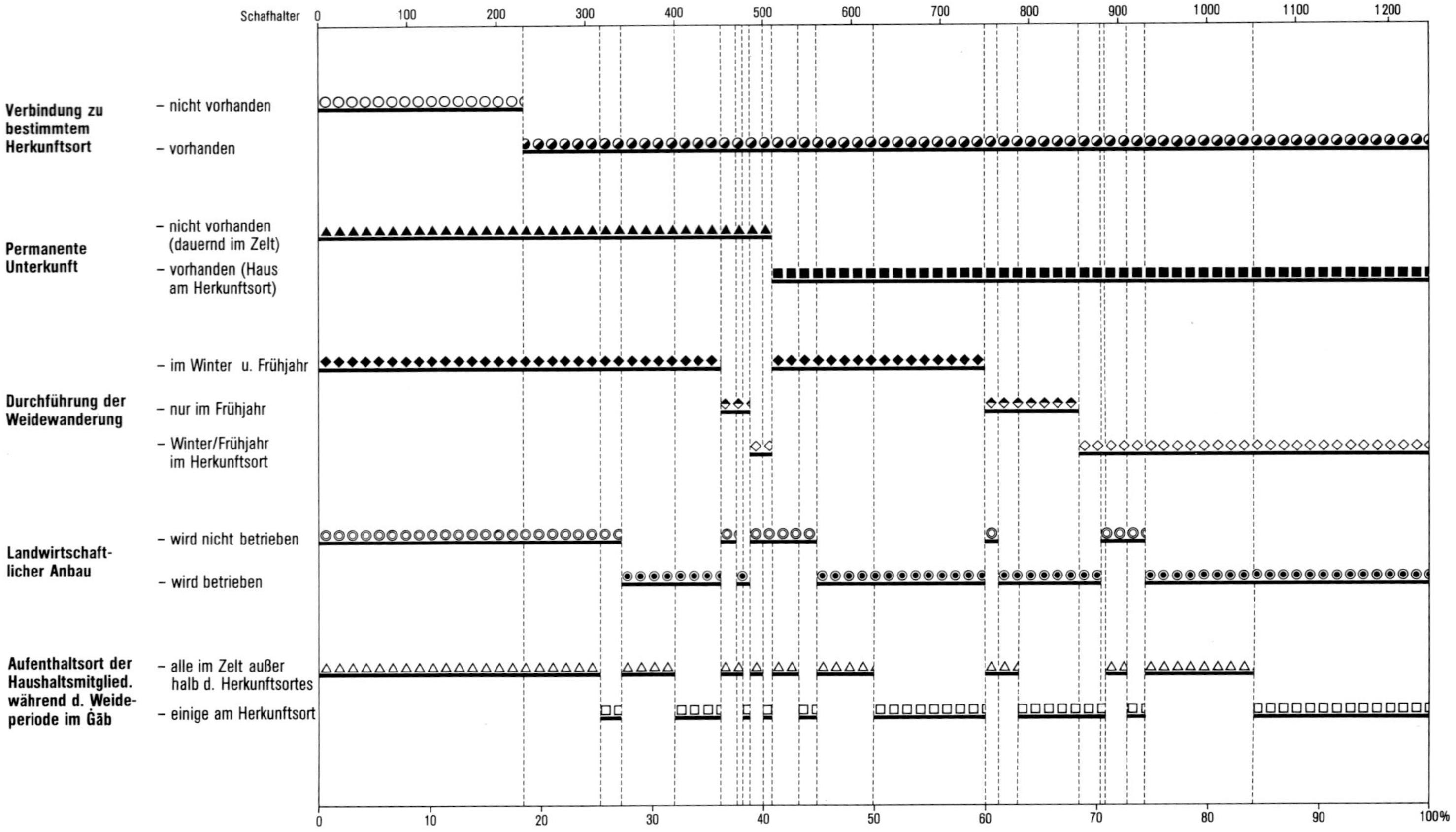


*Abb. 65. Die Position der im Ġāb erfaßten Schafhalter innerhalb des nomadisch/seßhaften Spektrums*

den meisten Fällen das in den Interviews immer wieder angesprochene Ziel der Eltern, den Nachkommen einen Übergang in eine andere, nichtnomadische Wirtschaftsform zu erleichtern. Da der Schulbesuch für die Mädchen im allgemeinen für weniger wichtig gehalten wird als für die Jungen, wurden die Schafhalter danach gefragt, ob von den zu ihrem Haushalt gehörenden Söhnen, Enkeln oder Brüdern in der Altersgruppe zwischen 7 und 20 Jahren jemand die Schule besucht habe.

14 % der Befragten hatten keine männlichen Angehörigen im angegebenen Alter. Bei den übrigen Schafhaltern hatte in 52 % der Fälle wenigstens eines der männlichen Haushaltsmitglieder die Schule besucht (Tab. 58). Selbst unter den Mitgliedern der vollnomadischen Gruppe wird noch ein Anteil von 10 % erreicht. Einige der Jungen aus diesen Haushalten waren auf Internaten gewesen, die von der syrischen Regierung speziell für Kinder von Nomaden eingerichtet worden sind, während die meisten bei Verwandten wohnten und dort die Schule besuchten. In zwei Fällen lebten Söhne, deren Väter die Herden von Städtern aus Ḥamāh betreuten, bei den Familien der jeweiligen Schafbesitzer, und ein junger Mann war mit 14 Jahren als Gelegenheitsarbeiter nach Beirut gegangen und hatte dort regelmäßig am Unterricht in einer Abendschule teilgenommen.

*Mit zunehmender Häufung von Merkmalen der Seßhaftigkeit steigt die Quote der Schulbesuche bis auf 86 % an.* Dabei ist der große Unterschied in den prozentualen Werten bei den Schafhaltern, die nur im Zelt leben, und jenen, die über ein Haus am Herkunftsort verfügen, durchaus einsichtig. Ebenso verständlich sind die jeweils deutlich höheren Prozentanteile bei den Haushalten, die einige ihrer Mitglieder am Herkunftsort zurückgelassen hatten, da dies ja häufig gerade deshalb geschieht, um Kindern den Schulbesuch zu ermöglichen.

Ausgehend von der These, daß sich in einer hohen Schulbesuchsquote der Kinder und Jugendlichen eine große Bereitschaft zum Überwechseln in einen anderen Beruf ausdrückt, deuten die Ergebnisse insbesondere bei jenen Viehhaltertypen, die über keine feste Unterkunft verfügen, auf eine starke Neigung zur Beibehaltung der Wanderviehwirtschaft hin. Letzteres bestätigt sich auch bei einer Untersuchung der Haupterwerbstätigkeit von Söhnen und Brüdern der im Ġāb erfaßten Schafhalter im Alter zwischen 20 und 30 Jahren (vgl. Tab. 59). Hier zeigt sich vor allem *unter den Vollnomaden eine außerordentlich klar ausgeprägte Tendenz zur Fortführung der traditionellen Wirtschaftsform als Schafhalter bzw. als Lohnhirte*, bis man genügend Geld zum Aufbau einer eigenen Herde hat.

Je weiter bei den übrigen Typen die nomadischen Merkmale in den Hintergrund treten, desto stärker verlagert sich das Gewicht auf Berufe, die mit der Schafhaltung nichts mehr zu tun haben. Zu nennen sind hier vor allem Tätigkeiten im Agrarsektor – als Bauer, Pächter, Landarbeiter oder auch als Unternehmer, der Motorpumpen verleiht oder mit eigenem Traktor Feldarbeiten durchführt – sowie als Arbeiter im außerlandwirtschaftlichen Bereich. Auffällig ist, daß weit mehr Männer in den arabischen

Tabelle 58: Schulbesuch der männlichen Haushaltsmitglieder von im Ġāb erfaßten Schafhaltern in der Altersgruppe zwischen 7 und 20 Jahren, differenziert nach Schafhaltertypen mit unterschiedlichen nomadisch-seßhaften Merkmalen

| Schafhaltertypisierung nach Merkmalen d. Seßhaftigkeit | | | | n | Prozentsatz d. Schafhalter, deren Angehörige die Schule besuchten |
|---|---|---|---|---|---|
| Verbindung zu bestimmtem Herkunftsort | Unterkunft | Weidewanderung in die Wüstensteppe | Aufenthalt d. Haushaltsmitgl. während d. Weideperiode im Ġāb | | |
| nicht vorvorhanden | nur Zelt | im Winter u. Frühjahr | alle i. Zelt außerh. d. Herkunftsortes | 201 | 10 |
| vorhanden | nur Zelt | im Winter u. Frühjahr | alle i. Zelt außerh. d. Herkunftsortes | 132 | 17 |
| vorhanden | nur Zelt | im Winter u. Frühjahr | einige am Herkunftsort | 58 | 26 |
| vorhanden | nur Zelt | nur i. Frühjahr oder gar nicht | alle i. Zelt außerh. d. Herkunftsortes | 35 | 20 |
| vorhanden | nur Zelt | nur i. Frühjahr oder gar nicht | einige am Herkunftsort | 15 | 33 |
| vorhanden | Haus | im Winter u. Frühjahr | alle i. Zelt außerh. d. Herkunftsortes | 81 | 65 |
| vorhanden | Haus | im Winter u. Frühjahr | einige am Herkunftsort | 119 | 76 |
| vorhanden | Haus | nur im Frühjahr | alle i. Zelt außerh. d. Herkunftsortes | 32 | 66 |
| vorhanden | Haus | nur im Frühjahr | einige am Herkunftsort | 84 | 77 |
| vorhanden | Haus | entfällt | alle i. Zelt außerh. d. Herkunftsortes | 130 | 75 |
| vorhanden | Haus | entfällt | einige am Herkunftsort | 195 | 86 |
| Insgesamt | | | | 1082 | 52 |

Tabelle 59: Haupterwerbstätigkeit der Söhne und Brüder von im Ġāb erfaßten Schafhaltern in der Altersgruppe zwischen 20 und 30 Jahren, differenziert nach Schafhaltertypen mit unterschiedlichen nomadisch-seßhaften Merkmalen

| Typisierung d. Schafhalter nach nomadisch-seßhaften Merkmalen | | | | | Prozentualer Anteil der Söhne/Brüder mit Haupterwerbstätigkeit | | | | | | | |
|---|---|---|---|---|---|---|---|---|---|---|---|---|
| Verbindung zu bestimmtem Herkunftsort | Unterkunft | Weidewanderung in die Wüstensteppe | Stichprobenumfang | Anzahl der Söhne/Brüder | Schafhalter, Hirte | Bauer, Pächter | Landarbeiter | Händler m. Schafprodukten | Kleinunternehmer | Arbeiter in: syrischen Städten | Arbeiter in: anderen arabischen Staaten | Sonstige Erwerbstätigkeit |
| nicht vorhanden | nur Zelt | im Winter u. Frühjahr | 31 | 72 | 85 | – | 3 | 1 | 4 | 3 | 4 | – |
| vorhanden | nur Zelt | im Winter u. Frühjahr | 29 | 65 | 62 | 5 | 6 | – | 3 | 2 | 20 | 3 |
| vorhanden | nur Zelt | nur im Frühjahr/gar nicht | 7 | 15 | 47 | – | 7 | – | 13 | – | 20 | 13 |
| vorhanden | Haus | im Winter u. Frühjahr | 30 | 61 | 26 | 16 | 10 | 3 | 11 | 2 | 25 | 7 |
| vorhanden | Haus | nur im Frühjahr | 16 | 32 | 22 | 19 | 9 | 3 | 6 | 9 | 25 | 6 |
| vorhanden | Haus | entfällt | 45 | 79 | 15 | 15 | 19 | 9 | 8 | 8 | 16 | 10 |
| Insgesamt | | | 158 | 324 | 44 | 10 | 10 | 3 | 7 | 4 | 17 | 5 |

Nachbarstaaten als in syrischen Städten arbeiten. Das vorherrschende Beschäftigungsland ist Saudi-Arabien. Dabei spielt ein heikles Thema eine Rolle, zu dem sich verständlicherweise nur wenige der Befragten und dann auch nur im Gespräch über Dritte äußern wollten. So beteiligen sich offenbar auch einige der im Ġāb erfaßten Familien an dem sehr lukrativen Schmuggel von Schafen nach Saudi-Arabien, wo weit höhere Preise als in Syrien gezahlt werden. Nach dem Verkauf der Tiere schließen vor allem die jüngeren Männer oft noch einen längeren Aufenthalt als Gelegenheitsarbeiter in einer der saudi-arabischen Städte an.

Insgesamt ist es jedoch bemerkenswert, daß 44 % der männlichen Nachkommen von Schafhaltern den Beruf ihrer Väter ergriffen haben. Dieser Anteil erhöht sich sogar noch weiter, wenn man jene Fälle berücksichtigt, die im engen Zusammenhang mit der Wanderviehwirtschaft stehen, wie Transportunternehmer, die Wasser zu den Weideplätzen fahren und zu verkaufende Tiere in die Städte oder die Zeltausrüstung zu neuen Lagerstellen bringen, sowie Händler, welche neben der samn (gekochte Schafsbutter) die Milch in den Weidegebieten aufkaufen und direkt in die Städte liefern oder sie in fahrbaren Molkereistationen zu Käse verarbeiten. Während in den sechziger Jahren dieses Gewerbe weitgehend in den Händen städtischer Unternehmer lag (vgl. E. WIRTH 1971, S. 265), wird es in der Zwischenzeit in zunehmendem Maße von beruflich darauf spezialisierten Angehörigen der Nomadenstämme betrieben, die sich auch im Zwischenhandel mit lebenden Schafen, Schafwolle und Schaffellen engagieren.

Gerade die Berufswahl der jungen Männer, die aus vollnomadischen Schafhalterfamilien stammen, ist ein eindrucksvoller Beleg für die Vitalität der mobilen Viehhaltung. Während in den meisten Ländern des Vorderen Orients die Entwicklung im nomadischen Lebensraum durch einen scheinbar unaufhaltsamen Niedergang charakterisiert ist, haben in Syrien staatliche Fördermaßnahmen und überdurchschnittlich gestiegene Preise für Schafe und Schafprodukte der Wanderviehwirtschaft zu einer relativ gesicherten Existenzbasis sowie einer neuen ökonomischen Attraktivität verholfen und damit den Auflösungsprozeß im Bereich des Nomadismus offenbar gebremst. *Hier scheint das gelungen zu sein, was in vielen anderen ariden Gebieten der Erde vergeblich versucht wurde: eine positiv zu bewertende Integration der nomadischen Wirtschaftsform in die gesamtwirtschaftliche Entwicklung des Landes.*

*Das in Syrien erfolgreich praktizierte Konzept einer Verbesserung der Rahmenbedingungen für die Viehwirtschaft bei gleichzeitiger Tolerierung einer nichtseßhaften Lebensweise kann als beispielhaft und nachahmenswert auch für andere Länder des altweltlichen Trockengürtels angesehen werden. Ein solches Vorgehen, das über eine Verbesserung der wirtschaftlichen Situation in der Wanderviehhaltung langfristig – das zeigen die syrischen Beispiele sehr deutlich – auch für die Vollnomaden zu einer zunehmenden freiwilligen Einbeziehung von Elementen einer seßhaften Lebensweise führen wird, ist sicherlich aus sozialen und volkswirtschaftlichen Überlegungen heute ungleich sinnvoller als eine forcierte Politik der Seßhaftmachung, die einen verordneten Bruch der mobilen Viehhalter mit ihrer bisherigen Wirtschaftsform beinhaltet und oft genug letztlich dazu führt, das Heer der Arbeitssuchenden am Rand der Metropolen zu vergrößern.*

# IX. Zusammenfassung

Nach ersten erfolgversprechenden Ansätzen in den sechziger Jahren wurde in den siebziger Jahren in Syrien ein sehr effektives staatliches Programm zur Förderung der mobilen Schafhaltung aufgestellt, womit vor allem eine Verbesserung des Weidemanagements und der Futterversorgung erreicht werden sollte. Die staatlichen Maßnahmen sowie ein überdurchschnittlich starkes Ansteigen der Preise für Schafe und Schafprodukte führten dazu, daß sich wichtige wirtschaftliche Rahmenbedingungen für die Wanderviehwirtschaft wesentlich verbesserten. Vor diesem Hintergrund sollte die Frage nach der Art und dem gegenwärtigen Stand des Übergangs von der traditionellen nomadischen Lebensform zur modernen Berufsweidewirtschaft in Syrien untersucht werden. Zu dieser Thematik wurden 1258 Schafhalter interviewt, die im Oktober 1979 ihre Herden auf den abgeernteten Baumwollfeldern im Bewässerungsgebiet des Ġāb weiden ließen.

## *1. Zusammensetzung und räumliche Struktur der sozialen Gruppen mobiler Schafhalter*

Aufgrund verwandtschaftlicher, tribaler und ökonomischer Beziehungen sowie charakteristischer räumlicher Verteilungsmuster wurden die Schafhalter vier Typen von sozialen Gruppen unterschiedlicher Komplexität zugeordnet, und zwar

- Zeltbesatzungen, deren Mitglieder meistens zur selben Kernfamilie gehören; es gibt jedoch auch Fälle, in denen sich Schafhalter aus unterschiedlichen Familien für die Dauer der Weideperiode zu einer Zeltbesatzung zusammenschließen;
- Zeltplatzgruppen, bestehend aus bis zu 27 Zeltbesatzungen, zwischen denen sehr enge soziale Beziehungen existieren und die während des gesamten Aufenthalts im Ġāb zusammenbleiben und sich gegenseitig bei der Herdenbetreuung unterstützen;
- Weidegruppen, die sich aus mehreren Zeltbesatzungen oder Zeltplatzgruppen zusammensetzen, zwischen denen soziale Bindungen geringerer Intensität bestehen, so daß sie zwar gemeinsam bestimmte Weideareale pachten, ansonsten aber unterschiedliche Lagerplätze beziehen und sich oft auch unterschiedlich lange im Ġāb aufhalten;
- Teile von Stämmen und Stammesfraktionen, deren Mitglieder durch die ᶜaṣabīya (Stammeszugehörigkeitsgefühl) vereint sind, welches die Parteinahme gegen verfeindete Stämme einschließt und auch in erheblichem Maße die Wahl der Weidestandorte beeinflussen kann. Davon ist allerdings wenig zu spüren bei der Verteilung

der Schafhalter im Ġāb angesichts einer starken Durchmischung von Zeltbesatzungen, die den drei Hauptstammesverbänden der Mawālī, Ḥadīdīn und Benī Ḫāled angehören; statt dessen ist deutlich erkennbar, daß meist in jenen Bereichen des Ġāb Weideflächen gepachtet werden, welche den nach Stammesfraktionen differenzierten Herkunftsorten der Schafhalter am nächsten gelegen sind.

## 2. *Ausmaß und Ablauf der saisonalen Weidewanderung*

Der Hauptstrom der Herden ins Ġāb setzt im August ein und hält bis zum Oktober an, wenn mit dem Auslaufen der Baumwollernte die höchste Bestockungsdichte des Bewässerungsgebietes mit rund 260000 Schafen erreicht wird. Im November und Dezember zieht die Mehrzahl der Tierhalter in die Wüstensteppe, während ein kleiner Teil erst im Frühjahr die Bādiye aufsucht und ein Drittel der Betriebe – vor allem solche mit relativ kleinen Herden – ganz auf diese Weidewanderung verzichten und am Herkunftsort überwintern. Die Trennung zwischen den Weidearealen der verschiedenen Stammesverbände ist zwar nicht mehr so klar ausgeprägt wie noch in der Mandatszeit, doch liegen die bevorzugten Winterweidegebiete der Mawālī immer noch im innersyrischen Bergland, während im nördlich vorgelagerten Tafelland wie früher die Ḥadīdīn dominieren. Der Rückmarsch aus der Bādiye in Richtung Westen wird im allgemeinen im Mai oder in der ersten Junihälfte angetreten, so daß sich bis Juli die meisten Herden in der Siedlungszone zwischen Wüstensteppe und Ġāb aufhalten und auf den abgeernteten Getreidefeldern weiden.

Die Distanz zwischen den jahreszeitlich aufgesuchten Weidegebieten der Herden bewegt sich meist in einem Bereich von 50 bis 200 km, z.T. werden jedoch auch Entfernungen bis zu 360 km erreicht. Selbst solche Strecken legen die Herden zu Fuß zurück; der Transport mit Lkws bildet die Ausnahme. Während die Männer die wandernden Herden begleiten, wird die Zeltausrüstung zusammen mit den Frauen und Kindern mit eigenen oder gemieteten Transportfahrzeugen zum nächsten Lagerplatz gebracht.

## 3. *Die wirtschaftliche Situation der Schafhalter*

Die Größe der im Ġāb erfaßten Herden liegt im Mittel bei 150 Tieren, wobei der entsprechende Wert bei vollnomadischen Schafhaltern fast doppelt so hoch ausfällt. Mehr als drei Viertel aller Betriebe betreuten nur eigene Herden. Nachdem noch in den sechziger Jahren nur etwa ein Drittel der von syrischen Nomaden und Halbnomaden betreuten Schaf- und Ziegenbestände diesen selbst gehörte, hat die Verbesserung der wirtschaftlichen Rahmenbedingungen offenbar inzwischen dazu geführt, daß immer mehr Schafhalter eigene Tiere erwarben und sich dadurch in zunehmendem Maße aus der Abhängigkeit der früher in diesem Bereich dominierenden städtischen Kapitalgeber befreien konnten.

Die mittleren Jahreseinkünfte aus der Schafhaltung in Höhe von rund 11000 S.L. (ca. 5300 DM) pro Betrieb übertreffen das durchschnittliche Jahreseinkommen einfacher syrischer Industriearbeiter erheblich. Die Vollnomaden mit ihren weit größeren Herden schneiden dabei sogar noch wesentlich besser ab. Einen gewichtigen Beitrag zu dieser günstigen Einkommenssituation leisten die Schafkooperativen, indem sie ihren Mitgliedern im Winter verbilligtes Futter zur Verfügung stellen. Fast drei Viertel aller im Ġāb erfaßten Schafhalter waren solchen Genossenschaften bereits beigetreten. Generell hat vor allem die verbesserte Futterversorgung die Voraussetzung dafür geschaffen, daß sich die Zahl der in Syrien registrierten Schafe zwischen 1973 und 1980 um 92% auf 9,3 Mio. erhöhte.

Rund 60% der Schafhalter bewirtschaften Agrarland. Das geerntete Getreide dient ebenso wie das Stroh zu einem großen Teil als Winterfutter. In den arideren Gebieten wird das Getreide oft auch nur ausgesät, um Grünfutter für die Herden zu bekommen. Die Möglichkeit, durch Erntearbeiten im Ġāb das Familieneinkommen zu erhöhen, nutzen vorwiegend Schafhalter mit kleinen Herden. Besonders bei den Vollnomaden bilden derartige Tätigkeiten die Ausnahme.

## *4. Die Position der Schafhalter zwischen Nomadismus und Seßhaftigkeit*

41% der im Ġāb erfaßten Schafhalter leben dauernd im Zelt, während die übrigen zum Teil seit mehreren Generationen, zum Teil erst seit mehreren Jahren über eine permanente Unterkunft verfügen. Früher standen Ansiedlungen häufig im Zusammenhang mit wirtschaftlichen Notlagen der Nomaden. Andere Schafhalter errichteten sich ein Haus, nachdem sie im Zuge der Bodenreform Agrarland erhalten hatten. In einer wachsenden Zahl von Fällen stellt der in der zweiten Hälfte der siebziger Jahre vollzogene Hausbau auch eine Reaktion auf die verbesserte Einkommenssituation der Schafhalter und die gesichertere Futterversorgung dar, wodurch die Überwinterung am Herkunftsort möglich wird.

Nach dem Hausbau kommt es häufig zu einer räumlichen Trennung der Familienmitglieder. So beteiligen sich vor allem ältere Personen über 60 Jahre sowie verheiratete Frauen mit kleinen Kindern und Jungen im schulpflichtigen Alter oft nicht mehr an der Weidewanderung ins Ġāb, sondern bleiben am Herkunftsort zurück.

Aufgrund unterschiedlicher nomadisch/seßhafter Merkmale konnte eine Typisierung und quantitative Differenzierung der Schafhalter vorgenommen werden. Diese fand ihren Niederschlag in einer graphischen Darstellung, die eine in der bisherigen Nomadismusforschung offenbar beispiellose quantitativ-analytische Momentaufnahme aus dem Prozeßablauf unterschiedlicher nomadischer Bevölkerungsgruppen von einer vollnomadischen zu einer weitgehend seßhaften Lebensweise wiedergibt.

Ordnet man die unterschiedlichen Typen den Herkunftsorten der Schafhalter zu, so zeigt sich selbst unter Personen, die aus den gleichen Herkunftsorten stammen und der gleichen sozialen Gruppe angehören, eine bemerkenswerte Typenvielfalt. Mit zunehmender Häufung von Merkmalen der Seßhaftigkeit steigt bei den männlichen Nachkommen der Schafhalter die Schulbesuchsquote, in der sich auch eine starke Neigung zum Überwechseln in einen anderen Beruf ausdrückt. Andererseits ist gerade die Berufswahl der Söhne von vollnomadischen Schafhaltern, die zum weitaus überwiegenden Teil die gleiche Tätigkeit wie ihre Väter ausüben, ein Indiz dafür, daß der in anderen Ländern des Vorderen Orients rasch voranschreitende Auflösungsprozeß des Nomadismus sich in Syrien offenbar nur noch sehr langsam vollzieht, nachdem die Wanderviehwirtschaft inzwischen eine relativ gesicherte Existenzbasis und eine neue ökonomische Attraktivität gewonnen hat.

# English Summary

## Changing forms of social and economic life in rural Syria

Sociogeographical studies about the recent development in the world of farmers and nomads

After many centuries of stagnation the world of farmers and nomads in the Middle East is at present experiencing a radical transformation in almost every aspect of life. Although the general outline of this change is roughly known, only very few empirical studies are available about the present state of social and economic development in the rural areas of most Arab countries. This is the case in Syria, too, where the author carried out four sociogeographical studies in 1978 and 1979 in order to analyse the recent patterns of change both in different sections of rural society and in different parts of the country.

## I. The resettlement of the population from the reservoir-area of Lake Assad

As a result of the closure of the Euphrates dam in 1973 about 64,000 people had to leave their homes in the reservoir-area. This population was of nomadic and semi-nomadic origin and had settled as farmers in the Euphrates valley only one or two generations ago. Most of them grew cotton on pump-irrigated fields, cultivated rain-fed plots and reared some sheep. The aim of this study was to find out to which regions the reservoir-population migrated, why they chose the respective areas for resettlement and how their socio-economic situation has changed.

### *1. Spatial distribution of the reservoir-population after resettlement*

Originally the intention was to resettle the former inhabitants of the flooded area in the newly reclaimed Pilot Project along the north bank of the Middle Euphrates valley. After several years of preparation the execution of this plan, however, was stopped only a few months before the closure of the dam. Instead the Baᶜṯ-Party propagated and organised the resettlement of the reservoir-population in the north-eastern *province of Ḥasake.* Along the Turkish border a chain of 41 new villages were to be established in order to form an „Arabic belt" within an area of mainly Kurdish inhabitants.

Only about one third of the reservoir-population agreed to participate in this official resettlement scheme, while the majority (55 %) built new houses on the higher elevated plateau *on both sides of the reservoir.* Nearly 9 % of the families moved to the *state farms of the Pilot Project* in the Middle Euphrates valley and a relatively small group migrated into the *provincial capitals of Raqqa and Ḥaleb.*

## 2. *Factors influencing the choice of the different resettlement-areas*

Based on the answers of 412 families questioned in the different regions of resettlement, it turned out that the decision to migrate to the respective regions included in most cases an evaluation of the following factors:
- work opportunities, dwellings, and infrastructure of the resettlement-areas,
- possibility to maintain close contacts with relatives, neighbours and other members of one's own social group,
- familiarity with the resettlement-area,
- connections with the native population in the different regions of resettlement,
- possibility to maintain the independence and freedom to which the reservoir population was accustomed.

The result of this decision-making process was a spatial segregation of the reservoir population according to the priority which the families attached to the above mentioned factors; this depended on their specific „frame of action" which corresponded mainly to their socio-economic situation at their place of origin.

Thus, two groups were overrepresented among the people who participated in the official resettlement-scheme in *Ḥasake Province:*
- *Landowners* whose fields were entirely situated in the flooded area. To be able to remain farmers they accepted the offer of land in the region along the Turkish border.
- *Beneficiaries of the land-reform* who were willing to trust the propaganda campaign of the Baᶜṯ-Party that participation in the official resettlement-scheme would be very favourable for them. These people were already indebted to the Baᶜṯ-Party for the improvement in their economic situation in the reservoir-area as a result of the redistribution of land expropriated under the Agrarian Reform Law. They were also familiar with the cooperative system which they were expected to practise in the resettlement-area.

The decision to live on the *state-farms in the Pilot Project* was especially favoured by *share-croppers, agricultural and casual labourers.* Most of them lacked both the financial means and the initiative to establish an independent economic base of their own.

The majority of the migrants from the flooded Euphrates valley who moved to the provincial capital of *Raqqa* could be divided into three main groups:
- *Young ambitious households* who wanted to offer better educational opportunities to their children and who expected to improve their living conditions by utilizing the urban income possibilities and infrastructural amenities.
- Members of the *economic élite* – such as owners of large irrigated areas, agricultural contractors and owners of great flocks of sheep – who had close relations with the

provincial capital and who owned sufficient financial means to establish a prosperous economic position of their own.
- Households with relatively highly qualified members who worked in *non-agricultural jobs* and had close personal and occupational contacts with Raqqa.

The resettlement on the higher elevated plateau along the *banks of Lake Assad* was mainly preferred by:
- *farmers* who cultivated *rain-fed fields* outside the flooded areas,
- *share-croppers* – often with some experience as non-agricultural casual workers – who refused to comply with the cooperative's regulations in the province of Ḥasake and who were afraid of losing their independence and freedom on the state-farms,
- *owners of large flocks of sheep* who wanted to continue stock-keeping.

### *3. The socio-economic situation of the reservoir-population after resettlement*

The participants of the official resettlement-scheme received mainly rain-fed plots in the *province of Ḥasake* which in most cases secured them an income roughly equivalent to the average farm-income in the flooded area of the Euphrates valley. Because of the highly mechanised and labour-extensive nature of cereal growing the working-capacity of the resettled community is used to capacity only a few weeks per year. Therefore, a high proportion of the men work temporarily as casual labourers in other regions of Syria and in neighbouring Arab countries.

Much worse, however, is the economic situation of the families, who moved to the *state-farms in the Pilot Project.* Most of them found only seasonal work as agricultural or casual workers. The average income of the families who built their houses on the *outskirts of Raqqa* and earn their livelihood mainly as casual workers is slightly higher. Their level of income is greatly surpassed by a relatively small number of families, who live in the more *centrally situated* and infrastructurally better equipped *quarters of the provincial capital.* Most of them are small businessmen or employees in the public sector.

For the vast majority of people who had moved to the plateau *along Lake Assad* resettlement caused a grave deterioration of their economic position. They earn their livelihood mainly as casual workers in land-reclamation projects, as temporary labour migrants, by keeping sheep or by cultivating rain-fed fields.

Summing up the situation of the reservoir population after resettlement, it is evident that sufficient economic rehabilitation has not yet been achieved for about two-thirds of the people who had to leave the flooded area of Lake Assad. Thus, a massive flow of the affected families into the urban centres has to be expected if they are not compensated for their losses very soon by the allocation of newly reclaimed lands.

## II. The labour migration from the villages in the Syrian Euphrates valley to other Arab states

The international labour migration of today presents one of the most important factors in the socio-economic development of most countries of the Middle East. Thus, lack of data about the extent and the form of labour migration from Syria is felt to be a grave deficiency, especially as far as development planning is concerned. The neglect of this important factor in the planning process could lead to negative consequences for the agricultural development in Syria as a whole and especially for the execution of the Euphrates irrigation scheme, where a disregard of the influence of labour emigration might result in serious problems of labour shortage as soon as the cultivation of the newly reclaimed lands begins. Therefore, in August 1979 a survey was carried out in the villages of the Middle and Lower Euphrates valley in order to gather detailed information about the development, the extent, and the characteristic features of international labour migration as well as about the socio-economic situation of the migrants. Based on the evalution of 3,079 interviews with former migrant labourers or members of their families, if the migrants where still abroad, the following results were found:

### *1. The development of international labour migration*

In the Lower Euphrates valley labour migration to *Kuwait* dates back to the late 1940's. In the Middle Euphrates valley it started a decade later and was at first directed only towards the *Lebanon.* The outbreak of the Lebanese civil war in 1975 resulted in the relocation of the stream of migrants towards *Jordan.* Since 1977 the migration flow in general and especially to *Saudi-Arabia* has increased dramatically. In 1978 neighbouring *Iraq,* too, became an employer of Syrian workers. Until August 1979 about 12% of the male labourforce in the villages of the Middle Euphrates valley had participated in international labour migration.

### *2. The reasons for international labour migration*

The major reason for joining the flow of migrant labourers was the much *higher wage level* abroad. For the same kind of work a casual labourer can earn twice as much in the neighbouring Arab states and about eight times as much in Saudi-Arabia as he would receive in his native Syrian village. Another reason for taking up work abroad was the *conversion of the irrigation system* in the Middle Euphrates valley, because the farmers were not able to cultivate their fields during the execution of the scheme for a period of up to several years. Others became temporary migrant labourers because their *farm holdings were too small* to raise a family or because of increasing *salinity* in the soil of the fields especially in the Lower Euphrates valley.

## 3. *The socio-economic situation of the migrants before their first departure abroad*

Nearly all migrants from the Euphrates valley are males. When they went abroad for the first time those working in *Saudi-Arabia* were in general more than 25 years old, because of the difficulties involved in obtaining the necessary passport before completion of military service. Migrants aged between 15 and 24 years are overrepresented in the *neighbouring Arab countries,* which Syrians can enter with their identity cards.

Before their first departure most migrants had been working as *farmers or agricultural labourers* while about one-quarter of them had earned their livelihood as *casual workers.* Altogether about 50 % of the migrants were *illiterate.* The rate of illiteracy was relatively high among the migrants working in the neighbouring Arab countries and comparatively low among the Syrians who had migrated to Kuwait and Saudi-Arabia. In general the educational standard of the migrants was better than the average educational level of the male population in the Euphrates valley. This indicates the *selective character* of the labour migration from the region surveyed.

Among the farmers who had to give up their agricultural occupation temporarily because of the conversion of the irrigation system, the rate of participation in labour migration correlates very closely with the size of the irrigated land cultivated previously. While land-owners in particular and to a lesser degree also the beneficiaries of the Agrarian Reform are overrepresented among the migrants, relatively few former sharecroppers decided to work abroad. These different patterns of behaviour can be explained mainly by the fact that it is easier for wealthier farmers than for poorer sharecroppers to raise the financial means which are needed to travel to other Arab countries. This connection is also evident concerning the choice of the country of employment, because with the growing size of farm units the percentage of farmers going on a costly trip to Saudi-Arabia increases, while the rate of those who prefer to work in Jordan decreases where the travel expenses are much lower. In many villages the people who were the first to work abroad, were casual labourers, who had some experience before of internal migration to Syrian towns and cities.

## 4. *The migration pattern abroad*

When they set out for their first trip abroad, most migrants joined relatives, friends or other acquaintances who had worked before in the respective country and were familiar with the situation there. Very often these former migrants helped the newcomers to find a job abroad. This kind of *chain-migration* is a typical pattern which has also been observed in other studies on international labour migration.

The cities chosen by the migrants as their place of work, were in most cases the *capitals of the countries of employment.* In this respect Riyāḍ takes the lead by a wide margin, followed by ᶜAmmān. The expanding Jordanian port of ᶜAqaba also attracted a considerable number of migrants, particularly from the Middle Euphrates valley.

As a consequence of the relatively low standard of occupational qualifications of the migrants, their employment opportunities abroad were mainly limited to *unskilled jobs,* predominantly in the *building sector.* Less than 8 % of the migrants were employed in a higher position than that of an unskilled worker.

The *period of work* in the neighbouring Arab states is in general very short and lasts rarely more than four months. In Saudi-Arabia migrants normally stayed a few months longer because of higher travel expenses and the costs involved in obtaining a combined visa and work permit. Apart from short-term migration there is another type of migration which occurs particularly to Kuwait. This migration extends over a working period of more than two years and has mainly been observed among the migrants from the Euphrates valley below Dēr ez-Zōr, where labour migration has a very long tradition. In general the flow of migrants shows considerable *seasonal fluctuations* between a minimum in December and January and a maximum in June.

## 5. *The economic situation of the returnees*

Depending on the differences in the wage level and the length of stay in the country of employment the savings of the migrants returning to their village vary considerably. For returnees from Kuwait or Saudi-Arabia in 1978/79, the average sum of the *remittances* amounted to the equivalent of about 1,600 US-Dollar, while migrants returning from Iraq, Jordan, and the Lebanon had only saved between 150 and 300 US-Dollar on average.

The remittances are predominantly used to cover the general *living costs* of the household members and to pay *debts.* 18 % of the returnees spent their money on building *new houses,* while 11 % needed their savings to raise the bride-money for their *marriage. Productive investments* to help improve the earning opportunities of the migrants in their native village *are very rare.* Less than 4 % of the migrants had used their remittances for such purposes – i.e. buying agricultural machinery, livestock, or a car which could be used as a taxi, or opening a retail-shop.

After their return most migrants do the same kind of work as they did before their first stay abroad or they remain idle until they set off on their next journey. The relatively small proportion of returnees who have changed their work, consists mainly of former small-holders, who are employed as unskilled labourers in land-reclamation projects. Hardly any migrant had used the occupational experience, which he gained during his employment abroad, to work as a skilled labourer after his return to Syria.

## 6. *The future development of international labour migration*

The vast majority of the farmers from the villages affected by the restructuring of the irrigation system, declared that they would stop working abroad as soon as they could cultivate their fields again. Among all other former migrants the desire to *continue with international labour migration* is in general very strong. There are, however, some problems in putting this plan into practice: In the meantime the flow of migrants to neighbouring Arab countries has been disrupted because of the deteriorating political relations with Iraq and Jordan and because of the intensified military conflict in the Lebanon. A decrease in the number of migrants from the Euphrates valley to Saudi-Arabia and Kuwait is also to be expected in view of the fact that there are severe restrictions on the issue of passports for qualified workers by the Syrian authorities and because of a change in the recruitment policy of foreign labour in the rich oil-producing countries of the Arabian Peninsular for security and economic reasons. Thus, there is no danger that Syrian agricultural development in general and in particular the execution of the Euphrates Project, could be seriously affected by labour migration, as long as the flow of migrants is not boosted by a considerable improvement in relations between Syria and her Arab neighbours.

## III. Geographical development in the Ġāb irrigation project from an economic, social, and population aspect

So far the Ġāb region represents the largest completed irrigation project in Syria, covering a net irrigable area of about 40,000 ha. This region was chosen to study the results and experiences which have been gained during the course of reclamation and cultivation of newly irrigated areas, and to find out how the economic and social situation of the people living in the project region has developed until now.

### *1. The development of the Ġāb Project*

Prior to the execution of the project, only a small proportion of the Ġāb could be used for agriculture while the rest of this part of the Orontes basin was under perennial marsh. A relatively small number of people, belonging to different ethnic groups, had settled on the marshes and on the slopes of the valley. Their meagre sources of subsistence were based on some crop growing, raising of buffaloes and fishing.

In 1953 the reclamation of the Ġāb commenced. The major drainage works were completed in 1959, but the irrigation systems were not brought into operation until 1968. In the meantime the drained area had already been cultivated by tenants. About two-thirds of them originated from the project area, while the others came from places which were in most cases situated at a distance of less than 40 km from the Ġāb. Massive migration took place, especially by inhabitants of the mountain villages in the Ǧibāl el-ʿAlawīyīn down to the bottom of the eastern slopes of the valley or indeed right into the newly reclaimed area.

In 1969 a social survey was carried out to make sure that only the applications for land in the Ġāb were considered from the people who met the socio-economic standards of beneficiaries laid down under the agrarian reform regulations. As a result of this survey, family holdings with an average size of 2.6 ha of irrigable land were distributed to more than 11,000 allottees.

## 2. *Cropping pattern and agricultural constraints*

Cropping plans for the allottees are prepared annually in collaboration with the cooperatives, which are responsible together with the Ġāb Administration for organizing the provision of seeds, fertilizers and cultivation credits and for selling the main crops through government marketing agencies. The most important winter crops are cereals (47 % of the cultivated area), mainly mexican wheat. The summer crop is dominated by cotton (31 %). In addition sugar beet, sun-flowers, maize and different kinds of vegetables are grown. Yields in different parts of the Ġāb vary considerably according to the quality of soil, the degree of salinity, crop losses through strong winds in the western part of the Ġāb and especially deficiencies both in the irrigation system and in the drainage network. There is not enough water to irrigate the whole summer crop area, while flooding and poor drainage impose serious constraints on the cultivation of winter crops.

## 3. *The former economic situation of selected groups of allottees*

264 allottees belonging to ethnically and religiously different communities from nine places of origin, were selected on a sample basis and questioned in order to analyse, in detail, the economic, social and population-geographical effects of the irrigation project.Before these allottees started to cultivate the land of the Ġāb Project, about one-half of them had gained their livelihood as poorly paid agricultural or casual labourers with an average employment period of 3 - 4 months per year. A third of them had worked as share-croppers getting 15 - 25 % of the yields from the cultivated fields. Some owned agricultural land, but their plots were too small and low-yielding to secure a sufficient family income. For all of them the distribution of land in the Ġāb meant an enormous improvement on the economic basis of their subsistence.

## 4. *Settlements of the allottees*

The Ġāb development programme did not include governmental measures for the construction of new settlements in the project area. Therefore, many allottees had to find appropriate solutions to the problem that their fields were far away from their native villages. Where the distance between the place of origin and the allottee's fields is less than about 10 km and where there is easy road-access, in general the allottees stayed in their former villages walking or *commuting daily*, by different means of transport, from their home to their fields, and back again. Over larger distances most farmers either constructed a *seasonal accommodation* on their land or they *settled permanently* on their fields or on the outskirts of nearby villages.

## 5. *Agricultural production and income from the family holdings*

In general, the allottees interviewed in the Ġāb were very active, hard working and efficient farmers, who try to use all means available to them to improve their agricultural production. Many of them have been able to solve the main problem of insufficient water supply through the irrigation network by installing motor pumps which raise the water necessary for irrigating the summer crops from drainage canals.

As far as the main crops are concerned, most of the allottees cultivated their fields according to governmental cropping plans. In addition to official regulations some of the farmers with sufficient water supply grew *vegetables* on the same fields on which, immediately prior to this, they had harvested winter crops. These allottees sold their vegetable crops on the open market and made a much higher profit per ha on them than for the main crops marketed by governmental organisations. In such cases the net annual income from a family holding was up to four times as high as the average of about 1 000 US-Dollar in 1978/79. A few other interviewed farmers, however, whose fields suffered from poor drainage and shortage of irrigation water, got no profit at all from their land.

## 6. *Additional sources of income*

The majority of the farmers keep some livestock and use the animal products mainly for their own consumption. Most allottees who have settled within the Ġāb tend to keep a small *native cow,* while those farmers who have kept their main residence at their former villages in the Ǧibāl el-ᶜAlawīyīn or in the Ǧebel ez-Zāwīye and who can use the grazing land there, stick to their traditional habit of raising a few *sheep or goats.* Only some of the allottees of nomadic origin own larger flocks of sheep. So far only a small proportion of the farmers have received high-yielding *Friesian cows* from the governmental cattle-stations; this is intended to stimulate the market-orientated milk production and to improve the income situation of the farm units.

The number of allottees who do not depend entirely on the income from their family holding in the Ġāb, but can rely on other sources of income, is extremely high among the allottees from the prospering town of Sqīlbīye, where a large variety of income possibilities are available in different kinds of casual work, in the retail-trade or in the transport sector. For the interviewed farmers from other places of origin the access to additional sources of income is much more limited and mainly restricted to jobs as agricultural labourers in the Ġāb or as casual workers in Syrian cities and in neighbouring Arab countries.

## *7. Demands to improve the situation in the Ġāb*

To improve the economic situation of their family holdings, the allottees demanded that the local authorities should give top priority to the construction of a better *drainage network* and to the provision of more *irrigation water.* Other asked for better *agricultural roads,* efficient *levelling* of the irrigable land and an increase in the size of *family holdings.* To improve the general living conditions in the project area, there were numerous demands from the allottees concerning a further extention of infrastructural facilities, such as the *drinking water supply,* and *electricity* and the construction of additional *schools.*

## *8. Changes of household composition*

Since the beginning of the Ġāb Project the composition of the population whose livelihood depends on the income from the alloted holding in the project area has changed enormously. When they commenced their agricultural activities in the Ġāb, most households consisted of newly married couples or young families with only a few children. In 1979 the average number of household members had risen from 4.3 to 7.4. The largest families were found among the Alawites and the Ismailies, because some of them had taken advantage of their improved economic situation after the allocation of land and had married a second wife.

During the first six years after the farmers had started to work in the Ġāb, the natural population increase was extremely high. Then the birth rate shrank and the size of the population stagnated. From the 20th year onwards the number of people depending on the cultivation of the alloted land diminished as a result of an increased death rate among the members of the higher age groups, the tendency of the male grown-ups to take up other kinds of occupation and the separation of newly married daughters from their parental households.

## *9. Changes of the occupational structure*

In general only the young men who can soon expect to take over the responsibility for the family holding from their aged father, continue to work on the alloted land in the project area after having reached an age of more than 20 years. Among the other male grown-ups, who had to look for jobs outside the family holding, many young *Alawites* joined the *military forces* to become professional soldiers. Among *Christian* allottees the proportion of sons attending *secondary schools or universities* or practising a qualified occupation in the public sector, is extremely high.

On average about one-third of the gainfully employed sons of the allottees had *migrated to Syrian cities,* where most of them found a permanent place of work. A sizable proportion of the other sons, who had kept their permanent residence in the Ġāb or at their place of origin, work at least a few months each year as *casual labourers* in Syrian cities or in other Arab states. Thus less than one-half of the gainfully employed sons of the allottees work in the project area only or at their place of origin.

Among the rural population of the project area the percentage of the male workforce employed in *non-agricultural activities* is rising steadily. Altogether no more than 41 % of the interviewed allottees and their sons work only in the agricultural sector. The majority have taken up additional jobs in other sectors of the economy or have given up agriculture completely. As a result of this high degree of occupational and spatial mobility the transformation from a rural to a more urban way of life in the Ġāb is advancing rapidly.

## IV. The economic and social development in the field of nomadism in Syria illustrated by the example of mobile shepherds in the Ġāb

After some promising initial stages in the 1960's a very effective programme for promoting mobile sheep-keeping in Syria was formulated in the 1970's, including a large variety of measures to secure a better range management and a sufficient supply of feeding stuffs. When combined with a marked increase in the price of sheep and sheep products, government measures have led to a considerable improvement in the essential economic conditions of mobile sheep-keeping. This raises the question of the form and the present position of the transition from traditional nomadism to modern migratory stock-keeping in Syria.

Drawing upon the results of a case study, an attempt was made to answer the question with reference to the Ġāb region. Every autumn hundreds of mobile shepherds travel to this area and allow their flocks to graze on the harvested cotton fields. In October 1979 the author was able to question a total of 1,258 sheep-keeping units concerning their socio-economic situation.

### *1. Social composition and spatial structure of shepherds in the Ġāb*

The shepherds could be classified into four types of social groups according to their differing degree of socio-economic relations to each other and the characteristic pattern of spatial distribution:

- *Tent groups;* in general their members belong to the same household, but there are also cases in which shepherds from different families join each other to live together in one tent during the grazing period in the Ġāb.
- *Camp groups* consisting of 2 - 27 tent groups which are connected by very close social ties. They stay together during the whole period in the Ġāb and support each other in tending their flocks.
- *Grazing groups* are composed of several tent groups or camp groups which are con-

nected by relatively loose social relations. They rent grazing areas collectively, but rest at separate camp sites and often stay in the Ġāb for varying periods of time.

- *Parts of tribes and sub-tribes;* their members are united by the ᶜaṣabīya (sense of belonging to the same tribal unit), which includes the support of tribal members against hostile tribes and which may have a strong influence on the choice of grazing areas, especially outside the Ġāb. Within the surveyed area, however, there is a spatial diffusion of tent groups belonging to three main tribes of the Mawālī, the Ḥadīdīn, and the Benī Ḫāled; but in most cases it could be observed that the grazing areas had been rented in that part of the Ġāb which is relatively close to the region of origin of the shepherds.

## 2. *Pattern of seasonal grazing migration*

The main migration of the flocks into the *Ġāb region* starts in August and reaches its peak in October at the end of the cotton harvest. At that time about 260,000 sheep were in the project area. In November and December a good half of all the units and especially those with particulary large flocks moved to the *semi-desert* or the central Syrian mountains. While some flocks spent the winter at the shepherds' place of residence and did not reach the eastern grazing areas until February, other shepherds dispensed completely with this form of grazing migration. From the beginning of May until the middle of June the flocks returned from the semi-desert to the neighbouring western *zone of settlement* to utilize the grazing potential of the harvested cereal fields in that area, before moving on to the Ġāb.

The *migration distances* between the seasonal grazing areas are generally between 50 and 200 km; but distances of up to 360 km are sometimes travelled and, almost without exception, even these routes are covered on foot by the flocks accompanied by the shepherds. The women and children, however, are generally brought to the next camp site by car together with the tent equipment. While nearly every „complete nomad" has his own transport vehicle or at least shares a pick-up with a group, most of the other shepherds rely on rented vehicles.

## 3. *The shepherds' economic situation*

The average *size of the flocks* is 150 sheep, rising to 280 animals in the case of the „complete nomads". Just under a quarter of that group have flocks ranging from 500 to 3,000 sheep. More than three-quarters of the shepherds were tending only their own animals. This clearly contrasts with previous surveys which showed that in the 1960's – as a result of a desastrous drought – only about one-third of the Syrian nomads and semi-nomads tended flocks of sheep and goats which they themselves owned. The improvement in the general economic situation has obviously resulted in a growing number of shepherds buying their own animals and, thus, being able to extricate themselves increasingly from their dependence on the urban suppliers of capital who formerly dominated this sector; only just under 12 % of the flocks surveyed in the Ġāb belonged to people living in the towns, especially in Ḥamāh.

In 1979 an average of about 2,100 US-Dollar per sheep-keeping unit was established as the *net annual income* from stock-keeping. This amount is much higher than the average wages of Syrian industrial workers. The „complete nomads" actually achieved an average of about 3,800 US-Dollar.

The *sheep cooperatives* have made an important contribution towards the favourable earnings situation by providing feeding stuffs costing 15 - 20 % less than on the open market. The positive response aroused by the creation of the cooperatives can be seen simple by the fact that already 71 % of the shepherds interviewed in the Ġāb belonged to them.

### 4. *Agricultural activities and additional sources of income*

About 60 % of the shepherds are also *engaged in agriculture.* By far the largest part of their cultivated land is located in areas with a biannual rotation of winter cereals and fallow. The yields, which can generally be classified as moderate to low, are mainly used as feeding stuffs for the sheep. About one-third of the interviewees explained that they sowed cereals mainly to obtain green fodder for their flocks.

Shepherds with small flocks in particular availed themselves of the opportunity to raise their income by working together with other family members as *harvest labourers* during the grazing period in the Ġāb. Among the „complete nomads" this kind of agricultural work could be observed only in a few exceptional cases.

### 5. *The position of the shepherds within the nomadic/sedentary spectrum*

41 % of the shepherds surveyed in the Ġāb live in tents only, while the others own a house which, with a few exceptions, was not built until after the Second World War. One-fifth of the interviewees had built their houses in the last ten years. This was often the result of the *agrarian reform* whereby many shepherds obtained the right of disposal over landed property which they had often farmed previously as share-croppers. In other cases the recent establishment of a permanent accommodation was stimulated by the *improved income situation* and the better facilities for buying *sheep fodder* so that the flocks can stay in the zone of settlement in winter. The existence of a permanent accommodation leads to the spatial *separation of the household members.* For this reason, older women, wives with small children and boys at the compulsory school age in particular did not accompany the flocks during the grazing period in the Ġāb, but were left behind at their place of residence.

It has beed possible to typify the shepherds and produce a break down of their group in quantitative terms based on the characteristics which are generally referred to when classifying nomadism. With an increasing frequency of sedentary features in the various groups the percentage of shepherds' sons who have been educated at school is rising drastically. This shows a strong tendency of the more sedentary part of the up and coming generation to change to other modes of employment. On the other hand it indicates that *the rapid decline of the nomadic way of life in Syria has been stopped* due to the fact that the occupational choice of the „complete nomads" sons is, in most cases, to continue working as migratory stock-keepers.

The very great succes of the various measures to promote mobile sheep-rearing and to improve stock-keeping conditions in general, resulting in a 92 % increase in the number of sheep in Syria between 1973 and 1980, clearly shows that the Syrian government has adopted the right method for integrating the nomadic type of economy into the country's macro-economic development.

# Literaturverzeichnis

A b o u - Z e i d , A.M.: The sedentarisation of nomads in the Western Desert of Egypt. – International Social Science Bulletin 11. 1959, S. 550–558.

A b o u - Z e i d , A.M.: The nomadic and semi-nomadic tribal populations of the Egyptian Western Desert and the Syrian Desert. – Bulletin of the Faculty of Arts 17. Alexandria 1964, S. 71–133.

A c k e r m a n n , William C., G.F. W h i t e u. E.B. W o r t h i n g t o n (Hrsg.): International symposium on man-made lakes: Their problems and environmental effects. – Geophysical Monograph Series 17. Washington D.C. 1973.

A k i l i , M.T.: Die syrischen Küstengebiete. Eine Modelluntersuchung zur Regionalplanung in den Entwicklungsländern. – Berlin 1968.

A l - K a s a b , Nafi Nasser: Die Nomadenansiedlung in der irakischen Jezira. – Tübinger Geographische Studien 20. 1966.

A l a f e n i s h , Salim: Die Beduinen in Ibn Khaldun's Wissenschaft. – In: F. Scholz und J. Janzen (Hrsg.): Nomadismus – ein Entwicklungsproblem? Berlin 1982, S. 119–129.

Anonym: Notes sur la propriété foncière dans la Syrie Centrale. – L'Asie Française 33, 309. Paris 1933, S. 130–137.

Anonym: The Ghab Project in Syria. – Way Ahead 5. 1955, S. 14–23.

Anonym: La richesse ovine en Syrie. – Syrie et Monde Arabe 329, 28 (25. Juli 1981). Damaskus 1981, S. 1–4 (Zit. als 1981a).

Anonym: Saudi Arabia – the manpower controversy. – Middle East Economic Digest (24. April 1981). London 1981, S. 40 (Zit. als 1981b).

A r a r , Abdulla: Salinity and drainage problems in the lower Euphrates valley. – FAO Reclamation and Drainage Project. Kairo 1974.

A s c h e , H.: Der junge Wandel im ländlich-nomadischen Lebensraum Südost-Arabien. Die Küstenprovinz Al Bāṭinah im erdölfördernden Sultanat Oman als Beispiel. – Diss. Göttingen 1980.

A w a d , Mohammed: The assimilation of nomads in Egypt. – Geographical Review 65. 1954, S. 240–252.

A w a d , Mohammed: Settlement of nomadic and semi-nomadic tribal groups in the Middle East. – Bulletin de la Société de Géographie d'Egypte 32. Kairo 1959, S. 5–42.

A w a d , Mohammed: Nomadism in the Arab lands of the Middle East. – In: Problems of the Arid Zone. UNESCO, Arid Zone Research 18. 1962, S. 325–339.

B a c o n , E.E.: Types of pastoral nomadism in Central and Southwest Asia. – Southwestern Journal of Anthropology, Albuquerque 10. 1954, S. 22–68.

B a k o u r , Yahia: Supporting policies and services for agrarian reform programme in Syria. – Meeting papers of WCARRD (FAO). Rom 1979.

B a r t h , Fredrik: Nomads of South Persia. The Basseri Tribe of the Khamseh Confederacy. – Oslo 1964.

B a t e s , Daniel G.: Differential access to pasture in a nomadic society: The Yörük of Southeastern Turkey. – In: W. Irons u. N. Dyson-Hudson (Hrsg.): Perspectives on nomadism. Leiden 1972, S. 48–59.

B a t e s , Daniel G.: Nomads and farmers: A study of the Yörük of Southeastern Turkey. – Anthropological Papers (Museum of Anthropology, University of Michigan) 52. Ann Arbor 1973.

B a u č i c , Ivo: The effects of emigration for Yugoslavia and the problems of returning emigrant workers. – Den Haag 1972.

B e c k , L.: Economic transformations among Qashqai nomads 1962–1978. – In: M.E. Bonine u. N. Keddie (Hrsg.): Modern Iran. The dialectics of continuity and change. – Albany 1981, S. 99–122.

B e r n a r d , Augustin u. N. L a c r o i x : L'évolution du nomadisme en Algérie. – Algier 1906.

B e u e r m a n n , Arnold: Fernweidewirtschaft in Südosteuropa. – Braunschweig 1967.

Bianquis, Anne-Marie: Le problème de l'eau à Damas et dans sa Ghouta. – Revue de Géographie de Lyon 52. 1977, S. 35–53.

Bianquis, Anne-Marie: Damas et la Ghouta. – In: A. Raymond (Hrsg.): La Syrie d'aujourd'hui. Paris 1980. S. 359–384.

Binswanger, Karl: Politischer „islamischer Fundamentalismus": das Beispiel der syrischen Muslimbruderschaft. – Orient 22. 1981, S. 644–653.

Birks, John Stace: The reaction of rural sedentary populations to drought in Arabia. – Erdkunde 31. 1977, S. 299–305.

Birks, John Stace u. S.E. Letts: Diqal and Muqaydah: Dying oases in Arabia. – Tijdschrift voor Economische en Sociale Geografie 68. 1977, S. 143–149.

Birks, John Stace u. Clive A. Sinclair: The international migration project: An enquiry into the Middle East labor market. – International Migration Review 45. 1978, S. 122–135.

Birks, John Stace u. Clive A. Sinclair: Some aspects of the labour market in the Middle East with special reference to the Gulf states. – Journal of developing areas 13. 1979, S. 301–318 (Zit. als 1979a).

Birks, John Stace u. Clive A. Sinclair: Migration for employment among the Arab countries. – Development Digest 17. 1979, S. 65–89. (Zit. als 1979b).

Birks, John Stace u. Clive A. Sinclair: International migration and development in the Arab region. – Genf 1980. (International Labour Office).

Birks, John Stace u. Clive A. Sinclair: Arab manpower – the crisis of development. – London 1980. (Zit. als 1980a).

Birks, John Stace u. Clive A. Sinclair: Aspects of labour migration from North Yemen. – Middle Eastern Studies 17. 1981, S. 49–63.

Bisharat, Mary: Yemeni farmworkers in California. – MERIP (Middle East Research and Information Project) Reports 34. 1975, S. 22–26.

Bobek, Hans: Soziale Raumbildungen am Beispiel des Vorderen Orients. – Dt. Geographentag München 1948. Tagungsbericht und wiss. Abhandlungen. Landshut 1950, S. 193–206.

Böhning, W.R.: Some thoughts on emigration from the Mediterranean Basin. – International Labour Review 111. 1975, S. 251–279.

Böhning, W.R.: Basic aspects of migration from poor to rich countries: Facts, problems, policies. – World Employment Programme (WEP 2, 26: WP. 6) Genf 1976.

Boucheman, Albert de: Notes sur la rivalité de deux tribus moutonnières de Syrie: Les „Mawali" et les „Hadidiyn". – Revue des Etudes Islamiques 8. Paris 1934, S. 9–58. (Zit. als 1934a).

Boucheman, Albert de: La sédentarisation des nomades du désert de Syrie. – L'Asie Française 320. Paris 1934, S. 140–143. (Zit. als 1934b).

Bougey, André: La Barrage de Tabqa et l'aménagement du Bassin de l'Euphrate en Syrie. – Revue de Géographie de Lyon 49. 174, S. 343–354.

Bräunlich, E.: Beiträge zur Gesellschaftsordnung der arabischen Beduinenstämme. – Islamica 6. 1933, S. 68–111.

Breeze, Richard: Asian workers: China is about to enter the scene. – Middle East Economic Digest Special Report Feb. 1980, S. 7 u. 11.

Brokensha, David u. Thayer Scudder: Resettlement. – In: Neville Rubin u. William M. Warren (Hrsg.): Dams in Africa, an interdisciplinary study of man-made lakes in Africa. – London 1968, S. 20–62.

Bujra, Abdalla Said: The social implications of developmental policies: A case study from Egypt. – In: C. Nelson (Hrsg.): The desert and the sown, nomads in the wider society. Berkeley 1973, S. 143–157.

Burckhardt, Johann Ludwig: Reisen in Syrien, Palästina und der Gegend des Berges Sinai. (Übersetzt und herausgegeben von Wilhelm Gesenius) Bd. I. Weimar 1823.

Carré, Olivier: Le mouvement idéologique baᶜthiste. – In: A. Raymond (Hrsg.): La Syrie d'aujourd'hui. Paris 1980, S. 185–224.

Carrol, Jane: Control of immigrants is effective but flexible. – Middle East Economic Digest Special Report Feb. 1980, S. 41–42.

Castles, S. u. G. Kosack: Immigrant workers and class structure in Western Europe. – London 1973.

Central Bureau of Statistics: Statistical Abstract 1978. – Damaskus 1978.

Chatty, Dawn: From camel to truck: A study in pastoral adoptation. – Folk 18. Kopenhagen 1976. S. 113–128.

Chaucri, Nazli: The new migration in the Middle East: A problem for whom? – International Migration Review 40. 1977, S. 421–443.

Cole, Donald P.: Nomads of the Nomads. The Al Murrah Bedouin of the Empty Quarter. – Aldine, Chicago 1975.

Cole, Donald P.: Pastoral nomads in a rapidly changing economy. The case of Saudi Arabia. – In: T. Niblock (Hrsg.): Social and economic development in the Arab Gulf. London, Exeter 1980, S. 106–121.

Colson, Elizabeth: The social consequences of resettlement. The impact of the Kariba resettlement upon the Gwembe Tonga. – Kariba Studies 4. Manchester 1971.

Cordes, Rainer: Case study: The United Arab Emirates. – In: R. Cordes und F. Scholz: Bedouins, wealth and change. Tokio 1980, S. 12–48.

Cordes, Rainer u. Fred Scholz: Bedouins, wealth and change. A study of rural development in the Arab Emirates and the Sultanate of Oman. – The United Nations University, Tokio 1980.

Dahya, Badr U.-D.: Yemenis in Britain: An Arab migrant community. – Race 6. 1964, S. 177–190.

Dahya, Badr U.-D.: Pakistanis in Britain: Transients or settlers? – Race 14. 1973, S. 241–277.

Délégation Générale de la France combattante au Levant. Inspection des mouvances bédouines de l'état de Syrie: Les tribus nomades de l'état de Syrie. – Beirut, Damaskus 1943.

Donner, Wolf: Wandlungen in der syrischen Wüstenwirtschaft. Beobachtungen im Gebiet südöstlich Aleppo. – Zeitschrift für Wirtschaftsgeographie 8. 1964, S. 45–48.

Draz, Omar: Role of range management in the campaign against desertification. The Syrian experience as an applicable example for the Arabian Peninsula. – (UNCOD/MISC/13) Algarve 1977.

Draz, Omar: Range and fodder crop development, Syrian Arab Republic. National range management and fodder crop production programme. – (FAO) Rom 1980.

Drysdale, Alastair: The Syrian political elite, 1966–1976. A spatial and social analysis. – Middle Eastern Studies 17. 1981, S. 3–30.

Dyson-Hudson, Neville: The study of nomads. – In: W. Irons u. N. Dyson-Hudson (Hrsg.): Perspectives on nomadism. Leiden 1972, S. 2–29.

Ehlers, Eckart: Bauern – Hirten – Bergnomaden am Alvand Kuh/Westiran. Junge Wandlungen bäuerlich-nomadischer Wirtschaft und Sozialstruktur im iranischen Hochgebirge. – Verh. 40. Dt. Geographentag Innsbruck 1975. Wiesbaden 1976, S. 775–794.

Ehlers, Eckart: Die Erdölförderländer des Mittleren Ostens 1960–1976. Zum Wert- und Bedeutungswandel einer Wirtschaftsregion. – Die Erde 109. 1978, S. 457–491.

Ehlers, Eckart (Hrsg.): Beiträge zur Kulturgeographie des islamischen Orients. – Marburger Geographische Schriften 78. Marburg 1979. (Zit. als 1979a).

Ehlers, Eckart: Der Alvand Kuh. Zur Kulturgeographie eines iranischen Hochgebirges und seines Vorlandes. – Innsbrucker Geographische Studien 5. 1979, S. 483–500. (Zit. als 1979b).

Ehlers, Eckart: Iran: Grundzüge einer geographischen Landeskunde. – Darmstadt 1980. (Wiss. Länderkunden 18).

Ehlers, Eckart u. Georg Stöber: Entwicklungstendenzen des Nomadismus in Iran. – In: F. Scholz und J. Janzen (Hrsg.): Nomadismus – ein Entwicklungsproblem? Berlin 1982, S. 195–205.

Ehmann, D.: Baḫtiyāren – Persische Bergnomaden im Wandel der Zeit. – Beih. z. Tübinger Atlas des Vorderen Orients, Reihe B, 15. Wiesbaden 1965.

Epstein, E.: The Bedouin problem in the Middle East. – Atti del 19 congresso internationale degli orientalisti 1935. Rom 1938, S. 575–578.

Fabietti, Ugo: Transformations économiques et leurs effects sur l'organisation sociale des groupes nomades d'Arabie Saoudite. – In: F. Scholz u. J. Janzen (Hrsg.): Nomadismus – ein Entwicklungsproblem? Berlin 1982, S. 159–166.

Fahim, Hussein M.: Nubian resettlement in the Sudan. – The American University in Cairo, Social Research Center, Reprint Series 13. Kairo 1972.

Fahim, Hussein M.: Egyptian Nubia after resettlement. – Current Anthropology 4. 1973, S. 483–485.

Fahim, Hussein M.: The study and evaluation of the rehabilitation process in the newly settled communities in the land reclamation areas: The Nubian settlement in Kom Ombo Region, Upper Egypt. – The American University in Cairo, Social Research Center. Kairo 1975.

FAO: Agricultural development of the Ghab region: Report on project results. – Rom 1974.

Farah, Tawfic, Faisal Al-Salem u. Maria Kolman Al-Salem: Alienation and expatriate labor in Kuwait. – Journal of South Asian and Middle Eastern Studies 4. 1980, S. 3–40.

Fernea, R.A. u. J.G. Kennedy: Initial adaptations to resettlement: A new life for Egyptian Nubians. – Current Anthropology 3. 1966, S. 349–354.

Friedlander, Stanley L.: Labor, migration, and economic growth: A case study from Puerto Rico. – Cambridge, Mass. 1965.

Frischen, Alfred u. Walther Manshard: Kulturräumliche Strukturwandlungen am Volta River. – Erdkunde 25. 1971, S. 51–65.

Gattinara, Gian Carlo Castelli: Studies on socio-cultural and institutional factors affecting resettlement of the populations from the Tabqa Reservoir and adjacent areas of the Euphrates River. – The Euphrates Pilot Irrigation Project. Damaskus 1973.

Gaulmier, J.: Notes sur la pêche du silure dans la vallée du Ġāb. – Mélanges de l'Institut Français de Damas 1. Beirut 1929.

Gibert, André: L'irrigation de la plaine de Homs et ses problèmes. – Revue de Géographie de Lyon 24. 1949, S. 151–158.

Glubb, J.B.: The economic situation of the Transjordan tribes. – Royal Central Asian Journal 25. 1938, S. 448–459.

Gmelch, George: Return migration. – Annual Review of Anthropology 9. 1980, S. 135–159.

Goichon, A.M.: L'aménagement de la vallée Syrienne de l'Oronte. – Orient 10. Paris 1966, S. 149–171.

Griffin, Keith: On the emigration of the peasantry. – World Development 4. 1976, S. 353–361.

Haidari, Ibrahim: Der Auflösungsprozeß des Beduinentums im Irak. – In: F. Scholz u. J. Janzen (Hrsg.): Nomadismus – ein Entwicklungsproblem? Berlin 1982, S. 139–142.

Halliday, Fred: Migration and labour force in the oil producing countries of the Middle East. – Development and Change 8. 1977, S. 263–292.

Hartmann, Klaus-Peter: Untersuchungen zur Sozialgeographie christlicher Minderheiten im Vorderen Orient. – Beih. z. Tübinger Atlas des Vorderen Orients, Reihe B, 43. Wiesbaden 1980.

Hartmann, Richard: Zur heutigen Lage des Beduinentums. – Die Welt des Islam 20. 1938, S. 51–73.

Heinritz, Günter: Die Entwicklung junger Bewässerungsprojekte unter dem Einfluß gruppenspezifischen Pächterverhaltens. Ein erster Bericht über sozialgeographische Untersuchungen im Khashm el Girba-Projektgebiet/Republik Sudan. – Geographische Zeitschrift 65. 1977, S. 188–215.

Herzog, R.: Seßhaftwerden von Nomaden. – Forschungsberichte des Landes Nordrhein-Westfalen 1238. Köln-Opladen 1963.

Hill, Allan G.: Population, migration and development in the Gulf States. – In: Sharam Chubin (Hrsg.): Security in the Persian Gulf I: Domestic political factors. – International Institute for Strategic Studies. Westmead 1981, S. 58–83.

Hinnebusch, Raymond A.: Local politics in Syria: Organization and mobilization in four villages. – Middle East Journal 30. 1976, S. 1–24.

Hitti, Ph.K.: The Syrians in America. – New York 1924.

Hosry, Mohammed: Sozialökonomische Auswirkungen der Agrarreform in Syrien. – Sozialökonomische Schriften zur Agrarentwicklung 43. Saarbrücken 1981.

Hümmer, Philipp: Folgen der Arbeitsemigration für die Herkunftsländer, analysiert am Beispiel der Investitionstätigkeit türkischer Gastarbeiter in ihrem Heimatland. – In: G. Meyer (Hrsg.): Geographische Aspekte der Entwicklungsländerproblematik. Rheinfelden 1981, S. 70–75.

Hütteroth, Wolf-Dieter: Bergnomaden und Yaylabauern im mittleren Kurdischen Taurus. – Marburger Geographische Schriften 11. 1959.

Hütteroth, Wolf-Dieter: Zum Kenntnisstand über Verbreitung und Typen von Bergnomadismus und Halbnomadismus in den Gebirgs- und Plateaulandschaften Südwestasiens. – In: C. Rathjens, C. Troll u. H. Uhlig (Hrsg.): Vergleichende Kulturgeographie der Hochgebirge des südlichen Asiens. – Erdwissenschaftliche Forschungen 5. Wiesbaden 1973, S. 146–156.

Hütteroth, Wolf-Dieter: Türkei. – Darmstadt 1982. (Wiss. Länderkunden 21).

Husnaoui, M. u. C.W. Fox: Production characteristics from a flock of Awassi sheep. – In: Asmar Stickley et al. (Hrsg.): Man, food, and agriculture in the Middle East. – Beirut 1969, S. 315–324.

Irons, William u. Neville Dyson-Hudson (Hrsg.): Perspectives on nomadism. – Leiden 1972.

Janzen, Jörg: Die Nomaden Dhofars/Sultanat Oman. Traditionelle Lebensformen im Wandel. – Bamberger Geographische Schriften 3. 1980.

Janzen, Jörg: Die moderne Entwicklung im nomadisch-bäuerlichen Lebensraum der südomanischen Region Dhofars. – In: F. Scholz (Hrsg.): Beduinen im Zeichen des Erdöls. Wiesbaden 1981, S. 395-461.

Jentsch, Christoph: Das Nomadentum in Afghanistan. – Afghanische Studien 9. 1973.

Johnson, Douglas L.: The nature of nomadism: A comparative study of pastoral migrations in Southwestern Asia and Northern Africa. – Research Paper 118, Department of Geography, University of Chicago 1969.

Jopp, K.: Volta. The story of Ghana's Volta River Project. – Accra 1965.

Katakura, Motoko: Bedouin village. A study of a Saudi Arabian people in transition. – The Modern Middle East Series 8. 1977.

Kingdom of Saudi Arabia: Population Census 1394 AH – 1974 AD. Detailed data. Administrative area of Mecca. – Riyad 1977.

Klat, Paul J.: Musha holdings and land fragmentation in Syria. – Middle East Economic Papers 1957, S. 12–23.

Köhler, Wolfgang: Syrien. – In: Dieter Nohlen u. Franz Nuscheler (Hrsg.): Handbuch der Dritten Welt. Bd. 4. Hamburg 1978, S. 621–643.

Koniski, J.: Tribus moutonnières du Moyen-Euphrate. – In: Terre d'Islam 15. Lyon 1940, S. 39–52.

Kopp, Horst: Der Einfluß temporärer Arbeitsemigration auf die Agrarentwicklung in der Arabischen Republik Jemen. – Erdkunde 31. 1977, S. 226–230. (Zit. als 1977a).

Kopp, Horst: Al-Qāsim. Wirtschafts- und sozialgeographische Strukturen und Entwicklungsprozesse in einem Dorf des jemenitischen Hochlandes. – Beihefte zum Tübinger Atlas des Vorderen Orients, Reihe B, 31. Wiesbaden 1977. (Zit. als 1977b).

Kopp, Horst: Agrargeographie der Arabischen Republik Jemen. Erlanger Geographische Arbeiten, Sonderband 11. 1981.

Kortum, Gerhard: Entwicklungskonzepte für den nomadischen Lebensraum der Qashqai in Fars/Iran – ein perspektivischer Rückblick. – In: F. Scholz und J. Janzen (Hrsg.): Nomadismus – ein Entwicklungsproblem? Berlin 1982, S. 207–216.

Kraus, W. (Hrsg.): Nomadismus als Entwicklungsproblem. – Bochumer Schriften zur Entwicklungsforschung und Entwicklungspolitik 5. Bielefeld 1969.

Kurian, Georg Thomas: Encyclopedia of the Third World, Bd. 2. – London 1979.

Lancaster, William: The Rwala beduin today. – Cambridge 1981.

Lee, Everett S.: Eine Theorie der Wandlung. – In: G. Szell (Hrsg.): Regionale Mobilität. – München 1972, S. 117–129.

Leidlmair, Adolf: Ḥaḍramaut. Bevölkerung und Wirtschaft im Wandel der Gegenwart. – Bonner Geographische Abhandlungen 30, 1961.

Leidlmair, Adolf: Umbruch und Bedeutungwandel im nomadischen Lebensraum des Orients. – Geographische Zeitschrift 53. 1965, S. 81–100.

Lewis, Norman: Frontiers of settlement in Syria 1800–1950. – International Affairs 31. 1955, S. 48–60.

Lewis, R.: Hadchite: A study of emigration in a Lebanese village. – (Ph. D. Thesis Anthropology, Columbia University) Ann Arbor 1967.

Löffler, R.: Recent economic changes in Boir Ahmad: Regional growth without development. – Iranian Studies 9. 1976, S. 266–287.

Mahhouk, Adnan: Recent agriculture development and bedouin settlement in Syria. – Middle East Journal 10. 1956, S. 167–176.

Mahli, Saleh: Die Mannigfaltigkeit der ländlichen Besiedlung im mittleren Westsyrien. – Diss. Nat. Fak. Universität München. Augsburg 1970.

Manshard, Walther: Die großen Stauseen Afrikas. – Afrika Spektrum 1972, S. 79–89.

Marx, Emanuel: The organization of nomadic groups in the Middle East. – In: M. Milson (Hrsg.): Society and political structure in the Arab world. – New York 1973, S. 305–336.

Merner, Paul-Gerhardt: Das Nomadentum im nordwestlichen Afrika. – Diss. Berlin 1937.

Métral, Françoise: Le monde rural Syrien à l'ère des réformes (1958–1978). – In: A. Raymond (Hrsg.): La Syrie d'aujourd'hui. Paris 1980, S. 297–326.

Meyer, Günter: Erschließung und Entwicklung der ägyptischen Neulandgebiete. – Erdkunde 32. 1978, S. 212–227.

Meyer, Günter (Hrsg.): Geographische Aspekte der Entwicklungsländerproblematik. – Rheinfelden 1981.

Meyer, Günter: Ziele, Realisierung und Schadfolgen großer Staudammprojekte. Der Hochdamm bei Assuan und der syrische Euphratdamm. – In: G. Meyer (Hrsg.): Geographische Aspekte der Entwicklungsländerproblematik. Rheinfelden 1981, S. 36–42. (Zit. als 1981a).

Ministère de l'Information: La Syrie d'aujourd'hui. – Damaskus 1974.

Ministry of the Euphrates Dam: Euphrates Project. – Damaskus 1976.

Miracle, Marvin P. u. Sara S. Berry: Migrant labour and economic development. – Oxford Economic Papers 22. 1970, S. 86–108.

Montagne, Robert: Quelques aspects du peuplement de la Haute-Djeziré. – Bulletin d'Etudes Orientales 2. 1932, S. 53–66.

Montagne, Robert: La civilisation du désert: Nomades d'Orient et d'Afrique. – Paris 1947.

Monteil, V.: Les tribus du Fârs et la sédentarisation des nomades. – Le Monde d'Outres-Mer, Passé et Présent, Document 10. Paris, Den Haag 1966.

Müller, Victor: En Syrie avec les Bédouins. – Paris 1931.

Naaman, Anwar: Le pays de Homs; étude de régime agraire et d'économie rurale. – Paris 1951. (Thèse Faculté des Lettres).

Nazdar, Mustafa: Les Kurdes en Syrie. – In: G. Chaliand (Hrsg.): Les Kurdes et le Kurdistan. – Paris 1978, S. 307–319.

Nelson, C. (Hrsg.): The desert and the sown, nomads in the wider society. – Research Series 21, Institute of International Studies, University of California. Berkeley 1973.

Niblock, Tim (Hrsg.): Social and economic development in the Arab Gulf. – London, Exeter 1980.

Niblock, Tim (Hrsg.): State, society and economy in Saudi Arabia. – London 1981.

Niemeier, G.: Vollnomaden und Halbnomaden im Steppenhochland und in der nördlichen Sahara. – Erdkunde 9. 1955, S. 249–263.

Nyrop, Richard F. (Hrsg.): Syria, a country study. – Area handbook series. Washington 1979.

OFA (Office Arabe de Presse et de Documentation): Le barrage sur l'Euphrate. – Damaskus o.J. (ca. 1973).

Oppenheim, Max von: Die Beduinen. Bd. 1. – Leipzig 1939.

Paine, Suzanne: Exporting workers: the Turkish case. – London 1974.

Pennise, Giuseppe: Development, manpower and migration in the Red Sea Region. The case for cooperation. – Mitteilungen des Deutschen Orient Instituts 15. Hamburg 1981.

Planck, Ulrich: Soziale Gruppen im Vorderen Orient. – In: E. Ehlers (Hrsg.): Beiträge zur Kulturgeographie des islamischen Orients. – Marburg 1979, S. 1–10.

Planck, Ulrich: Die Entwicklung der Landwirtschaft in Syrien nach der Agrarreform. – Quarterly Journal of International Agriculture 20. 1981, S. 164–177.

Poidebard, A.: La Haute-Djezireh. – La Géographie 47. 1927, S. 191–206.

Popp, Herbert: Entwicklungsprojekt Massa (Südmarokko). Eine marginale Trockensteppenregion auf dem Weg zum exportorientierten Sonderkulturanbaugebiet? – In: G. Meyer (Hrsg.): Geographische Aspekte der Entwicklungsländerproblematik. Rheinfelden 1981, S. 43–53.

Press, Heinrich: Der Euphratdamm in Syrien. – Die Wasserwirtschaft 53. 1963, S. 199–202.

Raswan, C.R.: Tribal areas and migration lines of the North Arabian Bedouins. – Geographical Review 20. 1930, S. 494–502.

Rathjens, C.: Geographische Grundlagen und Verbreitung des Nomadismus. – In: W. Kraus (Hrsg.): Nomadismus als Entwicklungsproblem. Bielefeld 1969, S. 19–28.

Ratnatunga, R.T.: FAO Ghab Development Project: Report on land tenure, land settlement and institutional considerations. – Damaskus 1968.

Raymond, André (Hrsg.): La Syrie d'aujourd'hui. – Centre d'Etudes et de Recherches sur l'Orient Arabe Contemporain. Paris 1980.

Reissner, Johannes: Die Besetzung der großen Moschee in Mekka 1979. Zum Verhältnis von Staat und Religion in Saudi-Arabien. – Orient, Deutsche Zeitschrift für Politik und Wirtschaft des Orients 21. 1980, S. 194–222.

Rhoades, Robert (Hrsg.): The anthropology of return migration. – Papers in Anthropology 20. 1979.

Rondot, Pierre: Les Kurdes de Syrie. – La France Méditerranéenne et Africaine 2. 1939, S. 81–126.

Safa, A.: L'émigration Libanaise. – Beirut 1960. (Thèse des lettres Univ. St.-Joseph).

Sales, M.E.: Country case study: Syrian Arab Republic. – International Migration Project, Durham University, Economics Department. Durham 1978.

Salzman, Philip C.: Political organisation among nomadic peoples. – Proceedings of the American Philosophical Society 111. 1967, S. 115–131.

Samman, Mouna Liliane: Aperçu sur les mouvements migratoires recents de la population en Syrie. – Revue de Géographie de Lyon 1978, S. 211–228.

Sarkis, Nicolas: The USSR wins race to the Euphrates. – New Outlook 9, Nr. 5. 1966, S. 29–31.

SàSà, A.M.: Die sozialkulturellen Probleme der Seßhaftmachung von Kamel-Nomaden in Süd-Jordanien (El Jafr Region). – Diss. Gießen 1973.

Schamp, Heinz: Die Umsiedlung der Nubier in Oberägypten – eine sozialgeographische Studie. – In: Deutscher Geographentag Bochum 1965. Tagungsbericht und wissenschaftliche Abhandlungen. Wiesbaden 1966, S. 283–291.

Scholz, Fred: Belutschistan (Pakistan), eine sozialgeographische Studie des Wandels in einem Nomadenland seit Beginn der Kolonialzeit. – Göttinger Geographische Abhandlungen 63. 1974.

Scholz, Fred: Seßhaftwerdung von Beduinen in Kuwait. – Erdkunde 29. 1975, S. 223–234.

Scholz, Fred: Entwicklungstendenzen im Beduinentum der kleinen Staaten am Persisch-Arabischen Golf – Oman als Beispiel. – Mitteilungen der Österreichischen Geographischen Gesellschaft 118. 1976, S. 70–108.

Scholz, Fred: Die beduinischen Stämme im östlichen Inner-Oman und ihr Regional-Mobilitäts-Verhalten. – Sociologus 27. 1977, S. 97–133.

Scholz, Fred (Hrsg.): Beduinen im Zeichen des Erdöls. Studien zur Entwicklung im beduinischen Lebensraum Südost-Arabiens. – Beihefte zum Tübinger Atlas des Vorderen Orients, Reihe B, Nr. 45. Wiesbaden 1981. (Zit. als 1981a).

Scholz, Fred: Nomadische/beduinische Bevölkerungsgruppen als Forschungsproblem und Forschungsgegenstand in der Gegenwart. Eine Einführung. – In: F. Scholz (Hrsg.): Beduinen im Zeichen des Erdöls. Wiesbaden 1981, S. 1–53. (Zit. als 1981b).

Scholz, Fred: Beduinen in Inner-Oman und ihre „Teilnahme" am gesamtgesellschaftlichen Entwicklungsprozeß seit Beginn der Erdölwirtschaft. – In: F. Scholz (Hrsg.): Beduinen im Zeichen des Erdöls. Wiesbaden 1981, S. 116–393. (Zit. als 1981c).

Scholz, Fred u. Jörg Janzen (Hrsg.): Nomadismus – ein Entwicklungsproblem? Beiträge zu einem Nomadismussymposium veranstaltet in der Gesellschaft für Erdkunde zu Berlin vom 11. bis 14. Februar 1982. Berlin 1982.

Scholz, Fred: Anmerkungen zum Begriff „Nomadismus". – In: F. Scholz u. J. Janzen (Hrsg.): Nomadismus – ein Entwicklungsproblem? Berlin 1982, S. 2–8.

Schweizer, Günther: Nordost-Aserbaidschan und Shah Sevan-Nomaden, Strukturwandel einer nordwestiranischen Landschaft und ihrer Bevölkerung. – Erdkundliches Wissen 26. 1970, S. 80–148.

Schweizer, Günther: Gastarbeiter in Saudi-Arabien. – Tübinger Geographische Studien 80. 1980, S. 353–365.

Scudder, Thayer: Social anthropology. Man made lakes and population relocation in Africa. – Anthropological Quarterly 1968, S. 168–176.

Scudder, Thayer: The human ecology of big projects: River basin development and resettlement. – Annual Review of Anthropology 1973, S. 45–61. (Zit. als 1973a).

Scudder, Thayer: Resettlement. – In: W.C. Ackermann et al. (Hrsg.): International symposium on man-made lakes: Their problems and environmental effects. Washington D.C. 1973, S. 707–719 (Zit. als 1973b).

Seccombe, Ian J.: Manpower and migration: The effect of international labour migration on agricultural development in the East Jordan Valley 1973–1980. – University of Durham, Centre of Middle Eastern and Islamic Studies, Occasional Papers Series 11. Durham 1981.

Serjeant, R.B.: Yemeni Arabs in Britain. – The Geographical Magazin 17. 1944, S. 143–147.

Seurat, Michel: Les populations, l'état et la société. – In: A. Raymond (Hrsg.): La Syrie d'aujourd'hui. Paris 1980, S. 87–141.

Shaw, R. Paul: Migration and employment in the Arab world: construction as a key policy variable. – International Labour Review 118. 1979, S. 589–605.

Sikka, D.R.: Guidelines for resettlement and rehabilitation of uprooted agricultural population in river valley projects. – In: W.L. Ackermann et al. (Hrsg.): International symposium on man-made lakes: Their problems and environmental effects. Washington D.C. 1973, S. 730–733.

Simon, H.: Ibn Khalduns Wissenschaft in der menschlichen Kultur. – Leipzig 1949.

Sonnenhol, G.A.: Euphratdamm und die syrische Gesamtplanung. – Außenpolitik 14. 1963, S. S. 229–236.

Springborg, R.: Baathism in practice: agriculture, politics, and political culture in Syria and Iraq. – Middle Eastern Studies 17. 1981, S. 191–209.

Stein, L.: Die Šammar-Ğerba, Beduinen im Übergang vom Nomadismus zur Seßhaftigkeit. – Veröffentlichungen des Museums für Völkerkunde zu Leipzig 17. Berlin 1967.

Stöber, Georg: Die Afshār, Nomadismus im Raum Kermān/Zentraliran. – Marburger Geographische Schriften 76. 1978.

Stöber, Georg: „Nomadismus" als Kategorie? – In: E. Ehlers (Hrsg.): Beiträge zur Kulturgeographie des islamischen Orients. Marburg 1979, S. 11–24.

Swanson, Jon C.: Some consequences of emigration for rural economic development in the Yemen Arab Republic. – Middle East Journal 33. 1979, S. 34–43. (Zit. als 1969a).

Swanson, Jon C.: Emigration and economic development: The case of the Yemen Arab Republic. – Boulder/Colorado 1969. (Zit. als 1969b).

Swanson, Jon C.: The consequences of emigration for economic development: A review of the literature. – In: R.E. Rhoades (Hrsg.): The anthropology of return migration. Papers in Anthropology 20, 1979, S. 39–56.

Sweet, Louise E.: Tell Toqaan: A Syrian village. – Anthropological Papers 14. 1960.

Swidler, W.W.: Some demographic factors regulating the formation of flocks and camps among the Brahui of Baluchistan. – In: W. Irons u. N. Dyson-Hudson (Hrsg.): Perspectives on nomadism. Leiden 1972, S. 69–75.

Symanski, Richard, Ian R. Manners u. R.J. Bromley: The mobile-sedentary continuum. – Annals of the Association of American Geographers 65. 1975, S. 461–471.

Takes, Charles A.P.: Resettlement of people from dam reservoir areas. – In: W.C. Ackermann et al. (Hrsg.): International symposium on man-made lakes: Their problems and environmental effects. Washington D.C. 1973, S. 720–725.

Tapper, Richard: The organization of nomadic communities in pastoral societies of the Middle East. – In: Equipe écologie et anthropologie des sociétés pastorales (Hrsg.): Pastoral production and society. – London 1979, s. 43–65.

Thomi, Walter: Umsiedlungsmaßnahmen und geplanter Wandel im Rahmen von Staudammprojekten in der Dritten Welt. Das Beispiel der Siedlungsneugründungen am Volta-Stausee/Ghana. – Frankfurter Wirtschafts- und Sozialgeographische Schriften 39. 1981.

Thoumin, R.: De la vie nomade à la vie sédentaire. Un village Syrien: Adra. – Mélanges géographiques offerts par ses élèves à Raoual Blanchard à l'occasion du 80 anniversaire de l'Institut de Géographie Alpine. Grenoble 1932, S. 621–641.

Thoumin, R.: Le Ghab. – Revue de Géographie Alpine 25. 1936, S. 467–538. (Zit. als 1936a).

Thoumin, R.: Géographie humaine de la Syrie Centrale. – (Thèse d'Etat, Fac. Lettres Univ. Grenoble, 1933) Tours 1936. (Zit. als 1936b).

Toepfer, Helmuth: Mobilität und Investitionsverhalten türkischer Gastarbeiter. – Erdkunde 34. 1980, S. 206–214.

Toepfer, Helmuth: Regionale und sektorale Kapitalströme als Folgeerscheinung der Remigration türkischer Arbeitskräfte aus Westeuropa. – Erdkunde 35. 1981, S. 194–201.

Toepfer, Helmuth u. Vural Suiçmez: Sektorale und regionale Mobilität von Rückwanderern in die Türkei. Ein Beispiel aus der Provinz Trabzon. – Orient, Deutsche Zeitschrift für Politik und Wirtschaft des Orients 20. 1979, S. 92–107.

Trebous, Madeleine: Migration and development. The case of Algeria. – Development Centre Studies. Paris 1970.

Tutunji, Jenab: Planning a workforce for the future. – Middle East Economic Digest (8. Mai 1981) 1981, S. 22.

UNDP/FAO: Planning the integrated development of the Ghab Region, Phase I, Interim Report. – Rom 1969.

UNDP/FAO: Euphrates Pilot Irrigation Project. Syrian Arab Republic. Comprehensive technical report. – Rom 1976.

UN/FAO/WFP: Interim evaluation of WFP/FAO/ILO/UN inter-agency mission of project SYRIA 2088 „Development of Euphrates/Balikh Basin and settlement of farmers" (30. April–16. May 1978). – Rom 1978.

Vaumas, Etienne de: La répartition confessionelle au Liban et l'équilibre de l'Etat Libanais. – Revue de Géographie Alpine 43. 1955, S. 511–603.

Vaumas, Etienne de: Le Djebel Ansarieh. Etudes de géographie humaine. – Revue de Géographie Alpine 48. 1960, S. 267–311.

Veen, J.P.H. van der: Report to the government of Syria on range management and fodder development. – UNDP/FAO. Rom 1967.

Verdat, Marguerite: Chez les bédouins de Syrie. Le nomadisme en face de la vie moderne. – Les Etudes sociales. 1936, S. 303–336.

Wagenhäuser, Franz J.A.: Gastarbeiterwanderung und Wandel der Agrarstruktur am Beispiel von drei ost-zentralanatolischen Dörfern. – Sozialökonomische Schriften zur Agrarentwicklung 42. Saarbrücken 1981.

Wehr, Hans: Arabisches Wörterbuch für die Schriftsprache der Gegenwart. – Wiesbaden 1968 (4. Aufl.).

Weulersse, Jacques: Le pays des Alaouites. – Tours 1940. (Zit. als 1940a).

Weulersse, Jacques: L'Oronte. Etude de fleuve. – Tours 1940. (Zit. als 1940b).

Weulersse, Jacques: Paysans de Syrie et du Proche-Orient. – 2. Aufl. Paris 1946.

Wiebe, Dietrich: Die afghanischen Arbeitskräftewanderungen in die islamischen Staaten. – Orient, Deutsche Zeitschrift für Politik und Wirtschaft des Orients 20. 1979, S. 96–100.

Wiedensohler, Günter: Arbeitsrecht in Saudi-Arabien. – Orient, Deutsche Zeitschrift für Politik und Wirtschaft des Orients 23. 1982, S. 36–44.

Wiest, Raymond E.: Anthropological perspectives on return migration: A critical commentary. – In: R.E. Rhoades (Hrsg.): The anthropology of return migration. – Papers in Anthropology 20. 1979, S. 167-187.

Wigle, Laurel: The effects of international migration on a North Lebanese village. – (Ph. D. Thesis, Wayne State University) Detroit 1974.

Wirth, Eugen: Der heutige Irak als Beispiel orientalischen Wirtschaftsgeistes. – Die Erde 8. 1956, S. 30–50.

Wirth, Eugen: Agrargeographie des Irak. – Hamburger Geographische Studien 13. 1962.

Wirth, Eugen: Die Rolle tscherkessischer „Wehrbauern" bei der Wiederbesiedlung von Steppen und Ödland im Osmanischen Reich. – bustan 4. 1963, S. 16–19.

Wirth, Eugen: Die Ackerebenen Nordostsyriens. – Geographische Zeitschrift 52. 1964, S. 7–42.

Wirth, Eugen: Junge Wandlungen der Kulturlandschaft in Nordostsyrien und dem syrischen Euphrattal. – Deutscher Geographentag Heidelberg 1963. Tagungsbericht und wiss. Abhandlungen. Wiesbaden 1965, S. 259–267. (Zit. als 1965a).

W i r t h , Eugen: Zur Sozialgeographie der Religionsgemeinschaften im Orient. – Erdkunde 19. 1965, S. 265-284. (Zit. als 1965b).

W i r t h , Eugen: Religionsgeographische Probleme am Beispiel der syrisch-libanesischen Levante. – Deutscher Geographentag Bochum 1965. Tagungsbericht u. wiss. Abhandlungen. Wiesbaden 1966, S. 360–370.

W i r t h , Eugen: Der Nomadismus in der modernen Welt des Orients. Wege und Möglichkeiten einer wirtschaftlichen Integration. – In: W. Kraus (Hrsg.): Nomadismus als Entwicklungsproblem. Bielefeld 1969, S. 93–106. (Zit. als 1969a).

W i r t h , Eugen: Das Problem der Nomaden im heutigen Orient. – Geographische Rundschau 21. 1969, S. 41–51. (Zit. als 1969b).

W i r t h , Eugen: Der Orient. – In: Emil Hinrichs (Hrsg.): Illustrierte Welt- und Länderkunde in 3 Bänden. Bd. 3. Zürich 1970, S. 259–319.

W i r t h , Eugen: Syrien. Eine geographische Landeskunde. – Darmstadt 1971 (Wissenschaftliche Länderkunden 4/5).

W i r t h , Eugen: Orient 1971. Gegenwartsprobleme nahöstlicher Entwicklungsländer. – Deutscher Geographentag Erlangen-Nürnberg 1971. Tagungsbericht u. wiss. Abhandlungen. Wiesbaden 1972, S. 253–277.

W i r t h , Eugen: Die Beziehungen der orientalisch-islamischen Stadt zum umgebenden Lande. Ein Beitrag zur Theorie des Rentenkapitalismus. – Erdkundliches Wissen 33. Wiesbaden 1973, S. 323–333.

W i r t h , Eugen: Die deutsche Sozialgeographie in ihrer theoretischen Konzeption und in ihrem Verhältnis zu Soziologie und Geographie des Menschen. – Geographische Zeitschrift 65. 1977, S. 161–187.

W i r t h , Eugen: Theoretische Geographie. Grundzüge einer Theoretischen Kulturgeograpie. – Stuttgart 1979. (Teubner Studienbücher der Geographie).

W i ß m a n n , Herrmann von: Bauer, Nomade und Stadt im islamischen Orient. – In: Rudi Paret (Hrsg.): Die Welt des Islam und die Gegenwart. Stuttgart 1961, S. 22–63.

World Bank: Appraisal of first livestock development project Syria. – (Report No. 1209 – SYR) 1976.

Z i m m e r m a n n , Wolfgang: Die Beduinen von Musandan im Sultanat Oman. Gemeinschaft und Wirtschaft einer traditionellen Lebensform im Wandel. – In: F. Scholz (Hrsg.): Beduinen im Zeichen des Erdöls. Wiesbaden 1981, S. 55–100.

Z i m p e l , Heinz G.: Vom Religionseinfluß in den Kulturlandschaften zwischen Taurus und Sinai. – Mitteilungen der Geographischen Gesellschaft München 48. 1963, S. 123–177.

## Übersetzung des arabischen Fragebogens zur Arbeitsemigration

Name des Dorfes: ........................ Interview-Nr.: ........................

Arbeitsländer: ☐ Jordanien ☐ Saudi-Arabien ........................

Anzahl der Fahrten ins Ausland: ........

*Erste Auslandsreise*

Arbeitsland und -ort:

| | | |
|---|---|---|
| ☐ Jordanien | ☐ Saudi-Arabien | ☐ ........ |
| ☐ ᶜAmmān | ☐ Riyād | ☐ ........ |
| ☐ ᶜAqaba | ☐ ᶜArᶜar | ☐ ........ |
| ☐ Zarqa | ☐ Ǧidda | ☐ ........ |
| ☐ ........ | ☐ ........ | ☐ ........ |
| ☐ Nicht bekannt | ☐ Nicht bekannt | ☐ Nicht bekannt |

Aufbruch zur ersten Auslandsreise: Jahr 19......../Monat ........................ ☐ Nicht bekannt

Dauer des Arbeitsaufenthalts: ........ Jahre/........ Monate/........ Tage
☐ Noch im Ausland ☐ Nicht bekannt

Berufliche Tätigkeit:
☐ Gelegenheitsarbeiter ☐ Landarbeiter
☐ Bauarbeiter ☐ Hafenarbeiter
☐ ........................ ☐ Nicht bekannt

Arbeitgeber:
☐ Unternehmer für ........................
☐ Staatliche Gesellschaft für ........................
☐ Privatfirma für ........................
☐ ........................
☐ Nicht bekannt ........................

Wie bekam man die Beschäftigung?
☐ Durch Verwandte
☐ Durch Freunde/Bekannte
☐ Selbst gesucht
☐ Durch Zeitungsanzeige
☐ Nicht bekannt

*(nur Saudi-Arabien/Kuwait)*
☐ Durch Arbeitgeber (mit Arbeitsvisum)
☐ Durch staatliche Vermittlung
☐ Mit freiem Visum
☐ ........................
☐ Nicht bekannt

Mit wem fuhr man zum Arbeitsort?
☐ Mit Verwandten ☐ Mit Freunden/Bekannten
☐ Allein ☐ Nicht bekannt

Entlohnung: täglich ........../wöchentlich ........../monatlich ..........

Art der Unterkunft: ☐ Vom Arbeitgeber gestellte Unterkunft
☐ Gemietetes Zimmer
☐ Mietwohnung
☐ Bei Verwandten
☐ Nicht bekannt

| | Zweite Reise | Dritte Reise | Vierte Reise |
|---|---|---|---|
| Arbeitsland: | | | |
| Arbeitsort: | | | |
| Aufbruchsdatum: | | | |
| Arbeitsdauer: | | | |
| Berufliche Tätigkeit: | | | |
| Entlohnung: | | | |

| | Fünfte Reise | Sechste Reise | Siebte Reise |
|---|---|---|---|
| Arbeitsland: | | | |
| Arbeitsort: | | | |
| Aufbruchsdatum: | | | |
| Arbeitsdauer: | | | |
| Berufliche Tätigkeit: | | | |
| Entlohnung: | | | |

Ist weiterer Arbeitsaufenthalt in .................... beabsichtigt?
☐ Ja ☐ Nicht bekannt
☐ Nein, weil ....................

– *Falls Fortsetzung der Arbeitsemigration geplant ist:*
– Wird Arbeitsemigration aufgegeben, falls neu erschlossenes Bewässerungsland vom Staat zugeteilt würde?
☐ Ja, bei Zuteilung von mindestens ........ donum
☐ Nein, Fortsetzung der Arbeitsemigration
☐ Nicht bekannt

– *Nur in Projektdörfern:* Wird Arbeitsemigration nach Abschluß der Bewässerungsumstellung fortgesetzt?
☐ Nein ☐ Ja ☐ Nicht bekannt

Grund für Arbeitsemigration:
☐ Arbeitsmangel hier
☐ Bewässerungsumstellung
☐ ....................
☐ Höherer Lohn im Ausland
☐ Nicht bekannt

Wofür wurden Ersparnisse ausgegeben?

☐ Lebensunterhalt für Frau und Kinder
☐ Eigener Lebensunterhalt
☐ Unterstützung der Eltern
☐ Unterstützung sonstiger Verwandter
☐ Schuldentilgung
☐ Brautpreis
☐ Hausbau
☐ Autokauf
☐ Erwerb von landwirtschaftlichen Geräten/Maschinen
☐ Vieh
☐ ..........
☐ Nicht bekannt

---

Berufliche Tätigkeit vor erstem Arbeitsaufenthalt im Ausland:

☐ Landarbeiter ☐ Gelegenheitsarbeiter ☐ ..........
☐ Bauer ☐ Landbesitzer mit ..... donum ☐ ..........
☐ Bodenreformbauer mit ..... donum
☐ Teilpächter mit ..... donum
☐ Pächter von Staatsland mit ..... donum

Viehbesitz: ..... Schafe ..... Kühe

---

Berufliche Tätigkeit nach Rückkehr aus dem Ausland:

☐ Gleiche Tätigkeit wie vorher ☐ ..........
☐ Noch im Ausland

---

Berufliche Tätigkeit des Vaters:

☐ Landarbeiter ☐ Gelegenheitsarbeiter ☐ ..........
☐ Bauer ☐ Landbesitzer mit ..... donum ☐ ..........
☐ Bodenreformbauer mit ..... donum
☐ Teilpächter mit ..... donum
☐ Pächter von Staatsland mit ..... donum

Viehbesitz: ..... Schafe ..... Kühe

---

Alter des Migranten: ..... Jahre

Familienstand: ☐ Ledig ☐ Verheiratet mit ..... Kindern

Schulische Bildung: ☐ Analphabet ☐ Schulbesuch bis Klasse .....
☐ Lese- und schreibkundig ohne Schulbesuch

Name des Migranten: ..........

---

Wer ging als erster aus diesem Dorf ins Ausland?

Name: .......... Beruf: ..........
Arbeitsland: .......... ☐ Nicht bekannt

---

*Nach dem Interview auszufüllen*

Befragt wurde: ☐ der Migrant selber ☐ ein Verwandter: ..........

Name des Interviewers: ..........

Datum: .......... Unterschrift: ..........

---

*Sonderabdrucke aus den*
*Mitteilungen der Fränkischen Geographischen Gesellschaft*

**Erlanger Geographische Arbeiten**

Herausgegeben vom Vorstand der Fränkischen Geographischen Gesellschaft

ISSN 0170-5172

---

Heft 1. *Thauer, Walter:* Morphologische Studien im Frankenwald und Frankenwaldvorland. 1954. IV. 232 S., 10 Ktn., 11 Abb., 7 Bilder und 10 Tab. im Text, 3 Ktn. u. 18 Profildarst. als Beilage.
ISBN 3-920405-00-5 kart. DM 19,–

Heft 2. *Gruber, Herbert:* Schwabach und sein Kreis in wirtschaftsgeographischer Betrachtung. 1955. IV, 134 S., 9 Ktn., 1 Abb., 1 Tab.
ISBN 3-920405-01-3 kart. DM 11,–

Heft 3. *Thauer, Walter:* Die asymmetrischen Täler als Phänomen periglazialer Abtragungsvorgänge, erläutert an Beispielen aus der mittleren Oberpfalz. 1955. IV, 39 S., 5 Ktn., 3 Abb., 7 Bilder.
ISBN 3-920405-02-1 kart. DM 5,–

Heft 4. *Höhl, Gudrun:* Bamberg – Eine geographische Studie der Stadt. 1957. IV, 16 S., 1 Farbtafel, 28 Bilder, 1 Kt., 1 Stadtplan. – *Hofmann, Michel:* Bambergs baukunstgeschichtliche Prägung. 1957. 16 S.
ISBN 3-920405-03-X kart. DM 8,–

Heft 5. *Rauch, Paul:* Eine geographisch-statistische Erhebungsmethode, ihre Theorie und Bedeutung. 1957. IV, 52 S., 1 Abb., 1 Bild u. 7 Tab. im Text, 2 Tab. im Anhang.
ISBN 3-920405-04-8 kart. DM 5,–

Heft 6. *Bauer, Herbert F.:* Die Bienenzucht in Bayern als geographisches Problem. 1958. IV, 214 S., 16 Ktn., 5 Abb., 2 Farbbilder, 19 Bilder u. 23 Tab. im Text, 1 Kartenbeilage.
ISBN 3-920405-05-6 kart. DM 19,–

Heft 7. *Müssenberger, Irmgard:* Das Knoblauchsland, Nürnbergs Gemüseanbaugebiet. 1959. IV, 40 S., 3 Ktn., 2 Farbbilder, 10 Bilder u. 6 Tab. im Text, 1 farb. Kartenbeilage.
ISBN 3-920405-06-4 kart. DM 9,–

Heft 8. *Burkhart, Herbert:* Zur Verbreitung des Blockbaues im außeralpinen Süddeutschland. 1959. IV, 14 S., 6 Ktn., 2 Abb., 5 Bilder.
ISBN 3-920405-07-2 kart. DM 3,–

Heft 9. *Weber, Arnim:* Geographie des Fremdenverkehrs im Fichtelgebirge und Frankenwald. 1959. IV, 76 S., 6 Ktn., 4 Abb., 17 Tab.
ISBN 3-920405-08-0 kart. DM 8,–

Heft 10. *Reinel, Helmut:* Die Zugbahnen der Hochdruckgebiete über Europa als klimatologisches Problem. 1960. IV, 74 S., 37 Ktn., 6 Abb., 4 Tab.
ISBN 3-920405-09-9 kart. DM 10,–

Heft 11. *Zenneck, Wolfgang:* Der Veldensteiner Forst. Eine forstgeographische Untersuchung. 1960. IV, 62 S., 1 Kt., 4 Farbbilder u. 23 Bilder im Text, 1 Diagrammtafel, 5 Ktn., davon 2 farbig, als Beilage.
ISBN 3-920405-10-2 kart. DM 19,–

Heft 12. *Berninger, Otto:* Martin Behaim. Zur 500. Wiederkehr seines Geburtstages am 6. Oktober 1459. 1960. IV, 12 S.
ISBN 3-920405-11-0 kart. DM 3,–

Heft 13. *Blüthgen, Joachim:* Erlangen. Das geographische Gesicht einer expansiven Mittelstadt. 1961. IV, 48 S., 1 Kt., 1 Abb., 6 Farbbilder, 34 Bilder u. 7 Tab. im Text, 6 Ktn. u. 1 Stadtplan als Beilage.
ISBN 3-920405-12-9 kart. DM 13,–

Heft 14. *Nährlich, Werner:* Stadtgeographie von Coburg. Raumbeziehung und Gefügewandlung der fränkisch-thüringischen Grenzstadt. 1961. IV, 133 S., 19 Ktn., 2 Abb., 20 Bilder u. zahlreiche Tab. im Text, 5 Kartenbeilagen.
ISBN 3-920405-13-7 kart. DM 21,–

Heft 15. *Fiegl, Hans:* Schneefall und winterliche Straßenglätte in Nordbayern als witterungsklimatologisches und verkehrsgeographisches Problem. 1963. IV, 52 S., 24 Ktn., 1 Abb., 4 Bilder, 7 Tab.
ISBN 3-920405-14-5 kart. DM 6,–

Heft 16. *Bauer, Rudolf:* Der Wandel der Bedeutung der Verkehrsmittel im nordbayerischen Raum. 1963. IV, 191 S., 11 Ktn., 18 Tab.
ISBN 3-920405-15-3 kart. DM 18,–

Heft 17. *Hölcke, Theodor:* Die Temperaturverhältnisse von Nürnberg 1879 bis 1958. 1963. IV, 21 S., 18 Abb. im Text, 1 Tabellenanhang u. 1 Diagrammtafel als Beilage.
ISBN 3-920405-16-1 kart. DM 4,–

Heft 18. Festschrift für Otto Berninger.

Inhalt: Erwin Scheu: Grußwort. – Joachim Blüthgen: Otto Berninger zum 65. Geburtstag am 30. Juli 1963. – Theodor Hurtig: Das Land zwischen Weichsel und Memel, Erinnerungen und neue Erkenntnisse. – Väinö Auer: Die geographischen Gebiete der Moore Feuerlands. – Helmuth Fuckner: Riviera und Côte d'Azur – mittelmeerische Küstenlandschaft zwischen Arno und Rhone. – Rudolf Käubler: Ein Beitrag zum Rundlingsproblem aus dem Tepler Hochland. – Horst Mensching: Die südtunesische Schichtstufenlandschaft als Lebensraum. – Erich Otremba: Die venezolanischen Anden im System der südamerikanischen Cordillere und in ihrer Bedeutung für Venezuela. – Pierre Pédelaborde: Le Climat de la Méditerranée Occidentale. – Hans-Günther Sternberg: Der Ostrand der Nordskanden, Untersuchungen zwischen Pite- und Torne älv. – Eugen Wirth: Zum Problem der Nord-Süd-Gegensätze in Europa. – Hans Fehn: Siedlungsrückgang in den Hochlagen des Oberpfälzer und Bayerischen Waldes. – Konrad Gauckler: Beiträge zur Zoogeographie Frankens. Die Verbreitung montaner, mediterraner und lusitanischer Tiere in nordbayerischen Landschaften. – Helmtraut Hendinger: Der Steigerwald in forstgeographischer Sicht. – Gudrun Höhl: Die Siegritz-Voigendorfer Kuppenlandschaft.– Wilhelm Müller: Die Rhätsiedlungen am Nordostrand der Fränkischen Alb. – Erich Mulzer: Geographische Gedanken zur mittelalterlichen Entwicklung Nürnbergs. – Theodor Rettelbach: Mönau und Mark, Probleme eines Forstamtes im Erlanger Raum. – Walter Alexander Schnitzer: Zum Problem der Dolomitsandbildung auf der südlichen Frankenalb. – Heinrich Vollrath: Die Morphologie der Itzaue als Ausdruck hydro- und sedimentologischen Geschehens. – Ludwig Bauer: Philosophische Begründung und humanistischer Bildungsauftrag des Erdkundeunterrichts, insbesondere auf der Oberstufe der Gymnasien. – Walter Kucher: Zum afrikanischen Sprichwort. – Otto Leischner: Die biologische Raumdichte. – Friedrich Linnenberg: Eduard Pechuel-Loesche als Naturbeobachter.

1963. IV, 358 S., 35 Ktn., 17 Abb., 4 Farbtafeln, 21 Bilder, zahlreiche Tabellen.
ISBN 3-920405-17-X kart. DM 36,–

Heft 19. *Hölcke, Theodor:* Die Niederschlagsverhältnisse in Nürnberg 1879 bis 1960. 1965, 90 S., 15 Abb. u. 51 Tab. im Text, 15 Tab. im Anhang.
ISBN 3-920405-18-8 kart. DM 13,–

Heft 20. *Weber, Jost:* Siedlungen im Albvorland von Nürnberg. Ein siedlungsgeographischer Beitrag zur Orts- und Flurformengenese. 1965. 128 S., 9 Ktn., 3 Abb. u. 2 Tab. im Text, 6 Kartenbeilagen.
ISBN 3-920405-19-6 kart. DM 19,–

Heft 21. *Wiegel, Johannes M.:* Kulturgeographie des Lamer Winkels im Bayerischen Wald. 1965. 132 S., 9 Ktn., 7 Bilder, 5 Fig. u. 20 Tab. im Text, 4 farb. Kartenbeilagen.
vergriffen

Heft 22. *Lehmann, Herbert:* Formen landschaftlicher Raumerfahrung im Spiegel der bildenden Kunst. 1968. 55 S., mit 25 Bildtafeln.
ISBN 3-920405-21-8 kart. DM 10,–

Heft 23. *Gad, Günter:* Büros im Stadtzentrum von Nürnberg. Ein Beitrag zur City-Forschung. 1968. 213 S., mit 38 Kartenskizzen u. Kartogrammen, 11 Fig. u. 14 Tab. im Text, 5 Kartenbeilagen.
ISBN 3-920405-22-6 kart. DM 24,–

Heft 24. *Troll, Carl:* Fritz Jaeger. Ein Forscherleben. Mit e. Verzeichnis d. wiss. Veröffentlichungen von Fritz Jaeger, zsgest. von Friedrich Linnenberg. 1969. 50 S., mit 1 Portr.
ISBN 3-920405-23-4 kart. DM 7,–

Heft 25. *Müller-Hohenstein, Klaus:* Die Wälder der Toskana. Ökologische Grundlagen, Verbreitung, Zusammensetzung und Nutzung. 1969. 139 S., mit 30 Kartenskizzen u. Fig., 16 Bildern, 1 farb. Kartenbeil., 1 Tab.-Heft u. 1 Profiltafel als Beilage.
ISBN 3-920405-24-2 kart. DM 22,–

Heft 26. *Dettmann, Klaus:* Damaskus. Eine orientalische Stadt zwischen Tradition und Moderne. 1969. 133 S., mit 27 Kartenskizzen u. Fig., 20 Bildern u. 3 Kartenbeilagen, davon 1 farbig.
vergriffen

Heft 27. *Ruppert, Helmut:* Beirut. Eine westlich geprägte Stadt des Orients. 1969. 148 S., mit 15 Kartenskizzen u. Fig., 16 Bildern u. 1 farb. Kartenbeilage.
ISBN 3-920405-26-9 kart. DM 25,–

Heft 28. *Weisel, Hans:* Die Bewaldung der nördlichen Frankenalb. Ihre Veränderungen seit der Mitte des 19. Jahrhunderts. 1971. 72 S., mit 15 Kartenskizzen u. Fig., 5 Bildern u. 3 Kartenbeilagen, davon 1 farbig.
ISBN 3-920405-27-7 kart. DM 16,–

Heft 29. *Heinritz, Günter:* Die „Baiersdorfer" Krenhausierer. Eine sozialgeographische Untersuchung. 1971. 84 S., mit 6 Kartenskizzen u. Fig. u. 1 Kartenbeilage.
ISBN 3-920405-28-5 kart. DM 15,–

Heft 30. *Heller, Hartmut:* Die Peuplierungspolitik der Reichsritterschaft als sozialgeographischer Faktor im Steigerwald. 1971. 120 S., mit 15 Kartenskizzen u. Figuren und 1 Kartenbeilage.
ISBN 3-920405-29-3 kart. DM 17,–

Heft 31. *Mulzer, Erich:* Der Wiederaufbau der Altstadt von Nürnberg 1945 bis 1970. 1972. 231 S., mit 13 Kartenskizzen u. Fig., 129 Bildern u. 24 farb. Kartenbeilagen.
ISBN 3-920405-30-7 kart. DM 39,–

Heft 32. *Schnelle, Fritz:* Die Vegetationszeit von Waldbäumen in deutschen Mittelgebirgen. Ihre Klimaabhängigkeit und räumliche Differenzierung. 1973. 35 S., mit 1 Kartenskizze u. 2 Profiltafeln als Beilage.
ISBN 3-920405-31-5 kart. DM 9,–

Heft 33. *Kopp, Horst:* Städte im östlichen iranischen Kaspitiefland. Ein Beitrag zur Kenntnis der jüngeren Entwicklung orientalischer Mittel- und Kleinstädte. 1973. 169 S., mit 30 Kartenskizzen, 20 Bildern und 3 Kartenbeilagen, davon 1 farbig.
ISBN 3-920405-32-3 kart. DM 28,–

Heft 34. *Berninger, Otto:* Joachim Blüthgen, 4. 9. 1912–19. 11. 1973. Mit einem Verzeichnis der wissenschaftlichen Veröffentlichungen von Joachim Blüthgen, zusammengestellt von Friedrich Linnenberg. 1976. 32 S., mit 1 Portr.
ISBN 3-920405-36-6 kart. DM 6,–

Heft 35. *Popp, Herbert:* Die Altstadt von Erlangen. Bevölkerungs- und sozialgeographische Wandlungen eines zentralen Wohngebietes unter dem Einfluß gruppenspezifischer Wanderungen. 1976. 118 S., mit 9 Figuren, 8 Kartenbeilagen, davon 6 farbig, und 1 Fragebogen-Heft als Beilage.
ISBN 3-920405-37-4 kart. DM 28,–

Heft 36. *Al-Genabi, Hashim K. N.:* Der Suq (Bazar) von Bagdad. Eine wirtschafts- und sozialgeographische Untersuchung. 1976, 157 S., mit 37 Kartenskizzen u. Figuren, 20 Bildern, 8 Kartenbeilagen, davon 1 farbig, und 1 Schema-Tafel als Beilage.
ISBN 3-920405-38-2 kart. DM 34,–

Heft 37. *Wirth, Eugen:* Der Orientteppich und Europa. Ein Beitrag zu den vielfältigen Aspekten west-östlicher Kulturkontakte und Wirtschaftsbeziehungen. 1976. 108 S., mit 23 Kartenskizzen u. Figuren im Text und 4 Farbtafeln.
ISBN 3-920405-39-0 kart. DM 28,–

Heft 38. *Hohenester, Adalbert:* Die potentielle natürliche Vegetation im östlichen Mittelfranken (Region 7). Erläuterungen zur Vegetationskarte 1 : 200 000. 1978. 74 S., mit 26 Bildern, 4 Tafelbeilagen und 1 farb. Kartenbeilage.
ISBN 3-920405-44-7 kart. DM 28,–

Heft 39. *Meyer, Günter:* Junge Wandlungen im Erlanger Geschäftsviertel. Ein Beitrag zur sozialgeographischen Stadtforschung unter besonderer Berücksichtigung des Einkaufsverhaltens der Erlanger Bevölkerung. 1978. 215 S., mit 44 Kartenskizzen u. Figuren, zahlreichen Tab. u 1 Beilagenheft.
ISBN 3-920405-45-5 kart. DM 38,–

Heft 40. *Wirth, Eugen, Inge Brandner, Helmut Prösl u. Detlev Eifler:* Die Fernbeziehungen der Stadt Erlangen. Ausgewählte Aspekte überregionaler Verflechtungen im Interaktionsfeld einer Universitäts- und Industriestadt. 1978, 83 S., mit 57 Kartenskizzen und Figuren auf 34 Abbildungen.
ISBN 3-920405-46-3 kart. DM 18,–

Heft 41. *Wirth, Eugen:* In vino veritas? Weinwirtschaft, Weinwerbung und Weinwirklichkeit aus der Sicht eines Geographen. 1980. 66 S., mit 4 Kartenskizzen u. Figuren.
ISBN 3-920405-50-1 kart. DM 15,–

Heft 42. *Weicken, Hans-Michael:* Untersuchungen zur mittel- und jungpleistozänen Talgeschichte der Rednitz. Aufgrund von Beobachtungen im Raum Erlangen. 1982. 125 S., mit 33 Kartenskizzen u. Figuren und 5 Beilagen.
ISBN 3-920405-55-2 kart. DM 29,–

Heft 43. *Hopfinger, Hans:* Erfolgskontrolle regionaler Wirtschaftsförderung. Zu den Auswirkungen der Regionalpolitik auf Arbeitsmarkt und Wirtschaftsstruktur am Beispiel der Textilindustrie im Regierungsbezirk Oberfranken. 1982. 167 S., mit 17 Kartenskizzen u. Figuren.
ISBN 3-920405-56-0 kart. DM 26,–

* * *

*Nicht in den Mitteilungen der Fränkischen Geographischen Gesellschaft erschienen*

**Sonderbände der Erlanger Geographischen Arbeiten**

Herausgegeben vom Vorstand der Fränkischen Geographischen Gesellschaft

ISSN 0170-5180

Sonderband 1. *Kühne, Ingo:* Die Gebirgsentvölkerung im nördlichen und mittleren Apennin in der Zeit nach dem Zweiten Weltkrieg. Unter besonderer Berücksichtigung des gruppenspezifischen Wanderungsverhaltens. 1974. 296 S., mit 16 Karten, 3 schematischen Darstellungen, 17 Bildern u. 21 Kartenbeilagen, davon 1 farbig.
ISBN 3-920405-33-1 kart. DM 82,–

Sonderband 2. *Heinritz, Günter:* Grundbesitzstruktur und Bodenmarkt in Zypern. Eine sozialgeographische Untersuchung junger Entwicklungsprozesse. 1975. 142 S., mit 25 Karten, davon 10 farbig, 1 schematischen Darstellung, 16 Bildern und 2 Kartenbeilagen.
ISBN 3-920405-34-X kart. DM 73,50

Sonderband 3. *Spieker, Ute:* Libanesische Kleinstädte. Zentralörtliche Einrichtungen und ihre Inanspruchnahme in einem orientalischen Agrarraum. 1975. 228 S., mit 2 Karten, 16 Bildern und 10 Kartenbeilagen.
ISBN 3-920405-35-8 kart. DM 19,–

Sonderband 4. *Soysal, Mustafa:* Die Siedlungs- und Landschaftsentwicklung der Çukurova. Mit besonderer Berücksichtigung der Yüregir-Ebene. 1976. 160 S., mit 28 Kartenskizzen u. Fig., 5 Textabbildungen u. 12 Bildern.
ISBN 3-920405-40-4 kart. DM 28,–

Sonderband 5. *Hütteroth, Wolf-Dieter and Kamal Abdulfattah:* Historical Geography of Palestine, Transjordan and Southern Syria in the Late 16th Century. 1977. XII, 225 S., mit 13 Karten, 1 Figur u. 5 Kartenbeilagen, davon 1 Beilage in 2 farbigen Faltkarten.
ISBN 3-920405-41-2 kart. DM 69,–

Sonderband 6. *Höhfeld, Volker:* Anatolische Kleinstädte. Anlage, Verlegung und Wachstumsrichtung seit dem 19. Jahrhundert. 1977. X, 258 S., mit 77 Kartenskizzen u. Fig. und 16 Bildern.
ISBN 3-920405-42-0 vergriffen

Sonderband 7. *Müller-Hohenstein, Klaus:* Die ostmarokkanischen Hochplateaus. Ein Beitrag zur Regionalforschung und zur Biogeographie eines nordafrikanischen Trokkensteppenraumes. 1978, 193 S., mit 24 Kartenskizzen u. Fig., davon 18 farbig, 15 Bildern, 4 Tafelbeilagen und 1 Beilagenheft mit 22 Fig. und zahlreichen Tabellen.
ISBN 3-920405-43-9 kart. DM 108,–

Sonderband 8. *Jungfer, Eckhardt:* Das nordöstliche Djaz-Murian-Becken zwischen Bazman und Dalgan (Iran). Sein Nutzungspotential in Abhängigkeit von den hydrologischen Verhältnissen. 1978, XII, 176 S., mit 28 Kartenskizzen u. Fig., 20 Bildern und 4 Kartenbeilagen.
ISBN 3-920405-47-1 kart. DM 29,–

Sonderband 9. *Mayer, Josef:* Lahore. Entwicklung und räumliche Ordnung seines zentralen Geschäftsbereichs. 1979. XI, 202 S., mit 3 Figuren, 12 Bildern und 10 mehrfarbigen Kartenbeilagen.
ISBN 3-920405-48-X kart. DM 128,–

Sonderband 10. *Stingl, Helmut:* Strukturformen und Fußflächen im westlichen Argentinien. Mit besonderer Berücksichtigung der Schichtkämme. 1979. 130 S., mit 9 Figuren, 27 Bildern, 2 Tabellen und 10 Beilagen.
ISBN 3-920405-49-8 kart. DM 48,20

Sonderband 11. *Kopp, Horst:* Agrargeographie der Arabischen Republik Jemen. Landnutzung und agrarsoziale Verhältnisse in einem islamisch-orientalischen Entwicklungsland mit alter bäuerlicher Kultur. 1981, 293 S., mit 15 Kartenskizzen, 6 Figuren, 24 Bildern u. 22 Tabellen im Text und 1 Übersichtstafel, 25 Luftbildtafeln u. 1 farbigen Faltkarte als Beilage.
ISBN 3-920405-51-X kart. DM 149,–

Sonderband 12. *Abdulfattah, Kamal:* Mountain Farmer and Fellah in 'Asīr, Southwest Saudi Arabia. The Conditions of Agriculture in a Traditional Society. 1981. 123 S., mit 17 Kartenskizzen u. Figuren, 25 Bildern und 7 Kartenbeilagen, davon 1 farbig.
ISBN 3-920405-52-8 kart. DM 78,–

Sonderband 13. *Höllhuber, Dietrich:* Innerstädtische Umzüge in Karlsruhe. Plädoyer für eine sozialpsychologisch fundierte Humangeographie. 1982. 218 S., mit 88 Kartenskizzen und Figuren und 19 Tabellen.
ISBN 3-920405-53-6 kart. DM 76,–

Sonderband 14. *Wirth, Eugen (Hrsg.):* Deutsche geographische Forschung im Orient. Ein Überblick anhand ausgewählter gegenwartsbezogener Beiträge zur Geographie des Menschen. 1983. Aufsatzsammlung in arabischer Sprache: 565 S. Text in arab. Übersetzung, mit 142 Kartenskizz. u. Figuren, 42 Tab. u. 1 farb. Faltkarte als Beilage; 36 S. Titelei, Inhaltsverzeichnis, Quellennachweis u. Vorwort auch in deutsch, englisch, französisch. kart. DM 68,–

Sonderband 15. *Popp, Herbert:* Moderne Bewässerungslandwirtschaft in Marokko. Staatliche und individuelle Entscheidungen in sozialgeographischer Sicht. 1983. Textband: 265 S., mit 18 Kartenskizzen, 5 Figuren u. 37 Tabellen. Kartenband: 10 Falttafeln mit 12 einfarb. u. 9 mehrfarb. Karten.
ISBN 3-920405-57-9 kart. DM 100,–

Sonderband 16. *Meyer, Günter:* Ländliche Lebens- und Wirtschaftsformen Syriens im Wandel. Sozialgeographische Studien zur Entwicklung im bäuerlichen und nomadischen Lebensraum. 1984. 325 S., mit 65 Kartenskizzen u. Figuren, davon 3 farbig, 59 Tabellen, 26 Bildern u. 8 Faltkarten, davon 1 farbig.
ISBN 3-920405-58-7

## Sonderveröffentlichung

*Endres, Rudolf:* Erlangen und seine verschiedenen Gesichter. 1982. 56 S., mit 7 Stadtplänen, 1 Kartenskizze und 34 Bildern.
ISBN 3-920405-54-4 kart. DM 18,–

Selbstverlag der Fränkischen Geographischen Gesellschaft
Kochstraße 4, D-8520 Erlangen